東洋古典譯註叢書 126

譯註 歷代君鑑 1

撰 明 代宗
책임번역 洪起殷
공동번역 全百燦

전통문화연구회

國譯委員

譯　　註　洪起殷 全百燦
常任原文校閱　吳圭根
潤　　文　朴勝珠
校　　訂　李孝宰 田炳秀 金曉東
出　　版　金曉東
管　　理　咸明淑
普　　及　徐源英

東洋古典飜譯編輯委員會

委員長　宋載卲
委　　員　金慶浩 柳浚弼 李東哲 張元泰 田好根 河元洙

任　員

常任顧問　李漢東
顧　　問　琴章泰 宋載卲 安炳周 李龍兌 李澤徽 李廷燮
　　　　　鄭愚相 鄭太鉉
會　　長　李啓晃
副 會 長　金千式 成百曉 宋丙大 李戊澈
理 事 長　趙富英
理　　事　權五春 金東柱 金　炫 文福姬 朴錫興 徐形來
　　　　　宋基采 吳圭根 李建一 李光虎 李英姬 全廣鎭
　　　　　田好根 趙源喆 崔三龍 韓熙喆 咸明淑 許鎬九
監　　事　金炳愛 李殷澤

東洋古典譯註叢書를 발간하면서

우리의 古典國譯事業은 민족문화 진흥의 기초사업으로 1960년대부터 政府 支援으로 古文獻 現代化 작업을 추진하여 많은 成果를 거두었다. 당시 이 사업 추진의 先行課題로 東洋古典이라 일컬어지는 중국의 基本古典을 먼저 飜譯하여야 한다는 學界의 주장이 있었음에도 불구하고 우리 고전이 아니라는 일부의 偏狹한 視角과 財政 事情 등으로 인하여 배제되어 왔다.

전통적으로 중국의 기본고전은 우리 歷史와 함께 숨쉬며 각종 교육기관의 敎科書로 활용됨은 물론이고 지식인들의 必讀書가 되어 왔으며, 우리 文化의 基底에 자리잡고 거의 모든 방면의 體系와 根幹을 형성하여 왔다. 그래서 학문연구의 기본서 역할을 해 왔을 뿐만 아니라 오늘날에도 우리의 國學徒 및 東洋學 硏究者들에게 같은 역할을 하고 있음은 주지의 사실이다. 그럼에도 불구하고 中國古典은 우리 것이 아니라 하여 專門機關의 飜譯對象에 포함하지 않음으로써, 대부분 原典에서의 직접 번역이 아닌 重譯이나 拔萃譯의 방식이 주를 이루면서 敎養水準으로 出版되어 왔다.

오늘날 東洋 三國 중에서 우리의 東洋學 연구가 가장 부진한 이유는, 東洋基本古典에 대한 폭넓은 이해의 부족과 漢文古典 讀解力의 저하에 기인함을 우리는 솔직히 인정하여야 한다. 따라서 이들 중국고전에 대한 신뢰할 만한 國譯이 이루어지는 것이 한국학 연구를 촉진시키는 시급한 先行課題라 할 수 있다.

이에 韓國學 및 東洋學의 연구와 古典現代化의 基盤構築을 위해서는, 전문기관으로 하여금 동양고전을 단기간에 각 분야의 專門 硏究者와 漢學者가 상호 협동하여 연구번역하여 飜譯의 傳統性과 效率性, 硏究의 專門性을 높일 수 있도록 政策的 配慮가 있어야 한다.

이에 本會에서는 元老 및 中堅 漢學者와 斯界의 專攻者로 하여금 協同硏究飜譯하여 공부하는 사람들이 믿고 引用하거나 깊이 있는 註釋 등을 활용할 수 있게 하고, 知識人들의 敎養을 증진시켜 줄 수 있는 東洋古典의 國譯書 간행을 지속적으로 추진해 왔다. 근래에 다행히 이 사업에 대하여 각계 지도층의 폭넓은 이해와 지원에 힘입어 2001년도부터 國庫補助를 받아 東洋古典譯註叢書를 간행하게 되었다. 이를 계기로 우리 先學의 註釋과 見解를 반영하는 등 국역사업의 內實을 기하게 되었음을 이 자리를 빌어 衷心으로 감사드리며, 아울러 國譯에 參與하신 관계자 여러분의 勞苦에 깊은 謝意를 표한다.

끝으로 우리의 이러한 작업은 오랜 역사 위에 축적된 先賢들의 業績과 現代學問을 이어주는 튼튼한 架橋와 礎石이 되어 진정한 韓國學과 東洋學 발전에 기여할 것을 굳게 믿으며, 21세기를 우리 文化의 世紀로 열어 가는 밑거름이 되도록 우리의 力量을 本 事業에 경주하고자 한다. 江湖諸賢의 부단한 관심과 지원을 기대해 마지않는다.

社團法人 傳統文化硏究會 會長 李啓晃

解 題

趙啓榮*)

1. 중국 서적 ≪歷代君鑑≫의 편찬과 현전 상황

'鑑'은 '거울로 삼는다.'라는 뜻으로 자신보다 먼저 살았던 앞사람의 행적을 뒷사람은 거울 삼아 자신을 돌아보는 것이다. 이런 목적에서는 선한 자취도 나의 스승이 되고, 악한 행실도 나의 스승이 된다. ≪歷代君鑑≫은 역대 제왕들의 선을 본받고, 악을 경계하려는 목적으로 편찬된 鑑戒類의 서책이다. 역사 이래 조정의 신하들은 군주에게 '欲法堯舜 當法祖宗', 즉 요·순을 본받으려면 조종부터 본받아야 한다는 말을 들어 선왕들의 좋은 제도와 훌륭한 뜻을 이어가도록 아뢰었다.

≪역대군감≫을 편찬한 明나라의 朱祁鈺(1428~1457)은 宣德帝의 차남이자 英宗의 아우로 正統 연간에 郕王으로 책봉되었다. 1449년(正統 14) 7월에 土木堡의 변[1]이 발생하자 9월에 황태후의 특명과 于謙 등이 옹립하여 22세의 나이로 황제에 즉위하였다. 즉위 직후 10월에 오이라트족이 침입하자 우겸이 북경의 백성들을 이끌어 오이라트부를 물리치고 국가를 보위했다. 이로 인해 피랍되었던 영종이 귀국하게 되었고 帝位를 둘러싼 정쟁이 발생하였다. 황제에 즉위한 지 8년 만에 영종이 복위하자 폐위당했으며 얼마 후에 병사하였다. 주기옥의 묘호는 代宗이며 연호는 景泰로 보통 景泰帝로 칭한다.

경태제(재위 1449~1457)는 1453년 8월에 ≪역대군감≫의 서문인 〈御製歷代君鑑序〉

---

*) 서울대학교 규장각한국학연구원 객원연구원

1) 土木堡의 변 : 1449년 동서 몽골의 통일에 성공한 오이라트(Oirāt)족의 족장 에센(也先)이 침입하여 영종이 토목보에서 대패해 포로가 된 사건을 말한다.

를 지었다. 이 서문에서 경태제는 ≪역대군감≫을 편찬한 목적과 기준을 다음과 같이 제시하였다.

> 요순은 인류의 준칙이니 제왕들에게 본보기가 되는 것이 참으로 만세에 그보다 더할 것이 없고, 祖宗은 典章을 완비한 분들이니 자손에게 법을 내려준 것이 또한 만세토록 여기에서 벗어나는 것이 없다. 이 때문에 널리 하나가 아닌 수많은 선에서 구한다면 본보기가 될 만한 제왕의 일언 일행이라도 작다고 버릴 수 없다. 요약하여 至一의 이치로 귀결시킨다면, 논의가 필요 없는 조종이 펼친 政令을 많다고 해서 빠뜨릴 수 없다. 이것은 이른바 '잘못하지도 않고 잊지도 않아서 옛날의 제도를 따른다.'라는 것이 제왕의 핵심이 되는 道이다.

경태제는 삼황오제부터 역대 성현과 현군들의 사적을 본받아 제왕의 일언일행이 천하의 사표가 되게 하자는 목적으로 ≪역대군감≫을 편찬하였다. 이 책은 '善可爲法'이란 항목 아래 권1에서 권35까지 구성하고, 군주들의 행적에서 귀감이 될 만한 嘉言과 善行을 수록하였다. '惡可爲戒'의 항목은 권36에서 권50까지 이루어져 있으며, 他山之石으로 삼아 경계해야 할 행적을 수록하여 위정자들의 지침서로 삼고자 했다.

'선가위법'에 선정된 제왕들은 권1의 三皇부터 권35의 명나라 宣宗까지이다. 특히 권29에서 권35까지는 경태제 이전의 太祖와 太宗・仁宗・宣宗의 사적을 수록하였다. '악가위계'에는 권36의 夏나라의 太康과 孔甲・桀에서부터 권50의 元나라의 順帝를 마지막으로 수록하였다.

경태제가 편찬한 ≪역대군감≫은 명대 조정에서 판각한 內府刻本이다. 내부각본은 永樂(1403~1424) 초년에 南京에서 시작하여 소량의 經史讀本을 판각하여 궁내의 書房과 太監의 誦習에 제공되었다. 명나라가 1421년 북경으로 천도한 후에는 司禮監經廠을 설치하여 서책 판각을 전담시켜 서책의 종류와 수량이 크게 증가하였다.[2] 명황실의 출판물은 모두 이 사례감경창에서 간행되어 이 판본을 경창본이라고 부른다.

---

2) 뤄슈바오 지음, 조현주 옮김, 2008 ≪중국 책의 역사≫, 다른생각, 130~131면.

조선시대에는 중국에서 전파된 서책을 唐本 또는 唐板 그리고 唐冊이라고 불렀다. 당본과 당판에 대비하여 조선에서 간행한 서책은 鄕本 혹은 常板으로 칭하였다. 正祖 연간의 ≪奎章閣志≫에서는 중국 서책을 華本圖籍으로 조선 서책을 東本圖籍이라고 칭하였다. 명나라 내부에서 간행한 ≪역대군감≫은 〈표 1〉에서 보듯이 현재 중화민국을 비롯한 네 곳에 9건이 소장되어 있는 것으로 확인된다. 이 중에서 규장각한국학연구원에 현전하는 ②번과 일본에 현전하는 ⑥번은 조선에 頒賜되었던 ≪역대군감≫이다.

〈표 1〉 명나라 내부 간행본 ≪역대군감≫의 현전 상황

<table>
<tr><th>국 가</th><th>소 장 처</th><th colspan="2">청구기호</th></tr>
<tr><td>중화민국</td><td>국가도서관</td><td>①</td><td>207 03091</td></tr>
<tr><td>대한민국</td><td>규장각한국학연구원</td><td>②</td><td>奎中4111/ 奎中4120</td></tr>
<tr><td rowspan="4">일 본</td><td>궁내청 서릉부</td><td>③</td><td>40-16</td></tr>
<tr><td>국립공문서관 내각문고</td><td>④</td><td>287-138</td></tr>
<tr><td>국립국회도서관</td><td>⑤</td><td>217-130</td></tr>
<tr><td>大阪府立中之島圖書館</td><td>⑥</td><td>韓12-4</td></tr>
<tr><td>미 국</td><td>Princeton University Library, East Asian Library</td><td>⑦</td><td>tracy0006746 / tracy0006747</td></tr>
</table>

世祖 연간에 조선에 전파된 내부본 ≪역대군감≫은 이후 純祖 연간에 이르기까지 조선시대에 제왕학의 교과서로서 간행되어 활용되었다. ≪역대군감≫은 조선 후기 궁궐 내에 수장되어 경연과 서연의 진강 서책으로 추천되거나 사용되었다. 특히 영조는 만년에 ≪역대군감≫의 진강을 통해 '백성의 부모'로서 節用愛民을 실천한 군주였다.

조선시대의 ≪역대군감≫ 전파와 간행 양상을 통해 당대의 ≪역대군감≫에 대한 인식과 필요성을 알 수 있다. 동아시아에 현전하는 명나라 내부본 ≪역대군감≫과 각 나라에 전파되어 朝鮮本과 和刻本으로 간행된 ≪역대군감≫에 대해서 아직까지 본격적인 연구가 이루어지지 않고 있다. 이런 상황에서 조선에서 간행하여 弘文館에서 현토한 ≪역대군감≫을 번역하는 작업은 학계의 관심을 환기시키고 연구의 활성화에 기여하리라 기대한다.

2. 조선시대의 ≪역대군감≫ 전파와 간행 양상

1) 世祖 연간의 ≪역대군감≫

조선과 명나라는 1401년(태종 1)에 국교가 정상화되었는데, 이때부터 명나라에서 간행한 서책을 조선에 반사하는 것이 관례가 되었다.[3] 예를 들면 1403년 10월 27일에 명나라 사신 黃儼 등이 황제가 보낸 조선 국왕의 면복과 원자의 서책 등을 가지고 왔다. 이때 반사한 서책은 ≪元史≫를 비롯해 ≪十八史略≫·≪山堂考索≫·≪諸臣奏議≫·≪大學衍義≫·≪春秋會通≫·≪眞西山讀書記≫·≪朱子成書≫ 각 한 건씩이었다.

그렇다면 명나라 景帝가 1453년 8월에 지은 서문이 있는 ≪역대군감≫은 언제 조선에 반사되었을까. 조선시대에 ≪역대군감≫을 교정하거나 간인했던 사실에 대한 문헌 기록은 世祖과 成宗·肅宗 연간에 전한다. ≪역대군감≫은 1459년(세조 5)의 실록 기사에 처음 보인다. 9월 4일에 좌승지 李克堪은 1445년(세종 27)에 편찬한 ≪治平要覽≫을 교정하라는 명을 받고 상서를 올렸다.[4] 이 상서에서 그는 ≪君鑑≫에 실린 명나라의 사적을 추가한다면 ≪치평요람≫이 大全으로 부족함이 없을 것이라고 아뢰어 세조가 허락하였다.

이때의 ≪군감≫은 ≪역대군감≫을 가리키는 것으로, ≪역대군감≫ 권29에서 권35에는 명나라 태조·태종·인종·선종의 사적이 실려 있다. 이로 미루어 보면 1453년 8월 이후부터 1459년 9월 이전에 ≪역대군감≫이 조선에 전파되었으며, 조정에서 그 내용을 공유하고 있음을 알 수 있다.

이듬해인 1460년(세조 6) 8월 29에는 ≪역대군감≫을 교정할 때 착오한 校書郎 申卜倫과 校勘 許諜과 金良琬 그리고 正字 楊順達 등을 파직하고, 別坐 李壽山과 文紹祖 등의 자급을 강등하였다.[5] 이와 같은 처벌은 ≪역대군감≫을 인출한 후에 발견된 사항에 대해 교정 담당자를 처벌한 것으로 생각된다. 그러나 처벌 이후 간행 결과에 대해서는 별다른 언급이 없다.

---

3) 김문식, 2006 〈조선시대 중국 서적의 수입과 간행〉, ≪규장각≫ 29, 123면.
4) ≪世祖實錄≫ 권17, 세조 5년 9월 4일 癸未.
5) ≪세조실록≫ 권21, 세조 6년 8월 29일 壬申.

2) 成宗 연간의 ≪역대군감≫

세조에 이어 성종 연간에 ≪역대군감≫에 대한 논의가 실록 기사에 보인다. 1479년 12월 16일에 성종은 홍문관에 ≪역대군감≫의 각 傳의 끝에 先儒의 評論을 모아 추가하라고 전교하였다.6) 한 달 뒤인 1480년 1월 18일 侍講官 成俶은 ≪역대군감≫을 교정하다가 '宣德 황제 15년'의 기록에 대해 아뢰었다.7) 성숙은 명나라 宣宗 황제가 조선에 공물로 여자와 금에 이르기까지 거의 없는 해가 없이 징수한 것이 많았는데, ≪역대군감≫에 기록된 내용인 '若鷹犬之類 更勿進獻'과 같이 특별히 매와 개를 줄여줄 까닭이 없다는 것이다. ≪역대군감≫에서 이에 해당하는 부분은 선덕 7년(1432) 11월로 다음과 같다.

> ○〔七年〕十一月 朝鮮國王李祹 遣陪臣趙琠金玉振等 貢醃松菌及鷹 上諭行在禮部臣曰 朝鮮貢獻頻數 已非朕所欲 今又獻松菌及鷹 菌食物也 鷹何所用 珍禽奇獸 古人所戒 可諭其使 自今所貢 但服食器用之物 若鷹犬之類 更勿進獻8)

성종은 사관이 사실에 근거하여 한 번 쓰면 선악의 사실이 천년 후에도 없어지지 않는다고 하였다. 성종은 만일 사관이 전해 듣고도 사실을 쓰지 않았다면 믿을 만한 역사가 아니라고 하며 기록하지 말라고 명하였다. 이와 같이 성종 연간에는 중국본 ≪역대군감≫을 교정하면서 발견된 사항에 대해 논의를 거쳐 삭제가 결정되기도 하였다.

만약 이 결정에 따라 ≪역대군감≫에서 삭제했다면 성종 연간에 간행한 ≪역대군감≫에 해당 부분이 없었을 것이다. 그러나 규장각한국학연구원에 현전하는 조선에서 간행한 ≪역대군감≫에는 1432년 11월이 그대로 수록되어 있다. '奎中1926'의 ≪역대군감≫에는 이 기록의 '朝鮮國王李祹'에서 세종의 휘인 '祹'를 가리기 위해 왕실서책에서 '列聖御諱 付籤'으로

---

6) ≪成宗實錄≫ 권112, 성종 10년 12월 16일 丁卯.

7) ≪성종실록≫에는 '宣德皇帝十五年'으로 기록되어 있다. 그러나 명나라 宣德 연간은 1426년(선덕 1)에서 1435년(선덕 10)으로 10년간이다. 성숙이 아뢴 내용은 ≪역대군감≫의 35권 7년 조에 수록되었다. 따라서 ≪성종실록≫의 '15년'은 7년의 誤字로 생각된다.(≪성종실록≫ 권113, 성종 11년 1월 18일 己亥)

8) ≪역대군감≫(규중4120) 35권 '宣宗章皇帝 下' 14~15張. ≪성종실록≫에 기록된 내용과 ≪역대군감≫과 비교해보면 몇몇 글자가 다르지만 대의는 같다.

쓰는 비단인 紅方絲紬를 붙여놓았다. 이에 반해 '奎中1927'의 ≪역대군감≫은 홍방사주가 아닌 종이로 만든 被諱紙를 붙였다.

보통 경연이나 講製에 사용할 御覽件 서책은 기일 전에 붉은 먹으로 토를 달고 오자가 발견되면 해당 글자 옆에 쓰고 한글 음가가 다른 한자에는 음가를 적었다. 따라서 '규중1926'은 朱墨으로 현토하고 홍방사주로 피휘한 것으로 보아 어람건 서책임을 알 수 있다. 두 책 모두 홍문관에서 관리하던 책으로 장서인 '弘文館'이 찍혀 있다.

3) 仁祖와 孝宗 연간의 ≪역대군감≫

인조 연간에 이르면 ≪역대군감≫은 세자의 서연에 관한 기록에서 보인다. 1627년(인조 5) 6월 13일에 시강원의 弼善인 金地粹는 경연 책자로 올린 ≪역대군감≫을 昭顯世子도 살펴보기를 아뢰었다.[9] 김지수는 1626년 윤6월 28일에 서장관으로 南以雄·金尙憲과 함께 북경에 파견되었으며, 이때에 ≪역대군감≫을 얻어 오게 되었다.[10]

1630년 8월 2일에 소현세자는 ≪역대군감≫을 현토하여 가져오도록 下令하였다. ≪瀋陽日記≫의 1640년 3월 20일의 기사를 참고하면, 시강원의 冊房에서 1636년 병자호란으로 인해 분실된 서책 목록에 ≪역대군감≫ 10책이 수록되어 있다.[11] 이를 통해 1630년 이후부터 난리 전까지는 시강원 책방에 ≪역대군감≫ 10책이 수장되어 있었음을 짐작할 수 있다.

그 후 ≪역대군감≫이 조선에 들어온 기록은 1650년(효종 원년)에 보인다. 6월에 사은사행의 부사로 간 林墰(1596~1652)이 9월에 돌아왔는데, 명나라 조정에서 어람했던 舊本인 ≪역대군감≫ 5책을 얻어 가지고 왔다.[12] 그가 ≪역대군감≫과 함께 '規風'을 올리자 효종은 특별히 호피를 하사하였다.[13]

9) 김남기, 2006 〈≪소현동궁일기≫:교육의 실제와 도서 정비 과정〉, ≪奎章閣≫ 29, 39면.
10) ≪仁祖實錄≫ 권13, 인조 4년 윤6월 28일 戊辰.
11) 김남기, 앞의 논문, 40면.
12) ≪明谷集≫ 卷之三十二, 〈諡狀 吏曹判書林公諡狀〉
13) 1652년 7월 伴送使의 임무를 마치고 돌아오다가 임담은 갑자기 죽었다.(≪孝宗實錄≫ 권9, 효종 3년 7월 13일 壬午)

4) 肅宗 연간의 ≪역대군감≫

1675년 12월 30일에 숙종은 ≪역대군감≫·≪歷代臣鑑≫이 大內에 있는 唐本뿐이고, 外間에는 없다고 들었으니, 경상도와 전라도의 감사에게 간인하여 올려 보내도록 備忘記를 내렸다.14) 숙종의 비망기에 대해 승정원에서는 內下한 당본은 落張과 오자가 있고, 게다가 衣張에 御筆이 있는데 兩南에 내려 보내어 손상되거나 더러워질 것을 염려하였다. 여기서 '衣張'은 서책의 표지인 '冊衣'를 가리킨다. 책의에 어필이 있다는 것은 서명과 篇目을 쓴 것이 어필이라는 말이다.15) 승정원에서는 ≪역대군감≫·≪역대신감≫을 직접 경상도와 전라도에 내려 보내지 말고, 홍문관에서 교정한 후에 사자관이 한 본을 필사하여 판각할 것을 제안하였다. 숙종은 ≪역대군감≫·≪역대신감≫의 권수가 많기 때문에 필사한다면 공력이 배가 될 것이니, 홍문관에서 오자를 바로잡은 후 양남에 보내라고 하였다. 만일 서책이 더러워지는 것이 염려된다면 책의를 덧입히고 신칙하여 하송하라고 명하였다.

1676년 1월 3일에 兪夏益이 內間書冊을 먼 곳에 보내는 것이 편안하지 않으며, 외방에서는 필사하는 글씨가 좋지 않아 걱정된다고 아뢰었다. 그리고 당본에 혹 오자가 있을 수 있으니, 홍문관의 관리들에게 나누어주어 교정한 후에 사자관과 各司의 善手 書寫輩에게 베껴 내게 한 뒤 양남에 나누어 간인하게 할 것을 건의하였다. 이에 따라 ≪역대군감≫은 경상도에서, ≪역대신감≫은 전라도에서 進上 20건과 國用 70건을 인출하여 올려 보내도록 정하였다.

1678년 4월에 경상도에서 ≪역대군감≫ 진상 2건과 국용 20건을 인출하여 보냈다. 그러나 전라도는 ≪역대신감≫을 그때까지 찍어 보내지 않고 있었다. 4월 18일에 兪夏益이 전일에 분부한 진상 20건과 국용 70건대로 빨리 찍어 보내도록 해조에서 분부하라고 아뢰었다. 4월 24일에 ≪역대군감≫을 반사받은 參贊官 丁昌燾가 ≪역대군감≫에 오자가 많은 것은 校正廳의 낭청이 착실하게 교정을 하지 못한 것이니 從重推考하고, 홍문관에서 다시 정

14) ≪承政院日記≫ 숙종 원년 12월 30일 癸未.

15) 조선서책의 책의에는 좌측 상단에 세로로 書名을 쓰는데 이를 '長題目'이라 하고, 오른쪽 상단에 가로로 篇目을 쓰는데 이를 '橫題目'이라 칭한다. 편목은 '部目'이라고도 하는데 소제목을 말한다.(조계영, 2009 〈조선후기 중국서책의 구입과 장황의 변화〉, ≪한국문화≫ 48, 29~35면)

밀하게 교정하게 할 것을 청하였다. 1676년 당초에 홍문관이 사정이 생겨 교정청에서 ≪역대군감≫을 교정하게 했는데 이런 일이 발생한 것이다. 숙종은 교정청 낭청을 추고하고 이후 추가로 인출할 건은 홍문관에서 다시 교정하도록 하였다.

1678년 12월 1일에 申厚載가 경상도에서 新刊한 ≪역대군감≫ 48건을 8개월이 지난 지금까지 지체하고 있으니 경상감사 李端錫을 추고할 것을 아뢰었다. 이로 미루어보면 본래 진상 20건・국용 70건으로 총 90건 인출 예정이었던 ≪역대군감≫이 총 70건을 인출하게 된 것 같다. ≪역대군감≫을 반사한 기록은 1678년 12월 25일에 보인다. 사헌부 掌令이 된 宋光井(1617~1686)이 時政의 잘못에 대해 진언하였는데, 숙종은 그를 가상히 여겨 ≪역대군감≫ 10책에 직접 篇目을 써주어 장려하였다.16) 이후 경상도에서 ≪역대군감≫을 추가로 인송했다거나, 전라도에서 ≪역대신감≫을 간인하여 보냈다는 기록은 나타나지 않는다. 그러나 權絿(1658~1730)가 鄭知三이 ≪역대신감≫을 비치하고 있었다고 한 것으로 보아, ≪역대신감≫의 간인과 반사가 이루어진 것을 알 수 있다.17)

3. 궁궐 내에 수장한 ≪역대군감≫

조선 후기의 창덕궁에는 중국 서책을 수장하였던 건물로 숙종 연간의 養心閣과 정조 연간의 閱古觀과 皆有窩가 있었다. 1700년에 숙종이 경희궁 내 景賢堂의 東行閣에 文獻閣을 건립하면서 지은 〈文獻閣銘幷小序〉에 의하면, 당시 大內에는 서책을 수장한 세 곳이 있었는데 養心閣과 欽文閣, 廂庫가 그곳이다. 이 중 양심합은 중국 서책만을 수장하였으며, 흠문각과 상고는 조선 서책을 수장하였다.18)

1776년에 정조는 규장각과 함께 奉謨堂과 閱古館・皆有窩・西庫를 건립하여 각기 다른 성격의 기록물을 봉안하거나 보관하는 장소로 사용하였다.19) 그중 열고관과 개유와는 연결

16) ≪肅宗實錄≫ 권7, 숙종 4년 12월 25일 辛卯.

17) ≪灘村先生遺稿≫ 卷之七, 〈謾錄〉

18) ≪列聖御製≫(奎1803), 卷之十五 〈文獻閣銘幷小序〉, "大內藏書 凡有三所 一曰養心閣 一切藏諸唐板 二曰欽文閣 三曰廂庫 皆藏鄕本焉"

19) 규장각은 정조의 御眞・御製・御筆・寶冊・印章 등을 奉安하였고, 봉모당은 列朝의 御

된 건물로 중국 서책을 수장하였으며, 서고는 조선 서책을 수장하였던 건물이다.

조선 후기에 궁궐 내에 위치한 건물에 수장한 ≪역대군감≫은 〈표 2〉와 같다. 해당 서목에는 먼저 서명을 적고 이어 건수와 冊數를 기록하였는데, 책의 단위를 本이나 卷으로 표기한 경우도 책(Volume)을 의미한다. 본래에는 수장처마다 별도로 서목이 작성되었는데, 19세기에 이르면 장서처가 본래의 특성을 잃게 되기도 하고, 여러 장서처의 서목이 함께 기록되기도 하였다. 따라서 각 서목에 수록된 ≪역대군감≫ 중에는 동일한 건을 지칭하는 사례도 있을 것이다.

〈표 2〉 궁궐 내에 수장한 ≪역대군감≫의 내역

번호	書目(청구기호)	분류	수록 내용
①	奉謨堂奉安御書總目(奎9838)	卷之一 御製	歷代君鑑小識 - 甲子
②	奎章總目(奎4461)	別史類	歷代君鑑 十本
③	閱古觀書目(藏K2-4654)	史部-傳記	歷代君鑑 四件 各十卷 景泰御撰
④	寶文閣冊目錄(奎11617)	傳記	歷代君鑑 三件 二件各十卷 一件八卷 明景泰御撰
⑤	西庫藏書錄(奎7717)	史記類	歷代君鑑 四件 三件各十冊 一件八冊 吐 明代宗御製
⑥	西庫書目目錄(藏K2-4963)	史部-傳記	歷代君鑑 五件 四件各十卷 一件八卷 明景泰御撰
⑦	奎章閣書目-閱古觀書目(奎11670)	史二樻	歷代君鑑 十卷 一套
		隆文隆武移來 冊子-四架	歷代君鑑 五卷 不秩
⑧	奎章閣書目-西庫書目(奎11670)	十三架	歷代君鑑 八卷 改衣
		二十五架	歷代君鑑 十卷 改衣

서목에 수록된 ≪역대군감≫은 궁궐에서 ≪역대군감≫을 소장하고 있으면서 관리한 사실을 보여준다. 나아가 문헌 기록과 일치하는 현진본에 대해서는 가치 부여와 함께 조선시대

製・御筆・御畫・顧命・遺誥・密敎・璿譜・世譜・寶鑑・狀誌를 봉안하였다.

의 서책 보존에 대해 밝힐 수 있다는 데에 의의가 있다.

서목의 분류 항목에서 ≪역대군감≫을 살펴보면 ② ≪규장총목≫에서는 史部에 해당하는 '皆有窩 乙庫'의 別史類에 분류하였다. 중국 서책을 수장하는 건물인 개유와는 經·史·子·集의 四部 분류에 따라 서책을 甲庫·乙庫·丙庫·丁庫에 배치하였다. ≪규장총목≫과 마찬가지로 ≪역대군감≫을 사부에 분류한 ③과 ⑥은 傳記 항목에 배치하였고 ⑤에서는 史記類에 넣고 있다.

① ≪봉모당봉안어서총목≫은 봉모당에 봉안한 정조 이전 선왕들의 기록물이 수록되었다. 이 서목에는 영조가 지은 어제가 다수 있는데, 그중 ≪역대군감≫에 대한 〈御製歷代君鑑小識〉가 수록되었다. 이 어제는 '英宗大王御製刊本' 항목에 수록되었으며 '甲子'라고 주를 달고 있는데 1744년을 의미한다. 이는 바로 다음 줄에 기록된 ≪常訓≫이 '乙丑'으로 '1745년'인 것으로도 알 수 있다. 그런데 현전하는 ≪역대군감≫에 수록된 〈御製歷代君鑑小識〉는 1763년으로 '癸未'로 서로 차이를 보이는데 그 까닭은 정확하게 알 수 없다.

4. 帝王學의 교과서, ≪역대군감≫의 활용

중국에서 간행한 ≪역대군감≫이 조선에 전파되면 오자를 교정하거나 내용을 수정하여 간행하였다. 조선에서 간행한 ≪역대군감≫은 주로 경연과 서연에서 帝王學의 교과서로 적극 추천되거나 활용되었다. 제왕학은 군주가 갖추어야 할 학문으로 경연이 활성화된 태종대 이후 제왕학에 대한 논의가 본격화된다. 제왕학은 경연과 연관되어 논의되었고 유학을 의미하는 聖學과 같은 의미로 사용되었다. 경연은 국왕의 학문 연마를 위해 마련된 장이고, 경연 교육은 바로 제왕학 교육이었기 때문이다.

제왕학은 현실 정치에서 제왕이 실천하는 학문이기에 역대 군주들의 정책을 파악할 수 있는 역사서의 학습을 중시했다.[20] 예를 들면 1469년(예종 1)에 공조판서인 양성지는 예종에게 管見 28 조목을 상서하였다.[21] 이 조목의 두 번째로 성학에 힘쓰는 일에 대한 '勤聖

20) 김문식, 2007 ≪정조의 제왕학≫, 태학사, 15~22면.

21) ≪睿宗實錄≫ 권6, 예종 1년 6월 29일 辛巳.

學'으로 양성지는 자신의 견해를 다음과 같이 올렸다.

> 대개 人主는 그 한 몸이 하늘을 대신하는 자리에 있어, 祖宗의 부탁이 중하지 않을 수 없고, 臣民들이 의지하며 바라는 것이 깊지 않을 수 없습니다. 한 가지 생각의 차이로 혹은 무궁한 근심을 끼치기도 하고, 한 가지 일의 실수로 혹은 막대한 폐단을 이루기도 합니다. 진실로 마땅히 聖學을 궁구하여 다스리는 근원을 밝게 추출하고, 史傳을 확실히 파악하여 治亂의 자취를 살펴야만 적은 것으로도 많은 것을 제어할 수 있으며, 옛것으로도 오늘을 징험할 수 있습니다.

양성지는 국정 운영을 주도하는 자리에 있는 군주는 경연에서 익힌 성학과 史傳을 바탕으로 정책을 결정해야 한다고 아뢰었다. 이를 위해서 군주는 매일 경연에 참석해야 하며 ≪通鑑≫을 마친 후의 진강 서책으로 ≪大學衍義≫와 ≪自警編≫・≪貞觀政要≫・≪宋元節要≫・≪大明君鑑≫・≪東國史略≫・≪高麗史節要≫・≪國祖寶鑑≫ 등을 추천하였다. 여기에서 ≪대명군감≫은 명나라에서 간행한 ≪역대군감≫을 지칭한 것으로 보인다.

조선시대 경연에서 ≪역대군감≫을 가장 열심히 진강하고 실천한 국왕은 영조이다. 1763년 6월 5일에 영조는 朝講에서 東宮인 정조를 경계시키는 글을 지어 春坊官인 金鍾正과 洪檢을 불러 왕세손에게 전하도록 하였다.[22] 이틀 후 書講에서 김종정 등이 왕세손과 주고받은 말을 적어 아뢰었다. 영조는 왕세손의 문답이 정밀하고 절실한 것을 가상히 여기고 어필로 '將此君鑑 賞爾穎悟(이 ≪군감≫을 보내어 너의 총명함을 칭찬한다.)'의 여덟 글자를 쓴 후, ≪역대군감≫의 卷首에 붙여 동궁에게 전하도록 명하였다.[23]

영조는 임오화변(1762) 이후 칠순의 나이에 召對에서 ≪역대군감≫을 開講하면서 그 감회를 〈御製歷代君鑑小識〉에 표현하였다. 명나라 代宗이 쓴 ≪역대군감≫의 서문인 〈御製歷代君鑑序〉 다음에 수록된 영조의 〈어제역대군감소지〉는 1763년 7월 12일에 지은 것이다. 7월 22일에 영조는 御製編次人 예조판서 具允明에게 이것을 필사한

---

22) ≪英祖實錄≫ 권102, 영조 39년 6월 5일 辛卯.

23) ≪승정원일기≫ 영조 39년 6월 7일 癸巳.

후 목판에 새겨 ≪역대군감≫의 卷首에 부치도록 명하였다. 영조의 〈어제역대군감소지〉는 다음과 같다.

> 내 나이 칠순에 召對에서 새 책을 강론하니, 그 서명이 무엇인가. ≪역대군감≫이다. 옛날에 殿中에 항상 자리 곁에 두었는데,[24] 노년에 정사에 복귀하면서 마땅히 본받아야 할 것이다. 먼저 스스로 힘쓰고 스스로 노력해야 본받을 수 있고 경계로 삼을 수 있다. 그 조목을 묻는다면 선과 악인데 복희씨부터 명대까지 이른다. 오늘 개강하여 御製를 보니 風泉의 감회가 마음에 간절하다. 당시를 추억하니 감회가 갑절이나 더하다. 특별히 서문 아래에 기록하여 작은 정성을 붙인다. 1763년 7월 12일에 쓴다.

영조는 명나라 경태제가 지은 서문을 보고 '風泉'의 감회가 간절하였다. '風泉'은 '匪風'과 '下泉'을 가리키는 것으로, 비풍은 ≪시경≫ '檜風'의 篇名이고 하천은 '曹風'의 편명이다. 이 두 편은 현인들이 周나라의 왕권이 쇠약해짐을 개탄하면서 옛날 강성했던 때를 생각하면서 지은 시이다. 영조는 명나라에서 편찬한 ≪역대군감≫을 앞에 두고 청나라 지배하의 현실에서 명나라를 추모하는 마음이 일어난 것이다.

영조는 1763년 7월 22일 소대에서 ≪역대군감≫의 서문에서부터 시작하여 권4까지 진강하였다.[25] 영조는 ≪역대군감≫이 좋은 책이며 모아놓은 것이 정밀하다고 평하였다. 시독관 홍낙인은 동궁이 현재 ≪맹자≫와 ≪사략≫을 진강하고 있는데 ≪역대군감≫을 때때로 보면 유익할 것이라고 아뢰었다. 영조 연간에 소대에서 진강한 ≪역대군감≫의 범위와 영조가 실천한 사항을 관찬 사료를 참고해 정리하면 〈표 3〉과 같다.

---

24) 영조는 1726년에 ≪역대군감≫을 진강하였는데, 30여 년이 지난 1763년에 다시 진강하는 것이라고 말하였다.(≪승정원일기≫ 영조 39년 8월 10일 甲午)

25) 영조 후반기에는 전반기에 진강된 강목체사서인 ≪唐鑑≫과 ≪宋鑑≫ 외에 ≪역대군감≫이 추가되었다. 정경희는 ≪역대군감≫을 도덕적 포폄을 중시한 성리학서 계열에 속한다고 보았다. 鄭景姬, 1999 〈英祖後半期(1749~1776) 經筵과 英祖의 義理論 강화〉, ≪歷史學報≫ 162, 35~36면.

〈표 3〉 1763년 소대에서 진강한 ≪역대군감≫

일 자	진강 범위	실천 사항
7월 22일	序文・권1・권2・권3・권4	·
7월 23일	권5	·
7월 24일	권7 西漢 文帝 13년 5월	除肉刑・除笞背
7월 25일	권10 東漢 光武	논평
	권11 東漢 明帝	논평
	권16 唐 太宗	논평
7월 26일	宋高祖紀, 唐太宗紀	·
7월 28일	권16 唐 太宗 19년 12월 癸未	탄신일에 칭하를 금지
	권20 宋 太祖 2년 1월	감옥을 청소, 신속한 처결
8월 4일	권23 宋 仁宗	潛商律 시행
8월 5일	권29~30 明 太祖 高皇帝	齋戒에 정성을 다함
8월 6일	권31~32 明 太宗 文皇帝	哨軍을 배려함
8월 7일	권23 宋 仁宗	·
8월 8일	惡可爲戒 권36~권40	논평
8월 9일	권46 唐 中宗~권48 五代 唐莊宗	논평
8월 10일	·	논평

7월 24일 소대에서 西漢의 文帝가 몸의 일부를 자르거나 베는 肉刑과 등을 매로 치는 笞背를 없앤 것을 진강하였다. 육형을 폐지하게 된 계기는 齊나라 太倉令 淳于意의 딸이 문제에게 올린 上書에서 비롯되었는데 상서의 내용은 다음과 같다.

> 5월에 肉刑을 폐지하였다. 제나라 태창령 순우의가 죄를 지어 형벌을 받게 되어 詔獄에서 장안으로 이송되었다.……그 막내딸 緹縈이 상심하여 울면서 그 아버지를 따라 장안에 이르러서 上書하기를, "첩의 아비가 관리가 되어 제나라에 있을 때 모두 그 청렴하고 공평함을 칭송했는데 지금 법에 저촉되어 형을 당하게 되었습니다. 무릇 죽은 자는 다시 살아날 수 없고 肉刑을 당한 자는 다시 붙일 수 없으니, 비록 다시 허물을 고치고

스스로 새로워지려고 해도 방법이 없는 것을 첩은 슬퍼합니다. 첩은 제가 관비로 沒入되어 아비의 형벌을 대속하여 아비가 스스로 새로워질 수 있게 해주시기를 바랍니다.” 하였다.

상서가 아뢰어지자 문제는 제영의 마음을 가련히 여겨 조서를 내렸다. 조서에서 문제는 육형이 있는데도 백성들의 범죄가 없어지지 않는 까닭을 오히려 자신의 부덕에서 찾았다. 또한 제왕은 백성의 부모로서 그 역할을 감당해야 하는데, 교화보다도 형벌이 우선되었던 것을 반성하였다. 이에 육형을 폐지하여 백성들이 허물을 고쳐 선을 행할 수 있도록 제도를 바꾸라고 명하였다.

영조는 이 부분을 진강한 후 鞫廳의 죄수가 아니라면, 朝士나 종친으로 유배되어 죽은 자는 영구히 檢驗을 하지 않도록 법을 만들라고 명하였다.[26] 영조는 이미 1725년에 ‘壓膝’을,[27] 1732년에는 ‘剪刀周牢’를,[28] 1733년에는 鞫獄 때에 烙刑을 제거하라고 명하였다.[29]

7월 28일 소대에서 영조는 ≪역대군감≫ 권16의 당나라 태종의 ‘20년 12월 癸未’를 진강하였다. 그 내용은 이날이 태종의 생일이었는데 태종은 즐거워하기보다는 온 천하를 소유하였으나 어버이를 모시며 기쁘게 해드릴 수 없는 슬픈 감회를 토로한 것이었다. 태종은 ≪詩經≫ 〈小雅 蓼莪〉의 ‘哀哀父母 生我劬勞’를 인용하며, 부모가 자신을 낳기 위해 고생하신 날에 어떻게 宴樂을 하겠느냐며 눈물을 흘렸다. 이것을 읽고 영조는 자신의 생일에 稱賀하지 말고 諸道에서도 箋文을 올리지 말라고 명하였다.[30]

8월 28일에 영의정 洪鳳漢 등이 2품 이상의 관원을 거느리고 誕辰賀禮를 올릴 것을 청하였으나 영조는 허락하지 않았다. 홍봉한이 입대하여 강력하게 청하니 생일 이틀 후에 하례를 받겠다고 하였다.[31] 자신의 생일인 9월 13일에 영조는 칭하를 허락하지 않았다.[32] 그

26) ≪영조실록≫ 권102, 영조 39년 7월 24일 己卯.

27) ‘壓膝’은 죄인을 신문할 때에 널빤지로 무릎 위를 누르는 것이다. 조선 초기부터 있던 고문 방법인데 영조가 1725년에 폐지하였다.

28) ‘剪刀周牢’는 죄인의 두 다리를 묶고 그 틈에 두 개의 주릿대를 가위 모양으로 끼우고 비트는 혹독한 고문이다. 1732년에 영조가 이 형의 금지령이 내렸다.

29) ≪영조실록≫ 권35, 영조 9년 8월 22일 庚午.

30) ≪영조실록≫ 권102, 영조 39년 7월 28일 癸未.

대신 대신과 종신을 포함한 2품 이상의 여러 신하들에게 入侍하라고 명하고, 직접 〈鳩杖銘〉을 짓고 신하들에게 이어 짓게 하였다.[33] 생일 이틀 후인 9월 15일에 영조는 임금이 崇政殿에 나아가 백관의 하례를 받았다.[34]

영조는 7월 28일 소대에서 송나라 태조가 한더위에 감옥에 갇힌 죄수들의 고통을 염려했던 것에 감동하였다.[35] 영조는 감옥을 깨끗이 청소하고 죄가 크지 않은 죄수는 신속하게 처결하여 오래 끌지 않도록 하였다.[36] 이같이 영조가 소대에서 진강한 내용을 실천한 것을 볼 때, 暮年에 ≪역대군감≫을 진강하는 것은 소일거리가 아닌 실효를 얻고자 하는 것이라고 말한 영조의 의지를 확인할 수 있다.[37]

이후 순조는 보문각에서 야대할 때에 ≪역대군감≫을 진강하였는데, 시독관 洪冕燮이 영조의 〈어제역대군감소지〉 가운데 '풍천의 감회'에 감탄하였다.[38] 이에 대해 순조는 列聖朝부터 지금까지 '尊周大義'를 천명하고 준수해왔는데 어떻게 하면 만세토록 전할 수 있는지를 물었다.[39] 이어 복희씨에서부터 ≪역대군감≫에 나오는 여러 인물들을 비교하며 새벽이 밝아올 때까지 논쟁하였다.

≪역대군감≫은 제왕학의 교과서로 경연과 서연에서 활용되는 한편 鑑誡類의 서책을 편찬하는 데에 영향을 끼쳤다. 그 사례를 들어보면, 1499년(연산군 5) 12월에 연산군은 洪貴達・權健・成俔에게 명하여 옛날의 君臣과 后妃의 行事에서 오늘날 본받을 만하고 경계할 만한 자를 편찬하여 거울로 삼도록 명하였다.[40] '君鑑'・'臣鑑'・'妃鑑'을 편찬하려는 까닭은 나라를 위하는 방법으로 서책의 편찬과 보급만 한 것이 없다는 생각에서이다. 임금은 옛것

31) ≪영조실록≫ 권102, 영조 39년 8월 28일 壬子.
32) 영조는 1694년(숙종 20) 9월 13일 창덕궁의 寶慶堂에서 출생했다.
33) ≪영조실록≫ 권102, 영조 39년 9월 13일 丁卯.
34) ≪영조실록≫ 권102, 영조 39년 9월 15일 己巳.
35) ≪歷代君鑑≫ 卷之二十 宋 太祖 二年 春正月.
36) ≪영조실록≫ 권102, 영조 39년 7월 28일 癸未.
37) ≪승정원일기≫ 영조 39년 8월 10일 甲午.
38) ≪純祖實錄≫ 권11, 순조 8년 11월 19일 庚辰.
39) '尊周大義'는 주나라 왕실을 존숭하는 대의란 뜻으로, 여기서는 명나라 왕실을 존숭하는 대의를 가리킨다.
40) ≪虛白堂文集≫ 권9, 題跋, 〈歷代明鑑跋〉.

에서 거울삼지 않으면 혹 '施措之宜'를 잘못하게 되고, 신하가 옛것에서 거울삼지 않으면 실제로 '忠詐之分'에 어둡게 되고, 妃主의 陰助에 이르러서는 실제 '乾道之化育'을 도우려면 옛것을 거울삼는 것을 귀중하게 여기어야 한다고 생각했기 때문이다.

≪歷代明鑑≫의 편찬자들은 중국에서 들어온 ≪역대군감≫·≪역대신감≫과 조선에서 성종 연간에 편찬한 ≪帝王后妃明鑑≫을 살펴보았다. 그리고 조선의 역사를 참고하여 가장 절실하고 중요한 것을 뽑고 번다한 것을 없앴다. ≪역대명감≫은 이듬해인 1500년 7월 28일에 '군감'·'신감'·'비감'이 한 질을 이루어 27권으로 편찬되었다.[41]

영조 연간에 편찬한 ≪歷代鑑戒抄略≫은 ≪역대군감≫의 編成과 같이 '善'과 '惡' 2편으로 만든 서책이다. 1762년 11월 16일 영조는 徐志修에게 ≪역대감계초략≫의 편집을 주관하라고 특별히 명하고, 서지수가 호조를 관장하고 있으니 黃仁儉과 함께 편집하라고 하였다.[42] ≪역대감계초략≫은 본받을 만한 선한 자와 징계할 만한 악한 자를 뽑아 2권을 넘지 않게 편집하여 비용을 덜도록 하였다. 또한 내용을 쉽게 이해할 수 있게 하여 조석으로 보고 느끼어 실효가 있게 하라고 명하였다.

5. 현전하는 ≪역대군감≫의 형태적 특징

중국에서 명대에 목판으로 간행한 ≪역대군감≫은 四周雙邊과 10行20字의 판식인데, 조선에서도 10行20字의 판식으로 간행하였다. 다만 중국 서책은 大黑口와 上下內向黑魚尾의 판심인데 반해 조선 서책은 白口와 上下內向三葉花紋魚尾의 판심이다. 즉 판심의 형태를 비교하면 중국 서책인지 조선 서책인지 판별할 수 있다. 그러나 어미 안에 새겨진 서명인 版心題는 모두 '君鑒'으로 동일하다. 규장각한국학연구원에 현전하는 ≪역대군감≫의 구성과 장황의 특징은 다음 〈표 4〉와 같다.

---

41) ≪허백정문집≫ 권2, 序, 〈歷代明鑑序〉.

42) ≪승정원일기≫ 영조 38년 11월 16일 甲戌.

〈표 4〉 규장각에 현전하는 ≪역대군감≫의 형태적 특징

번호	청구기호	卷冊/크기/판심	장황	序文/〔藏書印〕/書根題
①	奎中 4111	50권 10책 /35.8×22cm /大黑口, 上下內向黑魚尾 /標點	改粧-황색매화문비단 /長題目(卷次) /앞뒤 空隔紙(篇目)	〈御製歷代君鑑序〉 /〔廣運之寶〕:御製序文・卷首 /書根題
②	奎中 4120	50권 10책 /35.5×21.8cm /大黑口, 上下內向黑魚尾 /標點	改粧-비취색비단 /長題目(冊次) /橫題目(篇目) /앞 空隔紙	〈御製歷代君鑑序〉 /〔廣運之寶〕:御製序文・卷首 /書根題
③	奎中 1926	35권 8책(落帙本) /33×22.3cm /白口, 上下內向三葉花紋魚尾	紙衣 /朱墨 懸吐 /御諱付籤 紅方絲紬	〈御製歷代君鑑序〉 /〈御製歷代君鑑小識〉 /〔弘文館〕・〔弘齋〕・〔承華章〕:卷首/書根題
④	奎中 1927	50권 10책 /32.3×21.3cm /白口, 上下內向三葉花紋魚尾	紙衣 /墨書 懸吐 /御諱付籤 被諱紙	〈御製歷代君鑑序〉 /〈御製歷代君鑑小識〉 /〔弘文館〕・〔校書館〕:卷首 /書根題
⑤	奎中 2481	4권 1책(零本) /35.7×23.3cm /白口, 上下內向三葉花紋魚尾	紙衣 /墨書 懸吐 /권19~권24	〔承政院〕
⑥	奎26 669	落張 25장을 묶음	권23~권24	·

〈표 4〉의 ①・②에는 경태제의 〈御製歷代君鑑序〉과 卷首에 '廣運之寶'가 安寶되어 있다. ①・②는 책의 안쪽을 살펴보면 본래 6침으로 장책하였던 針眼이 보여 조선에서 5침으로 개장하였음을 알 수 있다.[43] ①・②는 책의를 비단으로 하고 空隔紙를 두어 왕실 서책의 진상건에 해당하는 장황 형태이다. 이것은 당시 ①・②가 중국 황실에서 내려준 서책으로서 위상을 보여준다.

'廣運之寶'는 명나라의 황제들이 사용한 御寶로서, 중국의 문서와 서책에 안보하였던 사실은 실록 기사를 참고할 수 있다. 1485년에 正言 權柱는 서장관으로 북경에 갔을 때 앞뒤의 정황으로 미루어 명나라 내관인 谷淸이 '別進獻'을 사사로이 요구한 것으로 판단하였다.

43) 중국 서책을 조선 서책의 장황으로 개장한 사례와 그 의미에 대해서는 조계영, 앞의 논문(2009)을 참조.

이에 대해 성종은 聖旨에 '廣運之寶'가 있으니 憲宗皇帝(재위 1464~1487)의 명이 분명하다고 하였다.[44] 1603년에는 宣祖의 繼妃인 仁穆王后를 책봉하는 神宗皇帝(재위 1572~1620)의 칙서에 '廣運之寶'가 안보되었다.[45]

영조 연간에는 중국서책에 '廣運之寶'가 안보된 서책들을 열람한 사례가 있어 주목된다. 1741년에 검토관 李成中이 홍문관에 수장되어 있던 중국 서책인 ≪歷代通鑑纂要≫를 영조에게 올렸다.[46] 영조는 권수에 안보되어 있는 '廣運之寶'가 어느 대의 것인가를 묻자 기사관 黃景源은 "'廣運之寶'는 皇朝(明나라)의 어보입니다."라고 아뢰었다.[47] 영조는 1746년에 金玏의 집안에 소장된 ≪大學衍義≫를 그 자손에게 가져오게 하여 열람하였다.[48] 이 ≪대학연의≫는 1602년(선조 36) 김륵이 동지사행으로 明에 갔을 때 신종황제가 御賜한 것이다. 이 책은 序文의 연호가 있는 행에 '欽文之璽'가, 각 권의 卷首에 '廣運之寶'가 안보되었다. 영조는 김륵의 자손에게 常本의 ≪대학연의≫를 하사하였는데, ≪대학연의≫의 권수에 特旨를 쓰고, 각 권에 어보와 '春宮'의 관인을 찍었다.[49]

앞서 2장 4절에서 언급했듯이 숙종이 內下한 중국본 책의에 御筆이 있다고 하였다. 〈표 4〉에서 중국 서책의 책의에 필사한 것은 ②번이다. ②는 비취색 비단 책의에 편목을 쓰고, 서명은 별도의 비단 위에 썼다. 그러나 ②는 왕실 서책의 진상건에서 서명을 쓰는 비단의 색이 아니며 가장자리를 두르는 '長題目縇'도 없다. 또한 서명과 편목을 쓴 글자의 품위로 보아 후대에 필사한 것이 아닌지 의문이 든다. 이에 반해 ①은 앞 공격지에 편목을 필사하였는데, 서명과 편목의 자양으로 보아 寫字官이나 당대의 繕寫者가 필사한 것으로 생각된다.

주목되는 것은 일본의 大阪府立中之島圖書館에 현전하는 ≪역대군감≫(韓12-4)이 ②와

---

44) ≪성종실록≫ 권204, 성종 18년 6월 14일 壬午.

45) ≪선조실록≫ 권163, 선조 36년 6월 19일 甲辰.

46) ≪영조실록≫ 권53, 영조 17년 4월 4일 戊戌.

47) 당시 홍문관과 강화부 행궁에는 명나라에서 하사한 중국서책이 수장되어 있었다.

48) ≪영조실록≫ 권64, 영조 22년 8월 22일 乙酉. 영조와 정조는 특별한 緣起와 내력을 지닌 古家의 문적이 있으면 그 자손에게 가져오게 하여 열람한 후, 御製를 내려주거나 서책을 하사하였다.

49) ≪정조실록≫ 권40, 정조 18년 8월 30일 甲申.

동일한 비단으로 장황했으며, ②와는 다르게 서명을 책의에 바로 필사했다는 것이다. 이 책은 서명을 예서체로 썼으며 편목을 필사한 자양도 ②와는 사뭇 다르다. 하지만 이 자양이 숙종의 어필인지에 대해서는 판단하기 어렵다. 이 책은 명나라 내부에서 간행한 것으로 조선에서 비단 장황의 5침안으로 책의를 개장하였는데 일본에서 가져가 현재에 이른 것이다.

③·④·⑤·⑥은 조선에서 목판으로 간인한 ≪역대군감≫으로 모두 동일한 판본이다. ③과 ④는 경태제의 〈御製歷代君鑑序〉 다음에 영조가 지은 〈御製歷代君鑑小識〉가 수록되어 있다. ③은 권수에 '弘文館'·'弘齋'·'承華章'의 장서인이 있고, 朱墨으로 吐가 달려 있다. 또한 35권 14장에 있는 御諱를 가리는 紅方絲紬가 있다.[50] ④는 墨書의 현토와 35권 14장에 있는 御諱를 가리는 被諱紙가 있다.

참고문헌

김남기, 2006 〈≪소현동궁일기≫: 교육의 실제와 도서 정비 과정〉, ≪奎章閣≫ 29.

김문식, 2006 〈조선시대 중국 서적의 수입과 간행〉, ≪규장각≫ 29.

______, 2007 ≪정조의 제왕학≫, 태학사.

조계영, 2006 〈조선왕실 봉안 서책의 장황과 보존 연구〉, 한국학중앙연구원 박사학위논문.

______, 2009 〈조선후기 중국서책의 구입과 장황의 변화〉, ≪한국문화≫ 48.

______, 2011 〈조선시대 ≪역대군감≫·≪역대신감≫의 수용 양상과 특징〉, ≪규장각≫ 38.

鄭景姬, 1999 〈英祖後半期(1749~1776) 經筵과 英祖의 義理論 강화〉, ≪歷史學報≫ 162.

50) 왕실 서책의 '御諱付籤 紅方絲紬'에 대해서는 조계영, 2006 〈조선왕실 봉안 서책의 장황과 보존 연구〉, 한국학중앙연구원 박사학위논문, 41~42면 참조.

≪역대군감≫(奎中1927)의 卷冊과 체재

항목	卷次	시대	인물	冊次
善可爲法	권1	三皇	伏羲·神農·黃帝	1책
	권2	五帝	少昊·顓頊·高辛·堯·舜	
	권3	夏	禹·啓·少康	
	권4	商	湯·太甲·太戊·盤庚·武丁	
	권5	周	文王·武王·成王·康王·宣王	
	권6	西漢	高帝	2책
	권7		文帝·景帝	
	권8		武帝	
	권9		昭帝·宣帝	
	권10	東漢	光武	
	권11		明帝·章帝	
	권12	蜀漢	昭烈帝	
	권13	西晉	武帝	3책
		東晉	元帝·明帝	
	권14	南朝	宋文帝	
	권15	北朝	魏孝文帝·周武帝	
	권16	唐	太宗	
	권17	唐	憲宗	
	권18	唐	宣宗	
	권19	五代	周世宗	4책
	권20	宋	太祖	
	권21	宋	太宗	
	권22	宋	眞宗	
	권23	宋	仁宗	
	권24	宋	英宗·神宗 英宗	
	권25	宋	孝宗	5책
	권26	宋	理宗	
	권27	金	世宗	
	권28	元	世祖·仁宗	
	권29	明	太祖 高皇帝 上	6책
	권30		太祖 高皇帝 下	
	권31		太宗 文皇帝 上	7책
	권32		太宗 文皇帝 下	
	권33		仁宗 昭皇帝	8책
	권34		宣宗 章皇帝 上	
	권35		宣宗 章皇帝 下	

항목	卷次	시대	인물	册次
惡可爲戒	권36	夏	太康 · 孔甲 · 桀	9책
		商	武乙 · 紂	
		周	厲王 · 幽王	
	권37	秦	始皇帝	
	권38	西漢	元帝 · 成帝	
	권39	東漢	安帝 · 桓帝	
	권40	西晉	惠帝	
		東晉	孝武帝	
	권41	南朝	宋少帝 · 宋孝武帝	
	권42	南朝	齊鬱林王 · 齊明帝 · 陳後主	
	권43	北朝	齊文宣 · 齊武成	
	권44	北朝	齊後主 · 周宣帝	10책
	권45	隋	煬帝	
	권46	唐	高宗	
	권47	唐	中宗	
	권48	五代	唐莊宗	
	권49	宋	徽宗	
	권50	遼	天祚	
		金	海陵	
		元	順帝	

凡 例

1. 본서는 ≪譯註 歷代君鑑≫의 제1책이다.
2. 본서의 底本은 朝鮮時代에 明景泰四年內府刊本을 刊印한 木版本 ≪歷代君鑑≫(奎中 1926, 朱書 口訣)이며, 저본의 校勘을 위해 明景泰四年內府刊本에 해당하는 중국 四庫全書存目叢書(齊魯書社, 1995)의 ≪歷代君鑑≫(中國 湖南圖書館 소장본)과 일본 內閣文庫 소장본 ≪歷代君鑑≫(287-0140, 文政13年(1830) 刊本) 등을 참고하였다.
3. 본서는 원전의 傳統性과 번역의 現代性을 구현하기 위해 노력하였다.
4. 原文에는 우리나라 전통방식의 懸吐를 하였는데, ≪歷代君鑑≫(奎中 1926)의 御覽用 朱書 懸吐를 참조하였다.
5. 原文은 저본의 圈點(○)과 論贊에 따라 단락을 구분하고 일련번호를 부여하였다. 이 중 원문의 단락이 길 경우 다시 의미 단락별로 分節하였다.
6. 飜譯은 原義에 충실하게 하되, 이해가 어려운 부분은 意譯 또는 補充譯을 하였다.
7. 飜譯文은 한글과 한자를 혼용하였으며, 맞춤법과 띄어쓰기는 한글 맞춤법과 표준어 규정을 따랐다.
8. 원문이나 번역문의 한자 중에 僻字나 讀音이 특수한 글자는 한글로 音을 달아주었다.
9. 譯註는 校勘, 人物, 制度, 官職, 역사적 사건, 인용문의 出典, 異說, 故事, 전문용어, 難解語 등에 관한 사항을 밝혔다.
10. 校勘은 원문의 誤字, 脫字, 衍文, 倒文 등을 대상으로 하였다.
11. 본서의 校勘에 사용된 符號는 다음과 같다.

( )〔 〕: (저본의 誤字)〔교감한 正字〕

〔 〕: 저본의 脫字 보충

( ): 저본의 衍字 표시

12. 본서에 사용한 주요 부호는 다음과 같다.

“ ” : 인용

‘ ’ : “ ” 안의 재인용

「 」 : ‘ ’ 안의 재인용

『 』 : 「 」 안의 재인용

( ) : 원문에서 讀音이 특수한 글자나 僻字의 音
번역문에서의 間註

〔 〕 : 번역문에서 뜻은 같으나 音이 다른 漢字
譯註에서 인용한 원문표기

≪ ≫ : 書名

〈 〉 : 篇章名, 作品名, 補充譯

參考文獻

◇ 底本

• ≪歷代君鑑≫, 明 代宗 撰, 朝鮮 木版本 규장각 소장본(奎中 1926, 朱書 口訣)

◇ 參考本

• ≪歷代君鑑≫, 明 代宗 撰, 朝鮮 木版本 규장각 소장본(奎中 1927, 墨書 口訣)
• ≪歷代君鑑≫, 明 代宗 撰, 四庫全書存目叢書, 影印本, 齊魯書社, 1995.
• ≪歷代君鑑≫, 明 代宗 撰, 日本 內閣文庫 소장본(287-0140, 文政13年(1830) 刊本)

◇ 經 部

• ≪論語集註大全≫, 朱熹(宋) 集註, 胡廣(明) 等 編, 朝鮮 內閣本, 影印本, 學民文化社.
• ≪大戴禮記≫, 戴德(唐) 撰, 文淵閣四庫全書 제128책 經部122, 臺灣商務印書館, 1983~1986.
• ≪禮記集說大全≫, 陳澔(元) 集說, 胡廣(明) 等 編, 朝鮮 內閣本, 影印本, 學民文化社.
• ≪孟子集註大全≫, 朱熹(宋) 集註, 胡廣(明) 等 編, 朝鮮 內閣本, 影印本, 學民文化社.
• ≪三正考≫, 吳鼐(淸) 撰, 文淵閣四庫全書 제181책 經部175, 臺灣商務印書館, 1983~1986.
• ≪尙書注疏≫, 孔安國(漢) 傳, 孔穎達(唐) 疏, 阮元(淸) 校刻, 十三經注疏(淸 嘉慶刊本), 中華書局, 1980.
• ≪書傳大全≫, 蔡沈(宋) 集傳, 胡廣(明) 等 編, 朝鮮 內閣本, 影印本, 學民文化社.
• ≪小學集註≫, 朱熹(宋) 撰, 朝鮮 春坊藏板本, 影印本, 學民文化社.
• ≪詩傳大全≫, 朱熹(宋) 集傳, 胡廣(明) 等 編, 朝鮮 內閣本, 影印本, 學民文化社.
• ≪五禮通考≫, 秦蕙田(淸) 撰, 文淵閣四庫全書 제135~141책 經部129~135, 臺灣商務印書館, 1983~1986.

• ≪儀禮經傳通解≫, 朱熹(宋) 撰, 文淵閣四庫全書 제131책 經部125, 臺灣商務印書館, 1983~1986.
• ≪儀禮經傳通解續≫, 黃榦(宋) 撰, 文淵閣四庫全書 제131~132책 經部125~126, 臺灣商務印書館, 1983~1986.
• ≪爾雅翼≫, 羅願(宋) 撰, 文淵閣四庫全書 제222책 經部216, 臺灣商務印書館, 1983~1986.
• ≪爾雅注疏≫, 郭璞(晉) 注, 邢昺(宋) 疏, 阮元(淸) 校刻, 十三經注疏(淸 嘉慶刊本), 中華書局, 1980.
• ≪周禮注疏≫, 鄭玄(後漢) 注, 賈公彦(唐) 疏, 阮元(淸) 校刻, 十三經注疏(淸 嘉慶刊本), 中華書局, 1980.
• ≪周易傳義大全≫, 程頤(宋) 傳, 朱熹(宋) 本義, 胡廣(明) 等 編, 朝鮮 內閣本, 影印本, 學民文化社.
• ≪朱子全書≫, 朱熹(宋) 撰, 朝鮮 活字本, 影印本, 保景文化史.
• ≪中庸章句大全≫, 朱熹(宋) 集註, 胡廣(明) 等 編, 朝鮮 內閣本, 影印本, 學民文化社.
• ≪春秋經傳集解≫, 左丘明(周) 傳, 杜預(晉) 註, 林堯叟(宋)・朱申(宋・元) 附註, 朝鮮 金屬活字本(戊申字), 影印本, 保景文化社.
• ≪韓詩外傳≫, 韓嬰(漢) 撰, 文淵閣四庫全書 제89책 經部83, 臺灣商務印書館, 1983~1986.
• ≪孝經大義≫, 朱熹(宋) 刊誤, 董鼎(元) 註, 朝鮮 內閣本, 影印本, 學民文化社.

◇ 史 部

• ≪古今歷代標題註釋十九史略通攷≫, 曾先之(元) 編, 余進(明) 通攷, 朝鮮 木版本, 국립중앙도서관(한古朝50-13).
• ≪舊唐書≫, 劉昫(後晉) 等 撰, 中華書局, 1975.
• ≪國語≫, 左丘明(周) 撰, 文淵閣四庫全書 제406책 史部164, 臺灣商務印書館, 1983~1986.
• ≪兩漢博聞≫, 楊侃(宋) 撰, 文淵閣四庫全書 제461책 史部219, 臺灣商務印書館, 1983~1986.
• ≪路史≫, 羅泌(宋) 撰, 文淵閣四庫全書 제383책 史部141, 臺灣商務印書館, 1983~1986.
• ≪北史≫, 李延壽(唐) 撰, 中華書局, 1974.
• ≪史記≫, 司馬遷(漢) 撰, 中華書局, 1959.

- ≪三國志≫, 陳壽(晉) 撰, 裴松之(南朝 宋) 注, 中華書局, 1959.
- ≪宋書≫, 沈約(南朝 梁) 撰, 中華書局, 1997.
- ≪新唐書≫, 歐陽脩(北宋)・宋祁(北宋) 等撰, 中華書局, 1975.
- ≪御批歷代通鑑輯覽≫, 傅恒(清) 等奉勅撰, 文淵閣四庫全書 제335~338책 史部93~96, 臺灣商務印書館, 1983~1986.
- ≪魏書≫, 魏收(北齊) 撰, 中華書局, 1974.
- ≪資治通鑑≫, 司馬光(北宋) 撰, 胡三省(元) 音註, 中華書局, 1956.
- ≪帝王世紀≫, 皇甫謐(晉) 撰, 續修四庫全書 제301책, 上海古籍出版社, 1995.
- ≪周書≫, 令狐德棻(唐) 等 撰, 中華書局, 1971.
- ≪晉書≫, 房玄齡(唐) 等撰, 中華書局, 1974.
- ≪通志≫, 鄭樵(宋) 撰, 文淵閣四庫全書 제372~381책 史部130~139, 臺灣商務印書館, 1983~1986.
- ≪漢書≫, 班固(後漢) 撰, 中華書局, 1962.
- ≪皇王大紀≫, 胡宏(宋) 撰, 文淵閣四庫全書 제313책 史部71, 臺灣商務印書館, 1983~1986.
- ≪皇朝通志≫, 曹仁虎(清) 等奉勅撰, 文淵閣四庫全書 제644~645책 史部402~403, 臺灣商務印書館, 1983~1986.
- ≪後漢紀≫, 袁宏(晉) 撰, 文淵閣四庫全書 제303책 史部61, 臺灣商務印書館, 1983~1986.
- ≪後漢書≫, 范曄(南朝 宋) 撰, 中華書局, 1965.

◇ 子 部

- ≪鶡冠子≫, 陸佃(宋) 撰, 文淵閣四庫全書 제848책 子部154, 臺灣商務印書館, 1983~1986.
- ≪古今律歷考≫, 邢雲路(明) 撰, 文淵閣四庫全書 제787책 子部93, 臺灣商務印書館, 1983~1986.
- ≪孔子家語≫, 王肅(三國 魏) 撰, 文淵閣四庫全書 제695책 子部1, 臺灣商務印書館, 1983~1986.
- ≪獨斷≫, 蔡邕(漢) 撰, 文淵閣四庫全書 제850책 子部156, 臺灣商務印書館, 1983~1986.
- ≪讀書紀數略≫, 宮夢仁(清) 撰, 文淵閣四庫全書 제1033책 子部339, 臺灣商務印書館, 1983~1986.

- ≪洞冥記≫, 郭憲(漢) 撰, 文淵閣四庫全書 제1042책 子部348, 臺灣商務印書館, 1983~1986.
- ≪呂氏春秋≫, 呂不韋(戰國 秦) 撰, 高誘(漢) 注, 文淵閣四庫全書 제848책 子部154, 臺灣商務印書館, 1983~1986.
- ≪類說≫, 曾慥(宋) 輯, 文淵閣四庫全書 제873책 子部179, 臺灣商務印書館, 1983~1986.
- ≪墨藪≫, 韋續(唐) 撰, 文淵閣四庫全書 제812책 子部118, 臺灣商務印書館, 1983~1986.
- ≪墨子≫, 未詳, 文淵閣四庫全書 제848책 子部154, 臺灣商務印書館, 1983~1986.
- ≪白虎通義≫, 班固(漢) 撰, 文淵閣四庫全書 제850책 子部156, 臺灣商務印書館, 1983~1986.
- ≪山海經≫, 郭璞(晉) 撰, 文淵閣四庫全書 제1042책 子部348, 臺灣商務印書館, 1983~1986.
- ≪說郛≫, 陶宗儀(明) 撰, 文淵閣四庫全書 제876~882책 子部182~188, 臺灣商務印書館, 1983~1986.
- ≪搜神記≫, 干寶(晉) 撰, 文淵閣四庫全書 제1042책 子部348, 臺灣商務印書館, 1983~1986.
- ≪荀子≫, 荀況(周) 撰, 文淵閣四庫全書 제695책 子部1, 臺灣商務印書館, 1983~1986.
- ≪拾遺記≫, 王嘉(晉) 撰, 文淵閣四庫全書 제1042책 子部348, 臺灣商務印書館, 1983~1986.
- ≪莊子注≫, 莊周(戰國 宋) 撰, 郭象(晉) 注, 文淵閣四庫全書 제1056책 子部362, 臺灣商務印書館, 1983~1986.
- ≪太平御覽≫, 李昉(宋) 撰, 文淵閣四庫全書 제893~900책 子部199~206, 臺灣商務印書館, 1983~1986.

◇ 集 部

- ≪揚子雲集≫, 揚雄(漢) 撰, 文淵閣四庫全書 제1063책 集部2, 臺灣商務印書館, 1983~1986.
- ≪五峰集≫, 胡宏(宋) 撰, 文淵閣四庫全書 제1137책 集部76, 臺灣商務印書館, 1983~1986.
- ≪王忠文集≫, 王禕(明) 撰, 文淵閣四庫全書 제1226책 集部165, 臺灣商務印書館, 1983~1986.

◇ 研究論著 및 飜譯書

- 權重達, ≪資治通鑑≫, 삼화, 2007~2010.
- 梁滿倉 等 注譯, ≪新譯三國志≫, 三民書局, 2013.

• 成百曉 譯註, ≪譯註 通鑑節要≫, 傳統文化硏究會, 2005~2011.
• 辛承云 等 譯註, ≪譯註 思政殿訓義 資治通鑑綱目≫, 傳統文化硏究會, 2011~2018.
• 吳榮曾 等 注譯, ≪新譯漢書≫, 三民書局, 2013.
• 魏連科 等 注譯, ≪新譯後漢書≫, 三民書局, 2013.
• 李國祥 等, ≪資治通鑑全譯≫, 貴州人民出版社, 1994.
• 張大可 等 注譯, ≪新譯資治通鑑≫, 三民書局, 2017.
• 韓兆琦 注譯, ≪新譯史記≫, 三民書局, 2008.
• 許嘉璐 主編, ≪二十四史全譯≫, 漢語大詞典出版社, 2004.

◇ 사전 및 공구서

• 戴逸 主編, ≪二十六史大辭典≫, 吉林人民出版社, 1993.
• 呂宗力 主編, ≪中國歷代官制大辭典≫, 北京出版社, 1994.
• 中國歷史大辭典編纂委員會 編, ≪中國歷史大辭典≫, 上海辭書出版社, 2000.
• 陳振江, ≪二十六史典故辭典≫ 上·下, 天津人民出版社, 1994.
• 倉修良 主編, ≪史記辭典≫, 山東教育出版社, 1991.
• ＿＿＿＿＿＿, ≪漢書辭典≫, 山東教育出版社, 1996.
• 貝塚茂樹 等 編, ≪アジア歷史事典≫, 平凡社, 1952~1962.

◇ 데이터베이스(DB) 자료

• 한국고전종합DB(http://db.itkc.or.kr)
• 동양고전종합DB(http://db.cyberseodang.or.kr)
• 상우천고(http://www.s-sangwoo.kr)
• 電子版 文淵閣四庫全書, 上海古籍出版社.

目 次

≪歷代君鑑≫ 御製 序文

御製歷代君鑑序

짐(明나라 景泰帝)은 생각건대, 天地에 깃들어 있는 이치는 지극히 隱微하여 이름하기 어렵고, 聖賢에게서 나온 道는 지극히 드러나서 보기 쉽다. 그러므로 천지는 聖賢의 準則이고, 성현은 帝王의 模範이다. 처음에는 성인이나 현인이 되기를 바라고 끝에는 〈천지의 化育을 도와서〉 천지와 병립하게 되니, 이른바 높은 곳에 올라가려면 낮은 곳으로부터 시작하고, 멀리 가려면 가까운 곳으로부터 시작한다[1]는 것이 고금의 공통된 도이다.

堯舜은 인륜의 준칙이니 제왕들에게 본보기가 되는 것이 참으로 萬世에 그보다 더할 것이 없고, 祖宗은 典章이 완비된 분들이니 자손에게 법을 드리운 것이 또한 만세토록 여기에서 벗어날 수 없다. 이 때문에 널리 하나만이 아닌 수많은 善에서 구한다면 본보기가 될 만한 제왕의 말 한 마디와 행동 하나를 작다고 해서 버릴 수 없고, 요약시켜서 至一의 이치[2]로 귀결시킨다면 이의를 달 수 없는 祖宗이 펼친 하나의 정치와 하나의 명령을 넓다고 해서 빠뜨릴 수 없으니, 이른바 "잘못하지 않고 잊지 않아서

1) 높은……시작한다 : ≪書經≫ 〈周書 太甲 下〉에 商나라 伊尹이 太甲에게 德에 나아가는 순서를 고하면서 "높은 곳에 오르려면 반드시 낮은 곳으로부터 시작하고, 먼 곳에 가려면 반드시 가까운 곳으로부터 시작하는 것과 같습니다.〔若升高必自下 若陟遐必自邇〕"라고 한 말을 인용한 것이다. ≪中庸≫에서도 "君子의 道는 비유하면 먼 곳을 가려면 반드시 가까운 곳으로부터 시작하며, 높은 곳에 오르려면 반드시 낮은 곳으로부터 시작하는 것과 같다.〔君子之道 辟如行遠必自邇 辟如登高必自卑〕"라고 하였는데, 여기에서는 사람이 처음에는 성인이나 현인이 되기를 바라고, 끝에 가서는 성인이 되어 천지의 化育을 도와서 천지와 병립하는 것을 비유적으로 말한 것이다. 또한 ≪중용≫에 "天地의 化育을 도우면 天地와 병립할 수 있게 된다.〔可以贊天地之化育 則可以與天地參矣〕"라고 하였다.

2) 至一의 이치 : 人爲가 들어가지 않은 최상의 자연스러운 境界를 가리키는 말이다. ≪莊子≫ 〈繕性〉에 "이때가 되면 음양이 화평하고 안정되고, 귀신이 침범하지 않고, 四時의 절기가 맞고, 만물이 상하지 않고, 뭇 생명들이 요절하지 않으니, 사람이 지혜가 있더라도 쓸 곳이 없게 된다. 이것을 至一이라고 한다. 이때에는 인위가 없이 항상 自然의 상태가 된다.〔當是時也 陰陽和靜 鬼神不擾 四時得節 萬物不傷 群生不夭 人雖有知 無所用之 此之謂至一 當是時也 莫之爲而常自然〕"라고 한 말에서 인용한 것이다.

옛 典章을 따른다."[3]라는 것이 제왕의 핵심이 되는 道이다.

朕이 惟理之寓於天地者 至隱而難名하고 道之由於聖賢者 至顯而易見이라 故天地者는 聖賢之準則이요 而聖賢者는 帝王之模範이라 始而希聖賢하고 終而參天地하니 所謂升高自下하고 陟遐自邇古今之通道也라 堯舜은 人倫之至니 所以爲法於帝王者 固萬世無以加요 祖宗은 典章之備니 所以垂憲於子孫者 亦萬世莫能外라 是以로 博而求之於不一之善이면 則凡帝王一言一行有可師者 不可以約而或廢요 約而會之於至一之理면 則凡祖宗一政一令無可議者 不可以博而或遺니 所謂不愆不忘하야 率由舊章이 帝王之要道也라

짐이 經筵에 臨御한 이래로 위로 堯舜 이전으로부터 아래로 三代의 聖人 및 우리 祖宗의 謨訓에 이르기까지 우러러서 늘 가슴에 새겨서 잊지 않았다. 그러나 또 善을 주로 삼는 것이 스승이 되니 하나의 선이라도 버려서는 안 된다고 하여 漢나라와 唐나라 이래 여러 임금들의 훌륭한 말과 선한 행실을 채집하여 아울러 編輯하고 제목을 '善可爲法(본받을 만한 善政)'이라 하고, 전후 임금들의 언행 중에서 경계 삼고 반성할 만한 것은 끝에 붙여서 제목을 '惡可爲戒(경계할 만한 失政)'라고 하였으니, 도합 50권이다. 이름을 ≪歷代君鑑≫이라고 하였으니, 장차 아침저녁으로 보아서 선을 권면하고 악을 징계하는 바탕으로 삼고 또한 후세에 鑑戒를 보이려고 한다. 그리고 廷臣들에게 나누어주어 이것으로 인하여 임금을 권면하고 보좌하는 방도를 알게 하려고 한다.

옛날 周나라 成王이 君陳[4]에게 명하기를, "너에게 좋은 꾀와 좋은 계책이 있거든 안에 들어가 너의 임금에게 고하라." 하였고, 孟軻氏가 景丑[5]에게 말하기를, "나는 요순의 도가 아니면 감히 왕 앞에서 진달하지 않았다." 하였으니, 이 책을 보는 자는 여기에서 감격하고 분발하는 것이 있을 것이다.

景泰 4년(1453, 端宗1) 8월 일

朕自臨御經筵以來로 景仰堯舜以前으로 下至三代聖神과 暨我祖宗謨訓히 拳拳服膺而弗忘矣라

---

3) 잘못하지……따른다 : 先王의 典章 즉 禮樂刑政과 法度를 그르치지 않고 잘 따른다는 뜻이다.(≪詩經≫〈大雅 假樂〉)

4) 君陳 : 周나라 成王의 신하 이름이다. 周公이 殷나라의 완악한 백성들을 下都 즉 洛陽에 옮기고 직접 감시하였는데, 주공이 죽자 성왕이 君陳에게 명하여 주공을 대신하게 하였다.(≪書經≫〈周書 君陳〉)

5) 景丑 : 춘추시대 齊나라 大夫의 이름이다.(≪孟子≫〈公孫丑 下〉)

然又以爲主善爲師니 雖一善不可棄라하야 乃采漢唐以來諸君嘉言善行하야 幷編輯之하고 揭曰善可爲法이라하고 其前後凡言行有可以警省者 則附于末하야 揭曰惡可爲戒라하니 通五十卷이라 名爲歷代君鑑이라하니 固將朝夕觀覽以資勸懲하고 而亦以垂鑑於來世라 且頒示廷臣하야 使因是而知勉輔之方이라 昔周成王이 咨君陳曰 爾有嘉謀嘉猷어든 則入告爾后于內라하고 孟軻氏語景丑曰 我非堯舜之道면 不敢以陳於王前이라하니 觀者 其尙有感發於斯哉리라

景泰四年八月日

≪歷代君鑑≫ 御製 小識[1)]

御製歷代君鑑小識

내(朝鮮 英祖)가 칠순이 된 해에 召對에서 새 책을 강론하니, 그 이름이 무엇인가? ≪歷代君鑑≫이다. 옛날에 殿中에서 항상 자리 옆에 두었는데, 노년에 정사에 복귀하고 나서[2)] 의당 본받아야 할 것이니, 먼저 스스로 힘쓰고 스스로 노력해야 본받을 수 있고 경계로 삼을 수 있을 것이다. 그 조목을 묻는다면 하나는 善이고 하나는 惡인데, 옛날 伏羲氏로부터 明代에까지 이르렀다. 오늘 開講하며 御製序를 받들어 읽으니 風泉의 감회[3)]가 마음속에 간절하고, 당시를 추억하니 배나 더 감회가 인다. 특별히 서문 아래에 써서 작은 정성을 담는다.

계미년(1763, 영조39) 初秋 중순 2일에 쓴다.

資憲大夫 禮曹判書 綾恩君 신 具允明은 하교를 받들어 삼가 쓴다.

予於七旬에 召對新書하니 其名維何오 歷代君鑑이라 昔年殿中에 常置座右러니 暮年復政에 其宜法이니 先自勉自强이라야 可法可戒라 若問其目인댄 曰善曰惡이니 粤自羲皇으로 逮于皇朝라 今日開講에 奉覽御製하니 風泉之懷 交切于中이요 追憶當時하니 一倍興感이라 特識(지)序下하야 以寓微忱하노라

癸未初秋中旬二日에 識하노라

資憲大夫禮曹判書綾恩君臣具允明은 奉教謹書하노라

---

1) 小識 : 識의 음은 '지'로 발음하며, 識는 '작은 기록'이라는 뜻이다. 이는 문체의 한 형태로, 중국에서는 용례를 찾기 어렵지만 조선시대에는 기문이나 서문 또는 발문과 같은 의미로 많이 쓰였다.

2) 노년에……나서 : 영조의 아들 莊獻世子가 1749년부터 1762년 윤5월까지 代理聽政을 하다가 壬午禍變으로 죽었다. 이 글은 1763년 7월에 지은 것으로 영조가 정사에 복귀했다는 말이다.

3) 風泉의 감회 : 明나라의 멸망을 서글퍼하는 감회라는 뜻이다. 風泉은 ≪詩經≫ 〈檜風〉의 〈匪風〉과 〈曹風〉의 〈下泉〉을 병기한 것인데, 이 두 시는 모두 제후국의 大夫가 周나라 왕실이 쇠미해진 것을 탄식해 읊은 시이다. 영조 때는 명나라가 망하고 淸나라가 지배하는 시대인데 명나라 代宗이 命撰한 ≪歷代君鑑≫을 대하고 있기 때문에 이런 감회가 인 것이다.

본받을 만한 善政　善可爲法

三 皇

太昊伏羲氏

1-1-1

태호복희씨는 風姓으로 燧人氏[1])를 대신하여 하늘의 뜻을 이어서 왕이 되었다. 태어나면서부터 英明하고 聖哲하고 德이 天地와 부합되었다. 그가 天子가 되었을 때 등에 圖板이 그려진 龍馬가 河水에서 나왔다. 이에 위로 하늘에서 天體의 運行을 관찰하고 아래로 땅에서 법칙을 관찰하며 鳥獸의 무늬와 토질의 알맞음을 살피고, 가까이로는 자신의 몸에서 취하고 멀리는 사물에서 취하여 처음으로 八卦를 그어서 神明의 덕을 통하게 하고 만물의 情을 구별하여[2]) 사람들에게 혐의를 결단하고 주저하는 뜻을 결정해서 길흉과 근

伏羲氏

1) 燧人氏 : 전설로 전해지는 태곳적의 제왕이다. 天皇氏, 地皇氏, 人皇氏, 有巢氏 다음으로 왕이 된 사람이다. 최초로 불을 일으키는 법을 알아내서 火食을 가르쳤다고 한다.(≪十九史略≫ 권1 〈太古〉)

2) 神明의……구별하여 : ≪周易≫ 〈繫辭 下〉에 나오는 내용인데, 朱子의 ≪本義≫에서 王昭素의 말을 인용하여 "神明의 德은 健·順, 動·止와 같은 性이고, 萬物의 情은 雷·風, 山·澤과 같은 象이다."라고 하였다.

심의 갈림길에서 헤매지 않게 하였다. 이것은 만세토록 文字의 祖宗이 될 뿐만 아니라 실로 開物成務[3]의 학문이다. 造化의 비밀이 여기에서 새어나가고 성인의 道統이 여기에서 시작되었다.

太昊伏羲氏는 風姓이니 代燧人氏하야 繼天而王이라 生而聖明하고 德合天地라 其王天下也에 有龍馬負圖出于河하니 於是에 仰則觀象於天하고 俯則觀法於地하며 觀鳥獸之文與地之宜하고 近取諸身하고 遠取諸物하야 始畫(획)八卦하야 以通神明之德하고 以類萬物之情하야 敎民決嫌疑하고 定猶豫하야 使不迷於吉凶悔吝之塗라 蓋非特爲萬世文字之祖라 實開物成務之學也라 造化之秘 泄於此하고 聖道之統이 始於此라

1-1-2

태곳적 사람들은 三綱과 五常의 인륜과 器物을 사용하는 이로움을 알지 못하였다. 태호씨가 처음으로 하늘의 일을 대신할 천하의 賢者를 선발하여 金提·鳥明·視默·紀通·仲起·陽侯[4]를 얻어서 輔佐로 삼고, 龍書[5]를 만들어서 結繩의 정치[6]를 대신하며, 龍官[7]을 제정하여 무질서한 백성들을 통제하였다.

백성들에게 사냥하고 고기 잡는 법을 가르쳐서 그물을 사냥하는 도구로 삼고, 백성들에게 혼인하는 법을 가르쳐서 사슴 가죽을 예물로 삼으니, 이에 부부간에 분별이 있고, 임금과 어버이가 존중받고, 신하와 자식이 순종하여 많은 백성들이 조화롭게

---

3) 開物成務 : ≪周易≫ 〈繫辭傳 上〉에 나오는 말로, 朱子는 ≪本義≫에서 "開物成務란 사람으로 하여금 점을 쳐서 길흉을 알아서 사업을 이루게 하는 것이다.[開物成務 謂使人卜筮 以知吉凶而成事業]"라고 하였다.

4) 金提……陽侯 : 복희씨의 신하들인데, 伏羲六佐라고 한다. 金提는 풍속을 교화시키는 일을 담당하고, 鳥明은 백성의 福利를 담당하고, 視默은 백성을 위해서 災害를 제거하는 일을 담당하고, 紀通은 內職을 담당하고, 仲起는 平地와 바다를 담당하고, 陽侯는 江湖를 담당하였다.(≪說郛≫ 권57상 〈群輔錄〉)

5) 龍書 : 伏羲氏가 景龍을 잡고서 만들었다는 고대 글자이다.(≪墨藪≫ 권1 〈五十六種書〉)

6) 結繩의 정치 : 결승은 ≪周易≫ 〈繫辭傳 下〉의 "상고시대에는 노끈으로 매듭을 지어 다스렸는데, 후세에 성인이 이를 書契로 바꾸었다.[上古結繩而治 後世聖人易之以書契]"라고 한 데에서 온 말로, 부호와 문자가 생기기 이전에 노끈을 맺어 일을 표시하던 행정을 말한다. 鄭玄의 설에 의하면 큰일은 매듭을 크게 묶고 작은 일은 매듭을 작게 묶었다고 한다.

7) 龍官 : 龍자를 넣어 관직의 이름을 붙였다는 뜻이다. ≪漢書≫ 제19권 〈百官公卿表〉에 "복희씨가 龍으로 官長의 명칭을 지었다.[宓羲龍師名官]"라고 하였는데, 應劭의 주에 "春官은 青龍이고, 夏官은 赤龍이고, 秋官은 白龍이고, 冬官은 黑龍이고, 中官은 黃龍이다."라고 하였다.

살았다. 오동나무를 깎아서 琴을 만들고 뽕나무에 줄을 매서 瑟을 만들어 음악을 가르치니, 이에 神明이 교통되고, 天神과 사람이 합일되며, 몸이 닦이고 성품이 다스려져서 本性이 회복되었다. 천하 사람들에게 六牲[8)]을 기르는 것을 가르쳐서 天神에게 제사하고, 地祇에게 제사하고, 人鬼에게 제향하며, 부엌을 채우고, 聖賢을 봉양하였기 때문에 包犧라고 불렀다.

○古先之人이 未知三綱五常之倫과 器用之利하니 太昊始推擇天下之賢 可與代天工者하야 得金提烏明視默紀通仲起陽侯하야 以爲輔佐하고 作龍書以代結繩之政하며 制龍官以範徜徉之民이라 教民畋漁하야 以網罟爲器하고 教民嫁娶하야 以儷皮爲禮하니 於是에 夫婦別하며 君親尊하며 臣子順하야 而群生和라 斲桐爲琴하며 絙桑爲瑟하야 以教音樂하니 於是에 神明通하며 天人合하며 身修性理하야 而天眞復이라 教天下豢養六牲하야 以祭天神하며 以祀地祇하며 以享人鬼하며 以充庖廚하며 以養聖賢하니 故號曰包犧라

1-1-3

처음으로 五德의 운행을 推算하여 木德으로 天子가 되어 만물을 밝게 다스려서 해와 달처럼 밝으며 陰陽이 화평하고 안정되니, 鬼神이 동요하지 않고 四時가 절기에 맞으며 만물이 상하지 않으며, 많은 생령들이 일찍 죽지 않았다. 비록 남을 속이는 지혜가 있을지라도 쓸 곳이 없었으니, 이것을 至一이라고 한다. 재위 기간은 110년이었다.

○始推五德之運하야 以木德王天下하야 光理萬物하야 明如日月하며 陰陽和靜하니 鬼神不擾하며 四時得節하며 萬物不傷하며 群生不夭라 雖有詭智라도 無所用之하니 此之謂至一이라 在位百有十年이라

炎帝神農氏

1-2-1

炎帝神農氏는 姜姓이다. 신농씨가 천지의 도를 알고 사람의 성품에 밝아서 천하를

8) 六牲 : ≪周禮≫ 〈地官〉에 "牧人이 六牲을 기르는 일을 관장한다.〔掌牧六牲〕"라고 하였는데, 鄭玄의 주에 "六牲은 소, 말, 양, 돼지, 개, 닭이다.〔六牲謂牛馬羊豕犬雞〕"라고 하였다.

神農氏

소유하였다. 옛날에 백성들이 풀을 먹고 물을 마시고 나무 열매를 따고 달팽이나 땅강아지 고기를 먹어서 병에 걸리고 독에 상하는 해가 많았다.

신농씨가 생각하기를, "사람이 많으니 짐승의 고기만으로는 오래도록 먹고 살 수 없을 것이다."라고 하여, 마침내 먹을 만한 식물을 구하였다. 토지의 마르고 축축하고 비옥하고 척박하고 높고 낮음을 살피고, 하늘의 기후에 근거하고 땅의 이로움을 구분하여 백성들에게 五穀을 재배하는 법을 가르치며, 질그릇을 굽고 쇠를 주조하여 도끼를 만들고 쟁기와 보습과 호미를 만들어 풀이 무성한 황무지를 개간하게 하니, 그런 뒤에야 오곡이 자라고 과실을 곁들여서 먹게 되었다.

붉은 채찍으로 풀과 나무를 두드려 온갖 풀의 맛을 보고,9) 냇물과 샘물이 단지 쓴지를 살펴서 사람들에게 사용하고 피할 줄을 알게 하였다. 이때에 이르러서 비로소 醫藥이 있게 되었다.

처음 蜡祭를 지낼 때에 제후들에게 경계하기를, "사냥을 좋아하고 여자를 좋아하는 자는 그 나라를 망하게 할 것이다."라고 하였고,10) 사방 중에 흉년이 든 곳에는 사제를 지낼 때에 八蜡의 神이 제사에 끼지 못하게 한 것은,11) 백성들이 재물 쓰는 것을 삼가게 하기 위함이었다. 풍년이 든 곳에는 사제를 지낼 때에 제사에 八蜡의 신이 끼

9) 붉은……보고 : 赭鞭은 붉은 채찍이다. 晉나라 干寶가 지은 ≪搜神記≫ 제1권에 "신농씨가 붉은 채찍으로 온갖 풀을 두드려서 평범한지 독이 있는지 성질이 차가운지 따뜻한지, 주된 맛과 냄새는 어떠한지를 모두 알아서 百穀을 파종했기 때문에 천하 사람들이 神農이라고 하였다."라고 한 말을 인용한 것이다.

10) 蜡祭를……하였고 : 蜡祭는 12월에 百神에게 지내는 제사인데, 천자국에서도 사제를 지내고 제후국에서도 사제를 지낸다. 천자가 사제를 지낼 때에 제후국의 使者가 사슴과 망한 나라에서 포로로 잡은 여자를 바치면, 제후국의 사자가 갈 때에 大羅氏가 그 사슴과 여자를 사자에게 보이면서 돌아가 제후에게 전달하라고 하면서 경계시키기를 "사냥을 좋아하고 여자를 좋아하는 자는 반드시 그 나라를 망하게 한다."라고 하였다.(≪禮記集說大全≫ 권11 〈郊特牲〉)

11) 사방……하고 : 八蜡는 蜡祭를 지낼 때에 제사 지내는 여덟 神이니, 先嗇, 司嗇, 農, 郵表畷, 貓虎, 坊, 水庸, 昆蟲이다. 해당 지방에 흉년이 들면 사제를 지낼 때에 이 여덟 신을 제사 대상에 끼지 못하게 하는 것이다.(≪禮記集說大全≫ 권11 〈郊特牲〉)

게 한 것은 백성들이 재물 쓰는 것을 관대하게 하기 위함이었다. 사제를 지낸 뒤에는 工役을 일으키지 않고 백성들이 쉬게 하였다.

羊頭山에 난 이삭이 여덟 개 달린 기이한 벼를 바친 자가 있자 穗書[12]를 만들어 時令을 반포하였는데, 그 시령에 이르기를, "丈夫가 건장한데도 농사를 짓지 않으면 천하에 굶주리는 자가 있고, 婦人이 건강한데도 베를 짜지 않으면 천하에 추위에 떠는 자가 있을 것이다."라고 하였다. 그러므로 신농씨가 몸소 농사를 짓고 신농씨의 后가 몸소 베를 짜서 천하 사람들에게 솔선수범을 보였다.

炎帝神農氏는 姜姓이라 神農知天地之道하고 明於人之性하야 以有天下라 古者에 民茹草飮水하고 採樹木之實하며 食蠃蛖之肉하야 多疾病毒傷之害라 神農以爲人民衆多하니 禽獸難以久養이라하야 乃求可食之物이라 相土地燥濕肥墝高下하고 因天之時하고 分地之利하야 敎民播種五穀하며 作陶冶斧斤하고 爲耒耜鉏耨하야 以墾草莽하니 然後에 五穀興하고 助以果蓏實而食之라 以赭鞭鞭草木하야 嘗百草之味하고 察水泉之甘苦하야 使民知所用避라 於是에 始有醫藥이라 初爲蜡祭에 詔戒諸侯曰 好田好女者는 亡其國하리라하고 四方年不順成이어든 八蜡不通은 以謹民財也요 順成之方엔 其蜡乃通은 以移民也라 旣蜡어든 不興功하고 而休民息已라 有獻羊頭山嘉禾八穗者어늘 乃作穗書以頒時令하니 令曰 丈夫丁壯而不耕이면 天下有受其飢者하고 婦人豐盈而不織이면 天下有受其寒者리라 故神農親耕하고 后親織하야 以爲天下先하니라

1-2-2

한낮이 되면 시장을 열어서 천하의 백성들을 모이게 하고 천하의 재화를 모아서 交易하여 돌아가게 하니, 각각 만족하게 살았다. 이때 夙沙氏[13]라는 제후가 일을 행할 때에 道를 따르지 않고 반기를 들어서 명령을 따르지 않거늘 그 신하 箕文이 諫言하였다가 피살되었다. 이에 신농씨가 그 덕을 더욱 닦으니 숙사씨의 백성들이 스스로 자기 임금을 공격하고 그 땅을 바치며 귀의하였다.

이때에는 禮가 초창기라서 제정되지 않았고, 樂이 막혀 있어 시작되지 않았다. 기

---

12) 穗書 : 신농씨 때 上黨의 羊頭山에서 하나의 줄기에 이삭이 여덟 개 달린 기이한 벼가 나자 신농씨가 이것을 보고 만든 글자이다. 글자 모양이 주렁주렁 이어져 있기 때문에 穗書라고 이름지었다.(≪墨藪≫ 권1 〈五十六種書〉, ≪皇朝通志≫ 권12 〈六書略〉)

13) 夙沙氏 : 신농씨 때에 바닷물을 끓여서 소금을 만든 사람으로, 신농씨의 신하이다.(≪類說≫ 권35 〈爾雅〉)

장〔黍〕을 그슬려 밥으로 삼고[14] 돼지고기를 크게 쪼개서 祭需로 삼았으며,[15] 玄酒[16]와 大羹[17]을 쓰고 汙尊[18]에 손으로 움켜서 마셨다. 蕢桴[19]로 土鼓[20]를 치고 갈대를 잘라서 피리를 만들며, 실을 꼬고 오동나무를 깎아서 絃이 다섯 개인 琴을 만들어 豐年歌를 불러서 神明의 德과 교통하고 하늘과 사람이 조화되게 하였다. 法을 간략하게 만들어 번거롭지 않게 하고, 威嚴은 있되 죽이지 않으며, 풍속은 질박하여 다투지 않고, 명령을 내리지 않아도 사람들이 교화되었다.

그리하여 남쪽으로는 交阯[21]에 이르고, 북쪽으로는 幽都[22]에 이르고, 동쪽으로는 暘谷[23]에 이르고, 서쪽으로는 三危[24]에 이르기까지 복종하지 않는 자가 없었다. 재위 기간은 140년이었다.

○日中爲市하야 致天下之民하고 聚天下之貨하야 交易而退하니 各得其所라 時諸侯夙沙氏 行不用道하고 叛不用命이어늘 其臣箕文이 諫而被殺이라 神農益修厥德하니 夙沙之民이 自攻其君而來歸其地라 當是時하야 禮草昧而未制하고 樂堙塞而未作이라 燔黍爲飧하고 捭豚爲俎하며 玄酒大羹으로

14) 기장〔黍〕을……삼고 : 솥이 없던 시기이기 때문에 돌판을 달궈서 그 위에 기장을 올려서 익혔다는 뜻이다.(≪禮記集說大全≫ 권9 〈禮運〉)

15) 돼지고기를……삼았으며 : 솥이 없던 시기이기 때문에 돌판을 달궈서 그 위에 돼지고기를 크게 쪼개서 올려 익혀서 祭需로 썼다는 뜻이다.(≪禮記集說大全≫ 권9 〈禮運〉)

16) 玄酒 : 물을 가리킨다. 太古 때에는 술이 없었기 때문에 술 대신 물을 사용하여 禮를 행하였다. 후세에는 술이 있었지만 제사를 지낼 때에 태곳적의 예를 존중하여 물을 玄酒라고 하여 제사에서 중시하였다.(≪禮記集說大全≫ 권9 〈禮運〉)

17) 大羹 : 太古 때의 국〔羹〕이다. 소금이나 양념을 넣지 않고 순수하게 고기에 물만 붓고 끓인 것이다. 태고의 예를 존중하여 후대에도 제사 때에 중시하였다.(≪禮記集說大全≫ 권10 〈禮器〉)

18) 汙尊 : 음을 '와준'으로 읽는다. 太古 때에는 그릇이 없기 때문에 땅에 구덩이를 파서 물을 담았는데, 이것을 와준이라고 한다.(≪禮記集說大全≫ 권9 〈禮運〉)

19) 蕢桴 : 태고 때에 흙을 이겨서 만든 土鼓를 치는 북채이다.(≪禮記集說大全≫ 권9 〈禮運〉)

20) 土鼓 : 태고 때에 흙을 다져서 북통을 만들고 양쪽에 가죽을 대서 만든 북이다.(≪禮記集說大全≫ 권9 〈禮運〉)

21) 交阯 : 交趾라고도 한다. 고대의 지명인데 일반적으로 五嶺 이남을 가리킨다. 漢 武帝 때 설치한 13刺史部 중 하나로 지금의 廣東과 廣西 대부분과 越南의 北部와 東部가 이곳에 해당된다. 東漢 末에 交州로 이름을 바꾸었다.

22) 幽都 : 중국의 북방 지역인데, 高誘의 설에 의하면 雁門 이북이라고 하고, 顔師古의 설에 의하면 북방의 匈奴 지역이라고 한다.

23) 暘谷 : 고대의 지명인데, ≪書經≫ 〈虞書 堯典〉에는 嵎夷가 사는 지역이라고 하였다. 嵎夷는 현재의 山東 지역에 해당한다.

24) 三危 : 삼위에 대한 설은 일정하지 않다. 일설에는 甘肅省 敦煌에 있는 三危山이 옛날의 三危라고 하고, 다른 설에는 甘肅省 岷山의 서남쪽이라고 하고, 또 일설에는 雲南 지역이라고도 한다.

汙尊抔飮이라 蕢桴土鼓하고 截葦爲籥하며 繩絲削桐爲五絃之琴하야 詠豐年之歌하야 以通神明之德하고 合天人之和라 法省而不煩하고 威厲而不殺하며 俗樸而不爭하고 不令而人化라 南至交阯하며 北至幽都하며 東至暘谷하며 西至三危히 莫不服從이라 在位百有四十年이라

黃帝軒轅氏

1-3-1

黃帝

黃帝는 少典[25]의 아들이니 姓은 公孫이고 이름은 軒轅이다. 태어나면서부터 신령스러웠고, 갓난아이[26] 때부터 능히 말을 하였으며, 어려서부터[27] 聖德이 빨리 이루어졌고,[28] 자라서는[29] 독실하고 민첩하였으며, 성인이 되어서는 총명하였다.

神農氏의 시대가 쇠약해져서 제후들이 서로 침범하고 백성들을 포학하게 대하자 헌원씨가 창과 방패 쓰는 것을 익혀서 와서 朝貢을 바치지 않는 자를 정벌하니 제후들이 모두 와서 복종하였다.

그중에 蚩尤가 가장 포학하였는데 헌원씨가 정벌할 때에 마침 안개가 끼어서 어두

---

25) 少典 : ≪史記集解≫에서 譙周는 黃帝가 有熊國의 임금 少典의 아들이라고 하였고, ≪史記索隱≫에서는 소전은 제후국의 국호이지 사람의 이름이 아니라고 하였다.(≪史記≫ 권1 〈五帝本紀〉)

26) 갓난아이 : 원문의 '弱'을 번역한 것이다. ≪史記索隱≫에 "태어나서 70일이 되지 못한 아이를 弱이라 한다."라고 하였다.(≪史記≫ 권1 〈五帝本紀〉)

27) 어려서부터 : 원문의 '幼'를 번역한 것이다. ≪儀禮≫ 〈喪服〉에서 鄭玄은 15세 이하라고 하였고, ≪禮記≫ 〈曲禮〉에서는 "사람이 태어나서 10세가 되면 幼라고 한다."라고 하였다.

28) 聖德이……이루어졌고 : 원문의 '徇齊'를 裴駰의 설에 의거하여 번역한 것이다. ≪史記索隱≫에서는 '徇과 齊는 모두 德이다.'라고 하였다. ≪孔子家語≫에는 '齊叡'로 되어 있고, ≪大戴禮記≫에는 '慧齊'로 되어 있는데, '叡'와 '慧'는 슬기롭다는 뜻이다.

29) 자라서는 : 원문의 '長'을 번역한 것이다. 長은 幼와 成 사이의 연령대인데, 成이 冠禮를 한 성인을 가리키므로 長은 10세 또는 15세부터 20세 사이의 청소년기로 보는 것이 타당하다.

위 군대가 길을 찾지 못하자 指南車를 만들어서 나아가 涿鹿의 들에서 치우를 격파하고 잡아서 中冀[30]에서 죽이고 그 무리를 有北[31]으로 이주시키고, 천하에 도를 따르지 않는 자[32]들을 정벌하였다. 53차례 정벌하여 온 세상을 차지하니 동쪽으로는 바다에 이르고, 서쪽으로는 崆峒에 이르고, 남쪽으로는 長江에 이르고, 북쪽으로는 葷粥[33]을 축출하였다.

黃帝는 少典之子니 姓公孫이요 名軒轅이라 生而神靈하고 弱而能言하며 幼而徇齊하고 長而敦敏하며 成而聰明이라 神農氏世衰에 諸侯相侵伐하고 暴虐百姓이어늘 軒轅乃習用干戈하야 以征不享하니 諸侯咸來賓從이라 蚩尤最爲暴어늘 軒轅征之할새 値天霧晦冥하야 軍行迷라 乃作指南車하야 進擊蚩尤于涿鹿之野하야 擒而戮之中冀하고 徙其徒於有北하고 天下有不道者 從而征之라 凡五十三征하야 奄有中區하니 東至于海하며 西至崆峒하며 南至于江하며 北逐葷粥이라

釜山에서 제후들의 符契와 圭瑞를 모으고,[34] 有熊[35]에 도읍하였다. 政事를 보는 곳을 合宮이라고 하고 또 明庭이라고 하였다. 風后와 天老와 五聖과 知命과 窺紀와 地典과 力牧 7명의 성인을 輔로 삼고, 또 常先과 大鴻과 容光 세 신하를 佐로 삼았다. 三公의 職을 두어 三台[36]를 상징하고, 좌우 大監을 두어 萬國을 감독하였다.

---

30) 中冀 : 중국 고대의 冀州 涿鹿 지역인데, 黃帝가 蚩尤를 이곳에서 죽였다고 한다. 晉나라 皇甫謐의 ≪帝王世紀≫에 "황제가 치우를 중기에서 죽였는데, 그곳의 이름을 '絶轡之野'라고 한다."라고 하였다.

31) 有北 : 중국 북방의 춥고 황량한 지역이다. ≪拾遺記≫의 〈高辛〉에 "헌원이 치우를 제거하고 그 백성 중에 선한 자는 鄒屠의 땅으로 이주시키고, 악한 자는 有北의 鄕으로 이주시켰다."라고 하였다.

32) 도를……자 : 원문의 '不道者'는 ≪史記≫ 〈五帝本紀〉에는 '不順者'로 되어 있다.

33) 葷粥 : 고대 중국 북방에 있던 匈奴의 별칭이다. 唐虞 이전에 山戎, 獫狁, 葷粥이 北蠻에 살았다고 하였는데, ≪史記索隱≫에는 "唐虞 이전에는 山戎이라고 하고 또한 熏粥이라고 하였고, 夏나라 때에는 淳維라고 하였고, 殷나라 때는 鬼方이라고 하였고, 周나라 때는 玁狁이라고 하였고, 漢나라 때는 匈奴라고 하였다."라고 하였다.(≪史記≫ 권110 〈匈奴列傳〉)

34) 釜山에서……모으고 : 釜山은 산 이름이다. ≪史記正義≫에서는 ≪括地志≫를 인용하여 "釜山은 嬀州 懷戎縣 북쪽 三里에 있는데, 산 위에 舜廟가 있다."라고 하였다. 제후들의 符契와 圭瑞를 모은다는 것은 제후들을 불러서 조회를 받는다는 뜻이다. ≪史記索隱≫에 "제후들의 부계와 규서를 모아서 釜山에서 조회를 받았으니, 禹임금이 塗山에서 제후들을 모은 것과 같다."라고 하였다.

35) 有熊 : 黃帝가 도읍으로 삼았다고 하는 고대의 지명이다. 지금의 河南省 新鄭縣이다. ≪太平御覽≫ 제159권 〈州郡 鄭州〉에 "≪帝王世紀≫에 '黃帝가 有熊에 도읍하였다.'라고 하였는데, 지금의 新鄭이 그곳이다."라고 하였다. ≪史記≫ 제1권 〈五帝本紀 舜〉에는 黃帝의 國號라고 하였다.

36) 三台 : 三公을 상징하는 별이다. ≪晉書≫ 〈天文志 上〉에 "三台의 여섯 별은 둘씩 짝을 지어 있다.……사람에게 있으면 三公이라고 하고, 하늘에 있으면 三台라고 한다. 開德과 宣符를 주관한다.

大撓氏에게 명하여 甲子를 정하게 하고, 羲和氏에게 명하여 날〔日〕을 점치게 하고, 常儀氏에게 명하여 달〔月〕을 점치게 하고, 臾區氏에게 명하여 별〔星〕을 점치게 하고, 隷首氏에게 명하여 算數를 다루게 하고, 伶倫氏와 榮猨氏에게 명하여 律呂를 바르게 하여 각각 그 방면에 힘을 다하게 하니, 이때에 容成氏가 여섯 가지 術을 총괄하여 調曆[37]을 지었다.

황제가 星曆[38]을 살펴서 정하고 五行을 建立하고, 消息[39]을 일으키고, 閏餘[40]를 바르게 하였다. 이때에 天地의 神祇와 物類의 官이 있었으니, 이를 五官이라고 한다.[41] 각각 그 계절을 맡아서 서로 어지럽지 않았다. 백성은 이 때문에 능히 믿음이 있었고, 神은 이 때문에 능히 덕을 밝혀서 사람과 신이 맡은 일을 달리하여 공경하되 더럽히지 않으니, 이 때문에 신이 좋은 곡식을 내려주어 백성이 순종하고 복을 누리며, 災害가 발생하지 않으며, 백성들이 필요로 하는 것이 부족하지 않았다.

合符釜山하고 都于有熊이라 作布政之所曰合宮이요 又曰明庭이라 有風后天老五聖知命窺紀地典力牧七聖爲之輔하고 又有常先大鴻容光三臣爲之佐라 置三公之職하야 以象三台하고 置左右大監하야 監于萬國이라 命大撓氏正甲子하고 羲和氏占日하고 常儀氏占月하고 臾區氏占星하고 隷首氏理算數하고 伶倫氏榮猨氏正律呂하야 各盡其方하니 於是에 容成氏綜六術而著調歷焉이라 帝乃考

서쪽으로 文昌에 가까이 있는 두 별을 上台라고 하는데 司命이 되어 수명을 주관한다. 그 다음에 있는 두 별을 中台라고 하는데 司中이 되어 宗室을 주관한다. 동쪽에 있는 두 별을 下台라고 하는데 司祿이 되어 兵을 주관한다."라고 하였다.

37) 調曆 : 黃帝 때 만든 달력으로 子月을 歲首로 삼았다.(≪三正考≫ 권1)

38) 星曆 : 天文曆法을 가리킨다. 상황에 따라 천체의 운행을 가리키는 경우도 있고, 曆法만을 가리키는 경우도 있다.

39) 消息 : 열두 달에 각각 陰陽의 성질을 부여했다는 뜻이다. 易法에서 乾卦는 陽을 主로 하고, 坤卦는 陰을 主로 하는데, 陽이 上乘하면 만물이 자라나기 때문에 息이라고 하고, 陰이 下降하면 만물이 死滅하기 때문에 消라고 한다.

40) 閏餘 : 윤여란 나머지 날이라는 뜻으로, 한 해 동안 태양이 지구를 중심으로 천체를 한 바퀴 도는 데 걸리는 시간과 달이 지구를 중심으로 12회 도는 시간 사이의 오차를 말한다. 태양이 천체를 한 바퀴 도는 데 걸리는 시간은 365일 940분의 235일이고, 달이 12달 동안 지구를 도는 데 걸리는 시간은 354일 940분의 348일이므로 그 차이는 10일 940분의 827일이 된다. 윤여를 바로잡는다는 것은 이 차이를 윤달을 사용하여 바로잡는다는 말이다.(≪書傳≫ 〈虞書 堯典〉)

41) 天地의……한다 : ≪史記正義≫에 이 부분을 설명하면서 "應劭가 이르기를 '황제가 天命을 받을 때에 구름의 祥瑞가 있었기 때문에 구름으로 官을 기록하였다. 春官은 靑雲이 되고, 夏官은 縉雲이 되고, 秋官은 白雲이 되고, 冬官은 黑雲이 되고, 中官은 黃雲이 된다.'라고 하였는데, 내가 살펴보건대 황제가 五官을 설치하고 각각 사물의 종류를 가지고 그 職掌을 이름한 것이다."라고 하였다.(≪史記≫ 권26 〈曆書4〉)

定星歷하고 建立五行하고 起消息하고 正閏餘라 於是에 有天地神祇物類之官하니 是謂五官이라 各司其序하야 不相亂也라 民是以能有信하며 神是以能有明德하야 民神異業하야 敬而不瀆하니 故神降之嘉生하야 民以物享하며 災禍不生하며 所求不匱라

천하를 두루 다녀서 1만 里의 땅에 처음으로 疆域을 制定하고, 田野를 경계 긋고 州를 나누어서 100里가 되는 나라 1만 곳을 얻어서 星次[42]를 나누고, 田地에 井자로 구획을 그어서 분쟁의 단서를 막고, 步法을 만들어 畝의 단위를 제정해서[43] 부족함을 막았다. 8家를 井으로 하여 井에 4개의 길을 내서 여덟 집을 나누어 백성들이 살아서나 죽어서나 서로 지켜주고, 나가고 들어올 때 서로 살피며, 시집보내고 장가보낼 때 서로 仲媒하며, 재물이 있고 없을 때에 서로 빌려주며, 질병이 있을 때에 서로 돌봐주게 하였다.

旁行天下하야 方制萬里하고 畫埜分州하야 得百里之國萬區라 以分星次하고 經土設井하야 以塞爭端하고 立步制畝하야 以防不足이라 八家爲井하야 井開四道하고 而分八宅하야 使民存亡更守하며 出入相司하며 嫁娶相媒하며 有無相貸하며 疾病相救라

上古時代에는 소에 코뚜레를 뚫지 않고 말에 고삐를 매지 않았는데 이때에 이르러 소를 부리고 말을 타서 무거운 짐을 옮기고 먼 길을 갈 수 있게 되어 백성들의 힘에 여유가 있게 되었다. 상고시대에는 산에 길이 없고 강에 다리가 없었는데, 이때에 이르러 산림을 뚫어 길을 내고 강에 다리를 놓으며 배와 수레를 만들어서 험한 곳을 교통하게 되었다. 상고시대에는 굴에 살고 나무 위에 집을 짓고 살았는데 이때에 이르러 집을 짓고 문을 내서 맹수를 막았다.

절굿공이와 절구를 만들어 곡식을 처음으로 찧었고, 솥을 만들어 백성들이 처음으로 죽을 끓여 먹었으며, 시루를 만들어 백성들이 처음으로 밥을 지어 먹었다. 길을 갈 때에는 신발을 신었고, 죽은 이를 장사 지낼 때에 棺槨을 사용하였으며, 城을 쌓아고

---

42) 星次 : 별자리와 땅을 연관 짓는 星土法에서 하늘을 12등분으로 나누고 해당 부분의 별자리를 星次라고 한다. 즉 星紀, 玄枵, 娵訾, 降婁, 大梁, 實沈, 鶉首, 鶉火, 鶉尾, 壽星, 大火, 析木 12개의 별자리〔星次〕인데, 중국의 땅을 12州로 나누어 이 별들을 12주와 연관시켜 해당 별자리의 변화에 따라 해당 주의 길흉화복을 점치는 것이다.(≪書傳≫ 〈夏書 禹貢〉)

43) 步法을……제정해서 : 1步를 6尺으로 정하고, 100步를 1畝로 정한 것이다.(≪御批歷代通鑑輯覽≫ 권1)

邑을 만들고 門을 이중으로 만들고 순라를 돌아서 도둑을 대비하였다. 나무를 휘어서 활을 만들고 나무를 깎아서 화살을 만들어 곰과 호랑이와 貔貅(비휴) 같은 용맹한 군대를 조련하여 천하에 위엄을 떨쳤다. 수레와 冕服의 제도를 만들고 冕旒冠을 쓰고 면류관 양쪽에 귀마개〔纊〕를 장식으로 달며, 검은색 상의에 누런색 하의를 입으며, 다섯 가지 색으로 옷에 그림을 그려 文章을 만들어서 貴賤을 구별하였다.

上古에 牛未穿馬未絡이러니 至是에 服牛乘馬하야 引重致遠하야 而民力有裕라 上古에 山無蹊澤無梁이러니 至是에 披山林梁川澤하며 造舟車하야 而險阻通이라 上古에 居于穴棲于木이러니 至是에 營宮室制戶牖하야 而猛暴禁이라 作杵臼而穀粟始鑿하며 作釜而民始粥하며 作甑而民始飯이라 行有屨履하며 死有棺槨하며 成城築邑하고 重門擊柝하야 以待暴客이라 弦木爲弧하며 剡木爲矢하야 習熊虎貔貅之士하야 以威天下라 制軒冕垂旒充纊하며 玄衣黃裳하며 畫績五色爲文章하야 以別貴賤이라

1-3-2

天地의 법칙과 陰陽의 數와 死生의 禮儀制度와 存亡의 도리에 순응하여 百穀과 草木을 가꾸고 鳥獸와 곤충까지 感化시켰다.44) 黃帝의 德이 日月星辰과 물결과 흙과 돌과 쇠와 옥에까지 널리 입혀졌으며,45) 心力과 耳目을 부지런히 하며, 물을 막고 트는 것을 조절하고 산야에 불 놓는 것을 금하며 목재 등을 절도가 있게 사용하게 하여46) 土德의 祥瑞가 있었기 때문에 號를 黃帝라고 하였다.

이때에 만민이 안락하게 살아서 시키지 않아도 일이 이루어지며, 금하지 않아도 금지하며, 百官들이 私心이 없어서 천하가 화평하며, 風雨가 때에 맞으며, 五穀이 풍년들며, 寶鼎47)을 얻었으며, 봉황이 阿閣48)에 둥지를 틀었으며, 麒麟이 郊藪에서 노닐

44) 天地의……感化시켰다 : 이 부분은 ≪史記正義≫에 의거하여 번역하였다.(≪史記≫ 권1 〈五帝本紀〉)

45) 黃帝의……입혀졌으며 : ≪史記索隱≫에 "해와 달이 빛을 비추고, 바다에 큰 파도가 일지 않고, 山은 보배를 감추지 않는 것이 모두 黃帝의 덕이 널리 입혀진 것이다."라고 하였다.(≪史記≫ 권1 〈五帝本紀〉)

46) 물을……하여 : 이 부분은 ≪史記正義≫에 의거하여 번역하였다.(≪史記≫ 권1 〈五帝本紀〉)

47) 寶鼎 : 政權의 상징물로서 하늘이 덕 있는 임금에게 내려주는 상서로운 물건이다. 漢 武帝 때 汾陰에서 寶鼎을 얻었는데, 吾丘壽王이 말하기를 "하늘이 덕이 있는 임금에게 복을 내려서 보정이 저절로 나왔으니, 이것은 하늘이 漢나라에게 내려준 것입니다."라고 한 내용이 있다.(≪漢書≫ 권64상 〈吾丘壽王列傳〉)

48) 阿閣 : 사면에 모두 檐霤가 있는 대궐 안의 누각이다. 黃帝 때에 봉황이 이곳에 둥지를 틀었다고 전해진다.(≪通志≫ 권1 〈三皇紀〉)

었는데,[49] 오히려 輿几의 箴을 지어서 안일을 경계하였으며, 金几의 銘을 지어서 逸欲을 경계하였다.[50] 큰 功을 이루고 천하를 크게 이롭게 하였으나 그 道를 스스로 높다고 여기지 않고 스스로 자신을 聖人이라고 여기지 않아 덕택이 천하에 두루 미쳐서 지금까지도 사람들이 그 혜택을 받고 있으니, 비록 죽었더라도 살아 있는 것과 같다. 재위 기간은 100년이었다.

○順天地之紀와 幽明之占과 死生之說과 存亡之難하야 時播百穀草木하고 淳化鳥獸蟲蛾라 旁羅日月星辰水波土石金玉하며 勞勤心力耳目하며 節用水火材物하야 有土德之瑞라 故號黃帝라 於時에 萬民安樂하야 不使而成하며 不禁而止하며 百官無私하야 天下和하며 風雨時하며 五穀登하며 寶鼎獲하며 鳳凰巢于阿閣하며 麒麟游于郊藪로되 猶作輿几之箴하야 以警宴安하며 作金几之銘하야 以戒逸欲이라 成大功하며 致豐利로되 不自高其道하며 不自聖其躬하야 德澤流天下하야 至今人蒙其惠하니 雖死猶生也라 在位百年이라

---

49) 麒麟이……노닐었는데 : 麒麟은 전설상의 동물로 聖人이 나오면 나타난다고 한다. 郊藪는 교외에 있는 숲인데, 다른 기록에는 대부분 苑囿로 되어 있다. 黃帝가 聖人이라는 상징으로서, 의미는 같은 것으로 보인다.(≪通志≫ 권1 〈三皇紀〉)

50) 輿几의……경계하였다 : 輿几와 金几는 几의 종류로 보인다. 黃帝가 輿几에 대한 箴을 짓고 金几에 銘을 새겨서 자신의 안일을 경계한 것이다.(≪皇王大紀≫ 권2 〈五帝紀 黃帝軒轅氏〉)

본받을 만한 善政　善可爲法

五帝

少昊金天氏

2-1-1

소호금천씨의 이름은 摯이고 또 다른 이름은 靑陽이니, 金德으로 왕이 되었기 때문에 金天氏라고 부르고, 太昊伏羲氏의 법을 잘 행했기 때문에 少昊라고 한다. 소호씨가 처음 왕이 되었을 때에 鳳鳥가 마침 나타났으므로 鸞鳳書(전설상의 書體)를 만들었다. 새〔鳥〕로 官名을 기록하여, 鳳鳥氏를 曆正으로 삼고,[1] 玄鳥氏를 司分으로 삼고,[2] 伯趙氏를 司至로 삼고,[3] 靑鳥氏를 司啓로 삼고,[4] 丹

少昊

1) 鳳鳥氏를……삼고 : 봉조가 天時를 알기 때문에 曆正의 관직 이름을 봉조씨라고 한 것이다.(≪五禮通考≫ 권213 〈嘉禮86 設官分職〉)

2) 玄鳥氏를……삼고 : 현조는 제비이다. 春分에 왔다가 秋分에 가기 때문에 司分의 관직 이름을 현조씨라고 하여 춘분과 추분을 주관하게 한 것이다.(≪五禮通考≫ 권213 〈嘉禮86 設官分職〉)

3) 伯趙氏를……삼고 : 백조는 伯勞인데 夏至에 울기 시작하여 冬至에 그치므로 司至의 관직 이름을 백조씨라고 하여 동지와 하지를 주관하게 한 것이다.(≪五禮通考≫ 권213 〈嘉禮86 設官分職〉)

4) 靑鳥氏를……삼고 : 청조는 鶬鴳인데 立春에 울기 시작하여 夏至에 그치므로 司啓의 관직 이름을 청조씨라고 한 것이다.(≪五禮通考≫ 권213 〈嘉禮86 設官分職〉)

鳥氏를 司閉로 삼으니,[5] 이것이 曆正의 네 屬官이다. 祝鳩氏를 세워 敎化를 맡게 하고,[6] 雎鳩氏에게 政法을 맡게 하고,[7] 鳲鳩氏에게 土田을 맡게 하고,[8] 爽鳩氏에게 刑禁을 맡게 하고,[9] 鶻鳩氏에게 일을 맡게 하니,[10] 이것이 백성을 모으는 다섯 관직이 된다.

5雉를 세워 다섯 工正을 삼아서[11] 기물을 편리하게 하고 도량형을 바르게 하여 백성들이 교역하는 것을 공평하게 하였다. 9扈[12]를 세워 아홉 農正을 삼아서 백성들이 방탕하지 않게 하였다. 그리고 四叔[13]이 있는데, 重은 木의 性에 밝아서 勾芒이 되고, 該는 金의 성에 밝아서 蓐收가 되고, 脩와 熙는 水의 성에 밝아서 玄冥이 되어 대대로 그 직책을 잃지 않아서 마침내 窮桑을 이루었다.[14]

소호금천씨가 세상을 다스릴 때에 여러 가지 福이 되는 사물이 모두 이르렀다. 이에 建鼓[15]를 세우고, 浮磬[16]을 만들어 山川의 바람이 소통되게 하고, 大淵이라는 음

---

5) 丹鳥氏를……삼으니 : 단조는 鷩雉인데 立秋에 왔다가 立冬에 가므로 司閉의 관직 이름을 단조씨라고 한 것이다.(≪五禮通考≫ 권213 〈嘉禮86 設官分職〉)

6) 祝鳩氏를……하고 : 축구는 鷦鳩이다. 초구는 효도를 하는 새이기 때문에 司徒로 삼아 백성을 가르치는 일을 주관하게 한 것이다.(≪五禮通考≫ 권213 〈嘉禮86 設官分職〉)

7) 雎鳩氏에게……하고 : 저구는 王鴡이다. 사나우면서 분별이 있기 때문에 司馬로 삼아 法官을 주관하게 한 것이다.(≪五禮通考≫ 권213 〈嘉禮86 設官分職〉)

8) 鳲鳩氏에게……하고 : 시구는 鴶鵴이다. 시구는 고르기〔平均〕 때문에 司空으로 삼아 水土를 고르게 다스리도록 한 것이다.(≪五禮通考≫ 권213 〈嘉禮86 設官分職〉)

9) 爽鳩氏에게……하고 : 상구는 매〔鷹〕이다. 사납기 때문에 司寇로 삼아 도적을 주관하게 한 것이다.(≪五禮通考≫ 권213 〈嘉禮86 設官分職〉)

10) 鶻鳩氏에게……하니 : 골구는 鶻鵃이다. 봄에 왔다가 겨울에 가기 때문에 司事로 삼은 것이다.(≪五禮通考≫ 권213 〈嘉禮86 設官分職〉)

11) 5雉를……삼아서 : 꿩의 종류에 다섯 가지가 있는데, 서쪽에서 나는 꿩을 鷷雉라고 하고, 동쪽에서 나는 꿩을 鶅雉라고 하고, 남쪽에서 나는 꿩을 翟雉라고 하고, 북쪽에서 나는 꿩을 鵗雉라고 하고, 伊水와 洛水 남쪽에서 나는 꿩을 翬雉라고 한다. 준치는 나무를 다루는 工正이 되고, 치치는 벽돌이나 진흙을 다루는 공정이 되고, 적치는 쇠를 다루는 공정이 되고, 희치는 가죽을 다루는 공정이 되고, 휘치는 五色을 다루는 공정이 된다.(≪春秋左氏傳杜林合注≫ 권39 〈昭公 17년〉)

12) 9扈 : 扈는 콩새인데 9종이 있다. 春扈는 鳻鶞이라고 하고, 夏扈는 竊元이라고 하고, 秋扈는 竊藍이라고 하고, 冬扈는 竊黃이라고 하고, 棘扈는 竊丹이라고 하고, 行扈는 唶唶라고 하고, 宵扈는 嘖嘖이라고 하고, 桑扈는 竊脂라고 하고, 老扈는 鷃鷃이라고 한다. 아홉 가지 扈로 아홉 農正을 명칭을 삼아 각각 그 이름에 알맞게 백성들에게 농사를 가르친다.(≪五禮通考≫ 권213 〈嘉禮86 設官分職〉)

13) 四叔 : 少昊氏의 자손인데, 몇 대 자손인지는 알 수 없다.(≪儀禮經傳通解續≫ 권23 〈地示 祭禮7〉)

14) 窮桑을 이루었다 : 窮桑은 魯나라 북쪽에 있는 지명인데 소호씨가 궁상에 도읍하여 왕이 되었기 때문에 소호씨를 窮桑帝라고 부른다. 窮桑을 이루었다는 것은 소호씨의 治功을 이루었다는 뜻이다.(≪儀禮經傳通解續≫ 권23 〈地示 祭禮7〉)

악을 만들어서 사람과 神을 조화롭게 하고 上下를 화평하게 하니, 이것을 九淵[17]이라고 한다. 재위 기간은 84년이고, 향년은 100세였다.

少昊金天氏는 曰摯요 亦曰青陽이니 以金德王하야 號金天氏요 能修太昊之法이라 故曰少昊라 少昊初立에 鳳鳥適至하니 因作鸞鳳之書라 以鳥紀官하야 鳳鳥氏爲曆正하고 玄鳥氏司分하고 伯趙氏司至하고 青鳥氏司啓하고 丹鳥氏司閉하니 是爲曆正之四屬이라 立祝鳩氏司教化하고 雎鳩氏司政法하고 鳲鳩氏司土田하고 爽鳩氏司刑禁하고 鶻鳩氏司事하니 是爲鳩民之五官이라 立五雉爲五工正하야 利器用하며 正度量하야 以夷民者也라 立九扈爲九農正하야 扈民無淫者也라 而其四叔에 重明木之性하야 爲勾芒하고 該明金之性하야 爲蓐收하고 脩及熙明水之性하야 爲玄冥하야 世不失職하야 遂濟窮桑이라 帝之御世也에 諸福之物畢至하니 爰立建鼓하고 制浮磬하야 以通山川之風하고 作大淵之樂하야 以諧人神하야 和上下하니 是曰九淵이라 在位八十四年이요 享年百歲라

顓頊高陽氏

2-2-1

전욱고양씨는 黃帝의 손자이고 昌意의 아들이다.[18] 少昊氏가 쇠약해지자 九黎[19]가 덕을 어지럽혀 사람과 신이 뒤섞여서 구분할 수 없었다. 집안마다 巫史[20]를 두고 사람들이 會盟을 자주 하자[21] 재앙이 거듭 이르렀다. 顓頊이 이어받아 南正重[22]에게

---

15) 建鼓 : 북인데, 용도는 분명치 않다.(≪御批歷代通鑑輯覽≫ 권1 〈少昊金天氏〉)

16) 浮磬 : 林之奇의 설에 의하면 경쇠를 만드는 돌은 지극히 가벼운 돌을 쓰기 때문에 부경이라고 한다.(≪御批歷代通鑑輯覽≫ 권1 〈少昊金天氏〉)

17) 九淵 : 大淵과 같은 말인데, 唐나라의 諱를 피하기 위해 '大'자를 '九'자로 고친 것이다. 당나라의 文集들은 모두 '淵'자까지 고쳐서 '九泉'으로 기록하였다.(≪路史≫ 권16 〈後紀7 疏仡紀 小昊〉)

18) 전욱고양씨는……아들이다 : 黃帝의 정비 嫘祖가 아들 둘을 낳았는데, 첫째가 青陽인 玄囂이고, 둘째가 昌意이다. 창의가 蜀山氏의 딸 昌僕에게 장가들어 高陽을 낳았다. 따라서 전욱이 황제의 손자가 되는 것이다.(≪史記≫ 권1 〈五帝本紀〉)

19) 九黎 : 九黎에 대한 설은 두 가지가 있다. ≪史記集解≫에서는 少皞 때 난을 일으킨 제후라고 하였고, ≪國語≫ 韋昭의 註에 黎氏 아홉 사람으로 蚩尤의 무리라고 하였다.(≪史記≫ 권26 〈曆書第4〉, ≪國語≫ 권18 〈楚語 下〉)

20) 巫史 : ≪後漢書≫ 李賢의 註에 巫는 巫女이고, 史는 祝史로서 제사를 담당하는 사람이라고 하였는데, 고대에는 한 사람이 겸직했기 때문에 통칭 巫史라고 한다.

명하여 하늘을 맡아서 神을 관장하게 하고, 北正黎[23]에게 명하여 땅을 맡아서 사람들을 관장하게 해서 서로 침범하지 못하게 하였다.

顓頊高陽氏는 黃帝之孫이요 而昌意之子也라 少昊之衰에 九黎亂德하고 民神雜糅하야 不可方物이라 家爲巫史하고 民瀆齊盟하야 禍災荐臻이라 顓頊受之하야 乃命南正重하야 司天以屬(촉)神하고 北正黎하야 司地以屬(촉)民하야 使無相侵瀆이라

2-2-2

전욱고양씨는 말이 없으면서도 智謀가 있고, 사리에 통달하여 일을 알고, 토질에 따라 五穀과 樹木을 기르고, 천체의 운행에 따라 四時의 일을 정하고, 귀신에 의거하여 의리를 제정하고,[24] 氣를 다스려서 교화하고,[25] 깨끗하고 정성스럽게 제사 지냈다. 북쪽으로는 幽陵[26]에 이르고, 남쪽으로는 交阯[27]에 이르고, 서쪽으로는 流沙[28]에 이르고, 동쪽으로는 蟠木[29]에 이르기까지 온갖 동식물과 크고 작은 神[30]으로 해

---

21) 會盟을 하자 : 회맹을 할 때는 神을 보증자로 세우고 맹세하는 것인데, 맹세를 지키지 않아서 자주 맹세를 하는 것은 신을 모독하는 행위가 된다. 그렇기 때문에 신이 복을 내리지 않고 재앙을 내리는 것이다.

22) 南正重 : 應劭의 註에 의하면, 南은 陽位이고 正은 官長이며 重은 사람 이름이다. 즉 陽位의 官長인 重이라는 뜻이다.(≪史記≫ 권26 〈曆書4〉)

23) 北正黎 : 應劭의 註에 의하면, 北은 陰位이고 正은 官長이며 黎는 사람 이름이다. 즉 陰位의 官長인 黎라는 뜻이다.(≪史記≫ 권26 〈曆書4〉)

24) 귀신에……제정하고 : 귀신은 총명하고 정직하기 때문에 마음을 다해서 공경히 섬겨야 하고, 이로 인하여 尊卑의 의리를 제정해야 한다는 뜻이다. 鬼 중에 신령한 것을 神이라고 하니, 여기에서 말하는 귀신은 山川의 神을 가리킨다.(≪史記正義≫ 권1 〈五帝本紀〉)

25) 氣를……교화하고 : 四時와 五行의 氣를 다스려서 萬民을 교화시킨다는 뜻이다.(≪史記索隱≫ 권1 〈五帝本紀〉)

26) 幽陵 : ≪史記正義≫에서 幽州라고 하였다.

27) 交阯 : ≪史記正義≫에서 交州라고 하였다.

28) 流沙 : ≪史記集解≫에서 "地理志에 '流沙는 張掖 居延縣에 있다.'라고 하였다." 하였는데, ≪史記正義≫에서 "≪括地志≫에 '居延은 海南 甘州 張掖縣 동북쪽 1,064里에 있다.'라고 하였다." 하였다.

29) 蟠木 : 전설상의 산 이름이다. ≪大戴禮記≫ 〈五帝德〉에 "전욱이 용을 타고 四海에 이르렀는데, 북쪽으로는 幽陵에 이르고, 남쪽으로는 交阯에 이르고, 서쪽으로는 流沙에 이르고, 동쪽으로는 蟠木에 이르렀다.〔顓頊 乘龍而至四海 北至于幽陵 南至于交趾 西濟于流沙 東至于蟠木〕"라고 하였는데, 이에 대한 孔廣森의 ≪補注≫에 "海外經에 '동해 가운데에 산이 있는데 이름이 度索이다. 산 위에 큰 복숭아나무가 있는데 3천 리에 걸쳐 서려 있다.〔海外經曰 東海中有山焉 名曰度索 上有大桃樹 屈蟠三千里〕"라고 하였다. 그러나 현재의 ≪山海經≫에는 이 내용이 없고, ≪山海經≫ 〈大荒北經〉의 郭璞의 註에 이 내용이 들어 있다.

顓頊

와 달이 비추는 곳에 사는 자들은 모두 와서 복종하지 않는 자들이 없었다.

처음으로 民事를 가지고 관직을 기록하고,[31] 올챙이의 형성을 보고서 科斗書(올챙이 모양의 字體)를 만들었다.

땅의 純陰은 가운데에 모으고 하늘의 해는 밖을 돌아서 시작도 끝도 없이 돌고 도니 그 형체가 둥글다. 이에 처음으로 渾天儀를 만들어 盈虛[32]와 乘降[33]을 검증하였다. 비로소 달력을 만들어 孟春의 달로 正月을 삼으니, 이해 정월 초하루 立春에 五星이 하늘에 모여서 營室[34]을 지나면 얼음이 비로소 녹고, 곤충들이 비로소 깨어나며, 닭이 비로소 세 번 우는데 하늘을 깨우는 소리는 作時이고 땅을 깨우는 소리는 作昌이고 사람을 깨우는 소리는 作樂이다. 鳥獸와 萬物이 和應하지 않는 것이 없기 때문에 전욱을 曆宗이라고 한다.

전욱이 飛龍氏[35]에게 명하여 八風[36]의 소리를 모아 圭水曲을 만들어서 기운을 불

---

30) 크고……神 : 큰 신은 五嶽과 四瀆의 신을 가리키고, 작은 신은 丘陵과 墳衍의 신을 가리킨다.(≪史記正義≫ 권1 〈五帝本紀〉)

31) 처음으로……기록하고 : 少昊氏의 아들 重은 木正이 되었으니 勾芒이라고 하고, 該는 金正이 되었으니 蓐收라고 하고, 脩와 熙는 水正이 되었으니 元冥이라고 하고, 炎帝의 후예를 后土로 삼고, 帝의 손자 黎를 火正으로 삼았으니 祝融이라고 한다. 이들을 나누어 五方을 다스렸으니 이것이 五官이 된다. 즉 人事인 五行으로 관직의 명칭을 삼은 것이니, 太昊伏羲氏가 龍官을 쓴 것과 소호금천씨가 鳥官을 쓴 것에 비교할 때 전욱고양씨는 人事인 五行으로 관직을 삼은 것이다.(≪御批歷代通鑑輯覽≫ 권1)

32) 盈虛 : 지구를 중심으로 돌고 있는 달과 해와 天體와의 운행 속도에서 생기는 차이를 가리키는 말이다. 지구는 움직이지 않고, 달은 1년에 지구를 12회 돌고, 해는 360일을 常數로 삼아 돌고, 天體는 365도와 940분의 235도를 돈다. 천체와 해와의 관계에서 5일과 940분의 235일의 차이가 생기는데 이것을 氣盈이라고 하고, 해와 달의 관계에서 5일과 940분의 592일의 차이가 생기는데 이것을 朔虛라고 한다. 이 기영과 삭허를 합한 숫자인 10일과 940분의 827일이 한 해의 閏率이다. 盈虛는 氣盈과 朔虛의 합성어이다.(≪書傳大全≫ 〈虞書 堯典〉)

33) 乘降 : 고대 천문학에서 지구를 중심으로 해와 달과 별이 돈다는 이론에서 나온 말이다. 지구는 움직이지 않고 해와 달과 별이 밤낮을 바꾸어 오르고 내리는데 해가 지평선 위로 올라오면 낮이 되고, 지평선 밑으로 내려가면 밤이 되며, 달과 별이 지평선 위로 올라오면 밤이 되고 지평선 아래로 내려가면 밤이 된다는 이론이다.(≪書傳大全≫ 〈虞書 舜典〉)

34) 營室 : 二十八宿 중 北方七宿의 여섯 번째 별인 室宿이다.

35) 飛龍氏 : 전설상의 사람 이름이다.(≪呂氏春秋≫ 〈仲夏紀 古樂〉)

러 만물을 살게 하니 진귀한 浮金[37]이 나타났다. 이에 그 쇠를 주조하여 鐘을 만들고 五基와 六英[38]의 음악을 만들어 陰陽을 조화시키고 上帝에게 제향하고 제후들을 조회할 때에 연주하였으니, 그 이름이 承雲이다. 재위 기간은 78년이고, 향년은 98세였다.

○帝靜淵而有謀하고 疏通而知事하고 養材以任地하고 載時以象天하고 依鬼神以制義하고 治氣以教化하고 潔誠以祭祀라 北至幽陵하고 南至交阯하고 西至流沙하고 東至蟠木히 動靜之物과 大小之神이 日月所照에 莫不砥屬이라 始以民事紀官하고 觀蛞蟲之形而作科斗書라 以地純陰으로 凝聚於中하고 天浮陽으로 轉旋於外하야 周旋無端하니 其體渾渾이라 於是에 始爲儀制하야 以驗其盈虛升降이라 乃作曆하야 以孟春之月爲元하니 是歲正月朔(朝)〔旦〕[39]立春에 五星會于天이라 歷營室이면 冰凍始泮하고 蟄蟲始發하며 雞始三號하니 天曰作時요 地曰作昌이요 人曰作樂이라 鳥獸萬物이 莫不應和라 故顓帝爲曆宗也라 帝命飛龍氏하야 會八風之音하야 爲圭水之曲하야 以召氣而生物하니 浮金效珍이라 於是에 鑄爲之鐘하고 作五基六英之樂하야 以調陰陽하고 享上帝하고 朝群侯하니 名曰承雲이라 在位七十八年이요 享年九十八歲라

帝嚳高辛氏

2-3-1

제곡고신씨는 黃帝의 증손자이다. 고신씨는 태어나면서부터 신령스러워 스스로 자

---

36) 八風 : 八方의 바람이다. 여러 가지 설이 있어서 하나로 단정하기 어렵다. ≪呂氏春秋≫ 〈有始〉에서는 "東北曰炎風 東方曰滔風 東南曰熏風 南方曰巨風 西南曰淒風 西方曰飂風 西北曰厲風 北方曰寒風"이라고 하였고, ≪淮南子≫ 〈墬形訓〉에서는 "東北曰炎風 東方曰條風 東南曰景風 南方曰巨風 西南曰涼風 西方曰飂風 西北曰麗風 北方曰寒風"이라고 하였고, ≪說文解字≫ 〈風部〉에서는 "東方曰明庶風 東南曰清明風 南方曰景風 西南曰涼風 西方曰閶闔風 西北曰不周風 北方曰廣莫風 東北曰融風"이라고 하였고, 陸德明의 ≪釋文≫에서는 "東方谷風 東南淸明風 南方凱風 西南涼風 西方閶闔風 西北不周風 北方廣莫風 東北方融風"이라고 하였다.

37) 浮金 : 물에 뜨는 비중이 가벼운 금속이다. 漢나라 郭憲이 지은 ≪洞冥記≫ 제2권에 "浮金은 색이 金과 같고 스스로 물에 뜬다."라고 하였고, 晉나라 王嘉가 지은 ≪拾遺記≫ 〈顓頊〉에 "顓頊 때에 浮金之鐘과 沈明之磬이 있었는데 깃털로 문질러도 소리가 백 리에 울린다."라고 하였다.

38) 五基와 六英 : 고대의 악곡 이름이다. ≪漢書≫ 〈禮樂志〉에는 "옛날에 黃帝는 〈咸池〉를 지었고, 顓頊은 〈六莖〉을 지었고, 帝嚳은 〈五英〉을 지었다."라고 하였고, ≪白虎通≫ 〈禮樂〉과 ≪風俗通≫ 〈聲音〉과 ≪獨斷≫에 모두 顓頊의 음악을 〈六莖〉이라고 하였다.

39) (朝)〔旦〕: 저본에는 '朝'로 되어 있는데, 朝鮮 太祖 李成桂의 改諱가 '旦'이므로 저본에는 避諱하여 '旦'을 '朝'로 고친 것이다. 이에 의거하여 '旦'으로 바로잡았다.

帝嚳

기 이름을 말하였다. 널리 베풀고 남들을 이롭게 하면서도 자기 몸을 사사롭게 여기지 않았다. 귀가 밝아서 먼 곳의 일을 알고, 눈이 밝아서 작은 것도 살폈으며, 하늘의 뜻에 순종하고 백성들의 시급한 일을 알며, 어질면서도 위엄이 있고, 은혜로우면서도 믿음이 있어서 몸을 닦아 천하가 복종하였다.

땅의 財貨를 取하되 절도 있게 쓰고, 만민을 기르고 교화시키되 이롭게 가르치며, 해와 달의 운행을 살펴서 맞이하고 보내며, 鬼神을 밝게 알아서 공경히 섬겼다. 그 안색은 거룩하고, 그 덕은 드높으며, 그의 행실은 天時에 맞고, 그의 복장은 士의 옷이었다.[40] 亳[41]에 도읍하여 해와 달과 별이 운행하는 순서를 살펴서 달력을 만들어 四時를 밝혀서 백성에게 농사를 가르쳤다. 中道를 잡아서 천하를 다스리고, 鼙와 鼓과 鐘과 磬과 塤과 篪를 제작하여 六英[42]의 음악을 만들었다.

火正인 黎가 능히 하늘의 밝은 도를 밝게 드러내고 땅의 덕을 두텁고 관대하게 하여 四海를 밝게 비추니 고신씨가 重의 직책까지 아울러 관장하게 하고 祝融이라는 氏를 내렸다. 물건을 사고파는 법이 무너지자 축융이 바로잡아서 백성들이 편리하게 하였다. 제곡이 中正한 도를 잡아서 온 천하에 두루 미치니 해와 달이 비추는 곳과 바람과 비가 이르는 곳에 사는 자들이 다 복종하였다. 재위 기간은 75년이고, 향년은 100세였다.

帝嚳高辛氏는 黃帝之曾孫也라 高辛은 生而神靈하야 自言其名이라 普施利物호되 不(於)〔私〕[43]其

---

40) 그가……옷이었으며 : ≪史記索隱≫에 "衣服은 士의 服을 입었으니, 그가 공변되고 청렴했음을 말한 것이다."라고 하였다.(≪史記≫ 권1 〈五帝本紀〉)

41) 亳 : 亳이라는 지명은 역사적으로 세 곳이 있다. 첫째는 河南 商丘縣 동남쪽에 있는데 일찍이 湯임금이 살았던 곳이라고 한다. 일명 南亳이라고 한다. 둘째는 河南 商丘縣 북쪽에 있는데 제후들이 이곳에서 湯을 추대하여 盟主로 삼았다고 한다. 일명 北亳이라고 한다. 셋째는 河南 偃師縣 서쪽에 있는데 湯이 夏나라를 칠 때에 거주한 곳이라고 한다. 일명 西亳이라고 한다.

42) 六英 : 고대의 악곡 이름인데, 帝嚳의 음악이라는 설도 있고 顓頊의 음악이라는 설도 있다.

43) (於)〔私〕 : 저본에는 '於'으로 되어 있으나, ≪皇王大紀≫ 〈五帝紀〉에 의거하여 '私'로 바로잡았다.

身이라 聰以知遠하고 明以察微하며 順天之義하고 知民之急하며 仁而威하고 惠而信하야 修身而天下服이라 取地之財而節用之하고 撫教萬民而利誨之하며 歷日月而迎送之하며 明鬼神而敬事之라 其色郁郁하고 其德嶷嶷하며 其動也時하고 其服也士하며 都於亳이러라 次序三辰하야 以治曆明時하야 教民稼穡이라 執中而尹天下하고 制鼙鼓鐘磬塤篪하야 作六英之樂이라 火正黎能昭顯天明하고 敦大地德하야 光照四海하니 帝使幷掌重職하고 賜之氏曰祝融이라 市法壞하니 祝融修之하야 以便兆民이라 帝嚳이 漑執中而徧天下하니 日月所照와 風雨所至에 莫不服從이라 在位七十五年이요 享年百歲라

帝堯陶唐氏

2-4-1

제요도당씨는 帝嚳의 아들이다. 姓은 伊祁이고, 火德으로 왕이 되어 平陽에 도읍하였다. 그 仁은 하늘과 같고, 그 지혜는 神과 같아서, 백성들이 따르기를 해와 같이 하고,44) 바라기를 구름과 같이 하였다.45) 富하였으나 교만하지 않고 貴하였으나 거만하지 않았으며, 누런 모자에 검은 옷을 입고46) 띠로 지붕을 인 추녀 끝을 잘라서 정돈하지 않고, 흙으로 만든 섬돌이 세 계단이었다.

帝堯

帝堯陶唐氏는 帝嚳子라 姓은 伊祁요 以火德王하야 都平陽이라 其仁如天하고 其智如神하야 就之如日하고 望之如雲이라 富而不驕하고 貴而不舒하며 黃收純衣요 茅茨不剪하고 土階三等이라

44) 따르기를……하고 : ≪史記索隱≫에 해가 비추는 것과 같아서 사람들이 모두 의지하고 따르는 것이 해바라기가 마음을 기울여 해를 향하는 것과 같다고 하였다.(≪史記≫ 권1 〈五帝本紀〉)

45) 바라기를……하였다 : ≪史記索隱≫에 구름이 덮어주고 적셔주는 것과 같으니, 德化가 광대해서 사람들을 적셔주므로 사람들이 모두 우러러보았으므로 백곡이 단비를 앙망하는 것과 같다고 하였다.(≪史記≫ 권1 〈五帝本紀〉)

46) 누런……입고 : 원문의 '黃收純衣'를 번역한 것인데, ≪史記索隱≫에 "收는 冕의 이름인데 그 색이 누렇기 때문에 黃收라고 한다. 純은 緇로 읽는다."라고 한 설을 따랐다.(≪史記≫ 권1 〈五帝本紀〉)

2-4-2

능히 큰 덕을 밝혀서 九族[47]을 화친하게 하자 九族이 화목하게 되거늘 백성을 고루 밝히니[48] 백성이 자신의 덕을 밝히며, 萬邦[49]을 화목하게 하자 백성들이 아! 변하여 이에 화목하게 되었다.

命官授時圖

이어 羲氏와 和氏[50]에게 명하여 넓은 하늘의 운행하는 이치를 공경히 따라서 日月星辰의 운행을 달력으로 기록하고 관찰해서 농사짓는 시기를 공경히 가르쳐주게 하였다.

직책을 나누어 羲仲[51]에게 명하여 嵎夷에 있게 하니, 그곳을 暘谷이라고 한다.[52] 춘분날 아침에 나오는 해를 공경히 맞이하여 봄에 해야 할 일을 고르게 순서를 정하니, 낮의 길이는 중간이고,[53] 初昏에 南中

---

47) 九族 : 高祖에서부터 玄孫까지의 친족을 가리키는데, 五服을 입는 異姓의 친척도 포함된다.(≪書傳≫ 〈虞書 堯典〉)

48) 백성을……밝히시니 : 백성이 스스로 덕을 밝히도록 교화시켰다는 뜻이다. 여기에서 말하는 백성은 畿內의 백성을 가리킨다.(≪書傳≫ 〈虞書 堯典〉)

49) 萬邦 : 온 천하의 諸侯國을 가리킨다.(≪書傳≫ 〈虞書 堯典〉)

50) 羲氏와 和氏 : 日月星辰의 운행을 달력으로 기록하고 관찰해서 백성들에게 농사짓는 시기를 가르쳐주는 관원이다. 羲氏는 少昊氏의 아들 重의 후손이고, 和氏는 顓頊高陽氏의 손자라고 한다.(≪書傳≫ 〈虞書 堯典〉, ≪尙書注疏≫ 권18 〈呂刑〉, ≪御批歷代通鑑輯覽≫ 권1)

51) 羲仲 : 羲仲과 羲叔, 和仲과 和叔에 대해서는 분명한 주석이 없다. 다만 채침의 경우에는 或者의 설을 인용하여 "혹자는 말하기를 '上文에서 명한 것은 羲伯과 和伯이고, 여기에서는 희중과 희숙, 화중과 화숙에게 나누어 명한 것이다.'라고 하는데, 옳은지는 알 수 없다."라고 하여 자기의 견해를 제시하지 않았고, 宋나라 黃度는 "羲와 和의 屬官이다."라고 하였는데 역시 근거는 없다.(≪書傳≫ 〈虞書 堯典〉, ≪尙書說≫ 권1)

52) 嵎夷……한다 : 嵎夷는 중국의 동쪽 끝에 있는 지역이다. 暘은 해가 뜬다는 뜻이고, 谷은 골짜기라는 뜻이니, 暘谷은 해가 뜨는 골짜기라는 뜻이다. 羲仲이 소속된 본래 관청은 도성에 있는데 測候를 담당한 곳은 동쪽 끝에 있는 嵎夷 지역이고, 그곳이 해가 뜨는 밝은 곳이기 때문에 양곡이라고 한 것이다.(≪書傳≫ 〈虞書 堯典〉)

하는 별은 鳥이다.54) 陽의 중앙인 仲春이 되면 백성들은 흩어져 살고55) 鳥獸는 새끼를 친다.

또 羲叔에게 명하여 南交56)에 있게 하였다. 여름철에 변화해야 할 일을 고르게 순서를 정해서 공경히 해를 맞이할 것이니, 낮은 길고 南中하는 별은 大火이다.57) 陽의 正位인 仲夏가 되면 백성들은 더욱 흩어져 살고, 조수는 털이 드물어져 가죽이 바뀐다.

직책을 나누어 和仲에게 명하여 서쪽에 있게 하니, 그곳을 昧谷이라고 한다. 공경히 들어가는 해를 전송하여 가을에 이루어야 할 일을 고르게 차례를 정하니, 밤의 길이는 중간이고 南中하는 별은 虛宿이다.58) 陰의 중앙인 仲秋가 되면 백성들은 화평하고, 鳥獸는 털이 윤기가 흐른다.

또 和叔에게 명하여 북쪽에 있게 하니, 그곳은 幽都라고 한다. 바꾸어야 할 일을 고르게 살필 것이니, 낮의 길이는 짧고 남중하는 별은 昴宿이다.59) 陰의 正位인 仲冬이

---

53) 낮의……중간이고 : 고대에 하루의 시간을 100刻으로 나누었는데, 冬至는 낮이 40각 밤이 60각이고, 夏至는 낮이 60각 밤이 40각이고, 春分과 秋分은 밤낮의 길이가 각각 50각씩이기 때문에 중간이라고 한 것이다.(≪書傳≫ 〈虞書 堯典〉)

54) 初昏에……鳥이다 : 春分日 초저녁에 남쪽 하늘 한가운데 뜨는 별이 鳥라는 말인데, 南中하는 별을 정확히 특정할 수 없기 때문에 28宿 중 남방의 별에 해당하는 朱鳥七宿가 그 위치에 뜬다는 뜻으로 鳥라고 한 것이다. 夏至에 남중하는 별은 星火라고 하고, 秋分에 남중하는 별은 星虛라고 하고, 冬至에 남중하는 별은 星昴라고 한 것과 비교하면 차이를 구분할 수 있다. 이에 대해서는 朱子가 자세히 설명하였다. 주자의 설명에 의하면 初昏에 남중하는 별을 象으로 말하기도 하고, 12次의 자리〔次〕로 말하기도 하고, 星으로 말하기도 하는데, 초혼에 남중하는 별이 정확히 28수 중 하나의 별인 경우에는 星으로 말하니, 秋分에 星虛라고 하고 冬至에 星昴라고 한 경우이고, 남중하는 별이 28수 중에는 정확히 맞지 않고 12차에 정확히 맞는 것이 있을 경우에는 次로 말하니 하지에 星火라고 한 경우이고, 남중하는 위치가 28수와 12차에 정확히 맞지 않고 次와 次 사이에 해당할 경우에는 象으로 말하니 춘분에 星鳥라고 한 경우이다.(≪朱子大全≫ 권65 〈雜著 尙書〉)

55) 백성들은……살고 : 추운 겨울에는 사람들이 집안에 모여서 지내다가 따뜻한 봄이 되면 밖으로 나가서 흩어져 지낸다는 뜻이다.(≪書傳≫ 〈虞書 堯典〉)

56) 南交 : 중국의 남쪽 끝에 있는 지역이다.(≪書傳≫ 〈書傳圖 隨山濬川之圖〉)

57) 南中하는……大火이다 : 하짓날 초저녁 남쪽 하늘 한가운데 뜨는 별이 大火라는 말인데, 大火는 12次 중 하나이고, 28宿에서는 氐, 房, 心에 해당하다.(≪書傳≫ 〈虞書 堯典〉, ≪漢書≫ 권21하 〈律曆志〉)

58) 南中하는……虛宿이다 : 추분날 초저녁에 남쪽 하늘 한가운데 뜨는 별이 虛宿라는 말인데, 虛宿는 28宿 중에 北方七宿 중 네 번째 별이다.(≪書傳≫ 〈虞書 堯典〉)

59) 남중하는……昴宿이다 : 동짓날 초저녁에 남쪽 하늘 한가운데 뜨는 별이 昴宿라는 말인데, 昴宿는 28宿 중에 西方七宿 중 네 번째 별이다.(≪書傳≫ 〈虞書 堯典〉)

되면 백성들은 따뜻한 곳으로 모여들고 鳥獸는 솜털이 난다.

帝堯가 말하기를, "아! 너희 羲氏와 和氏야, 해의 주기는 366일이니, 閏月을 사용하여야 四時를 바르게 정해서 한 해의 功을 이루어60) 진실로 百官을 다스려서 모든 공적이 다 넓게 이루어질 것이다." 하였다.

后夔61)에게 명하여 大章62)이라는 음악을 지으라고 하고, 帝堯가 이르기를, "음악이란 天地의 精髓이고 得失의 節度이다. 夔가 능히 조화시켜 천하를 태평하게 하니 夔 한 사람으로 충분하다."63) 하였다.

○克明俊德하야 以親九族한대 九族既睦이어늘 平章百姓한대 百姓昭明하며 協和萬邦한대 黎民이 於(오)變時雍하니라 乃命羲和하야 欽若昊天하야 曆象日月星辰하야 敬授人時하다 分命羲仲하야 宅嵎夷하니 曰暘谷이니 寅賓出日하야 平秩東作이니 日中이요 星鳥라 以殷仲春이면 厥民은 析이요 鳥獸는 孳尾니라 申命羲叔하야 宅南交하시니 平秩南訛하야 敬致니 日永이요 星火라 以正仲夏면 厥民은 因이요 鳥獸는 希革이니라 分命和仲하야 宅西하시니 曰昧谷이니 寅餞納日하야 平秩西成이니 宵中이요 星虛라 以殷仲秋면 厥民은 夷요 鳥獸는 毛毨이니라 申命和叔하야 宅朔方하시니 曰幽都니 平在朔易이니 日短이요 星昴라 以正仲冬이면 厥民은 隩요 鳥獸는 氄毛니라 帝曰 咨汝羲暨和아 朞는 三百有六旬有六日이니 以閏月이라사 定四時成歲하야 允釐百工하야 庶績咸熙하리라 命后夔하사 作大章之樂하고 堯曰 樂者는 天地之精也요 得失之節也라 夔能和之하야 以平天下하니 一而足矣니라

---

60) 해의……이루어 : 해의 1년 주기는 365일 940분의 235일인데, 366일이라고 한 것은 요임금 때에 1년을 366일로 인식했거나 어림수를 쓴 것으로 보인다. 동양에서는 예로부터 달의 주기를 기준으로 한 太陰曆을 사용하였는데, 태음력은 해의 운행에 따라 변하는 계절과 일치하지 않기 때문에 24절기를 사용하여 보완하였다. 즉 태음력에 해의 운행을 접목한 太陰太陽曆을 사용한 것이다. 그런데 달의 1년 주기는 354일 940분의 348일이기 때문에 해의 주기와 10일 940분의 827일의 차이가 생긴다. 이 차이를 그대로 둘 경우 3년이 지나면 1개월의 차이가 생기고 약 8년이 지나면 3개월의 차이가 생겨서 달력과 계절이 완전히 맞지 않게 된다. 이 문제를 해결하기 위한 방법이 윤달을 쓰는 것이다. 3년째, 5년째, 8년째, 11년째, 14년째, 17년째, 19년째에 각각 윤달을 넣어서 19년 동안에 7회 윤달을 넣으면 해의 주기를 기준으로 한 24절기와 달의 주기를 기준으로 한 달력인 태음력이 일치하게 된다. 따라서 반드시 윤달을 사용하여야 달력과 계절이 맞아 농사를 비롯한 모든 일이 바르게 이루어진다.(≪書傳≫ 〈虞書 堯典〉)

61) 后夔 : 夔는 순임금 때 典樂을 담당했던 신하 이름인데, 歸의 제후에 봉해졌기 때문에 后夔라고 한 것이다.(≪路史≫ 권21 〈有虞氏〉)

62) 大章 : 요임금 때 夔가 지은 음악 이름이다. 章은 드러난다는 뜻인데, 요임금의 덕이 드러난다는 의미이다.(≪古今律曆考≫ 권9 〈歷代1 歷代考 皇帝紀〉)

63) 夔……충분하다 : 전해오는 소문에 夔가 외발[一足]이라는 말이 있어 魯나라 哀公이 孔子에게 사실인지 묻자, 공자가 순임금이 말한 '一而足'이라는 말은 한 사람이면 족하다는 말이지 외발이라는 말이 아니라고 답변하였다.(≪爾雅翼≫ 권18 〈夔〉)

2-4-3

帝堯는 임금의 도리를 부지런히 수행하고 정사를 펴는 궁궐을 지으니, 이름이 衢室이었다. 誹謗木을 세워서 천하 사람들이 하고 싶은 말을 다하게 하였고, 進善旌을 세워 천하 사람들이 자기의 재능을 다하게 하였으며, 조정에 敢諫鼓를 설치하여 천하 사람들이 임금의 허물을 공박하게 하니,64) 천하 사람들이 離叛하는 마음이 없었다.

○堯는 勤於君道하고 作布政之宮하니 曰衢室이라 立誹謗之木하야 使天下得盡其言하고 建進善之旌하야 使天下得盡其才하며 置諫鼓於朝하야 使天下得攻其過하니 天下之人이 無有異心하니라

2-4-4

帝堯는 천하에 마음을 두고 특히 곤궁한 백성에게 마음을 더 써서 백성 한 사람이 굶주리면 "내가 주리게 한 것이다."라고 하고, 백성 한 사람이 추위에 떨면 "내가 추위에 떨게 한 것이다."라고 하고, 백성 한 사람이 죄를 지으면 "내가 그를 죄에 빠뜨린 것이다."라고 하였다. 이 때문에 백성들이 떠받들기를 해와 달처럼 하고, 친하게 대하기를 부모처럼 하였다. 어떤 노인이 땅을 두드리면서 노래하기를, "해가 뜨면 일어나고, 해가 지면 쉬네. 농사를 지어서 밥을 먹고 샘물을 길러서 물을 마시니 임금의 나에게 무슨 보탬이 있겠는가."라고 하였다. 이때에 景星65)이 나타나고, 甘露66)가 내리고, 醴泉67)이 솟아나고, 朱草68)가 생겨나고, 鳳凰이 찾아왔다.

---

64) 誹謗木을……하니 : 誹謗木은 임금의 과실을 기록할 수 있도록 세워둔 나무이고, 進善旌은 길에 깃발을 세워 善言을 올리고자 하는 사람이 그 아래에서 아뢰게 한 것이고, 敢諫鼓는 궁중이나 궁문에 걸어놓고 간언을 올리고자 하는 자가 치게 한 것이다. 비방목, 진선정, 감간고를 설치한 임금에 대해서는 요임금, 순임금, 우임금 등 서책마다 다르게 서술하고 있다.

65) 景星 : 고대에 道가 있는 나라에 나타난다고 하는 상서로운 별로 大星은 德星, 瑞星이라고 한다. ≪晉書≫ 〈天文志〉에 "瑞星을 일명 景星이라고 한다."라고 하였다.

66) 甘露 : 임금이 善政을 베풀 때 하늘에서 내린다고 하는 단 이슬이다. 揚雄의 〈羽獵賦〉에 "고대 二帝三王의 시대에 감로가 내리고, 醴泉이 솟고, 봉황이 나무에 둥지를 틀고, 황룡이 못에 노닐고, 기린이 園囿에 이르고, 神雀이 숲에 깃들었다." 하였다.(≪揚子雲集≫ 권5 〈賦〉)

67) 醴泉 : 예천은 단맛이 나는 샘물을 이르는데, 예로부터 이것을 祥瑞의 應驗으로 일컬어왔다. ≪禮記≫ 〈禮運〉에 聖王이 나라를 잘 다스리면 하늘은 기름진 이슬〔膏露〕을 내리고, 땅은 단 샘물〔醴泉〕을 내보낸다고 하였으며, ≪爾雅≫ 〈釋天 四時〉에 "단비가 제때에 내려 만물을 아름답게 한 것을 醴泉이라 한다.〔甘露時降 萬物以嘉 謂之醴泉〕"라고 하였는데, 鄭樵의 註에 "단비가 내려서 만물이 아름답게 되면 땅에서 예천이 나오는데, 예천은 물맛이 단술처럼 단 것이다."라고 하였다.

68) 朱草 : 태평시대에 나타난다는 풀이다. ≪鶡冠子≫ 〈度萬〉에 "오직 성인만이 그 音을 바르게 하고,

○堯는 存心於天下하고 加志於窮民하야 一民飢면 曰 我飢之也라하고 一民寒이면 曰 我寒之也라하고 一民有罪면 曰 我陷之也라하니라 由是로 百姓이 戴之如日月하고 親之如父母라 有老人擊壤而歌曰 日出而作兮하고 日入而息兮로다 耕田而食兮하고 汲井而飮兮하니 帝何力於我哉리오하니라 時에 景星見(현)하고 甘露降하고 醴泉出하고 朱草生하고 鳳凰來하니라

2-4-5

帝堯는 아들 丹朱가 不肖하다고 하여 어질고 덕이 있어서 帝位를 禪讓할 만한 사람을 구하였는데 신하들이 모두 舜을 천거하였다. 순은 어질고 명철하여 제요 또한 소문을 들어 알고 있었다. 이때에 두 딸을 순에게 시집보내니 순이 德으로 감화시켜 두 딸이 모두 婦道를 행하였다. 제요는 순을 어질다고 여겨 마침내 攝位하게 하고 제요가 말하기를, "아, 너 순아! 하늘의 曆數가 너에게 있으니 진실로 中道를 잡아라."69) 하였다. 28년에 제요가 돌아가시자 백성은 부모를 잃은 것처럼 슬퍼하였고, 四海는 음악을 그쳤다.70) 재위 기간은 70년이고, 향년은 116세였다.

○堯以子丹朱不肖하야 求賢德可以遜位者한대 群臣咸擧舜하니라 舜은 爲人賢明하니 堯亦聞之라 於是에 以二女妻舜한대 舜以德化率하야 二女皆執婦道라 堯以舜爲賢하야 遂使之攝位하고 堯曰 咨汝舜아 天之曆數在汝躬하니 允執其中하라하니라 二十有八載에 帝乃殂落하니 百姓은 如喪考妣하고 四海는 遏密八音하니라 在位七十年이요 享年百一十六歲라

帝舜有虞氏

2-5-1

제순유우씨는 姚姓이니, 아버지는 瞽叟이다. 舜의 어머니가 돌아가시자 고수가 다

그 소리를 조화롭게 할 수 있다. 그러므로 그 덕이 위로 하늘에 미치고 아래로 땅에 미치고 중간의 모든 生靈에 미치나니, 기름진 이슬이 내리고 白丹이 피고 醴泉이 솟고 朱草가 자란다."라고 하였다

69) 아……잡아라 : ≪論語≫ 〈堯曰〉에 나오는 내용이다. 曆數는 하늘을 대신해서 백성을 다스리는 帝王들의 순서이다.

70) 28년에……그쳤다 : 28년이란 舜이 攝政한 지 28년이라는 뜻이다. 백성은 畿內의 백성이고, 四海는 온 천하의 백성을 가리킨다.(≪書傳≫ 〈虞書 舜典〉)

시 장가들어 象을 낳자 부모가 상을 사랑하고 순을 미워해서 순을 자식을 대하는 도리로 대하지 않았다. 순이 부모를 섬기고 아우를 돌보면서 공경과 사랑을 극진히 하였으나 고수는 오히려 따라주지 않았다. 순이 들에 가서 날마다 하늘과 부모를 부르며 울고 죄를 떠맡고 허물을 떠안으며 공경히 고수를 뵐 때 엄숙하고 두려워하자 고수 또한 믿고 따라서 간사한 지경에까지는 이르지 않았다.

帝舜

이 때문에 歷山에서 농사지을 때에는 역산의 사람들이 모두 밭두둑을 양보하였고, 雷澤에서 고기잡이할 때에는 뇌택의 사

孝德升聞

람들이 모두 사는 곳을 양보하였으며, 河濱에서 그릇을 구울 때에 그릇이 조악하거나 비뚤어지지 않았다. 1년이 지나자 사는 곳이 마을을 이루고, 2년이 되자 邑을 이루고, 3년이 되자 都를 이루었다. 帝堯는 그가 어질다는 소문을 듣고 두 딸을 아내로 삼아주어 그 내면을 살피게 하고, 9명의 아들에게 그를 섬기게 해서 그의 외면을 살피게 하니, 두 딸이 감히 자기 신분이 귀하다고 해서 교만하지 못하였고, 9명의 아들이 모두 디욱 독실해지니 제요는 순이 성인이라는 것을 알았다.

帝舜有虞氏는 **姚姓**이니 **父瞽叟**라 **舜母亡**에 **瞽叟更娶**하야 **生象**하니 **父母愛象而惡舜**하야 **遇舜不以道**라 **舜事父母**하고 **撫弟**에 **篤於敬愛**어늘 **瞽猶不順**이라 **舜往于田**하야 **日號泣于旻天于父母**하야 **負罪引慝**하야 **祗載見瞽叟**에 **夔夔齊栗**한대 **瞽亦允若**하야 **不至於姦**이라 **以是耕於歷山**하니 **歷山之人**이 **皆讓畔**하고 **漁於雷澤**하니 **雷澤之人**이 **皆讓居**하고 **陶於河濱**할새 **器不苦窳**라 **一年**에 **而所居成聚**하고 **二年**에 **成邑**하고 **三年**에 **成都**라 **堯聞其賢**하고 **妻之二女**하야 **以觀其內**하고 **事之九男**하야 **以觀其外**하니 **二女不敢以其貴驕**하고 **而九男皆益篤**하니 **堯知其聖人也**라

이에 순에게 五倫은 삼가 아름답게 하라고 하니 오륜이 잘 시행되었으며, 百揆[71]의 자리에 임명하니 백규의 일이 제때에 맞게 시행되었으며, 도성의 사방 문에서 제후들을 맞이하게 하니 사방의 도성 문에서 제후들이 화목하였으며, 큰 산속에 들어가게 하니 사나운 바람이 불고 우레 치고 비가 내리는데도 놀라지 않았다. 이렇게 3년을 시험하고서 제요가 순에게 帝位에 오르라고 명하니 정월 초하루에 文祖[72]에서 제요가 마친 제위의 일을 받았다.[73]

璿璣와 玉衡으로 살펴[74] 七政[75]을 고르게 하고, 드디어 上帝에게 類제사를 지내

71) 百揆 : 모든 정무를 총괄하는 관원으로 唐虞 때에만 있었다. 周나라 때의 冢宰와 같다. 조선시대에는 영의정을 가리키는 말로 사용되어 영의정은 百揆, 좌의정은 左揆, 우의정은 右揆라고 불렀다.(≪書傳≫ 〈虞書 舜典〉)

72) 文祖 : 堯임금의 始祖의 사당을 가리킨다.(≪書傳≫ 〈虞書 舜典〉)

73) 제요가……받았다 : 이때는 舜이 帝位에 오른 것이 아니라 堯가 帝로 있는 상태에서 攝位하여 帝堯의 일을 행한 것이다.(≪書傳≫ 〈虞書 舜典〉)

74) 璿璣와……살펴 : 璿璣는 璿이라는 옥으로 장식한 기구이고, 玉衡은 옥을 깎아 만든 管인데, 천체의 운행을 관측하는 기구인 渾天儀를 가리키는 말이다.(≪書傳≫ 〈虞書 舜典〉)

75) 七政 : 고대 天文學 용어인데, 학자에 따라 학설이 다르다. 日月과 五星을 가리킨다는 학설이 있고, 天地人과 四時를 가리킨다는 학설이 있고, 北斗七星을 가리킨다는 학설이 있다.(≪書傳≫ 〈虞書 舜典〉)

고,76) 六宗에 禋제사를 지내고,77) 山川에 望제사를 지내고,78) 群神에게 두루 제사 지냈다.79)

다섯 가지 瑞玉을 거두니80) 한 달이 다 되었는데, 날마다 四岳과 群牧81)을 만나보고 서옥을 여러 제후들에게 나누어 돌려주었다.

乃命舜愼徽五典하니 五典克從하고 納于百揆하니 百揆時敍하고 賓于四門하니 四門穆穆하고 納于大麓하니 烈風雷雨에 弗迷라 如是三載에 堯乃命舜以位하니 正月上日에 受終于文祖라 在璿璣玉衡하야 以齊七政하고 肆類于上帝하며 禋于六宗하며 望于山川하며 徧于群神이라 輯五瑞하시니 旣月이어늘 乃日覲四岳群牧하시고 班瑞于群后하시다

巡守하는 해 2월에 동쪽으로 순수하여 岱宗에 이르러 柴제사를 지내고82) 산천을 바라보고 등급에 따라 제사를 지내고,83) 마침내 동쪽 제후들을 접견하여, 사시와 달을 맞추어 날을 바로잡으며,84) 律度量衡을 통일하며,85) 다섯 가지 예를 정비하니,86)

---

76) 上帝에게……지내고 : 類는 上帝에게 지내는 제사인데, 일상적인 제사가 아니라 특별한 이유로 상제에게 제사를 지낼 경우에 郊祀의 禮에 의거하여 지내기 때문에 郊祭祀와 같다는 의미로 類라고 한 것이다.(≪書傳≫ 〈虞書 舜典〉)

77) 六宗에……지내고 : 禋은 뜻을 깨끗이 하여 제향하는 것을 이른다. 宗은 높임이니, 높여 제사하는 것이 그 제사가 여섯 가지가 있다. ≪禮記≫ 〈祭法〉에 "少牢를 泰昭에 묻는 것은 四時를 제사하는 것이고, 坎壇에 기도하는 것은 寒暑에 제사하는 것이고, 王宮에 기도하는 것은 해에 제사하는 것이고, 夜明에 기도하는 것은 달에 제사하는 것이고, 幽宗에 기도하는 것은 별에 제사하는 것이고, 雩宗에 기도하는 것은 水旱에 제사하는 것이다." 하였다.

78) 山川에……지내고 : 山川은 名山大川이니 五嶽과 四瀆 등이다. 직접 가서 제사 지내는 것이 아니라 먼 곳에서 그쪽을 바라보고 제사 지내기 때문에 望제사라고 한 것이다.(≪書傳≫ 〈虞書 舜典〉)

79) 群神에게……지냈다 : 群神은 丘陵・墳衍(물가와 낮고 평평한 땅)과 옛날의 聖賢 등을 가리킨다.(≪書傳≫ 〈虞書 舜典〉)

80) 다섯……거두니 : 舜이 攝位하고 나서 제후들을 소집한 것이다. 瑞는 제후들이 처음 封해질 때 받는 信標인데, 公은 桓圭를 받고, 侯는 信圭를 받고, 伯은 躬圭를 받고, 子는 穀璧을 받고, 男은 蒲璧을 받는다. 천자가 소집하는 경우에 각각 자기의 신표를 가지고 가서 천자에게 바치면 천자가 가지고 있는 冒와 그 신표를 맞추어 眞僞를 확인한다.(≪書傳≫ 〈虞書 舜典〉)

81) 四岳과 群牧 : 四岳은 사방의 제후들이고, 群牧은 九州의 牧伯들이다.(≪書傳≫ 〈虞書 舜典〉)

82) 岱宗에……지내고 : 岱宗은 泰山을 가리킨다. 柴는 제사 이름인데, 나무를 태워서 제사를 지내 천자가 그곳에 이르렀음을 고하는 것이다.(≪尙書注疏≫ 권2)

83) 산천을……지내고 : 山川은 東岳諸侯의 境內에 있는 山川이다. 등급에 따라 제사 지낸다는 것은, 山과 川의 등급에 따라 사용하는 犧牲, 幣帛, 祝, 號 등의 등급이 다른데, 예를 들어 五岳은 三公級으로 제사하고, 四瀆은 諸侯級으로 제사하고, 그 나머지는 伯子男級으로 제사 지낸다는 뜻이다.(≪書傳≫ 〈虞書 舜典〉)

다섯 가지 옥과 세 가지 帛과 두 가지 生物과 한 가지 죽은 예물이었다.[87] 다섯 가지 기물을 같게 하고,[88] 마치고 나서 다시 순수하셨다.

5월에 남쪽으로 순수하여 南岳에 이르러 대종의 예와 같이 하며, 8월에 서쪽으로 순수하여 西岳에 이르러 처음과 같이 하며, 11월에 북쪽으로 순수하여 北岳에 이르러 서쪽의 예와 같이 하고, 돌아와 藝祖에 이르러 特牲을 써서 제사 지냈다.[89]

歲二月에 東巡守하야 至于岱宗하야 柴하며 望秩于山川하고 肆覲東后하야 協時月하야 正日하며 同律度量衡하며 修五禮하니 五玉과 三帛과 二生과 一死贄러라 如五器하고 卒乃復하다 五月에 南巡守하야 至于南岳하야 如岱禮하며 八月에 西巡守하야 至于西岳하야 如初하며 十有一月에 朔巡守하야 至于北岳하야 如西禮하며 歸格于藝祖하야 用特하다

왕이 5년에 한 번 巡守하면 제후들은 4번 朝會를 오니,[90] 말로 진달하게 하며, 功

---

84) 사시와……바로잡으며 : 四時는 사계절을 가리키고, 달은 달의 크고 작음을 가리키고, 날은 간지를 가리키니, 제후국의 달력에 이것이 맞지 않을 경우 바로잡아서 천하의 달력을 통일하는 것이다.(≪書傳≫ 〈虞書 舜典〉)

85) 律度量衡을 통일하며 : 律은 12律을 가리키니, 음률의 기준을 바로잡는 것이다. 度는 길이를 가리키고, 量은 부피를 가리키고, 衡은 무게를 가리킨다. 제후국 중에 이 律度量衡이 일치하지 않은 경우가 있으면 통일시켜서 천하의 律度量衡을 같게 하는 것이다.(≪書傳≫ 〈虞書 舜典〉)

86) 다섯……정비하시니 : 다섯 가지 예란 吉禮, 凶禮, 軍禮, 賓禮, 嘉禮를 가리키니, 정비한다는 것은 천하의 풍속을 동일하게 하는 것이다.(≪書傳≫ 〈虞書 舜典〉)

87) 다섯……예물이었다 : 다섯 가지 옥은 五等의 제후가 천자에게 조회 올 때 가지고 오는 것으로 公은 桓圭, 侯는 信圭, 伯은 躬圭, 子는 穀璧, 男은 蒲璧이다. 세 가지 帛은 제후의 世子는 붉은 비단〔纁〕을 예물로 가지고 오고, 大國의 孤卿은 검은 비단〔玄〕을 예물로 가지고 오고, 附庸國의 임금은 누런 비단〔黃〕을 예물로 가지고 오는 것이다. 두 가지 生物은 卿은 염소〔羔〕를 예물로 가지고 오고, 大夫는 기러기를 예물로 가지고 오는 것이다. 한 가지 죽은 예물은 士가 죽은 꿩을 예물로 가지고 오는 것이다.(≪書傳≫ 〈虞書 舜典〉)

88) 다섯……하고 : 다섯 가지 기물에 대한 설은 일정하지 않은데, 크게 두 가지 설이 있다. 첫째는 五器는 앞에서 제후들이 천자에게 올 때 신표로 가지고 온 五瑞라는 설이 있고, 둘째는 '五禮의 기물'이라는 뜻으로 ≪周禮≫의 六器와 六贄가 순임금 때의 제도가 남아 있는 것이라고 한다.(≪尙書注疏≫ 권2, ≪書傳≫ 〈虞書 舜典〉)

89) 돌아와……지냈다 : 藝祖에 대한 설은 정확하지 않다. 앞에서 말한 文祖 즉 요임금 시조의 사당이라는 설도 있고, 文祖의 아들 사당이라는 설도 있는데 정확한 근거는 없다. 特牲을 쓴다는 것은 특생이란 제사 지낼 때에 소 한 마리를 제물로 사용한다는 뜻이다.(≪書傳≫ 〈虞書 舜典〉)

90) 왕이……오니 : 5년 동안에 천자가 한 번 巡守하고 제후들이 네 차례 천자에게 朝會 온다는 뜻이니, 천자가 순수한 다음 해에 東方의 제후들이 천자의 나라에 조회 오고, 그 다음 해에 南方의 제후들이 조회 오고, 그 다음 해에 西方의 제후들이 조회 오고, 그 다음 해에 北方의 제후들이 조회 오고, 또 그 다음 해에 천자가 다시 순수하는 것이다.(≪書傳≫ 〈虞書 舜典〉)

으로 밝게 시험하며, 수레와 옷으로 표창하였다.[91]

처음으로 12州를 두고, 12산을 封表하며,[92] 내를 준설하였다.

정해진 형벌을 제정하여 告示하되 流刑으로 五刑을 관대하게 적용하며, 채찍으로 官府의 형벌을 만들고, 회초리로 학교의 형벌을 만들되 황금으로 贖罪하는 제도를 만들며, 과오나 불행히 죄를 지은 경우는 용서하고, 권세를 믿고서 죄를 짓거나 같은 죄를 두 번 짓는 경우에는 죽이는 형벌을 쓰되 공경하고 공경하여 형벌을 신중히 하였다.

五載에 一巡守어든 群后는 四朝하나니 敷奏以言하며 明試以功하며 車服以庸하다 肇十有二州하고 封十有二山하며 濬川하다 象以典刑하되 流宥五刑하며 鞭作官刑하고 扑作敎刑하되 金作贖刑하며 眚災란 肆赦하고 怙終이란 賊刑하되 欽哉欽哉하야 惟刑之恤哉하다

共工을 幽洲로 추방하시고, 驩兜를 崇山에 유배하고, 三苗를 三危로 몰아내고, 鯀을 羽山에 가두어서[93] 네 가지로 벌을 주시자 천하가 모두 복종하였다.

순이 즉위하고 나서 禹를 司空으로 삼고, 棄를 后稷으로 삼고, 契(설)을 司徒로 삼고, 皐陶를 士로 삼고, 垂를 共工으로 삼고, 益을 虞로 삼고, 伯夷를 秩宗으로 삼고, 后夔를 典樂으로 삼고, 龍을 納言으로 삼았다.

四岳에게 묻고 十二牧과 의논하며, 3년에 考課하고 세 번 일을 고과하여 잘못한 자는 내치고 잘한 자는 올리시자 모든 일이 다 확장되었고, 三苗를 분리시켰다.[94]

---

91) 말로……표창하였다 : 程子의 설에 의하면, 말로 진달한다는 것은 제후들에게 각각 자기 나라를 다스린 내용을 구두로 보고하게 해서 그 말이 善할 경우 실제로 공이 있는지 확인하여 공이 있으면 수레와 옷으로 표창하고, 그 말이 善하지 않으면 충고하고 타이른다는 것이다.(≪書傳≫ 〈虞書 舜典〉)

92) 처음으로……封表하시며 : 12州는 冀州, 兗州, 靑州, 徐州, 荊州, 揚州, 豫州, 梁州, 雍州, 幽州, 幷州, 營州이다. 封表한다는 것은 그 주의 鎭山을 정한다는 뜻이다.(≪書傳≫ 〈虞書 舜典〉)

93) 共工을……가두어서 : 驩兜과 鯀은 요임금의 신하 이름이고, 共工은 요임금 때의 관직 명칭인데 여기에서는 이름으로 사용되었다. 三苗는 나라 이름인데 江南의 荊州와 揚州 사이에 있다. 자기 나라가 험악한 지역에 있음을 믿고서 난을 일으켜 천자의 명령에 복종하지 않자 이들을 서쪽 변방인 雍州의 三危로 몰아냈다는 뜻이다.(≪書傳≫ 〈虞書 舜典〉)

94) 三苗를 분리시켰다 : 三苗는 원래 남방에 있던 苗族 국가인데 요임금 때에 자주 반란을 일으켰다. 순임금이 攝位하고 나서 그들을 서쪽의 三危로 추방하였는데도 舊都의 묘족들이 완강히 버티며 복종하지 않았다. 그 후에 禹가 섭위하여 순임금의 명을 받고 정벌하였으나 실패하여 回軍하여 文德을 펴자 삼묘가 스스로 와서 굴복하였다. 이때에 그들을 심사하여 선한 자와 악한 자를 분리시킨 것이다.(≪書傳≫ 〈虞書 舜典·大禹謨〉)

流共工于幽洲하며 放驩兜于崇山하며 竄三苗于三危하며 殛鯀于羽山하야 四罪한대 而天下咸服하니라 舜旣卽位하야 命禹爲司空하고 棄爲后稷하고 契爲司徒하고 皐陶爲士하고 垂爲共工하고 益爲虞하고 伯夷爲秩宗하고 后夔爲典樂하고 龍作納言하다 詢四岳하며 咨十二牧하며 三載에 考績하고 三考에 黜陟幽明하되 庶績이 咸熙하더니 分北(배)三苗하다

2-5-2

제순이 노래를 지으려고 하면서 말씀하기를, "하늘의 명을 삼가려면 때마다 삼가고 기미마다 삼가야 한다." 하고, 비로소 노래하기를, "신하가 기쁘게 일하면 임금의 정치가 興起되어 온갖 일이 확장될 것이다." 하니, 고요가 절하고 머리를 조아리고 큰소리로 말하기를, "유념하시어 신하들을 거느리고 일을 일으키시되 법도를 신중히 하시어 공경히 하시며, 일이 이루어지는 것을 자주 살피어 공경하소서." 하고 드디어 노래를 이어 완성하기를, "임금이 현명하시면 신하들이 어질어서 여러 일이 편안해질 것입니다." 하고 또 노래하기를, "임금이 잗달게 구시면 신하들이 게을러져서 만사가 무너질 것입니다." 하니, 제순이 절하고 이르기를, "그렇다. 가서 너희들의 직책을 공경히 수행하라." 하였다.

○帝庸作歌曰 勑天之命인댄 惟時惟幾라하고 乃歌曰 股肱喜哉면 元首起哉하야 百工熙哉하리라 皐陶拜手稽首하야 颺言曰 念哉하사 率作興事하사되 愼乃憲하사 欽哉하시며 屢省乃成하사 欽哉하소서 乃賡載歌曰 元首明哉하시면 股肱良哉하야 庶事康哉하리이다 又歌曰 元首叢脞哉하면 股肱惰哉하야 萬事墮哉하리이다 帝拜曰 兪라 往欽哉하라

2-5-3

정사를 펴는 궁궐을 지으니 이름이 總章이었다. 하늘을 두려워하고 백성을 사랑하며 멀리 있는 사람은 긍휼히 여기고 가까이 있는 사람은 친하게 대하며, 묻기를 좋아하고 淺近한 말을 살피기 좋아하되, 惡을 숨겨주고 善을 드러내며, 일의 양쪽 극단을 잡고서 그 中을 백성에게 썼다. 이때에 해와 달이 더욱 빛나고 卿雲[95]이 모여들었다.

95) 卿雲 : 일종의 彩雲으로 옛사람들은 이것을 祥瑞로 여겼다. ≪史記≫ 제27권 〈天官書〉에 "연기 같으면서 연기가 아니고 구름 같으면서 구름이 아니며, 뭉게뭉게 피어오르고 듬성듬성 넓게 퍼지니 이것을 경운이라고 한다."라고 하였다.

제순이 五絃琴을 타면서 南風詩를 노래하였는데, 그 가사에 "남풍이 훈훈하게 불어오니 우리 백성의 답답한 마음을 풀어주겠네. 남풍이 제때에 불어오니 우리 백성의 살림을 풍족하게 하겠네."라고 하였다. 제순은 30세에 부름을 받아 등용되고, 30년 만에 帝位에 올랐고, 50년 뒤에 승하하였으니, 향년은 110세였다.

○作布政之宮하시니 曰總章이라 畏天而愛民하고 恤遠而親近하며 好問而好察邇言하되 隱惡而揚善하며 執其兩端하야 用其中於民하다 于時에 日月光華하며 卿雲叢聚하니라 彈五絃之琴하야 詠南風之詩하니 曰 南風之薰兮여 可以解吾民之慍兮로다 南風之時兮여 可以阜吾民之財兮로다 舜生三十이라 徵庸하고 三十이라 在位하야 五十載에 陟方乃死하니 享年百有十歲라

歷代君鑑 권3

본받을 만한 善政 善可爲法

夏나라

禹

3-1-1

大禹

夏禹氏는 帝顓頊의 후손이다. 禹의 아버지는 鯀이니 顓頊의 5세손이다. 崇伯으로서 堯임금을 섬겼는데, 요임금 때에 홍수가 나서 온 세상이 물로 덮이자 곤이 治水하였으나 실패하여 收監되어 죽었다.[1] 舜이 攝位하고 나서 우를 등용하여 아버지인 곤의 일을 계승하게 하였다.

우는 됨됨이가 부지런하고 민첩하며, 그 덕은 도리에 위배되지 않고, 그 仁은 친하게 지낼 만하며, 그의 말은 믿을 만하였다. 그의 목소리는 音律이 되고, 그의 몸은 법도가 되며, 왼쪽으로 운용하는 것은 水準器나 먹줄에 맞고 오른쪽으로 운용하는 것은 그림쇠나 곱자에 맞았다.

1) 堯임금……죽었다 : 요임금 때에 중국이 홍수로 뒤덮이자 곤에게 홍수를 다스리게 하였으나 9년이 지나도 다스리지 못하였다. 그 후 舜임금이 攝政할 때에 곤을 羽山에 收監하였는데, 곤이 그곳에서 죽은 것이다.(≪書傳≫ 〈虞書 堯典·舜典〉)

그의 아버지 곤이 치수를 성공하지 못하여 수감된 일을 슬퍼하여 몹시 고생하고 애를 태워서 집을 떠나서 지낸 지 13년 동안 자기 집 앞을 지나면서도 들어가지 않았고, 塗山에 장가들어 辛, 壬, 癸, 甲 4일을 지냈고,[2] 그 후에 啓[3]가 태어나 응애응애 하고 우는데도 아들을 사랑해주지 못하였다. 육지에서는 수레를 타고, 물에서는 배를 타고, 진흙에서는 썰매를 타고, 산길에서는 檋(국)[4]을 신고서 산을 기준으로 다니면서 물길을 막고 있는 나무들을 베어내 제거하였다. 益과 함께 여러 가지 鮮食(날고기)을 백성들에게 먹게 하였으며,[5] 九川을 터서 四海에 이르게 하고[6] 畎과 澮를 준설하여 내에 이르게 하였다.[7] 稷과 파종하는 것을 가르쳐서 백성들에게 여러 가지 艱食과 鮮食을 먹게 하였으며,[8] 곡식이 많이 있는 곳에서 없는 곳으로 곡식을 옮겨 交易하도록 권면하니, 백성들이 이에 곡식을 먹어서 萬邦이 다스려졌다.

대체로 治水는 冀州에서부터 시작하였는데, 기주로부터 동쪽으로 가서 兗州, 靑州, 徐州를 다스리고, 서주로부터 남쪽으로 내려와 揚州와 荊州를 다스리고, 형주로부터 서쪽으로 가서 豫州, 梁州, 雍州를 다스렸다. 모두 그 토질과 田地와 그 땅에 맞는 草木을 살펴서 貢賦를 정하였으니, 이것을 禹貢이라고 한다.

---

2) 塗山에……지냈고 : 塗山은 나라 이름이다. 禹가 塗山氏의 딸에게 장가들어 겨우 4일을 지내고 다시 치수하러 나갔다는 말이다.(≪書傳≫ 〈虞書 益稷〉)

3) 啓 : 禹임금의 아들 이름이다.(≪書傳≫ 〈虞書 益稷〉)

4) 檋(국) : 산에 오르내릴 때 미끄러지지 않도록 현대의 아이젠처럼 신 아래에 설치하는 것이다. ≪史記≫에는 橋자로 되어 있고, ≪漢書≫에는 梮자로 되어 있고, ≪書傳≫에는 樏자로 되어 있는데, 그 모양은 송곳처럼 생겼고 길이는 半寸인데, 신 바닥에 붙여서 산을 오르내릴 때 미끄러지지 않게 한다. ≪史記正義≫에는 산에 올라갈 때는 앞쪽 송곳이 짧고 뒤쪽 송곳이 길게 하고, 산을 내려올 때는 앞쪽 송곳이 길고 뒤쪽 송곳이 짧게 한다고 하였다.

5) 여러……하였으며 : 이때는 아직 治水가 이루어지지 않은 때라 농사를 짓지 못하므로 백성들에게 날고기를 먹게 했다는 뜻이다.(≪書傳≫ 〈虞書 益稷〉)

6) 九川을……하고 : 九川은 九州의 큰 강이다. 먼저 구주의 큰 강을 정비해서 강물이 바다로 빠질 수 있게 한 것이다.(≪書傳≫ 〈虞書 益稷〉)

7) 畎과……하였다 : 井田法에서 畝와 畝 사이에 있는 너비와 깊이가 1尺이 되는 도랑을 畎이라고 하고, 밭머리의 너비와 깊이가 2척 되는 도랑을 遂라고 하고, 井과 井 사이의 너비와 깊이가 4척 되는 도랑을 溝라고 하고, 100井을 1成이라고 하는데 成과 成 사이의 너비와 깊이가 8척 되는 水路를 洫이라고 하고, 100成을 1同이라고 하는데, 同과 同 사이의 너비 2尋과 깊이 2仞이 되는 수로를 澮라고 한다. 여기에서 畎과 澮만 말한 것은 가장 작은 수로와 가장 큰 수로를 대표로 든 것이다. 澮에서 川으로 이어지고, 川에서 바다로 이어진다.(≪周禮≫ 〈冬官 考工記〉)

8) 백성들에게……하였으며 : 이때는 治水가 막 끝난 때이므로 백성들이 식량을 구하기 어려우므로 어렵게 구한 곡식과 禽獸나 물고기의 날고기를 먹게 했다는 뜻이다.(≪書傳≫ 〈虞書 益稷〉)

夏禹는 帝顓頊之後라 禹之父는 鯀이니 顓頊五世孫也라 以崇伯事堯러니 堯時에 洪水滔天하야 鯀이 治水無功하야 殛死라 舜旣攝位에 擧禹使續父業이라 禹는 爲人이 克勤敏給하며 其德不違하고 其仁可親하며 其言可信이라 聲爲律하며 身爲度하며 左準繩하며 右規矩라 傷其父鯀이 功用不成而受殛하야 乃勞身焦思하야 居外十三年에 過家門不入하고 娶于塗山하야 辛壬癸甲하며 啓呱呱而泣이어늘 亦弗皇子也라 陸行乘車하고 水行乘舡하며 泥行乘橇하고 山行乘樺하야 隨山刊木이라 暨益으로 奏庶鮮食하며 決九川距四海하며 濬畎澮距川이라 暨稷으로 播하야 奏庶艱食鮮食하고 懋遷有無하야 化居하니 烝民이 乃粒하야 萬邦이 作乂라 蓋治水는 自冀始하야 自冀而東하야 治兗青徐하고 自徐而南하야 治揚荊하고 自荊而西하야 治豫梁雍이라 皆相其土田草木之宜하야 以作貢賦하니 謂之禹貢이라

3-1-2

우가 즉위하고 나서 五音으로 옥사를 처결하고 일을 다스려서 종과 북과 경쇠와 목탁과 땡땡이를 걸어두고 사방에서 찾아오는 사람들을 기다렸다. 악기를 거는 틀에 銘을 새기기를, "과인에게 道를 가르칠 사람은 북을 치고, 義를 깨우쳐줄 사람은 종을

揭器求言

치고, 일을 고할 사람은 목탁을 치고, 근심을 말할 사람은 경쇠를 치고, 獄訟이 있는 사람은 땡땡이를 흔들어라." 하였다.

한 번 식사할 때에도 열 번을 일어나고 한 번 머리 감을 때에도 세 번이나 중단하고 감던 머리를 잡고 나와 손님을 맞이하면서 천하의 백성들을 위해 노력하였다. 외출하다가 죄인을 보고서 수레에서 내려 까닭을 묻고 울자 주위 신하가 말하기를, "죄인은 도를 따르지 않은 자인데 군왕께서는 어찌하여 슬퍼하십니까?" 하니, 우임금이 말하기를, "요순 때의 사람들은 모두 요순의 마음으로 자기의 마음을 삼았는데, 과인이 임금이 되자 백성들이 각각 자기의 마음으로 마음을 삼으니 이 때문에 슬퍼하노라." 하였다.

○禹旣卽位에 以五音聽治하야 懸鐘鼓磬鐸鞀하야 以待四方之士라 爲銘於簨簴曰 敎寡人以道者는 擊鼓하고 諭以義者는 擊鐘하고 告以事者는 振鐸하고 語以憂者는 擊磬하고 有獄訟者는 搖鞀하라 一饋十起하고 一沐三握髮하야 以勞天下之民이라 出見罪人하고 下車問而泣之한대 左右曰 罪人은 不順道어늘 君王은 何爲痛之오 禹曰 堯舜之人은 皆以堯舜之心爲心이어늘 寡人爲君에 百姓이 各自以其心爲心하니 是以로 痛之하노라

3-1-3

처음에 순임금이 천하를 12주로 나누었는데, 우임금이 다시 9주로 만들고, 천하의 좋은 구리를 거두어 9개의 鼎을 주조하여 9주를 상징하였다.

옛날에 黃帝가 수레를 만들고, 少昊가 소에 멍에 하고, 奚仲[9]이 말에 멍에 하였는데, 우임금이 해중에게 명하여 車正이 되게 해서 旗와 斿와 旐를 세워 尊卑의 등급을 구별하게 하였다.

옛날에 醴酒와 酪酒가 있었는데, 우임금 때에 儀狄이 술을 만들자 우임금이 마시고서 달게 여기고 마침내 의적을 멀리하고 맛있는 술을 근절하고서 말하기를, "후세에 반드시 술을 마시고서 나라를 망하게 하는 자가 있을 것이다."라고 하였다.

일찍이 남쪽으로 순수하여 塗山에서 제후들을 소집하여 성대했던 요순시대의 정치를 계승하니 玉帛을 가지고 온 나라[10]가 1만 개국이었다. 강을 건널 때에 黃龍이

---

9) 奚仲 : 黃帝의 후손으로 夏나라 때 車正에 임명되고, 薛에 봉해졌다. 성은 任氏이고, 湯임금의 左相인 仲虺의 선조이다. 巧垂와 함께 上古時代 솜씨 좋은 장인으로 꼽힌다.(≪呂氏春秋≫ 권17 〈審分覽〉, ≪墨子≫ 권6 〈非儒 下〉)

배 밑에서 배를 들어 올리자 배에 탄 사람들이 모두 놀랐다. 우임금이 하늘을 우러러 탄식하기를, "내가 하늘에서 명을 받아 힘을 다해서 만민을 위해 노력하고 있다. 삶은 잠시 몸을 기탁하는 것이고, 죽음은 원래 있던 자리로 돌아가는 것이니, 내가 어찌 용을 근심하리오." 하고 용 보기를 도마뱀 보듯이 하여 안색이 변하지 않자 용이 머리를 숙이고 꼬리를 내리고 사라졌다. 우임금은 재위 기간은 9년이었고, 향년은 100세였다.

孔子가 이르기를, "우임금은 내가 지적하여 비난할 것이 없다. 자기가 먹는 음식은 소박하게 하고 제사에 효도를 다하고, 자기의 의복은 검소하게 하면서 祭服에는 아름다움을 다하며, 자기가 사는 집은 작게 짓고 治水에 힘을 다하였으니, 우임금은 내가 지적하여 비난할 것이 없다." 하였다.

○初舜分天下爲十二州러니 禹復爲九州하고 收天下美銅하야 鑄爲九鼎하야 以象九州라 昔黃帝作車하고 少昊加牛하고 奚仲加馬러니 禹命奚仲爲車正하야 建旗斿旐以別尊卑等級이라 古有醴酪이러니 禹時에 儀狄作酒어늘 禹飮而甘之하고 遂疏儀狄而絶旨酒하고 曰 後世에 必有以飮酒亡其國者하리라 嘗南巡守하야 會諸侯於塗山하야 承唐虞之盛하니 執玉帛者萬國이라 濟江에 黃龍負舟하야 舟中人皆懼어늘 禹仰天而歎曰 吾受命於天하야 竭力而勞萬民하니 生은 寄也요 死는 歸也니 予何憂於龍焉이리오하고 視龍猶蝘蜓하야 顔色不變한대 龍俛首低尾而逝라 禹在位九年이요 享年百歲라 孔子曰 禹는 吾無間然矣로다 菲飮食而致孝乎鬼神하고 惡衣服而致美乎黻冕하며 卑宮室而盡力乎溝洫하니 禹는 吾無間然矣로다

啓

3-2-1

啓는 禹임금의 아들이다. 처음에 우임금이 천하를 益에게 주었는데, 우임금이 崩하여 삼년상을 마치고 익이 계에게 양보하고 箕山의 남쪽으로 피해가서 살았다. 계가

10) 玉帛을……나라 : 玉은 5等의 제후가 천자를 만나러 올 때에 신표로 가지고 오는 신물이고, 帛은 예물로 가지고 오는 비단이다. 公은 桓圭를 가지고 오고, 侯는 信圭를 가지고 오고, 伯은 躬圭를 가지고 오고, 子는 穀璧을 가지고 오고, 男은 蒲璧을 가지고 온다. 帛은 제후국에서 가지고 오는 예물인데, 제후의 世子는 분홍 비단〔纁〕을 가지고 오고, 大國의 孤卿은 검은색 비단을 가지고 오고, 附庸國의 임금은 황색 비단을 가지고 온다.(≪書傳≫ 〈虞書 舜典〉)

啓王

어질어서 우임금의 道를 공경히 계승하니 천하 사람들의 마음이 그에게 향하였다. 천하의 제후로서 조회하러 가는 자와 그 덕을 노래하는 자와 소송을 하는 자들이 익에게 가지 않고 계에게 가서 말하기를, "우리 임금의 아들이다."라고 하니, 계가 비로소 천자의 지위에 올라 匀臺[11]에 나아가서 제후들에게 연향을 베풀었다.

이때에 有扈氏가 無道하자 六師[12]를 소집하여 정벌할 때에 〈甘誓〉를 지었는데 그 내용에 "아! 六事의 사람들아,[13] 내 너희들에게 훈시하노라. 유호씨가 五行을 업신여기며 三正을 廢棄하므로[14] 하늘이 그 命을 끊으시니, 이제 나는 하늘의 벌을 공손히 행할 것이다. 左가 左를 다스리지 않으면 너희가 명령을 공손히 받드는 것이 아니며, 右가 右를 다스리지 않으면 너희가 명령을 공손히 받드는 것이 아니며, 御가 말을 바르게 몰지 않으면 너희가 명령을 공손히 받드는 것이 아니다.[15] 命을 따르는 자는 先祖의 祠堂에서 상을 내리고, 命을 따르지 않는 자는 社에서 죽이되 내 너의 처자

---

11) 匀臺 : 중국의 明板本에는 鈞으로 되어 있다. ≪春秋左氏傳≫ 昭公 4년조에도 鈞臺로 되어 있는 것으로 보아 저본의 匀자는 鈞자의 오류로 보인다.

12) 六師 : ≪書傳≫ 〈夏書 甘誓〉에는 六卿으로 되어 있다. 師자는 卿자의 오류로 보인다. 〈甘誓〉의 卿에 대한 蔡沈의 傳에 "六卿은 六鄕의 卿이다. ≪周禮≫을 살펴보면 '鄕大夫는 鄕마다 卿이 한 사람이다.' 하였으니, 六鄕이면 六卿이다. 평소에 일이 없으면 각기 그 鄕의 政敎와 禁令을 管掌하여 大司徒에 소속되고, 일이 있어 出征하게 되면 각기 그 鄕의 12,500명을 거느려서 大司馬에 소속된다."라고 하였다.

13) 六事의 사람들아 : 六事는 六卿만이 아니라 六軍에 일이 있는 모든 사람들을 가리킨다.(≪書傳≫ 〈夏書 甘誓〉)

14) 三正을 廢棄하므로 : 三正은 子・丑・寅으로 正月을 삼는 것이다. 夏나라의 정월은 寅月 즉 북두칠성의 자루가 寅方을 가리키는 달로 정월을 삼았다. 有扈氏가 천자가 정한 정월을 사용하지 않았다는 것은 천자의 명을 따르지 않았다는 의미이다.(≪書傳≫ 〈夏書 甘誓〉)

15) 左가……아니다 : 左는 수레의 왼쪽에 탄 甲士이고, 右는 수레의 오른쪽에 탄 甲士이다. 옛날에 戰車로 싸우는 법은, 甲士가 세 사람인데 한 사람은 왼쪽에서 활 쏘는 임무를 맡고, 한 사람은 오른쪽에서 적을 치고 찌르는 임무를 맡고, 말 모는 자는 중앙에서 말 모는 임무를 맡는다.(≪書傳≫ 〈夏書 甘誓〉)

식까지 죽일 것이다." 하였다. 계의 재위 기간은 9년이었다.

啓는 禹之子也라 初禹以天下授益이러니 禹崩에 三年之喪畢하고 益讓于啓하야 而避居箕山之陽이라 啓賢하야 能敬承繼禹之道하니 天下屬(촉)意焉이라 天下諸侯朝覲及謳歌獄訟者 不之益而之啓하야 曰 吾君之子也라한대 啓乃卽天子位하야 於是에 卽勻臺以享諸侯라 時有扈氏無道어늘 召六師征之할새 作甘誓하야 曰 嗟六事之人아 予誓告汝하노라 有扈氏威侮五行하며 怠棄三正할새 天用勦絶其命하시나니 今予는 惟恭行天之罰이니라 左不攻于左면 汝不恭命이며 右不攻于右면 汝不恭命이며 御非其馬之正이면 汝不恭命이니라 用命은 賞于祖하고 不用命은 戮于社하되 予則孥戮汝하리라 啓在位九年이라

3-2-2

宋나라 학자 胡宏[16]이 다음과 같이 논평하였다.

"옛날에 군대를 사용하는 것은 모두 반드시 부득이한 경우였으니, 지극히 順한 자가 지극히 거스르는 자를 치고 지극히 仁한 자가 지극히 不仁한 자를 치는 경우가 아니면 군대를 사용하지 않았다. 사람을 몰아서 死地로 들어가게 하는 것이니, 자기가 죽는 것보다 더 무거운 罰을 보이지 않으면 혹시 전쟁에 패하여 거스르는 자가 제멋대로 행동하고 불인한 자가 천하에 뜻을 얻게 할 것이니, 그들이 백성들에게 해를 끼치는 것이 어찌 끝이 있겠는가.

그러므로 夏나라의 啓가 甘에서 행한 전쟁[17]과 成湯이 鳴條에서 행한 전쟁[18]에서 모두 경중을 헤아려서 부득이하여 처자식까지 죽이겠다는 훈시를 하였던 것이다.[19] 만약 명을 따르지 않는 자가 있으면 반드시 시행했을 것이니 어찌 빈말로 한 것이겠

16) 胡宏 : 1105~1155. 北宋 때 사람으로, 자는 仁仲이고, 호는 五峯이다. 胡安國의 아들이다. 저서에는 ≪胡子知言≫, ≪皇王大紀≫, ≪五峯易外傳≫ 등이 있다. 본문의 내용은 ≪皇王大紀≫ 제5권 〈三王紀〉를 인용한 것이다.

17) 夏나라의……전쟁 : 禹임금의 아들 啓가 帝位를 계승하였는데, 이때 제후국인 有扈氏가 복종하지 않으므로 계가 군대를 이끌고 유호씨 나라의 남쪽 교외인 甘에서 전쟁을 하여 멸망시켰다.(≪書傳≫ 〈夏書 甘誓〉)

18) 成湯이……전쟁 : 湯임금이 夏나라 桀을 칠 때 鳴條의 들에서 싸워 이겨 걸을 南巢에 유폐시켰다. 이때 한 訓示를 기록한 글이 〈湯誓〉이다.(≪尙書注疏≫ 〈商書 湯誓〉 小序)

19) 처자식까지……것이다 : ≪書傳≫의 〈甘誓〉에서는 "命을 따르는 자는 先祖의 사당에서 상을 내리고, 命을 따르지 않는 자는 社稷에서 죽이되 내 너의 처자식까지 죽이리라."라고 하였고, 〈湯誓〉에서는 "너희들이 훈시하는 말을 따르지 않는다면 나는 너희들을 처자식까지 죽여서 용서하지 않겠다."라고 한 말을 가리킨다.

는가. 후세의 儒者들은 군대에 대해 알지 못하고 천하가 크게 어지러운 때를 당하여 軍律을 放棄하여 역적이 제멋대로 행동해서 그들이 죽인 사람이 천하에 가득하게 하는데도 아무도 금하지 못하였다.”

宋儒胡宏論曰 古者用兵은 皆出於必不得已니 自非以至順伐至逆하고 至仁伐至不仁이면 則不擧也라 驅人而致之死地니 苟非(刑)〔示〕[20]以重罰하야 有踰於死면 或至敗績하야 使逆者肆行하고 不仁者得志於天下니 其殘害生民이 豈有窮極이리오 故夏啓甘之戰과 成湯鳴條之師 皆權輕重하야 不得已而有孥戮之誓也라 設有不用命者면 則必施之니 豈空言哉리오 後世儒者는 不復知兵하고 當天下大難하야 放棄軍律하야 使逆賊肆行하고 殺人盈天下라도 而莫之禁也라

小康

3-3-1

少康은 帝相[21]의 아들이다. 그의 어머니는 相后이니 有仍國[22] 임금의 딸이다. 처음에 羿가 夏나라의 정치를 專斷하였는데, 그의 가신 寒浞이 예를 죽이고 夏后氏를 멸망시키니 하나라의 遺臣 靡가 有鬲氏[23]로 달아났다. 한착이 예의 아내와 혼인하여 澆와 豷를 낳았다. 요가 장성하자 한착이 그에게 군대를 동원하여 斟灌氏[24]와 斟尋氏[25]를 멸명시키게 하고 요는 過[26]에 있게 하고 희는 戈[27]에 있게 하였다.

이때 소강이 어머니 뱃속에 있었는데 상후가 달아나 유잉국으로 돌아가서 소강을 낳았다. 소강이 장성하여 유잉국의 牧正[28]이 되었는데 요가 椒를 시켜 유잉국에 가서

20) (刑)〔示〕: 저본에는 '刑'으로 되어 있으나, ≪皇王大紀≫와 ≪五峰集≫에는 '苟非示以重法 有踰於死'으로 되어 있다. 인용 과정의 오류로 보아 '刑'자를 '示'자로 바로잡아 번역하였다.

21) 帝相 : 禹임금의 증손자이다.

22) 有仍國 : 고대의 나라 이름이다. 옛터가 지금의 山東省 濟寧市에 있다.

23) 有鬲氏 : 고대의 나라 이름이다. 옛터가 지금의 山東省 德州市 부근에 있다.

24) 斟灌氏 : 고대의 나라 이름이다. 夏나라와 同姓인 제후국으로, 옛터가 지금의 山東省 壽光縣 동북쪽에 있다.

25) 斟尋氏 : 고대의 나라 이름이다. 夏나라와 同姓인 제후국으로, 옛터가 지금의 山東省 濰坊市 서남쪽에 있다.

26) 過 : 고대의 나라 이름이다. 山東 東萊의 掖縣 북쪽에 過鄕이 있다.

27) 戈 : 고대의 나라 이름이다. 宋나라와 鄭나라 사이에 있었다.

소강을 찾게 하니 소강이 有虞[29]로 달아났다. 虞思가 두 딸을 아내로 삼아주고 綸[30]에 邑을 만들어주고 농토 1成[31]을 주고 군대 1旅[32]를 주어서 은덕을 후하게 베풀고 몰래 하나라 사람들과 結緣하여 옛 관원들을 불러 모았다.

한착이 뜻을 이룬 뒤에 그 간특한 속임수를 믿고서 백성에게 덕을 베풀지 않으니 소강이 女艾[33]를 시켜 요를 엿보게 하고 季杼[34]를 시켜 희를 유인하게 하고, 靡 또한 은밀히 짐관씨와 짐심씨의 遺民들을 불러 모았다. 미가 유격씨의 군사를 동원하고 짐관씨와 짐심씨의 군대를 합쳐서 한착을 쳐서 誅滅하고 소강을 유우에서 맞이하였다. 소강이 유우의 군대를 거느리고 過에서 요를 주멸하고 戈에서 희를 주멸하여 威勢가 천하를 진동시키니 사방의 제후들이 달려와서 알현하였다. 이에 옛 도읍으로 돌아가 禹임금의 자취를 복구하고 하늘에 제사하면서 시조를 配享하고 옛일을 잃지 않으니 夏나라의 道가 부흥하였다. 재위 기간은 20년이었다.

少康은 帝相之子라 其母는 相后이니 有仍國君之女也라 初에 羿專夏政이러니 其家臣寒浞이 殺羿하고 滅夏后氏하니 夏之遺臣靡 奔有鬲氏라 浞이 因羿室하야 生澆與豷러니 澆長에 浞이 使用師하야 滅斟灌及斟尋氏하야 處澆于過하고 處豷于戈라 時에 少康이 方在懷妊이러니 相后 乃奔歸有仍之國하야 而生少康焉이라 少康既長에 爲仍牧正이러니 澆使椒로 之仍求少康한대 少康奔有虞라 虞思妻之二姚하고 而邑諸綸하야 有田一成하고 有衆一旅하야 厚樹恩德하고 陰結夏衆하며 撫納舊官이라 寒浞이 既得志에 恃其讒慝詐僞하야 而不德於民이어늘 少康이 使女艾로 諜澆하고 使季杼로 誘豷하고 靡亦陰撫納二斟之燼이라 靡起有鬲하고 幷二斟之師하야 討寒浞滅之하고 迎少康于有虞라 少康이 帥(솔)有虞之衆하야 滅澆于過하고 滅豷于戈하야 威動天下하니 四方諸侯 奔走來朝라 乃還舊都하야 復(복)禹之跡하고 祀夏配天하야 不失舊物하니 夏道復興이라 在位二十年이라

---

28) 牧正 : 고대의 관직 이름이다. 牧官의 長으로 가축 기르는 일을 담당한다.

29) 有虞 : 고대의 部落 이름이다.

30) 綸 : 春秋時代 虞의 邑 이름이다. 지금의 河南省 虞城縣 동남쪽 30里 지점에 있었다.

31) 1成 : 농토의 면적을 가리키는 용어이다. 8家가 공동으로 경작하는 토지 단위를 井이라고 하는데, 100井을 1成이라고 한다.

32) 1旅 : 군대의 편제 단위이다. 5人이 伍가 되고, 5오가 兩이 되고, 4량이 卒이 되고, 5졸이 旅가 되니, 1려는 500명이다.

33) 女艾 : 小康의 신하 이름이다.

34) 季杼 : 小康의 아들 이름이다.

3-3-2

宋나라 학자 胡宏이 다음과 같이 논평하였다.

"남이 자기 부친을 살해하면 그 자식은 반드시 그자를 죽이려고 하고, 남이 자기 임금을 욕보이면 신하는 반드시 보복하려고 하는 것이니, 죽음을 뒤로 미루고 보복하기를 도모하여 능히 天道로써 定命을 삼고 적의 형세를 보아서 마음을 바꾸지 않는다면 사람의 도리에 가까울 것이다. 만약 자기의 私를 돌아보아서 안으로 큰 이익을 바라고 밖으로 큰 어려움을 두려워한다면 비록 양심이 있을지라도 날로 사라지고 달로 없어져서 임금과 아비를 망각하지 않을 자 드물 것이다.

少康과 靡와 有鬲氏는 참으로 신하이고 자식이라고 할 것이다. 뜻이 적을 토벌하는 데에 있어서 자기의 의리를 행할 뿐이고 부귀를 도모하지 않는 자이다. 그러므로 困厄을 받고서도 변하지 않았고 거의 죽을 뻔하였으나 게으르지 않고 경계하고 두려워하여 40년을 도모한 뒤에 능히 원흉을 죽이고 하늘에 제사하면서 시조를 배향하였다. 오호라, 이 사람은 中興한 사람이라고 이를 수 있다. 그러므로 虞世南이 歷代의 중흥한 군주를 논하면서 소강을 맨 앞에 두었다. 오호라, 前王이 한 일은 後王의 본보기가 되는 것이니 거울삼지 않을 수 있겠는가."

宋儒胡宏論曰 人殺其父에 子必欲死하며 人辱其君에 臣必欲報하나니 忍死謀報하야 能以天道爲定命하고 不觀敵勢而改圖면 則庶幾焉이라 苟顧其私하야 內覬大利하고 外畏大難이면 雖有良心이나 日消月爍하야 其不忘君父者 希矣리라 少康靡鬲은 眞人臣子哉인저 志在討賊하야 行吾義而已요 非圖富貴者也라 故受困厄而不渝하며 濱死亡而不怠하야 兢兢業業하야 經營四十年然後에 克殄元兇하고 祀夏配天하니 嗚呼라 此可謂中興者矣로다 故虞世南論歷代中興之主에 以少康爲冠하니 噫라 前王之所爲는 後王之師也니 可不鑑哉아

歷代君鑑 권4

본받을 만한 善政　善可爲法

商나라

成湯

4-1-1

성탕의 이름은 履이고, 다른 이름은 天乙이며, 성은 子이다. 처음에 亳에 도읍을 정하였으니 先王이 도읍으로 삼았던 곳을 따른 것이다.[1] 伊尹을 얻어서 國政을 맡겼으니, 이윤은 有莘氏의 逸民이었다. 有莘의 들에서 농사지으며 堯舜의 도를 즐기고 있었는데, 탕이 幣帛을 갖추어 초빙해서 다섯 번이나 桀에게 나아간 뒤에야 탕을 따랐다.[2]

商湯

葛伯[3]이 제사를 지내지 않자 탕이 사

1) 처음에……것이다 : 湯의 15세조 帝嚳이 亳에 도읍하였는데, 그 후로 8번 천도하였고, 탕에 이르러 商丘에서 亳으로 遷都한 것이다.(≪史記集解≫ 권3 〈殷本紀〉)

2) 다섯……따랐다 : 탕임금이 세 번이나 이윤을 초빙하여 이윤이 탕에게 나아갔는데, 탕이 이윤을 桀에게 천거하여 이윤이 걸에게 나아갔으나 걸이 등용하지 않았다. 이윤이 걸에게 나아갔다 다시 탕에게 돌아오기를 다섯 번이나 반복한 뒤에 결국 탕의 재상이 되어 걸을 정벌하였다.(≪孟子≫ 〈告子 下〉)

3) 葛伯 : 葛은 夏나라 때의 제후국 이름이고, 伯은 爵位이다. 탕임금이 亳에 도읍을 정했을 때 이웃에

람을 시켜 물으니, "바칠 犧牲이 없기 때문입니다." 하였다. 탕이 소와 양을 보내주게 하자 갈백이 잡아먹고서 또 제사 지내지 않자 탕이 또 사람을 시켜서 물으니 "바칠 粢盛가 없기 때문입니다." 하였다. 탕이 亳 사람들을 시켜 가서 농사를 지어주게 하자 亳의 노약자들이 참을 내다 먹였는데 갈백이 자기 백성들을 데리고 가서 술과 고기와 밥을 가지고 온 자들에게 내놓으라고 요구하여 빼앗고 주지 않는 자를 죽였다. 어떤 童子가 기장밥과 고기를 참으로 내왔는데 그를 죽이고 빼앗았다. 그러므로 탕이 정벌하는 것을 葛부터 시작하였는데, 동쪽 방향으로 정벌하면 西夷가 원망하며 남쪽 방향으로 정벌하면 北狄이 원망하면서 "어찌하여 우리 나라만 뒤로 빼는가?" 하며, 탕이 정벌하러 간 나라의 백성들은 집안 사람들이 서로 경하하면서 "우리 임금을 기다렸는데 임금이 오셨으니 우리가 살아나게 되었다."라고 하였다.

탕이 들에 나가서 시골 사람이 사방으로 그물을 쳐놓고 축원하기를, "온 천하의 사방에서 모두 나의 그물로 들어오라."라고 하는 것을 보고 탕이 말하기를, "오호라. 모조리 잡아버리려 하는구나." 하고 세 면의 그물을 거두게 하고 축원하기를, "왼쪽으로 가려는 것은 왼쪽으로 가고, 오른쪽으로 가려는 것은 오른쪽으로 가고, 명을 따르지 않는 것은 내 그물에 들어오라."라고 하니, 제후들이 그 일을 듣고서 "탕의 덕이 지극하여 금수에게까지 미쳤다."라고 하고 歸附한 나라가 40여 국이었다.

成湯의 名은 履요 又名은 天乙이며 子姓이라 始居亳하니 從先王居라 得伊尹以任國政하니 伊尹者는 有莘之逸民也라 耕於有莘之野하야 而樂堯舜之道하니 湯이 以幣聘之하야 五反而從湯이라 葛伯이 不祀어늘 湯이 使人問之하니 曰 無以供犧牲也로다 湯이 使遺之牛羊한대 葛伯이 食之하고 又不以祀어늘 湯이 又使人問之하니 曰 無以供粢盛也로다 湯이 使亳衆으로 往爲之耕이어늘 老弱饋食(사)한대 葛伯이 率其民하야 要其有酒肉黍稻者하야 奪之호되 不授者를 殺之하더니 有童子 以黍肉餉이어늘 殺而奪之하니 故湯征自葛載한대 東面而征에 西夷怨하며 南面而征에 北狄怨하야 曰 奚獨後予오하며 攸徂之民은 室家胥慶하야 曰 徯予后하다소니 后來하시니 其蘇라하니라 湯이 適野하야 見野人이 張網四面하고 祝曰 自天下四方으로 皆入吾網하라 湯曰 噫라 盡之矣로다 乃去其三面하고 祝曰 欲左어든 左하고 欲右어든 右하고 不用命이란 乃入吾網하라 諸侯聞之하고 曰 湯德至矣하야 及禽獸라하고 歸者四十餘國이러라

탕이 즉위하고 나서 正朔을 고쳐서 建丑의 달로 정월을 삼고,[4] 색은 흰색을 숭상하

있던 나라였다.(≪孟子≫ 〈滕文公 下〉)

여 흰색으로 徽號[5]를 삼고 冔冠(후관)[6]을 쓰고 흰옷을 입었다. 桀의 일과 반대로 하여 너그러움으로 백성을 다스려서 사악함과 포학함을 제거하고 백성이 좋아하는 것을 따라서 비로소 사람의 기강을 정비하고, 간언을 따라서 어기지 않으며, 다른 사람에게 완비되기를 구하지 않으며, 자신의 몸단속하기를 미치지 못할 듯이 하였다. 여러 기물에 銘을 지어서 경계로 삼았으니, 그 대야에 새긴 銘에 이르기를, "진실로 어느 날 새로워졌거든 나날이 새롭게 하고 또 날로 새롭게 하라." 하였다.

사방으로 어진 이를 구하여 후세 사람을 인도하며 관부의 형벌을 제정하여 관직에 있는 사람을 경계시켜 말하기를, "감히 궁궐에서 항상 춤을 추며 집에서 술 취해 노래하면 이것을 巫風이라고 하고, 감히 財貨와 女色에 빠지고 유람과 사냥을 항상 하면 이것을 淫風이라 이르며, 감히 聖人의 말씀을 업신여기고 충직한 말을 거스르며 나이 많고 덕이 있는 이를 멀리하고 어리석은 사람을 가까이하면 이것을 亂風이라 이르니, 이 三風과 열 가지 잘못 중에 卿士가 몸에 한 가지가 있으면 집이 반드시 망하고, 나라의 군주가 몸에 한 가지가 있으면 나라가 반드시 망한다. 신하가 이것을 바로잡지 않으면 그 형벌이 墨刑에 해당하니, 어린 선비들에게 모두 가르쳐야 한다." 하였다.

이때에 7년간 큰 가뭄이 들었는데 太史가 점을 쳐서 "사람을 제물로 삼아 기도해야 합니다."라고 하니, 탕이 이르기를, "내가 비가 내리기를 비는 것은 백성 때문이니 만약 사람을 제물로 삼아 빌어야 한다면 내가 그 제물이 되겠다."라고 하고, 마침내 재계하여 손톱과 머리카락을 자르고 흰 수레에 백마를 멍에 매고 몸에 흰 띠〔茅〕를 두르고 자신이 희생이 되어 桑林의 들에서 기우제를 지낼 때에 축원하기를, "나 한 사람이 불민하다고 해서 백성의 목숨을 상하게 하지 말라."라고 하고, 여섯 가지 일로 자책하기를, "정치가 절도가 없는가. 백성들이 직업을 잃었는가. 궁실이 너무 높고 화려한가. 여인들의 청탁이 성행하는가. 뇌물이 성행하는가. 남을 모함하는 사람이 많은가."

---

4) 正朔을……삼고 : 고대로부터 각 왕조마다 正月을 그때에 맞게 정하였는데, 夏나라는 寅月을 정월로 삼고, 殷나라는 丑月을 정월을 삼고, 周나라는 子月을 정월로 삼았다. 建丑이란 북두칠성의 자루가 丑方을 가리키는 달이라는 뜻이다.(≪論語集註≫ 〈衛靈公〉)

5) 徽號 : 국가의 旌旗를 가리킨다. 夏나라의 정기는 大麾이고, 殷나라의 정기는 大白이고 周나라의 정기는 大赤이다.(≪禮記注疏≫ 〈大傳〉)

6) 冔冠(후관) : 殷나라 때의 冠 이름이다. 夏나라의 관은 收이고, 殷나라의 관은 冔이고, 周나라의 관은 弁이다.(≪儀禮≫ 〈士冠禮〉)

桑林禱雨

하니, 말이 마치기도 전에 수천 리에 큰비가 내렸다.

탕이 천하를 얻는 것을 어렵게 여겼을 뿐만 아니라 또 천하를 보존하는 것을 쉽지 않다고 여겨서 덕이 높은 자에게 높은 관직을 맡기고 공이 큰 자에게 큰 상을 내리며, 諸侯 중에 賢者를 돕고 덕이 있는 자를 도우며, 충성스러운 자를 드러내고 어진 자를 이루어주어, 三宅을 등용하니 삼택이 능히 그 宅에 나아가며, 三俊을 등용하니 삼준이 능히 그 俊에 나아갔으며,7) 商나라 도읍에서는 그 邑에 화합하였으며, 사방에서는 크게 본받아 덕을 나타나게 하니, 내외의 다스림이 모두 적임자를 얻은 것이다. 이를 가리켜 功이 당시에 입혀졌고 덕이 후세에 드리워졌다고 하였으니 어찌 진실된 말이 아

7) 三宅을……나아갔으며 : 三宅은 牧民官의 長인 常伯, 政務를 담당하는 常任, 법을 맡은 準人이고, 三俊은 삼택이 될 만한 才德, 곧 강함과 부드러움과 정직함이라는 三德이 있는 사람이다. 그 宅에 나아간다는 것은 湯이 등용한 삼택이 실제로 이 지위에 나아가 그 직책을 폐하지 않는 것이고, 그 俊에 나아간다는 것은 俊이라고 칭한 자들이 실제로 이 덕에 나아가 그 이름에 過하지 않음을 말한 것이다.(≪書傳≫ 〈周書 立政〉)

니겠는가. 탕은 재위 기간은 13년이었고, 향년은 100세였다.

湯이 旣卽位에 乃改正朔하야 以建丑之月爲正月하고 色尙白하야 以白爲徽號하고 服冔冠而縞衣라 反桀之事하야 以寬治民하야 除其邪虐하며 順民所喜하야 肇修人紀하고 從諫弗咈하며 與人不求備하며 檢身若不及이라 作諸器用之銘하야 以爲警戒하니 其盤銘에 有曰 苟日新이어든 日日新하며 又日新이라하다 旁求俊彥하여 啓迪後人하며 制官刑하야 警于有位하야 曰 敢有恒舞于宮하며 酣歌于室이면 時謂巫風이며 敢有殉于貨色하며 恒于遊畋이면 時謂淫風이며 敢有侮聖言하며 逆忠直하며 遠耆德하며 比頑童이면 時謂亂風이니 惟茲三風十愆은 卿士有一于身이면 家必喪하고 邦君有一于身이면 國必亡하리니 臣下不匡이면 其刑墨이니 具訓于蒙士니라 時大旱七年하니 太史占之하야 曰 當以人禱라한대 湯曰 吾所爲請雨者는 民也니 若以人禱인댄 吾請自當호리라 遂齋戒하야 翦爪斷髮하고 素車白馬로 身嬰白茅하야 以身爲犧하야 禱于桑林之野할새 祝曰 無以予一人之不敏傷民之命하라 以六事自責曰 政不節歟아 民失職歟아 宮室崇歟아 女謁盛歟아 苞苴行歟아 讒夫昌歟아 言未已에 大雨方數千里하니라 湯不惟以得天下爲難하고 而且以保天下爲不易하야 德懋懋官하며 功懋懋賞하며 佑賢輔德하며 顯忠遂良하야 用三宅而克卽宅하며 用三俊而克卽俊하며 其在商邑하얀 用協于厥邑하며 其在四方하얀 用丕式見(현)德하니 內外之治 咸得其人이라 謂之功加于時하며 德垂後裔라하니 豈不信哉아 湯在位十有三年이요 享年百歲러라

太甲

4-2-1

태갑은 成湯의 嫡長孫이다. 元年 12월 乙丑日에 伊尹이 先王에게 제사 지낼 때에 태갑을 받들어 공경히 그 조부를 뵈었는데, 이때 侯服과 甸服의 여러 諸侯들이 모두 있었으며 百官들이 자기의 직책을 총괄하여 冢宰에게서 명령을 들었다. 이에 이윤이 성탕이 이룩한 德을 분명히 말하여 왕에게 훈계하였다.

그 대략에 "이제 왕께서 그 덕을 이으려 하신다면 모든 것이 즉위하는 초기에 달려 있으니, 사랑을 세우되 어버이로부터 하시며 공경을 세우되 어른으로부터 하시어, 집과 나라에서 시작하여 四海에서 마치소서." 하였다.

태갑이 즉위하고 나서 지혜가 밝지 못하여 포학하고 성탕의 법을 따르지 않고 덕을 어지럽히자 이윤이 말하기를, "儉約한 덕을 삼가여 영구한 도모를 생각하소서. 〈왕의

행실은〉 虞人이 쇠뇌에 機牙를 장착하였거든 가서 화살 끝이 법도에 맞는가를 살피고 제대로 되었다면 발사하는 것처럼 해야 할 것이니, 그 행동을 공경히 하여 당신의 先祖가 행하신 바를 따르소서." 하였다.

桐宮思訓圖

왕이 옛 습관을 바꾸지 못하자 이윤이 말하기를, "이 의롭지 못함은 습관이 天性처럼 이루어졌기 때문이니, 나는 의리에 순종하지 않는 사람과 가까이 있지 않겠다." 하고 桐 땅에 宮闕을 지어서 先王을 가까이하여 이로써 가르쳐서 평생토록 혼미함이 없게 하였다.

태갑이 桐宮에서 지낸 지 3년 만에 잘못을 뉘우쳐 자신을 원망하고 다스려서 仁에 處하고 義로 옮기거늘 3년 12월 초하루에 이윤이 冕服을 갖추고 태갑을 받들어 亳으로 돌아왔다.

이윤이 글을 짓기를, "백성은 군주가 아니면 서로 바로잡아 살 수가 없으며, 군주는 백성이 아니면 사방에 군주 노릇 할 수가 없으니, 皇天이 우리 商나라를 돌아보고 도우시어 嗣王으로 하여금 능히 그 덕을 마치게 하였으니, 이는 실로 만세토록 無窮한 아름다움입니다." 하였다.

왕이 절하고 머리를 조아리고 이르기를, "나 小子는 덕에 밝지 못하여 스스로 不肖함에 이르러 욕심으로 법도를 무너뜨리고 방종으로 禮를 무너뜨려 이 몸에 죄를 불렀으니, 하늘이 지은 재앙은 오히려 피할 수 있으나 스스로 지은 재앙은 도망할 수가 없습니다. 이전에 師保의 가르침을 저버려 그 처음에는 잘하지 못했으나 부디 바로잡아 준 덕을 힘입어 그 끝을 잘 마칠 것을 도모하겠습니다." 하였다.

태갑이 더욱더 덕을 닦자 제후들이 모두 殷나라로 돌아와서 백성들이 편안하였다. 재위 기간은 33년이었고, 廟號는 太宗이다.

太甲은 成湯之嫡長孫也라 元祀十有二月乙丑에 伊尹이 祠于先王할새 奉太甲하야 祗見厥祖어늘 侯甸群后咸在하며 百官總己하야 以聽冢宰어늘 伊尹이 乃明言烈祖之成德하야 以訓太甲하니 其略曰 今王이 嗣厥德하신댄 罔不在初하니 立愛惟親하시며 立敬惟長하사 始于家邦하사 終于四海하소서 太甲旣立에 不明하야 暴虐不遵湯法하고 亂德이어늘 伊尹이 乃言曰 愼乃儉德하사 惟懷永圖하소서 若虞機張이어든 往省括于度則釋이니 欽厥止하사 率乃祖攸行하소서 王未克變한대 伊尹曰 玆乃不義는 習與性成이로소니 予弗狎于弗順케호리라하고 營于桐宮하야 密邇先王其訓하야 無俾世迷케하니라 太甲이 居桐三年에 自怨自艾하야 處仁遷義어늘 惟三祀十有二月朔에 伊尹이 以冕服으로 奉太甲歸于亳하다 作書曰 民非后면 罔克胥匡以生이며 后非民이면 罔以辟四方하리니 皇天이 眷佑有商하사 俾嗣王으로 克終厥德하시니 實萬世無疆之休샷다 王拜手稽首曰 予小子는 不明于德하야 自底不類하야 欲敗度하며 縱敗禮하야 以速戾于厥躬호니 天作孽은 猶可違어니와 自作孽은 不可逭(환)이니 旣往에 背師保之訓하야 弗克于厥初호니 尙賴匡救之德하야 圖惟厥終하노이다 太甲이 增加修德한대 諸侯咸歸殷하야 百姓以寧하니라 在位三十有三年이요 號曰太宗이라

4-2-2

宋나라 학자 蔡沈이 다음과 같이 논평하였다.

"태갑은 참으로 막힌 다음에 배워서 안 자이지만 지난날의 혼미했던 정신이 지금은 회복되었으며, 지난날 어두웠던 지각이 지금은 밝아져서 해와 달이 어두워지고 잠식되었다가 옛 모습을 모두 회복하여 광채가 찬란하며 온갖 景色이 모두 새로워진 것 같으니, 湯과 武王에는 미치지 못하지만 어찌 成王의 아래가 되겠는가."

宋儒蔡沈論曰 太甲은 固困而知之者나 然昔之迷 今之復하며 昔之晦 今之明하야 如日月昏蝕하야 一復其舊而光采炫燿하며 萬景俱新하니 湯武는 不可及矣어니와 豈居成王之下乎아

太戊

4-3-1

태무는 雍己[8]의 아우이니, 태무가 즉위하여 伊陟이 재상이 되었는데, 亳에 祥桑

8) 雍己 : 湯임금의 玄孫으로 殷나라의 8대 임금이다.(≪史記≫ 권3 〈殷本紀〉)

德滅祥桑

과 祥穀이 조정의 뜰에 함께 생겨나서 하루 저녁에 크기가 한 아름이 되자 태무가 두려워하여 이척에게 대책을 물었다. 이척이 대답하기를, “신은 듣건대 妖物은 덕을 이기지 못한다고 합니다. 帝의 정사에 잘못된 것이 있을 것입니다.” 하였다. 태무가 이에 선왕의 정사를 정비하고 노인을 봉양하는 예를 밝히며, 아침 일찍 조회하고 밤 늦게 퇴청하며, 병든 자를 문안하고 상을 당한 자를 위로하니 3일 만에 祥桑이 말라 죽었다.

3년이 지나자 먼 지역에 있는 나라들 중에 몇 번의 통역을 거쳐서 조회 온 나라가 76개국이었다. 商나라의 도가 부흥하여 廟號를 中宗이라고 하였다.

周公이 〈無逸〉[9]이라는 글을 지었는데, “옛날 殷나라 왕 중종이 엄숙하고 공손하며 공경하고 두려워하여 天命으로 스스로 다스리며, 백성을 다스림에 공경하고 두려워하

9) 無逸 : ≪書經≫ 〈周書〉의 편명이다.

여 감히 게으르고 안일하지 않으셨습니다. 그러므로 중종이 왕위를 누린 것이 75년이었습니다." 하였다.

太戊는 雍己之弟니 太戊立에 伊陟이 爲相이러니 亳有祥桑穀이 共生于朝하야 一暮에 大拱이어늘 太戊懼하야 問伊陟한대 伊陟曰 臣聞妖不勝德이라하니 帝之政이 其有闕歟신저 太戊於是에 修先王之政하며 明養老之禮하며 早朝晏退하고 問疾弔喪하야 三日에 而桑枯死하니라 三年에 遠方重譯而至者七十六國이라 商道復興하야 號稱中宗하니라 周公이 作無逸之書曰 昔在殷王中宗하사 嚴恭寅畏하사 天命自度하시며 治民祗懼하사 不敢荒寧하시니 肆中宗之享國이 七十有五年이라하니라

盤庚

4-4-1

반경은 陽甲[10]의 아우이다. 반경이 제위를 계승하니 이때에 殷나라의 도가 점점 쇠하고 耿都에 또 황하가 터지는 우환이 있자 반경이 殷으로 천도하려고 하였으나 大家와 世族들이 살던 땅을 편안히 여기고 천도하는 것을 어렵게 여겨 서로 근거 없는 말로 선동하고, 小民들은 비록 서로 분산되어 흩어져 살았으나 또한 利害에 현혹되어 새 거주지로 가려 하지 않으니, 반경이 세 편을 글을 지어 천도할 경우의 이로움과 천도하지 않을 경우의 해로움을 말하였다. 上篇은 群臣에게 告한 것이고, 中篇은 庶民에게 고한 것이고, 下篇은 百官과 族姓에게 고한 것이다. 고유하

盤庚遷殷圖

10) 陽甲 : 殷나라 18대 임금으로, 16대 임금 祖丁의 아들이다.(≪史記≫ 卷3 〈殷本紀〉)

기를 마치고 마침내 황하를 건너 남쪽으로 와서 亳을 정비하여 湯이 도읍했던 곳으로 천도하여 탕이 했던 정사를 행하였다. 그런 뒤에야 백성들이 편안하게 살고 은나라의 도가 부흥하여 제후들이 와서 조회하니, 성탕의 덕을 따랐기 때문이다. 재위 기간은 29년이었다.

盤庚은 陽甲之弟也라 盤庚嗣立하니 時에 殷道寖衰하고 耿都又有河決之患이어늘 盤庚이 欲遷于殷호되 而大家世族이 安土重遷하야 胥動浮言하며 小民이 雖蕩析離居나 亦惑於利害하야 不適有居어늘 盤庚이 作書三篇하야 諭以遷都之利와 不遷之害하니 上篇은 告群臣이요 中篇은 告庶民이요 下篇은 告百官族姓하니라 告諭旣定에 乃遂涉河하야 南治亳하야 從湯之居하야 行湯之政하니 然後에 百姓由寧하며 殷道復興하야 諸侯來朝하니 以其遵成湯之德也라 在位二十有九年이러라

4-4-2

宋나라 학자 胡宏이 다음과 같이 논평하였다.

"〈반경〉 세 편에 여섯 가지 선이 있으니, 先王들이 예로부터 해왔던 遷都의 일을 들어서 法度를 바로잡은 것이 첫 번째이고, 世臣과 舊家의 사람들에게 관직을 맡겨서 정사를 함께한 것이 두 번째이고, 〈地位에 있는 신하들로 하여금〉 혹시라도 小人들이 경계하는 말을 숨기지 말게 한 것이 세 번째이고, 〈백성들에게〉 인정과 사리로 반복해서 가르치고 깨우쳐서 민심을 개도하여 환하게 알게 하고 털끝만큼도 높은 지위를 믿고 위세를 빙자하는 일이 없게 한 것이 네 번째이고, 거주할 곳을 정하고 나서 비로소 놀고 게으르지 말라고 경계한 것이 다섯 번째이고, 덕이 있고 智謀가 있는 사람을 등용하고 공경하고 재화를 좋아하는 자에게 맡기지 않은 것이 여섯 번째이다. 한 번 거행하여 여섯 가지 善이 확립되어 화란의 근원을 해소시켰으니, 이것이 孔子께서 취하여 후세에 교훈을 남긴 까닭이다."

宋儒胡宏論曰 盤庚三篇이 有六善焉하니 以常舊服으로 正法度 一也요 圖任舊人이 二也요 無或敢伏小人之攸箴이 三也요 以人情事理로 反覆訓諭하야 開導民心하야 使之通曉하고 無纖毫恃尊高憑威勢之意 四也요 奠厥攸居하야 始以無戲怠爲戒 五也요 敍欽有德有謀之人이요 而不肩好貨 六也니 一擧而六善立하야 弭禍亂之原하니 此孔子所以取之하사 以訓後世也니라

武丁

4-5-1

무정은 帝小乙[11]의 아들이다. 太子 때부터 백성들이 좋아하고 싫어하는 것을 모두 알아서 그 덕을 닦고 삼가서 神明에게까지 통하였다. 무정이 亮陰에서 3년 동안 居喪하고, 喪을 벗고도 말을 하지 않으니, 群臣들이 모두 무정에게 간언하기를, "王의 말씀을 명령으로 삼나니, 왕께서 말씀하지 않으시면 신하들이 명령을 받을 곳이 없습니다." 하였다.

무정이 이에 글을 지어 誥하기를, "나로써 四方을 바로잡게 하시기에 나는 덕이 先人과 같지 못할까 두려워 이 때문에 말하지 않고 공손하고 침묵하여 道를 생각하였는데, 꿈에 上帝께서 나에게 어진 보필을 내려주셨으니, 그가 나의 말을 대신할 것이

夢賚良弼

11) 小乙 : 殷나라 21대 임금으로, 17대 임금 南庚의 아들이다.(≪史記≫ 권3 〈殷本紀〉)

다.” 하였다. 그러고 나서 꿈에 본 사람을 君臣과 모든 관리 가운데에서 확인해보았는데 모두 아니었다. 이에 꿈에 본 사람의 肖像을 그려 백관으로 하여금 초야에 가서 찾게 하여 傅巖에서 傅說(부열)을 찾았다.

이때에 부열이 노예가 되어 부암에서 제방을 쌓고 있다가 무정을 뵈었다. 무정이 말하기를, “이 사람이 맞다.” 하고 그와 얘기를 해보니 과연 聖人이었다. 그를 등용하여 재상으로 삼아 곁에 두고서 명하기를, “아침저녁으로 가르침을 주어서 나의 덕을 도우라. 만약 쇠가 있으면 너를 숫돌을 삼을 것이며, 만약 큰 내를 건넌다면 너를 배와 노로 삼으며, 만약 큰 가뭄이 든다면 너를 장맛비로 삼을 것이다. 네 마음을 열어서 내 마음에 쏟아 붓도록 하라. 만약 藥이 독하여 어지럽지 않으면 병이 낫지 않으며, 만약 맨발로 땅을 살피지 않으면 발이 상할 것이다. 네 官屬들과 더불어 마음을 함께하지 않음이 없어 네 군주를 바로잡아 先王의 道를 따라 우리 成湯의 자취를 따라서 억조의 백성들을 편안하게 하라.” 하였다.

부열이 명을 받고 나서 천하의 일을 논열하여 아뢰니 군신간의 도가 합치되어 정사가 제대로 베풀어졌다. 이때에 와서 선조의 府庫를 열어 밝은 법을 취하여 君臣과 상하의 절목으로 삼았다.

무정이 성탕에게 肜제사를 지낼 때에 꿩이 날아와 鼎의 귀〔耳〕에 앉아서 울자 祖己가 訓을 지어 무정을 경계시키니, 무정이 안으로 자기를 반성하여 왕도를 생각하자 3년 만에 변발을 한 蠻夷 중에 몇 번의 통역을 거쳐 와서 조회한 나라가 여섯 개국이었다.

鬼方이 無道하니 무정이 정벌하여 험악한 곳에 들어가 그 무리들을 오게 하여 3년 만에 이기고 그 땅을 모두 평정하였다. 그러므로 〈殷武〉[12] 시에 이르기를, “날랜 저 은나라 왕의 武勇으로 荊楚를 奮然히 정벌하셨도다. 그 험악한 곳을 무릅쓰고 들어가 형초의 무리들을 취합시켜 그 지방을 정연하게 만드시니 탕임금 후손의 功業이로다.” 라고 하였다. 이때부터 정사를 바르게 행하고 덕을 행하니 천하가 모두 기뻐하여 은나라의 도가 부흥하였으므로 묘호를 高宗이라고 하였다.

周公이 〈無逸〉이라는 글을 지었는데, “옛날 고종 때에 오랫동안 밖에서 수고로워 이에 小人(서민)들과 함께 행동하였습니다. 그러다가 일어나 즉위하시어 곧 亮陰에서 3년

12) 殷武 : ≪詩經≫ 〈商頌〉의 편명이다.

동안 말씀하지 않았으니, 말씀하지 않았으나 말씀하면 和하였으며, 감히 게으르고 안일하지 아니하여 은나라를 아름답게 하고 안정시켜 크고 작은 사람에 이르기까지 이에 혹시라도 원망하는 이가 없었습니다. 그러므로 고종의 享國이 59년이었습니다."라고 하였다.

武丁은 帝小乙之子也라 自爲太子時로 能盡知人民之所好惡하야 修聳其德하야 達于神明하니라 武丁이 宅憂亮陰三年하고 旣免喪에 其惟弗言이어늘 群臣咸諫于武丁曰 王言을 惟作命하나니 不言하시면 臣下罔攸稟令하니이다 武丁이 乃作書以誥曰 以台로 正于四方이실새 台恐德弗類하야 茲故弗言하야 恭默思道하더니 夢에 帝賚予良弼하시니 其代予言이니라 旣而요 以夢所見으로 視群臣百吏호되 皆非也어늘 於是에 審厥象하야 俾以形으로 使百工營求之野하야 得說(열)於傅巖中하니 是時에 說 爲胥靡하야 築于傅巖하더니 見于武丁한대 武丁曰 是也得이라하고 而與之語하니 果聖人이라 擧以爲相하야 置諸左右하고 命之曰 朝夕納誨하야 以輔台德하라 若金이어든 用汝作礪하며 若濟巨川이어든 用汝作舟楫하며 若歲大旱이어든 用汝作霖雨하리니 啓乃心하야 沃朕心하라 若藥弗瞑眩이면 厥疾弗瘳하며 若跣弗視地면 厥足用傷하리니 惟暨乃僚로 罔不同心하야 以匡乃辟하야 俾率先王하야 迪我高后하야 以康兆民케하라 說(열)이 旣受命하고 進諫論列天下之事하니 君臣道合하야 政事修擧하니 於是에 開先祖之府하야 取其明法하야 以爲君臣上下之節하니라 武丁이 肜祭成湯할새 有飛雉升鼎耳而雊어늘 祖己作訓以戒武丁하니 武丁이 內反諸己하야 以思王道하니 三年에 蠻夷編髮重譯來朝者六國이러라 鬼方이 無道어늘 武丁이 伐之하야 入其險阻하야 以致其衆하야 三年而克之하고 盡平其地하니 故殷武之詩曰 撻彼殷武하야 奮伐荊楚로다 罙(미)入其阻하야 裒(부)荊之旅하야 有截其所하니 湯孫之緖라하니라 自是修政行德하니 天下咸驩하야 殷道復興하야 號曰高宗이라하니라 周公이 作無逸之書曰 其在高宗時에 舊勞于外하사 爰暨小人이러시니 作其卽位하사 乃或亮陰三年不言하시니 其惟不言하시나 言乃雍하시며 不敢荒寧하사 嘉靖殷邦하사 至于小大히 無時或怨하니 肆高宗之享國이 五十有九年이라하니라

본받을 만한 善政　善可爲法

周나라

文王

5-1-1

周文王

문왕의 이름은 昌이고 姬姓이니, 王季의 아들이다. 문왕은 태어나면서부터 聖人의 덕이 있어서 모친에게 근심을 끼치지 않고, 스승에게 번거로움을 끼치지 않았다. 世子가 되었을 때에 왕계에게 하루에 세 번 문안하였는데, 첫닭이 울면 의복을 갖춰 입고 寢門 밖에 이르러 그날 모시는 內竪[1])에게 묻기를 "오늘은 안부가 어떠하시냐?"라고 하여 내수가 "편안하십니다."라고 하면 문왕이 기뻐하고, 낮이 되어 또 이르러 아침과 같이 하고, 저녁에 또 이르러 아침과 같이 하였는데, 왕계의 건강이 좋지 않아 내수가 문왕에게 고하면 문왕이 얼굴은 근심하는

1) 內竪 : 궁궐 안팎의 명령을 전달하는 나이가 20세가 못 된 관료의 통칭이다.(≪周禮≫ 〈天官 內竪〉)

기색을 띠고 걸음을 똑바로 걷지 못하였고, 왕계가 음식을 정상적으로 드신 뒤에야 문왕도 이전처럼 되었다.

음식이 왕계에게 올라가면 반드시 살펴서 차갑고 따뜻한 정도를 점검하고 상을 물리면 무엇을 드셨는지 묻고, 膳宰에게 다시 올리지 말라고 명을 하여 선재가 그렇게 하겠다고 대답한 뒤에 물러나왔다.

文王名은 昌이요 姬姓이니 王季之子也라 文王이 生有聖德하야 在母不憂하며 處師不煩이라 爲世子에 朝於王季日三할새 鷄初鳴而衣服하야 至于寢門外하야 問內豎之御者曰 今日安否何如오 內豎曰 安이라커든 文王乃喜하고 及日中에 又至하야 亦如之하며 及暮에 又至하야 亦如之하되 其有不安節이면 則內豎以告文王이어든 文王色憂하야 行不能正履하고 王季復(복)膳然後에 亦復(복)初하며 食上에 必在하야 視寒暖之節하고 食下에 問所膳하야 命膳宰曰 末有原이라커든 應曰諾然後退하다

西伯이 되어서는 后稷과 公劉[2]의 사업을 따르고 古公亶父와 王季의 법을 본받아서 仁을 독실히 행하고 노인을 공경하고 어린이를 사랑하며 현자에게 예를 갖추어 자신을 낮추어서 낮 동안에 밥을 먹을 겨를이 없이 士人들을 대하니, 太顚과 閎夭와 散宜生과 南宮适과 鬻子와 辛甲과 尹佚의 무리가 모두 문왕에게 찾아가 귀의하였다.

伯夷와 叔齊가 孤竹國에 있었는데 문왕이 흥기하였다는 소문을 듣고 말하기를 "나는 들으니 서백은 노인을 잘 봉양하는 자라고 하더라."라고 하고 마침내 귀의하였다.

呂尙이라는 사람이 있어 나이 80여 세에 渭水 가에서 낚시질하고 있었는데, 문왕이 사냥을 가려고 하면서 점을 치니 占官이 말하기를, "사냥하는 것은 용도 아니고 이무기도 아니고, 범도 아니고, 말곰도 아니고 王者를 보좌할 사람입니다." 하니, 마침내 사냥을 나가서 磻溪에 이르러 과연 여상을 만나 자신의 수레에 태워 함께 돌아왔다.

문왕이 여상에게 천하를 다스리려면 어떻게 해야 하는지 물으니 여상이 대답하기를, "王道를 다스리는 나라는 백성을 부유하게 하고, 霸道를 다스리는 나라는 士를 부유하게 하고, 겨우 보존하는 나라는 大夫를 부유하게 하고, 장차 망하려는 나라는 나

---

2) 后稷과 公劉 : 후직은 周나라의 시조인 棄를 가리키는데 舜임금 때 后稷 벼슬을 맡아 백성들에게 농사짓는 법을 가르쳤고, 후에 곡식을 관장하는 신으로 모셔졌다. 공유는 후직의 증손자로 선조의 공업을 이어 백성들에게 농사를 가르치고 豳 땅에 나라를 세웠다.(≪詩經≫ 〈大雅 公劉〉·≪書經≫ 〈虞書 舜典〉)

라의 창고만을 부유하게 합니다." 하였다. 문왕이 이르기를, "나는 백성을 부유하게 하기를 원하노라." 하니, 여상이 말하기를 "善을 들으면 곧바로 행해야 하니 선을 묵혀두는 것은 상서롭지 못합니다." 하였다. 이에 나라의 창고를 열어서 천하에 가장 곤궁한 사람들인 홀아비·과부·고아·자식 없는 노인을 더욱 賑恤하고 여상을 師로 삼았다.

문왕이 또 묻기를 "임금이 행동하고 일을 거행할 때에 재앙의 보응과 귀신이 복을 내리는 것이 있는가?" 하니, 여상이 말하기를, "임금이 세금을 무겁게 하고 궁실을 크게 짓고 臺觀을 지으면 사람들이 병이 많고 서리와 이슬이 五穀을 죽이며 絲麻가 이루어지지 않고, 임금이 사냥하고 그물 놓고 주살을 좋아하여 時禁을 피하지 않으면 그 해에 큰 바람이 많이 일어나며 곡식이 익지 않고, 임금이 名山을 파괴하고 名川을 막거나 트기를 좋아하면 그해에 홍수가 많고, 임금이 武事를 좋아하여 전쟁이 그치지 않으면 日蝕과 月蝕이 일어나고 太白星이 제 길을 잃습니다." 하였다. 문왕이 이르기를, "참으로 그러하다." 하였다.

其爲西伯에 遵后稷公劉之業하며 則(칙)古公王季之法하야 篤仁敬老慈少하며 禮下賢者하야 日中에 不暇食以待士하니 大(태)顚閎夭散宜生南宮适鬻子辛甲尹佚之徒 皆往歸之하니라 伯夷叔齊在孤竹하야 聞文王作興하고 曰 吾聞西伯은 善養老者라하고 遂歸焉하다 有呂尙者 年已八十餘에 釣於渭上이러니 文王將獵에 卜之하니 卜人曰 所獵非龍非彲(리) 非虎非羆(비)요 而王者之輔也라하니 遂出田하야 至磻溪하야 果遇呂尙하야 同車而歸하니라 文王問呂尙治天下若何오 對曰 王國은 富民이요 霸國은 富士요 僅存之國은 富大夫요 將亡之國은 富倉府니이다 文王曰 吾願富其民하노라 尙曰 聞善斯行이니 宿善은 不祥이니이다 於是에 發倉廩하야 益賑鰥寡孤獨하고 以尙爲師하다 又問曰 人主動作擧事에 有禍殃之應과 鬼神之福乎아 呂尙曰 人主重賦斂大宮室作臺觀이면 則人多病溫하며 霜露殺五穀하며 絲麻不成하고 人主好田獵畢弋하야 不避時禁이면 則歲多大風하며 禾穀不實하고 人主好破壞名山하고 壅決名川이면 則歲多大水하고 人主好武事하야 兵革不息이면 則日月薄食하며 太白失行하니이다 文王曰 誠哉라

5-1-2

처음에 紂가 崇侯인 虎의 참소를 들어서 문왕을 羑里에 가두었는데, 문왕이 ≪易≫ 64괘를 가지고 순서에 따라 演繹하여 彖辭를 지어서 후세에 가르침을 수립하였다. 석방된 뒤에 洛水의 서쪽 땅 赤壤의 田地[3] 사방 1,000里를 獻上하고 炮烙의 형벌을

없애기를 청하자 주가 허락하고, 弓矢와 鈇鉞을 하사하여 征伐을 마음대로 할 수 있게 해서 남쪽에 있는 江水와 漢水와 汝水 주변의 제후국을 다스리는 일을 담당하게 하였다.

○初에 紂用崇侯虎之譖하야 囚文王於羑里하니 文王이 乃取易六十四卦하야 次序而演之爲彖辭하야 以垂世立敎하고 旣而得釋하니 乃獻洛西之地赤壤之田方千里하야 請除炮烙之刑한대 紂許之하고 賜以弓矢鈇鉞하야 得專征伐하야 典治南國江漢汝旁諸侯하다

5-1-3

문왕이 岐를 다스릴 때에 농사짓는 사람은 9분의 1의 세금을 내게 하고, 벼슬하는 사람은 대대로 녹을 받게 하며, 관문과 저자에서는 譏察만 하고 세금을 거두지 않으며, 澤梁에서 고기 잡는 것을 금하지 않으며, 죄인에 대해 처자식까지 처벌하지 않았다.

○文王之治岐也에 耕者九一하며 仕者世祿하며 關市에 譏而不征하며 澤梁을 無禁하며 罪人을 不孥하다

5-1-4

일찍이 연못을 파다가 白骨이 나와서 장사 지내주라고 명하자 좌우의 신하들이 말하기를 "이것은 주인이 없는 뼈입니다." 하였다. 문왕이 이르기를, "천자는 천하를 주관하고, 제후는 한 나라를 주관하는 법이니, 과인은 참으로 이 뼈의 주인이다."라고 하고, 마침내 장사 지내주니 천하 사람들이 듣고서 말하기를, "西伯의 어짊이 백골에까지 미치는데 하물며 산 사람은 말할 것이 있겠는가." 하였다.

○嘗鑿沼得朽骨하야 命葬之한대 左右曰 此無主矣니이다 文王曰 天子는 主天下하고 諸侯는 主一國하나니 寡人은 固骨之主矣라하고 遂葬之하니 天下聞之曰 西伯이 仁及朽骨하니 況生者乎아하더라

---

3) 赤壤의 田地 : 赤은 흙의 색이 붉다는 뜻이고, 壤은 흙의 성질이 덩어리가 없고 부드럽다는 뜻이다. 赤壤의 田地란 비옥한 토지를 뜻한다.(≪書經≫ 〈夏書 禹貢〉)

澤及枯骨

5-1-5

虞나라와 芮나라 임금들이 田地를 놓고 다투어서 오래도록 결판이 나지 않았다. 이에 周나라에게 바로잡아주기를 요청하게 되었는데, 주나라 국경에 들어가니 농사 짓는 사람은 밭두둑을 양보하고 길을 가는 사람은 길을 양보하며, 邑에 들어가니 남녀가 다른 길로 다니고 노인이 물건을 들고 다니지 않으며, 조정에 들어가니 士는 大夫가 되는 것을 양보하고 대부는 卿이 되는 것을 양보하였다. 이에 우나라와 예나라의 임금이 부끄러워서 자기들이 다투던 전지를 閒田(주인이 없는 토지)으로 만들고 물러나니, 제후들이 그 소문을 듣고서 서로 이끌고서 주나라에 귀의한 나라가 40여 나라였다.

동북 지역 나라들이 귀의한 뒤에 王業이 이루어지자 다음해에 邢을 정벌하고, 또 다음해에 密須를 정벌하고, 또 다음해에 犬夷를 정벌하였다. 또 다음해에 崇을 정벌하려고 하면서 宣言하기를, "崇侯 虎가 父兄을 侮蔑하며, 長老를 공경하지 않으며, 옥사를 다스리면서 哀矜하는 마음을 갖지 않으며, 재물을 분배하는 데 고르지 않아서 백성들이 힘이 다하도록 일해도 衣食을 얻지 못하므로 내가 장차 정벌하려고 한다." 하고, 이에 숭을 정벌하면서 명령하기를, "사람을 죽이지 말고, 집을 파괴하지 말고, 샘을 메우지 말고, 나무를 베지 말고, 六畜을 약탈하지 말라. 만약 명을 따르지 않는 자는 용서 없이 죽일 것이다."라고 하였다. 숭나라가 한 달이 되도록 항복하지 않자 물러나 덕을 베풀고 文教를 닦아 다시 정벌하니 보루를 버리고 항복하였다.

○虞芮之君이 相與爭田하야 久而不平이어늘 乃皆質於周할새 入其境하니 耕者讓畔하며 行者讓路하고 入其邑하니 男女異路하며 斑白者不提挈하고 入其朝하니 士讓爲大夫하며 大夫讓爲卿이어늘 虞芮之君이 愧焉하여 乃以其所爭으로 爲閒田而退하니 諸侯聞之하고 相率而歸周者 四十餘國이러라 東北既集하야 王業以成이어늘 明年에 伐邢하고 又明年에 伐密須하고 又明年에 伐犬夷하다 又明年에 欲伐崇하야 宣言曰 崇侯虎蔑侮父兄하며 不敬長老하며 聽獄不哀하며 分財不均하야 百姓力盡하야 不得衣食일새 予將征之호리라 乃伐崇하야 令無殺人하며 無壞室하며 無塡井하며 無伐樹木하며 無動六畜하라 不如令者는 死無赦하리라 崇人이 三旬不降이어늘 退修德教而復伐之한대 因壘而降하다

5-1-6

처음에 문왕이 岐에서 鮮原으로 천도하였는데, 이때에 이르러 豐邑을 건설하여 豐으로 천도하였다.

○初에 文王自岐徙鮮原이러니 至是하야 作豐邑하고 徙都于豐하다

5-1-7

문왕이 좋지 않은 옷을 입고 백성을 편안히 하고 백성을 길러서 아름답게 부드럽고 아름답게 공손하여 小民들을 품어 보호하며, 홀아비·과부들에게 은혜를 내려서 생기가 나게 하여, 아침부터 해가 중천에 뜰 때와 해가 기울 때에 이르도록 한가히 밥 먹을 겨를도 없이 萬民들을 모두 화합하게 하였으며, 감히 유람과 사냥을 편안히 여기지 아니하여 여러 나라의 正賦로 바치는 것만을 받았다.

三宅의 마음을 능히 알고 三俊의 마음을 밝게 보아서 上帝를 공경히 섬기며 백성의 長과 伯을 세우고, 三宅의 마음을 능히 알아 이 常事와 司牧人[4]을 세우되 능히 준걸

스런 자와 덕이 있는 자로 하였다. 庶言·庶獄·庶愼을 겸한 바가 없었고,[5] 오직 有司인 牧夫에게만 명령을 따르는 자와 어기는 자를 훈계하였고, 庶獄과 庶愼을 문왕은 감히 이에 대하여 알려 하지 않았다.

○文王이 卑服으로 卽康功田功하야 徽柔懿恭하야 懷保小民하며 惠鮮鰥寡하야 自朝至于日中昃히 不遑暇食하야 用咸和萬民하며 不敢盤于遊田하야 以庶邦惟正之供이라 克知三有宅心하며 灼見三有俊心하야 以敬事上帝하며 立民長伯하고 惟克厥宅心하야 乃克立玆常事司牧人하되 以克俊有德하며 罔攸兼于庶言庶獄庶愼하고 惟有司之牧夫를 是訓用違하며 庶獄庶愼을 文王罔敢知于玆하니라

5-1-8

문왕이 즉위한 뒤로 8년 6월에 5일 동안 병을 앓았는데 동서남북에 땅이 흔들렸으나 도성을 벗어나지 않았다. 有司가 말하기를, "땅이 흔들린 것은 임금 때문입니다." 라고 하니, 신하들이 두려워하여 일을 일으키고 백성들을 동원하며 도성을 증축해서 옮기기를 청하자 문왕이 이르기를, "하늘이 괴이한 일을 보인 것은 죄가 있는 자를 벌하는 것이다. 내가 필시 죄가 있어서 하늘이 나를 벌하는 것이니 나의 행실을 바꾸어야 재앙을 면할 수 있을 것이다." 하였다. 이에 禮의 등급과 皮革을 삼가서 제후들과 교류하고 辭令과 幣帛을 신칙하여 俊士를 예우하며, 爵列과 等級을 나누어 공이 있는 자에게 상을 주니 얼마 지나지 않아 병이 나았다.

○卽位之八年六月에 寢疾五日而地動東西南北호되 不出國이어늘 有司曰 地之動은 爲人主也라한대 群臣相恐하야 請興事動衆하며 增國城以移之어늘 文王曰 天之見(현)妖는 以罰有罪니 我必有罪하야 天以伐我니 請改行이라야 其可免乎아 於是에 謹其禮秩皮革以交諸侯하며 飭其辭令幣帛以禮俊士하며 頒其爵列等級以賞有功하니 無幾에 疾止하니라

---

4) 常事와 司牧人 : 常任과 常伯을 가리킨다. 常任은 왕의 측근에서 정무를 관장하는 長官이고, 常伯은 왕의 측근에서 民事를 관리하는 大臣이다.(≪書經≫ 〈周書 立政〉)

5) 庶言……없었고 : 庶言은 號令을 가리키고, 庶獄은 獄訟을 가리키고, 庶愼은 나라에서 경계하고 방비하며 비축한 물자를 가리키는데, 각각의 일에 담당자를 두고 왕이 직접 간여하지 않았다는 뜻이다.(≪書經≫ 〈周書 立政〉)

5-1-9

문왕이 臨終할 때 태자 發에게 이르기를, "善을 보고서 게으르지 말고, 때가 이르렀는데 의심하지 말며, 잘못을 버릴 때에 꺼리지 말라. 이 세 가지는 道가 그치는 것이다. 부드러우면서 고요하며, 공손하면서 공경하며, 굽히면서도 굳세며, 참으면서도 강하게 하라. 이 네 가지는 道가 일어나는 것이다." 하였다. 태자가 재배하고 받으니 문왕이 마침내 세상을 떠났다. 향년이 97세였다.

○文王將終에 謂太子發曰 見善而勿怠하며 時至而勿疑하며 去非而勿處하라 此三者는 道之所以止也라 柔而靜하며 恭而敬하며 屈而强하며 忍而剛하라 此四者는 道之所以起也니라 太子再拜受之하니 文王遂卒하다 享年九十有七이러라

武王

5-2-1

무왕의 이름은 發이니 文王의 둘째 아들이다. 성품이 자애롭고 온화하고 聖人의 덕이 있어 문왕이 그를 世子로 삼았다. 무왕은 문왕이 季歷을 섬기던 도리를 따라서 행하여 문왕이 병이 나자 무왕이 밤에도 冠帶를 벗지 않고 봉양하여 문왕이 한 번 먹으면 자기도 한 번 먹고, 문왕이 두 번 먹으면 자기도 두 번 먹었다.

武王

무왕이 즉위하고 나서 太公望을 師로 삼고, 周公 旦을 輔로 삼았고, 召公 奭과 畢公 高의 무리가 모두 무왕을 보좌하여 太王의 基業을 계승하여 다스렸다.

이때 商나라 紂가 無道하므로 무왕이 동쪽으로 가서 閱兵하여 孟津에 이르니 사전에 약속하지 않았는데도 모인 제후가 800명이었다. 모두들 주를 정벌해야

한다고 하니, 무왕이 말하기를, "너희들은 天命을 알지 못하니 불가하다."라고 하고 군대를 돌려서 돌아갔다. 2년이 지났는데 주의 포학이 더욱 심해지자 마침내 주를 정벌하였는데, 한 번 갑옷을 입고 정벌하여 천하가 크게 안정되니 商나라의 정치를 바꾸어 옛날의 정치를 따랐다. 갇혀 있던 箕子를 풀어주고, 比干의 무덤에 封墳을 쌓고, 商容의 마을에 예를 표하고, 鹿臺의 재물을 풀어서 나누어주고, 鉅橋의 곡식을 풀어서 나누어주어 四海에 크게 은혜를 베푸니[6] 천하의 백성이 기쁘게 복종하였다.

천하 사람들이 말하기를, "왕이 仁賢에 대해 죽은 자도 오히려 그 무덤을 봉분해주는데, 하물며 산 자이겠는가. 죽은 자도 오히려 그 마을에 旌表를 해주는데 하물며 살아 있는 자이겠는가. 왕이 재물에 있어 모아놓은 것도 오히려 흩어주는데 다시 거두려고 하겠는가. 왕이 女色에 대해 있는 자도 오히려 그 부모에게 돌려보내는데 다시 징발하려고 하겠는가." 하였다.

武王의 名은 發이니 文王次子也라 性慈和하고 有聖德이라 文王以爲世子하니라 武王率文王事季歷之道而行之하야 文王有疾에 武王不脫冠帶而養하야 文王一飯이어든 亦一飯하고 文王再飯이어든 亦再飯이라 武王旣立에 以太公望爲師하고 周公旦爲輔하고 召公奭畢公高之徒 皆左右武王하야 率修太王緖業하니라 時商紂無道어늘 武王東觀兵하야 至于孟津하니 諸侯不期而會者八百이라 皆曰 紂可伐矣한대 武王曰 汝未知天命이라 未可也라하고 乃還師歸하다 居二年에 紂暴虐滋甚이어늘 遂伐之하야 一戎衣而天下大定하니 乃反商政하야 政由舊하다 釋箕子囚하고 封比干墓하고 式商容閭하고 散鹿臺之財하고 發鉅橋之粟하야 大賚于四海하니 而萬姓悅服이라 天下之人이 以爲王之於仁賢也에 死者猶封其墓어든 況生者乎며 亡者猶表其閭어든 況存者乎아 王之於財也에 聚者猶散之어든 肯復籍乎며 王之於色也에 在者猶歸其父母어든 肯復徵乎아하더라

5-2-2

무왕이 商에서 돌아와 豐에 이르러 전쟁을 그치고 文敎를 진흥하여 말을 華山의 남쪽으로 돌려보냈고 소를 桃林의 들에 풀어놓았으며, 수레와 갑옷은 犧牲의 피를 발라

6) 갇혀……베푸니 : 기자는 은나라 紂의 叔父이고, 비간은 주의 庶兄이며, 상용은 은나라의 어진 사람이었다. 주가 무도하자 기자와 비간이 간하였는데 기자는 갇히고 비간은 죽임을 당하였다. 녹대는 주가 財貨를 쌓아둔 창고이고, 鉅橋는 주가 곡식을 쌓아둔 창고이다.(≪書經≫ 〈周書 武成〉·≪史記≫ 권4 〈周本紀〉)

府庫에 넣었고, 창과 방패를 거꾸로 실어서 虎皮로 포장하였으며, 將帥들을 제후로 봉하였고, 군대를 해산하고 도성의 교외에 射宮을 지어서 과녁을 뚫는 활쏘기가 종식되었으며, 裨衣[7]를 입고 면류관을 쓰고 홀을 꽂아서 虎賁의 무사가 칼을 풀어 차지 않았다. 明堂에 제사 지내자 백성들이 孝를 알았고, 朝覲을 한 뒤에 제후들이 신하의 도리를 알았며, 藉田을 경작하는 예를 행한 뒤에 제후들이 공경할 바를 알았으며, 太學에서 三老와 五更[8]을 봉양한 뒤에야 제후들이 공손할 줄을 알았으며, 西學[9]에서 先賢을 제사한 뒤에야 제후들이 덕을 숭상해야 한다는 것을 알았다.

○王來自商하야 至于豐하야 乃偃武修文하야 歸馬于華山之陽하고 放牛于桃林之野하며 車甲衅而藏之府庫하고 倒載干戈하야 包以虎皮하며 將帥之士를 使爲諸侯하고 散軍郊射하야 而貫革之射息也하며 裨冕搢笏하야 而虎賁之士 脫劒也러라 祀明堂而民知孝하며 朝覲然後에 諸侯知所以臣하며 耕籍然後에 諸侯知所以敬하며 養三老五更於太學然後에 諸侯知所以悌하며 祀先賢於西學然後에 諸侯知德之可崇이러라

5-2-3

〈무왕은〉 문왕이 천하를 안정시킨 功을 따라서 의로운 德이 있는 자들을 감히 버리지 않았으며, 문왕의 계책을 따라서 寬容의 德이 있는 자들을 그대로 등용하여 이 크고 큰 기업을 함께 받았다.

○率惟敉(미)功하야 不敢替厥義德하며 率惟謀하야 從容德하야 以竝受此丕丕基하니라

5-2-4

선대의 聖王을 추모하여 神農氏의 후손을 기려서 焦에 封하고, 黃帝의 후손을 기려서 祝에 봉하고, 帝堯의 후손을 기려서 薊에 봉하고, 帝舜의 후손을 기려서 陳에 봉하고, 大禹의 후손을 기려서 杞에 봉하였다. 그러고 나서 功臣과 謀士를 封하였는데, 師

---

7) 裨衣 : 天子의 六服 중에서 大裘가 가장 높고, 그 이하는 모두 裨라고 하니, 袞龍袍의 일종이다.

8) 三老와 五更 : 삼노와 오경은 각각 한 사람씩으로, 고관을 지내다 연로하여 致仕한 사람이다. 천자가 그들을 父兄을 봉양하는 예로 봉양하여 백성들에게 孝悌의 모범을 보인 것이다.(≪禮記≫ 〈文王世子〉)

9) 西學 : 周나라 때 太學과 상대되는 小學을 가리키는데, 소학이 西郊에 있었기 때문에 서학이라고 부른 것이다.(≪禮記≫ 〈祭義〉)

尙父(사상보)를 으뜸으로 하여 상보를 營丘에 봉하니 齊나라이고, 아우 周公 旦을 曲阜에 봉하니 魯나라이고, 召公 奭을 燕에 봉하고, 아우 叔鮮을 管에 봉하고, 叔度를 蔡에 봉하고, 나머지는 각각 차례대로 봉하였다.

작위를 나누는 것은 다섯 가지로 하고,[10] 땅을 나누는 것은 세 가지로 하며,[11] 관직을 주는 것은 어짊을 기준으로 하고, 일을 맡기는 것은 능력을 기준으로 하고, 백성의 다섯 가지 가르침[12]을 소중히 하되 음식과 喪禮와 祭禮를 중시하였는데, 信義를 돈독히 하고 의리를 밝히며, 德 있는 이를 높이고 功 있는 이에게 보답하니, 衣裳을 드리우고 拱手하고 있어도[13] 천하가 다스려졌다.

○追思先聖王하야 乃褒封神農之後於焦하고 黃帝之後於祝하고 帝堯之後於薊하고 帝舜之後於陳하고 大禹之後於杞라 於是封功臣謀士하야 而師尙父爲首하야 封尙父於營丘하니 日齊요 封弟周公(朝)〔旦〕[14]於曲阜하니 日魯요 封召公奭於燕하고 封弟叔鮮於管하고 叔度於蔡하고 餘各以次受封하니라 列爵惟五하며 分土惟三하며 建官惟賢하며 位事惟能하고 重民五敎하되 惟食喪祭러니 敦信明義하며 崇德報功하니 垂拱而天下治하니라

5-2-5

13년에 무왕이 箕子를 방문하여 말하기를, "하늘이 암중에 백성들을 안정시켜 그 사는 것을 돕고 화합시키는데 나는 그 이치가 어떻게 펼쳐지는지를 모르겠다." 하니, 기자가 洪範을 진술하였다.

○十有三祀에 王訪于箕子하야 日 惟天陰騭下民하사 相協厥居호니 我不知其彛倫攸敍하노라 箕子爲陳洪範하니라

---

10) 작위를……하고 : 公, 侯, 伯, 子, 男의 5등의 작위를 가리킨다.(≪書經集傳≫ 〈周書 武成〉)

11) 땅을……하며 : 公과 侯는 100里이고, 伯은 70리이고, 子와 男은 50리이다.(≪書經集傳≫ 〈周書 武成〉)

12) 백성의……가르침 : 五倫를 가리킨다.(≪書經集傳≫ 〈周書 武成〉)

13) 衣裳을……있어도 : 관직에 적임자를 얻어서 관원들이 맡은 일을 잘 수행하기 때문에 임금이 아무 일도 하지 않고 임금의 옷을 입고 손을 拱手하고 가만히 있다는 뜻이니, 無爲之治를 가리킨다.(≪尙書注疏≫ 권10 〈武成〉)

14) (朝)〔旦〕 : 저본에는 '朝'로 되어 있는데, 朝鮮 太祖 李成桂의 改諱가 '旦'이므로 저본에는 避諱하여 '旦'을 '朝'로 고친 것이다. 이에 의거하여 '旦'으로 바로잡았다.

5-2-6

丹書受戒

무왕이 師尙父에게 묻기를, "黃帝와 高陽氏의 道를 들을 수 있는가?" 하니, 사상보가 대답하기를, "≪丹書≫15)에 있습니다." 하고, 그 책의 내용을 말하기를, "공경이 게으름을 이기는 자는 吉하고, 게으름이 공경을 이기는 자는 滅하며, 義가 욕심을 이기는 자는 따르고, 욕심이 의를 이기는 자는 凶하다. 모든 일이 强하지 않으면 굽어지고, 공경하지 않으면 바르지 않으니, 굽은 자는 멸망하고, 공경한 자는 만세토록 이어진다. 간직하기를 요약되게 하고 행하기를 변함없이 해야 자손을 위한 장구한 계책이 될 수 있다."라고 하였습니다. 또 "仁으로 얻고 인으로 지키면 그 나라의 국운은 100세이고, 不仁으로 얻고 인으로 지키면 그 나라의 국운은 10세이고, 불인으로 얻고 불인으로 지키면 반드시 當代에 멸망한다." 하였습니다.

○武王이 問於師尙父曰 黃帝高陽之道를 可得聞乎아 尙父對曰 在丹書라하고 乃道書之言 曰 敬勝怠者는 吉하고 怠勝敬者는 滅하고 義勝欲者는 從하고 欲勝義者는 凶이라 凡事不强則枉하고 弗敬則不正하니 枉者는 滅廢하고 敬者는 萬世라 藏之約하고 行之恒하야 可以爲子孫常이니이다 以仁得之하고 以仁守之면 其量百世요 不仁得之하고 仁能守之면 其量十世요 以不仁得之하고 以不仁守之면 必傾其世니이다

15) 丹書 : 周나라 文王 때에 赤爵이 물고 왔다는 상서로운 책이다. ≪史記≫ 〈周本紀〉에 "文王 昌을 낳았는데 聖人의 祥瑞가 있었다."라고 하였는데, 이에 대한 張守節의 ≪史記正義≫에서 ≪尙書帝命驗≫의 내용을 인용하였는데, 그 내용에 "季秋의 달 甲子日에 赤爵이 丹書를 물고서 酆에 들어와 昌의 문〔戶〕에 앉았다."라고 하였다.

무왕이 ≪단서≫의 내용을 듣고서 두려워하여 물러나 좌석의 앞 왼쪽 끝에 銘을 쓰기를 "安樂할 때에 반드시 공경하라."라고 하고, 좌석의 앞 오른쪽 끝에 명을 쓰기를, "후회할 만한 일을 하지 말라."라고 하고, 좌석의 뒤 왼쪽 끝에 명을 쓰기를, "한 번 몸을 뒤척일 때에도 道를 잊어서는 안 된다."라고 하고, 좌석의 위 오른쪽 끝에 명을 쓰기를, "前代에 거울삼을 나라가 멀지 않으니 너희가 대신한 나라를 보라."라고 하였다.

거울에 명을 쓰기를 "너의 앞 세대를 보고, 너의 뒤 세대를 염려하라." 하였다.

세숫대야에 명을 쓰기를, "사람에 빠지는 것보다는 차라리 연못에 빠지는 것이 나으니, 연못에 빠지면 헤엄칠 수 있지만 사람에 빠지면 구제할 수 없다." 하였다.

기둥에 명을 쓰기를, "'어찌 소멸시킬 필요가 있겠는가.'라고 말하지 말라. 그 禍가 장차 타오를 것이다. '어찌 해롭겠는가.'라고 말하지 말라. 그 화가 장차 커질 것이다. '어찌 상해를 끼치겠는가.'라고 말하지 말라. 그 화가 장차 자랄 것이다." 하였다.

지팡이에 명을 쓰기를, "어디에서 위태롭게 되는가? 분노에서 위태롭게 된다. 어디에서 道를 잃게 되는가? 嗜慾에서 도를 잃게 된다. 어디에서 서로 잊게 되는가? 부귀에서 서로 잊게 된다." 하였다.

띠에 명을 쓰기를, "삼가고 경계하여 반드시 공손할 것이니, 공손하면 오래 유지된다." 하였다.

劍에 명을 쓰기를, "묶어서 허리에 차니 움직일 때에 반드시 덕을 행할 지어다. 덕을 행하면 興하고, 덕을 어기면 무너진다." 하였다.

창에 명을 쓰기를, "창을 만듦이여, 창을 만듦이여. 잠깐 사이에 참지 못하면 종신토록 수치스러움이 된다."라고 하고서 "〈이상의 명은〉 나 한 사람이 들은 것이라 이것으로 후세의 자손을 경계하노라." 하였다.

무왕이 임종할 때에 周公과 召公에게 顧命하여 成王을 보좌하게 하면서 이르기를, "너는 밝게 힘써 왕을 도와서 서로 믿어 이 大命을 奉行하여 文王의 德을 생각해서 한없는 근심[16]을 크게 받들라." 하였다. 무왕의 재위 기간은 7년이었고, 향년은 93세였다.

王聞書之言하고 **惕若恐懼**하야 **退而爲銘於席之前左端曰 安樂必敬**하며 **右端曰 毋行可悔**하며 **後左端曰 一反一側**에 **亦不可以忘**하며 **右端曰 前監不遠**하니 **視爾所代**라하고 **銘於鑑曰 見爾前**하며 **慮爾後**라하고 **銘於盥盤曰 與其溺於人也**론 **寧溺於淵**이니 **溺於淵**이면 **猶可游也**어니와 **溺於人**이면 **不**

16) 한없는 근심 : 天下는 지극히 重하기 때문에 천하를 다스리는 것을 한없는 근심이라고 한 것이다. (≪尙書詳解≫ 권36 〈君奭〉)

可救也라하고 銘於楹曰 毋曰胡殘이어다 其禍將然이며 毋曰胡害어다 其禍將大며 毋曰胡傷이어다 其禍將長이라하고 銘於杖曰 烏乎危오 於忿疐(치)며 烏乎失道오 於嗜慾이며 烏乎相忘고 於富貴라하고 銘於(席)〔帶〕17) 曰 愼戒必恭이니 恭則壽라하고 銘於劒曰 帶之以爲服이니 動必行德이라 行德則興하며 背德則崩이라하고 銘於矛曰 造矛造矛여 少間弗忍이면 終身之羞라하니 予一人所聞이라 以戒後世子孫하노라 武王將崩에 顧命周公召公하야 輔成王曰 汝明勗偶王하야 在亶乘玆大命하야 惟文王德하야 丕承無疆之恤히리히디 武王在位七年에 享年九十有二이러라

成王

5-3-1

성왕의 이름은 誦이니 무왕의 아들이다. 성왕이 나이가 어린데다 居喪하고 있었으므로 주공이 冢宰가 되어 政事를 다스렸는데, 管叔과 蔡叔과 霍叔이 주공을 의심하여 주공이 장차 왕에게 이롭지 않을 것이라고 유언비어를 퍼뜨렸다. 三叔이 殷나라를 감독하고 있었기 때문에 마침내 武庚 및 淮夷와 반란을 일으키니 주공이 동쪽 교외로 나가서 지냈고, 왕명으로 토벌하여 평정하였다.18)

成王

유언비어가 퍼진 초기에는 성왕 또한 주공을 의심하였는데, 金縢을 개봉하여 주공이 무왕을 대신하기를 청한 일을 보고서는 感泣하여 주공을 맞이하여 돌아와 정사를 보좌하게 하였다.19)

---

17) (席)〔帶〕: 저본에는 '席'으로 되어 있으나, ≪大戴禮記≫ 권6 〈武王踐阼〉에 의거하여 '帶'로 바로잡았다.

18) 三叔이……평정하였다 : 무왕이 紂를 쳐서 죽이고 주의 아들 武庚에게 주의 뒤를 잇게 하고 나서 무왕의 아들들인 管叔, 蔡叔, 霍叔에게 감독하게 하였는데, 이들을 삼숙이라 한다. 무왕이 죽고 성왕이 어리므로 주공이 冢宰가 되어 攝政하자 관숙이 이에 불만을 품고 무경을 꾀어 반란을 일으켰다. 이에 주공이 成王의 명을 받들어 토벌하여 평정하였다.(≪孟子集註≫ 〈公孫丑 下〉)

처음에 무왕이 鎬京에 도읍을 건설하고 宗周라고 하였으니, 이곳이 西都이다. 그 후 洛陽에 成周를 조성하려다 실행하지 못했는데 이때에 이르러 성왕이 무왕의 뜻을 이루어 郟鄏(겹욕)에 도읍을 정하려고 召公을 시켜 먼저 가서 터를 살피게 하였다. 주공이 뒤이어 가서 도읍을 조성하면서 말하기를, "이곳은 천하의 중앙이라 사방에서 貢物을 바치러올 때에 거리가 균등하다." 하였으니, 이곳이 東都이다. 왕은 서도에서 지내고 동도에서 제후들을 朝會하였다.

成王名은 誦이니 武王之子也라 成王幼에 方亮陰이라 周公爲冢宰하야 聽政事어늘 管叔蔡叔霍叔이 疑周公하야 流言公將不利於王이라하다 三叔이 方監殷이라 遂與武庚及淮夷畔이어늘 周公이 居東하고 以王命討平之하다 方流言之初에 王亦疑周公이러니 及開金縢에 見公請代武王之事하고 乃感泣하야 迎周公歸하야 輔政하다 初에 武王作邑于鎬京하니 謂之宗周니 是爲西都라 將營成周於洛而未果러니 至是에 成王欲成武王之志하야 定鼎於郟鄏하야 使召公先相宅하고 周公繼往營之하야 曰 此天下之中이라 四方入貢에 道里均也라하니 是爲東都라 王居西都하고 而朝會諸侯於東都하다

5-3-2

성왕이 萬邦을 다스려 侯服과 甸服에 巡幸하여 곧지 않은 자들을 사방으로 정벌하여 천하의 백성들을 편안히 하자, 六服[20]의 여러 제후들이 德을 받들지 않는 자가 없었다. 이에 宗周로 돌아와 다스리는 관원들을 감독하여 바로잡아 360개의 관직을 설치하였다. 冢宰를 天官이라고 하니, 모든 百官에 관련된 정치를 모두 그에게 소속시켰다. 司徒를 地官이라고 하니, 모든 토지와 인민에 관련된 정치를 모두 그에게 소속시켰다. 宗伯을 春官이라고 하니, 모든 禮樂에 관련된 정치를 모두 그에게 소속시켰다. 司馬를 夏官이라고 하니, 모든 군대와 정벌에 관련된 정치를 모두 그에게 소속시켰다. 司寇를 秋官이라고 하니 모든 五刑에 관련된 정치를 모두 그에게 소속시켰다. 司空을

---

19) 유언비어가……하였다 : 무왕이 商을 정벌하여 이기고 돌아온 지 2년 뒤에 병이 들었는데, 周公이 太王, 王季, 文王에게 자기가 무왕 대신 죽겠다고 고유하고, 그 고유문을 쓴 冊祝을 金縢에 넣어 보관하였다. 管叔의 유언비어가 있자 주공이 교외로 나가 지냈는데, 이때 가을에 큰 바람이 불어 곡식이 모두 쓰러지고 큰 나무가 넘어지는 변고가 있자 성왕이 金縢을 열어서 주공이 무왕 대신 죽겠다고 했던 책축을 보고는 그동안 주공을 의심했던 마음을 풀고 교외에 나가서 주공을 맞이하여 돌아왔다.(≪書傳≫ 〈周書 金縢〉)

20) 六服 : ≪周禮≫에 九服은 侯服·甸服·男服·采服·衛服·蠻服·夷服·鎭服·蕃服인데, 여기에서 말하는 六服은 侯服·甸服·男服·采服·衛服 五服에 畿內를 합친 것이다.(≪書傳≫ 〈周書 周官〉)

冬官이라고 하니 모든 백공에 관련된 정치를 모두 그에게 소속시켰다. 六卿은 직책을 나눈 것이지만 冢宰는 홀로 겸하여 총괄하기 때문에 나라를 세우는 六典을 관장한다고 하였다. 六官의 제도는 周官이 실로 그 시작이다.

王國을 세울 때에 王畿를 1천 里로 하였다. 畿內를 都鄙라고 하니 왕의 자제와 公卿과 大夫의 食邑으로 삼고, 畿外를 邦國이라고 하니 公·侯·伯·子·男을 봉하여 제후 중에 功德이 있는 자에게 附庸을 주고, 명하여 牧伯으로 삼아서 征伐할 수 있게 하고, 천하를 九州로 나누며, 邦國을 변별하여 九服으로 삼아서 朝貢에 참여하는 자가 六服이었다.

王畿를 건립할 때에 100里의 안을 鄕이라고 하니 比·閭·族·黨·州·鄕[21]의 제도가 있고, 200리의 안을 遂라고 하니 隣·里·酇(찬)·鄙·縣·遂[22]의 제도가 있다. 鄕民을 모아서 軍旅를 조직할 때에 伍·兩·卒·旅·師·軍[23]의 제도가 있고, 都鄙를 조성할 때에 井·邑·丘·甸·縣·都[24]의 제도가 있다. 井田이라는 것은 사방 1里를 井으로 하니, 井은 900畝이다. 그 중앙이 公田이 되니 8家가 모두 私田 100畝를 소유하고 공전을 공동으로 경작한다. 정전의 제도는 都鄙에 나타나지만 그 법은 실제로는 천하에 공통으로 적용되니, 이것은 10분의 1을 세금으로 내는 법이다.

○王撫萬邦하며 巡侯甸하야 四征弗庭하야 綏厥兆民한대 六服群辟이 罔不承德이라 歸于宗周하야 董正治官하야 建官三百六十이라 冢宰曰天官이니 凡百官之治를 皆屬焉하고 司徒曰地官이니 凡土地人民之治를 皆屬焉하고 宗伯曰春官이니 凡禮樂之治를 皆屬焉하고 司馬曰夏官이니 凡軍旅征伐之治를 皆屬焉하고 司寇曰秋官이니 凡五刑之治를 皆屬焉하고 司空曰冬官이니 凡百工之治를 皆屬焉하야 六卿은 分職이로되 而冢宰는 獨兼摠之라 故曰 掌建邦之六典이라하다 六官之制는 周官이 實昉之라 立王國에 王畿千里라 畿內曰都鄙니 王子弟及公卿大夫食焉하고 畿外曰邦國이니 公侯伯子男封焉하야 諸侯之有功德者를 錫之附庸하고 命之作牧伯하야 得以征伐하고 分天下爲九州하며 辨邦國爲九服하야 而與朝貢者 六服焉이러라 立王畿에 百里之內曰鄕이니 有比閭族黨州鄕

21) 比……鄕 : 5家가 比가 되고, 5比가 閭가되고, 4閭가 族이 되고, 5族이 黨이 되고, 5黨이 州가 되고, 5州가 鄕이 된다.(≪周禮≫ 〈地官 司徒〉)

22) 隣……遂 : 5家가 隣이 되고, 5隣이 里가 되고, 4里가 酇이 되고, 5贊이 鄙가 되고, 5鄙가 縣이 되고, 5縣이 遂가 된다.(≪讀書紀數略≫ 권6 〈地部〉)

23) 伍……軍 : 5人이 伍가 되고, 25인이 兩이 되고, 100인이 卒이 되고, 500인이 旅가 되고, 2,500인이 師가 되고, 12,500인이 軍이 된다.(≪周禮≫ 〈地官 司徒〉)

24) 井……都 : 사방 1里가 井이 되고, 사방 4리가 邑이 되고, 사방 16리가 丘가 되고, 사방 64리가 甸이 되고, 사방 256리가 縣이 되고, 사방 1,204리가 都가 된다.(≪周禮≫ 〈地官 司徒〉)

之制하고 二百里之內曰遂니 有隣里酇鄙縣遂之制라 其會鄕民하야 以起軍旅也에 有伍兩卒旅師軍之制하고 其造都鄙也에 有井邑丘甸縣都之制라 其曰井田은 方里而井이니 井九百畝라 其中爲公田이니 八家皆私百畝하야 同養公田이라 井田之制는 見(현)於都鄙로되 而其法은 實通乎天下하니 蓋十一之法也라

5-3-3

殷나라의 완악한 백성을 下都[25]로 옮겨서 주공이 직접 감독하였는데, 주공이 죽은 뒤에 성왕이 君陳에게 명하여 주공을 대신하게 하고, 그 명하는 내용에 이르기를, "너는 주공의 큰 가르침을 넓혀서 세력에 의지하여 위엄을 부리지 말며, 법에 의지하여 백성들을 侵害하지 말고, 너그러우면서도 제재가 있으며, 한가로우면서 조화를 이루도록 하라. 은나라 백성이 죄를 짓거든 내가 벌을 주라고 하여도 너는 벌을 주지 말고, 내가 용서하라고 하여도 너는 용서하지 말고 오직 중도에 맞게 하라." 하였다.

○遷殷頑民於下都하야 周公親自監之러니 周公旣歿이어늘 王命君陳代周公하고 其命之之辭에 有曰 爾惟弘周公丕訓하야 無依勢作威하며 無倚法以削하야 寬而有制하며 從容以和하야 殷民이 在辟이어든 予曰 辟이라도 爾惟勿辟하며 予曰 宥라도 爾惟勿宥하고 惟厥中하라

5-3-4

〈성왕이〉 처음에 주공을 조정에 머물게 하여 정사를 보좌하게 하고 그 아들 伯禽에게 封地에 가게 하면서 고하기를, "너는 윗사람이 되는 도리를 아느냐? 무릇 尊位에 있으면 반드시 아랫사람을 공경하여 간언하는 자를 위엄으로 저지하지 말아서 그 말을 막지 말라. 文만 있고 武가 없으면 아랫사람에게 위엄을 보일 수 없고, 무만 있고 문이 없으면 백성이 두려워하여 친해지지 않으니 문과 무가 함께 행해져야 위엄과 덕이 이루어지고 청렴결백한 자가 위로 통하여야 아첨하는 자가 아래에서 막히느니라." 하니, 백금이 재배하고 명을 받고서 하직하였다.

○初에 留周公輔政하고 而使其子伯禽就封할새 告之曰 爾知爲人上之道乎아 凡處尊位에 必以敬下하야 諫者를 勿振以威하야 毋格其言하라 有文無武면 無以威下요 有武無文이면 民畏不親이니 文武俱行이라야 威德乃成하고 淸白上通이라야 巧佞下塞하나니라 伯禽이 再拜受命而辭하다

25) 下都 : 洛陽을 가리킨다.

5-3-5

성왕이 재위 47년에 임종할 때에 신하들에게 顧命을 내려 康王을 세웠는데, 고명의 대략적인 내용은 다음과 같다. "너희는 부디 이 나의 말을 밝혀서 元子인 釗(소)를 공경히 보호하여 어려움을 크게 구제하도록 하라. 멀리 있는 자를 회유하고 가까이 있는 자를 잘 길들이며, 작고 큰 여러 나라들을 편안히 하고 권면하라. 생각하건대 사람은 스스로 威儀를 다스려야 하니, 너희들은 釗를 데리고 나쁜 幾微에 무릅쓰고 나아가지 말라."

○王在位四十有七年에 將終할새 顧命群臣하야 立康王하고 其略曰 爾尙明時朕言하야 用敬保元子釗하야 弘濟于艱難하라 柔遠能邇하며 安勸小大庶邦하라 思夫人은 自亂于威儀니 爾無以釗로 冒貢于非幾하라

5-3-6

宋나라 학자 呂祖謙이 다음과 같이 말하였다.
"成王이 三監의 변고를 겪으면서 왕실이 거의 흔들릴 뻔하였다. 그러므로 처음과 끝을 바르게 하면서 특별히 자세하게 말하였으니, 〈顧命〉은 성왕이 그 끝을 바르게 하는 것이고, 〈康王之誥〉는 康王이 그 처음을 바르게 하는 것이다."

宋儒呂祖謙曰 成王이 經三監之變하야 王室幾搖라 故此正其終始에 特詳焉하니 顧命은 成王所以正其終이고 康王之誥는 康王所以正其始니라

康王

5-4-1

강왕의 이름은 釗(소)니 성왕의 아들이다. 처음에 성왕이 태자 소가 왕위를 감당하지 못할까 염려하여 召公과 畢公에게 명하여 제후들을 거느리고 태자를 도와서 왕으로 세우게 하였다. 성왕이 붕어하자 소공과 필공이 제후들을 거느리고 태자 소를 데리고 가서 先王의 宗廟를 알현하게 하고, 文王과 武王이 王業을 이룬 것이 쉽지 않았으며 節儉에 힘쓰고 篤信으로 군림하였음을 거듭 고하고 마침내 왕으로 세워 강왕이

되게 하였다.

康王

강왕이 즉위하여 제후들에게 두루 고하기를, "여러 나라의 侯·甸·男·衛야. 나 한 사람 소는 進戒한 말에 답하노라. 옛날 군주이신 文王과 武王께서 백성들에 대해 크게 공평하고 부유하게 하시며 처벌을 힘쓰지 아니하시어 지극함을 이루며 지극히 바르고 정성스럽게 하시어 천하에 밝히시자, 또한 熊羆와 같은 勇士와 두 마음을 품지 않은 신하들이 王家를 보존하고 다스려서 上帝에게 바른 명을 받으시니, 皇天이 그 도를 순히 하시어 사방을 맡겨주셨다. 이에 문왕과 무왕께서 侯를 세워 藩屛을 세우신 뜻이 우리 後人에게 있으시니, 지금 우리 한두 명의 伯父들은 부디 서로 더불어 너희들의 先公이 先王께 臣服했던 도리를 돌아보고 편안히 여겨, 비록 너희들의 몸은 밖에 있으나 너희들의 마음은 왕실에 있지 않음이 없어, 임금의 근심을 받들어 거스르지 말아서 어린 나에게 부끄러움을 끼치지 말도록 하라." 하였다.

康王名은 釗니 成王之子也라 初에 成王이 懼太子釗之不任하야 乃命召公畢公하야 率諸侯相太子而立之러니 王崩커늘 二公率諸侯하야 以太子釗로 見於先王廟하고 申告以文王武王之所以爲王業之不易(이)하며 務在節儉하야 以篤信臨之하고 遂立爲康王하다 康王이 卽位에 徧告諸侯若曰 庶邦侯甸男衛아 惟予一人釗報告하노라 昔君文武 丕平富하시며 不務咎하사 底至齊信하사 用昭明于天下어시늘 則亦有熊羆之士와 不二心之臣이 保乂王家하야 用端命于上帝하시니 皇天이 用訓厥道하사 付畀四方하시니라 乃命建侯樹屛은 在我後之人이니 今予一二伯父는 尙胥曁顧綏爾先公之臣服于先王하야 雖爾身在外나 乃心罔不在王室하야 用奉恤厥若하야 無遺鞠子羞하라

5-4-2

12년에 〈강왕이〉 成周의 백성들을 畢公에게 명하여 東郊에서 보호하고 다스리게 하였는데, 그 명하는 말에 이르기를, "지금 나는 公에게 周公의 일을 공경히 명하노니,

갈지어다. 善과 惡을 구별하여 거주하는 마을을 旌表하며, 善을 표창하고 惡을 미워하여 名聲을 세워주며, 가르치는 법을 따르지 않거든 사는 지역의 경계를 다르게 하여 두려워하고 사모하게 하며, 畿內의 경계를 다시 구획하며 疆域의 경계를 삼가고 견고히 지켜서 四海를 편안하게 하라.

정사는 오래 지속되는 것이 귀한 것이고 말은 간략하고 절실한 것을 숭상하므로 괴이한 것을 좋아하지 않는 것인데, 商나라 풍속이 사치하고 화려하여 말 잘하는 것을 어질게 여겼던 풍속이 아직도 끊어지지 않았으니, 公은 이것을 생각할지어다.

내가 들으니, '대대로 벼슬하는 집안들은 능히 禮를 따르는 자가 적어 방탕함으로 德 있는 이를 능멸하며, 실로 天道를 어지럽혀 敎化를 무너뜨리고 사치하는 것이 萬世토록 동일하다.' 하였다. 이 殷나라의 관리들은 은총을 憑藉한 지가 오래여서 세력을 믿고 사치하여 義를 소멸시키며, 자기의 의복이 아름다운 것을 남에게 자랑하여 교만하고 방탕하며 뽐내기를 좋아해서 장차 惡으로 말미암아 세상을 마칠 것이었는데, 지금은 비록 방종하는 마음을 거두었으나 邪慝한 버릇을 막기가 어렵다. 재물을 넉넉하게 해주어 부유해지거든 德과 義를 가르치는 것이 그들을 장수하게 하는 것이니, 덕과 의가 곧 큰 가르침이다. 그러나 옛날의 덕과 의로 가르치지 않으면 무엇으로 가르치겠는가." 하였다.

강왕이 神과 사람을 공경하며 문왕과 무왕과 성왕의 基業을 계승하여 변경한 것이 없고, 선왕이 가르친 법을 부지런히 따라서 천하에 흡족하게 해서 皇天의 上帝가 크게 드러내신 아름다운 명을 對揚하니, 이때에 四夷가 복종하고 천하가 안정되어서 백성들이 禮義에 興盛하여 감옥이 텅 비어서 형벌을 사용하지 않으니, 堯舜時代의 기풍이 있었다. 재위 기간은 26년이었다.

○十二年에 以成周之衆으로 命畢公하야 保釐東郊하니 其命之之辭曰 今予祗命公以周公之事하노니 往哉어다 旌別淑慝하야 表厥宅里하며 彰善癉惡하야 樹之風聲하며 弗率訓典이어든 殊厥井疆하야 俾克畏慕하며 申畫郊圻하며 愼固封守하야 以康四海하라 政貴有恒이요 辭尙體要라 不惟好異니 商俗靡靡하야 利口惟賢하던 餘風未殄하니 公其念哉어다 我聞호니 曰 世祿之家 鮮克由禮하야 以蕩淩德하며 實悖天道하야 敝化奢麗 萬世同流니라 玆殷庶士 席寵惟舊하야 怙侈滅義하며 服美于人하야 驕淫矜侉하야 將由惡終이러니 雖收放心하나 閑之惟艱하니라 資富能訓이 惟以永年이니 惟德惟義 時乃大訓이니라 不由古訓이면 于何其訓이리오 王恭敬神人하며 承文武成王之業하야 無所變更하고 勤修先王之訓典하야 用洽和於天下하야 以對揚皇天上帝之丕顯休命하니 是時에 四夷賓服하며 海內

晏然하야 百姓興於禮義하야 囹圄空虛하야 刑措不用하니 有唐虞之風焉이러라 在位二十有六年이라

宣王

5-5-1

선왕의 이름은 靜이니 厲王의 아들이다. 처음에 여왕이 포학하고 사치하고 오만하므로 나라 사람들이 함께 반란을 일으켜 여왕을 습격하자 왕이 彘로 달아났다. 이때 宣王이 太子가 되어 召公의 집에 숨어 있었는데, 나라 사람들이 그 소식을 듣고서 포위하니 소공이 자기 아들을 여왕의 태자로 꾸며서 태자가 벗어날 수 있었다.

소공과 주공이 정사를 행하여 共和라고 하였는데, 14년에 여왕이 彘에서 죽었다. 태자가 소공의 집에서 자랐는데 두 재상이 함께 그를 왕으로 옹위하니 이 사람이 宣王이다. 선왕이 즉위하니 두 재상이 보좌하여 정치를 행해서 문왕과 무왕과 성왕과 강왕의 遺風을 본받으니 제후들이 다시 周나라를 종주국으로 삼았다.

선왕이 여왕이 끼친 재앙을 이어받았기 때문에 천하에 큰 가뭄이 드니, 속으로 어지러워진 세상을 바로잡으려는 뜻을 가지고 있었다. 災異를 만나 두려워하여 경계하고 행실을 가다듬어 제거하려고 하니 천하 사람들이 왕의 교화가 다시 행해지는 것을 기뻐하였고, 周나라 대부 仍叔이 〈雲漢〉[26] 시를 지어 찬미하였다.

宣王名은 (竫)〔靜〕[27]이니 厲王之子也라 初에 厲王暴虐侈傲하니 國人이 乃相與畔하야 襲厲王이어늘 王出奔於彘라 時宣王爲太子하야 匿召公之家어늘 國人聞之하고 乃圍之하니 召公以其子代王太子한대 太子竟得脫이라 召公周公이 行政하야 號曰共和者러니 十四年에 厲王이 死於彘라 太子長於召公家하니 二相이 乃共立之하니 是爲宣王이라 宣王卽位에 二相輔之하야 修政하야 法文武成康之遺風하니 諸侯復宗周러라 宣王承厲王之烈하야 天下大旱이라 內有撥亂之志라 遇災而懼하야 側身修行하야 欲消去之하니 天下喜於王化復行하고 周大夫仍叔이 作雲漢之詩하야 以美之하니라

---

26) 雲漢 : ≪詩經≫의 편명인데, 周 宣王 때 가뭄이 계속되어 백성들이 모두 굶어 죽을 지경에 이르자, 선왕이 온 정성을 다 기울여 기우제를 지내서 비가 내리기를 간절히 바란 것을 서술하고 찬미한 내용이다.(≪詩經≫ 〈大雅〉)

27) (竫)〔靜〕: 저본에는 '竫'으로 되어 있으나, ≪史記≫ 〈周本紀〉에 의거하여 '靜'으로 바로잡았다.

元年에 召穆公을 재상으로 삼고, 秦仲을 대부로 삼고, 樊侯·仲山甫·尹吉甫·程伯休父(정백휴보)·虢文公·申伯·韓侯·顯父(현보)·南仲·方叔·張仲의 무리를 등용하여 모두 卿佐(임금을 보좌하는 집정대신)로 삼아 천하 백성을 안정시켰다. 이해에 西戎이 秦仲을 살해하자 왕이 南仲·召虎·方叔·尹吉甫에게 명하여 서융을 정벌하여 평정하게 하였다. 이때 나라가 쇠하고 어지러운 뒤라서 만민이 뿔뿔이 흩어져 사는 곳에 안주하지 못하였는데, 선왕이 수고로운 자를 위로하고 오는 자를 오게 하고 간 자를 돌아오게 하고 어지러운 자를 안정시키고 위태로운 자를 편안하게 하고 흩어진 자를 모여 살게 하였다. 그리하여 의지할 데 없는 홀아비나 과부까지도 살 곳을 얻지 못한 사람이 없었다.

여왕 이후로 四夷가 번갈아 침입하자 선왕이 안으로는 정사를 정비하고 밖으로는 夷狄을 물리쳤는데, 車馬를 수리하고 무기를 갖춘 일에 대해서는 〈車攻〉28)이라는 시가 있었고, 宮室을 지었을 때에 〈斯干〉29)이라는 시가 있었고, 가축을 잘 길렀을 때에 〈無羊〉30)이라는 시가 있었고, 말을 차출할 때에 〈吉日〉31)이라는 시가 있었다. 소공에게 명하여 淮夷를 평정하게 하고, 윤길보에게 북쪽으로 玁狁을 정벌하게 하고, 방숙에게 남쪽으로 荊蠻을 정벌하게 하였다. 그러므로 문왕과 무왕 때의 疆域을 회복하여 東都에서 제후들과 會盟하니 주나라가 中興하였다.

元年에 以召穆公爲相하고 秦仲爲大夫하고 用樊侯仲山甫尹吉甫程伯休父虢文公申伯韓侯顯父南仲方叔張仲之屬하야 竝爲卿佐하야 安集兆民하다 是歲에 西戎殺秦仲이어늘 王命南仲召虎方叔吉甫하야 征定西戎이라 時衰亂之餘에 萬民離散하야 不安其居어늘 宣王能勞來還定安集之하야 至於鰥寡히 無不得其所러라 自厲王後로 四夷交侵이어늘 宣王이 內修政事하며 外攘夷狄하야 其修車備器也에 有車攻之詩하며 其考室也에 有斯干之詩하며 其考牧也에 有無羊之詩하며 其差馬也에 有

28) 車攻 : 周公이 成王을 도와 洛邑에 도읍을 조성하여 東都를 만들고 諸侯들에게 조회를 받았는데, 周나라 왕실이 쇠약해져서 오랫동안 그 禮가 행해지지 않았다. 宣王에 이르러 안으로 政事를 정비하고 밖으로 夷狄을 물리쳐 文王과 武王 때의 강역을 회복하였으며, 車馬를 수리하고 무기를 갖추어 다시 諸侯들을 東都에 모으고, 사냥을 통해서 兵車와 步卒을 선발하였으므로 詩人이 이 詩를 지어 그 일을 찬미하였다.(≪詩經≫ 〈小雅〉)

29) 斯干 : 舊說에 의하면 厲王이 彘 땅으로 유배된 뒤에 宮室이 무너졌으므로 宣王이 즉위하여 다시 궁실을 만들고 落成한 일을 노래한 시라고 한다.(≪詩經≫ 〈小雅〉)

30) 無羊 : 〈無羊〉에 대한 毛序에, 宣王이 家畜을 잘 기른 것을 읊은 시라고 하였다.(≪詩經≫ 〈小雅〉)

31) 吉日 : 이 시는 天子가 사냥하는 것을 노래한 것인데, 毛序에서는 선왕이 사냥하는 것을 찬미하는 시라고 하였다.(≪詩經≫ 〈小雅〉)

吉日之詩라 命召公出平淮夷하며 吉甫北伐玁狁하며 方叔南征荊蠻이라 故能修文武之境土하야 會諸侯於東都하니 而周室中興焉하니라

5-5-2

선왕이 일찍이 정무를 보아야 하는데 늦게 일어나자 姜后가 비녀와 귀고리를 벗고서 永巷에서 待罪하고 있다가 왕이 정무를 마치고 나오자 傅母[32]를 시켜서 왕에게 말을 전하기를, "왕께서 여색을 좋아하고 덕을 잊으시어 예를 잃고 늦게 일어나시니 나라에 난이 일어나는 것이 저로부터 시작되었으므로 감히 죄를 청합니다." 하였다. 선왕이 이르기를, "과인이 부덕하여 실로 스스로 허물을 만든 것이지 부인의 죄가 아니다." 하고, 이때부터 정사에 부지런하여 아침 일찍부터 정무를 보고 밤늦게 정무를 마

感諫勤政

32) 傅母 : 고대에 귀족의 자녀를 輔導하고 保育하는 일을 맡은 나이 많은 부인인데 일반적으로 保母라고 한다.

쳐서 마침내 中興의 王業을 이루었다. 그런데 어찌하여 게으른 마음이 한 번 일어나서 그 끝을 잘 마치지 못했단 말인가.

12년에 처음으로 1,000畝의 籍田을 경작하지 않자 虢文公이 간언하기를, "불가합니다. 백성의 큰 일은 농사에 있습니다. 그러므로 稷이 大官이 되었으니, 지금 先王의 기업을 행하려고 하면서 그 큰 功을 버려서 神에게 제사할 祭需가 없게 하고 백성들의 재물을 곤궁하게 하니[33] 장차 어떻게 신에게 복을 구하고 백성들을 부릴 수 있겠습니까." 하였는데, 왕이 듣지 않았다.

○王嘗視朝而晏이어늘 姜后脫簪珥하고 待罪於永巷이러니 王退朝에 使其傅姆로 通言於王曰 王樂色而忘德하사 失禮而晏起하시니 亂之興이 自婢子始라 敢請罪하노이다 王曰 寡人不德하야 實自生過하니 非夫人之罪也라 自是로 勤於政事하야 早朝晏退하야 遂成中興之業이라 奈何로 怠心一生하야 不克厥終이리오 十二年에 初不修籍於千畝러니 虢文公諫曰 不可하니 民之大事在農이라 故稷爲大官이니 今欲修先王之緖而棄其大功하야 匱神(乏)〔之〕[34]祀하고 困民(乏)〔之〕財하니 將何以求福用民이리오 王弗聽하다

5-5-3

39년에 千畝[35]에서 싸워 선왕의 군대가 羌戎氏[36]의 군대에게 패하고 다시 南國[37]의 군대를 잃고서 太原에서 백성의 수를 세려고 하자[38] 仲山甫가 간언하기를, "백성의 수를 세어서는 안 됩니다. 옛날에 백성의 수를 세지 않아도 그 수효를 알았습니다. 또 까닭 없이 백성의 수를 세는 것은 하늘이 싫어합니다. 백성에게 해를 끼치고 後嗣에게 해가 됩니다." 하였는데, 선왕이 듣지 않고 끝내 백성의 수를 세었다.

간언이 받아들여지지 않아서 王政이 더욱 해이해지니 이로 말미암아 小人들이 벼슬

33) 神에게……하니 : ≪國語≫의 韋昭의 주에 의하면 제사할 제수가 없게 한다는 것은 籍田을 경작하지 않음을 말하고, 백성들의 재물을 곤궁하게 한다는 것은 백성들에게 거두는 것을 말한다.(≪國語≫ 권1 〈周語 上〉)

34) (乏)〔之〕: 저본에는 '乏'으로 되어 있으나, ≪國語≫에 의거하여 '之'로 바로잡았다. 아래도 같다.

35) 千畝 : 山西의 遼州에 있는 지명이다.(≪御批歷代通鑑輯覽≫ 권2)

36) 羌戎氏 : 韋昭의 주에 의하면, 羌戎은 西夷의 別種으로 四嶽의 후예이다.(≪史記集解≫ 권4 〈周本紀〉)

37) 南國 : 韋昭의 주에 의하면, 漢水와 江水 사이를 가리킨다.(≪國語≫ 권1 〈周語 上〉)

38) 백성의……하자 : 韋昭의 주에 의하면, 宣王이 백성의 수를 세려고 한 것은 백성이 많다는 것을 과시하려는 것인데, 사실은 선왕이 생각하는 것만큼 백성의 수가 많지 않기 때문에 도리어 백성의 수가 적다는 것을 천하에 보이는 셈이 되므로 중산보가 말린 것이다.(≪國語≫ 권1 〈周語 上〉)

에 나아갈 수 있게 되고 君子는 등용되는 것을 수치로 여겼다. 그러므로 〈祈父〉 시를 보면 司馬의 직책을 맡은 사람이 적임자가 아님을 알 수 있고,39) 〈白駒〉 시를 보면 賢者를 머물게 하려고 해도 현자가 머물려고 하지 않음을 알 수 있고,40) 〈黃鳥〉 시를 보면 현자와 함께 있으려고 해도 현자가 함께 있지 않는 것을 알 수 있으니,41) 옛날에 현자에게 벼슬을 맡기고 능력 있는 자에게 일을 맡기던 때와 비교하면 天壤之差로 다른 것이다. 재위 기간은 46년이었다.

○三十九年에 戰于千畝하야 王師敗績于姜氏之戎하고 復喪南國之師하고 乃料民於太原한대 仲山甫諫曰 民不可料也니 古者에 不料民而知其多少라 且無故而料民은 天所惡(오)也라 害於民而妨於後嗣니이다 王不聽하고 卒料之하다 諫旣不行하야 王政益懈하니 由是로 小人得以進而君子恥爲用이라 故觀祈父之詩면 則知司馬之職이 非其人矣요 白駒之詩는 則留賢者而賢者不肯留하고 黃鳥之詩는 則處賢者而賢者不與處하니 較之於昔任賢使能之時에 霄壤不侔矣라 在位四十有六年이라

---

39) 祈父……있고 : 祈父는 국경 안의 군대를 관장하는 司馬이다. 이 시는 군사들이 집에 가지 못하고 오랫동안 戰場을 전전함으로 인하여 기보를 원망하는 내용으로 이루어져 있다. 기보를 가리켜 원망하고 있으나 사실은 宣王을 원망하는 것이다.(≪詩經≫ 〈小雅〉)

40) 白駒……있고 : 白駒는 흰 망아지로 賢者를 가리킨다. 이 시는 현자가 떠나지 못하도록 아무리 애를 써도 결국은 현자가 떠나는 것을 막지 못해 절망하는 내용을 담고 있다. 周나라 대부가 宣王의 정치가 어지러워 은둔하려는 현자를 막지 못함을 안타까워하는 풍자시이다.(≪詩經≫ 〈小雅〉)

41) 黃鳥……있으니 : 呂祖謙의 설에 의하면 이 시는 宣王 말년에 살 곳을 잃고 다른 나라로 간 백성들이 고향을 그리워하는 것을 읊은 시라고 한다. 시인이 黃鳥를 가탁하여 他國에서 안주하지 못하고 부모형제가 있는 고향으로 돌아가고 싶어 하는 백성들의 심리를 3장으로 묘사하였다. 毛序에는 宣王을 풍자한 시라고 하였다.(≪詩經≫ 〈小雅〉)

본받을 만한 善政 善可爲法

西漢

高帝

6-1-1

太祖高皇帝의 이름은 邦이고 자는 季이니, 沛縣 豐邑 中陽里 사람이다. 秦나라 二世皇帝 원년(B.C. 209)에 沛邑에서 起兵하니 패읍의 父老들이 다투어 縣令을 죽이고 高帝를 맞이하여 沛公으로 옹립하였다. 이듬해 楚나라 懷王이 패공을 관대한 長者라고 하여 그를 보내서 진나라를 치게 하였다. 패공이 진나라를 격파하고 나서 關中으로 들어가 진나라 왕자 嬰의 항복을 받았으므로 관중에서 왕이 되어야 하는데 項籍이 巴蜀 또한 관중 땅이라고 하여 패공을 漢王으로 봉하니, 이해(B.C. 206)로 改元하여 元年으로 삼았다. 5년(B.C. 202) 12월에 漢나라와 제후의 군대가 항적을 垓下에서 포위하니, 항적이 달아나 자살하자, 2월에 한왕이 皇帝位에 올랐다.

漢高祖

太祖高皇帝名은 邦이요 字는 季니 沛豐邑中陽里人이라 秦二世元年에 起兵於沛하니 沛父老爭殺令하고 迎立爲沛公하니라 明年에 楚懷王이 以沛公寬大長者라하야 乃遣伐秦이라 沛公旣破秦入關하야 降秦王子嬰하니 當王關中이어늘 項籍以巴蜀亦關中地라하야 立沛公爲漢王하니 改元元年하니라 五年十二月에 漢及諸侯兵이 圍籍垓下하니 籍走自殺이어늘 二月에 王卽皇帝位하다

6-1-2

원년(B.C. 206) 겨울 10월에 고제가 처음 패공이 되어 霸上에 이르니, 진나라 왕자 영이 백마가 끄는 흰 수레를 타고 목에 끈을 매고서[1] 황제의 璽와 符와 節[2]을 封하여 軹道(지도)[3] 옆에서 항복하였다. 장수들이 죽이라고 하였는데 패공이 말하기를, "처음에 회왕이 나를 보낸 것은 내가 능히 관용하기 때문이었고, 또 사람이 이미 항복하였는데 죽이는 것은 상서롭지 못하다."라고 하고, 법을 담당하는 관원에게 넘겼다.

마침내 서쪽으로 咸陽에 들어가서 궁전에 머물러 쉬려고 하였는데 樊噲와 張良이 간언하자 진나라의 중요한 보물과 재물을 쌓아둔 府庫를 封하고 패상으로 환군하니 蕭何가 진나라 丞相府의 圖籍과 文書를 모두 거두어갔다.

패공이 諸縣의 豪傑들을 불러서 말하기를, "父老들이 진나라의 가혹한 법에 시달린 지 오래되었으니, 비방하는 자는 滅族되고, 마주서서 얘기하는 자는 棄市되었다. 내가 제후들과 약속할 때에 먼저 관중에 들어가는 자가 왕이 되기로 하였으니 내가 관중의 왕이 될 것이다. 부로들과 세 가지 법을 약속하겠으니, 사람을 죽인 자는 죽이고, 사람을 상하게 하거나 도둑질한 자는 벌을 주고, 그 나머지 진나라 법은 모두 제거하겠다."라고 하니, 관리와 백성들이 모두 예전처럼 안도하였다.

이에 사람을 시켜 진나라 관리와 함께 縣과 鄕과 邑에 다니면서 告諭하니 진나라 백성들을 크게 기뻐하여 다투어 소와 양과 술과 밥을 가지고 와서 바쳐서 군사들을 위로하려고 하였는데, 패공이 사양하고서 받지 않고 말하기를, "창고의 곡식이 많으니

---

1) 백마가……매고서 : 백마가 끄는 흰 수레는 장례에 사용하는 수레이고, 목에 끈을 맨 것은 항복할 때에 상대에게 목숨을 맡긴다는 의미이다.(≪漢書≫ 권1상 〈高帝紀〉)

2) 璽와……節 : ≪史記索隱≫에서 韋昭는 璽는 천자의 印章인데 옥으로 만들고, 符는 發兵符이며, 節은 使者가 지니는 것이라고 하였다.

3) 軹道(지도) : ≪史記索隱≫에서 蘇林의 말을 인용하여, 軹道는 정자 이름인데, 長安 동쪽 13리 지점에 있다고 하였다.

백성들의 재물을 쓰고 싶지 않다."라고 하니, 백성들이 더욱 기뻐하여 패공이 秦王이 되지 않을까 염려하였다.

○元年冬十月에 帝初爲沛公하야 至霸上하니 秦王子嬰이 素車白馬로 係頸以組하고 封皇帝璽符節하야 降軹道旁이어늘 諸將請誅之한대 沛公曰 始懷王遣我는 固以能寬容이요 且人已服降이어늘 殺之不祥이라하고 乃以屬(촉)吏하다 遂西入咸陽하야 欲止宮休舍어늘 樊噲張良諫한대 乃封秦重寶財物府庫하고 還軍霸上하니 蕭何盡收秦丞相府圖籍文書하니라 沛公召諸縣豪桀하야 謂曰 父老苦秦苛法久矣니 誹謗者族하고 耦語者棄市라 吾與諸侯約할새 先入關者王之라하니 吾當王關中이라 與父老約法三章耳로니 殺人者死하고 傷人及盜抵罪하고 餘悉除去秦法이라하니 吏民皆按堵如故라 乃使人與秦吏로 行至縣鄕邑告諭之하니 秦民大喜하야 爭持牛羊酒食하야 獻享軍士한대 沛公讓不受하고 曰 倉粟多하니 不欲費民하노라 民又益喜하야 唯恐沛公不爲秦王이러라

6-1-3

여름 4월에 패공이 漢王에 봉해지고 蕭何를 승상으로 삼았다.

그전에 한왕이 項羽가 약속을 지키지 않았다고 하여 노해서 공격하려고 하니 소하가 말하기를, "漢中의 왕이 되는 것이 나쁘기는 하지만 죽는 것보다 낫지 않겠습니까." 하였다. 왕이 말하기를, "무슨 말인가?" 하니 소하가 말하기를, "지금 군사의 숫자가 항우만 못하니 百戰百敗입니다. 죽지 않고 어찌하겠습니까. 능히 한 사람 아래에 굽혔다가 萬乘의 위에 뜻을 편 분은 湯임금과 武王입니다. 신은 바라건대 大王께서 한중에서 왕이 되어 그 백성을 길러서 賢人을 招致하고 巴蜀을 收用하여 다시 三秦[4]을 차지하면 천하를 도모할 수 있을 것입니다." 하였다. 왕이 말하기를, "좋다."라고 하고 封地인 한중으로 가서 소하를 승상으로 삼았다.

○夏四月에 沛公旣立爲漢王하고 以蕭何爲丞相하나 初漢王以項羽負約으로 怒欲攻之한대 蕭何曰 雖王漢中之惡이나 不猶愈於死乎아 王曰 何也오 何曰 今衆不如하니 百戰百敗라 不死何爲리오 夫能詘於一人之下하야 而信於萬乘之上者는 湯武是也니 臣願大王王漢中하사 養其民하야 以致賢人하고 收用巴蜀하야 還定三秦하시면 天下可圖也리이다 王曰 善하다하고 乃就國하야 以何爲丞相하다

---

4) 三秦 : 지금 중국의 陝西省에 해당한다. 項羽가 劉邦을 한중으로 보내놓고, 關中을 雍·塞·翟으로 삼등분하여 秦나라의 항복한 장수 章邯·司馬欣·董翳를 왕으로 삼아서 유방을 견제하게 하였는데, 이 지역을 三秦이라 한다.(≪史記≫ 권8 〈高祖本紀〉)

6-1-4

7월에 한왕이 韓信을 大將으로 삼았다.

그전에 淮陰 사람 한신이 楚나라에서 도망하여 漢나라로 들어와 이름이 알려지지 않았는데 犯法하여 斬首를 당할 상황이었다. 한신이 위를 쳐다보다가 마침 滕公을 보고 말하기를, “왕은 천하를 통일하고 싶지 않습니까? 어찌하여 壯士를 죽입니까?” 하니, 등공이 그 말을 비상하게 여기고 그 모습을 훌륭하게 여겨 죽이지 않고 풀어주고서 그와 얘기를 나누어보고 기뻐하여 한왕에게 말하였으나 한왕은 비상하게 여기지 않았다.

한신이 소하와 자주 얘기하였는데 소하가 비상하게 여겨 왕에게 말하기를, “여러 장수들은 얻기 쉽지만 한신 같은 사람은 國士라서 견줄 사람이 없습니다. 왕께서 반드시 오랫동안 한중에서 왕을 하려고 하신다면 한신을 쓸 일이 없겠지만 반드시 천하를 다투려고 한다면 한신이 아니면 함께 일을 모의할 사람이 없습니다. 왕의 계책은 어느 것입니까?” 하니, 한왕이 말하기를, “나 또한 동쪽으로 가려고 한다. 어찌 울울하게 여기에 오랫동안 있을 수 있겠는가.” 하였다. 소하가 말하기를, “왕의 계책이 반드시 동쪽으로 가려고 해서 한신을 쓰신다면 한신이 머물겠지만 그렇지 않으면 한신은 결국 달아날 것입니다.” 하였다. 왕이 말하기를, “내가 공을 위해서 장수로 삼겠다.” 하니, 소하가 말하기를, “한신이 머물지 않을 것입니다.” 하였다. 왕이 말하기를, “그를 대장으로 삼겠다.” 하니, 소하가 말하기를, “매우 다행입니다.” 하였다.

이에 한왕이 한신을 불러서 임명하려고 하니 소하가 말하기를, “왕께서 평소에 거만하고 무례하여 지금 대장을 임명하면서 어린아이 부르듯이 하시니, 이것이 한신이 떠나려는 이유입니다. 반드시 임명하려고 하신다면 날을 가려서 재계하고 제단을 설치하고 예를 갖추어야 합니다.” 하니 한왕이 허락하였다. 제장들이 모두 기뻐하여 사람마다 자기가 대장이 될 것이라고 여겼는데, 막상 임명될 때 보니 한신이었으므로 온 군대가 모두 놀랐다. 예를 마치고 한왕이 함께 앉아서 얘기를 해보고는 한왕이 크게 기뻐하여 한신을 얻은 것이 매우 늦었다고 하였다.

○七月에 漢王以韓信爲大將하다 初淮陰人韓信이 自楚亡歸漢하야 未知名이라 坐法當斬이어늘 信仰視適見滕公曰 王不欲就天下乎아 何爲斬壯士오 滕公奇其言하고 壯其貌하야 釋不斬하고 與語說(열)之하야 言於王하니 王亦未之奇也러라 信數與蕭何語하니 何奇之하야 言於王曰 諸將易

得이어니와 如信國士라 無雙하니 王必欲長王漢中인댄 無所事信이어니와 必欲爭天下인댄 非信無足與計事者니 顧王策安決耳오 王曰 吾亦欲東耳라 安能鬱鬱久居此乎아 何曰 計必東하야 能用信이면 信卽留어니와 不然이면 信終亡耳니이다 王曰 吾爲公以爲將호리라 何曰 信不留也리이다 王曰 以爲大將호리라 何曰 幸甚이로소이다 於是에 王欲召信拜之한대 何曰 王素慢無禮하야 今拜大將에 如呼小兒하시니 此信之所以去也라 必欲拜之인댄 擇日齋戒하고 設壇具禮라야 乃可니이다 王許之하다 諸將皆喜하야 人人自以爲得大將이러니 至拜에 乃韓信也라 一軍皆驚이러라 禮畢에 上坐與之語하고 大喜하야 自以爲得信晩이러라

6-1-5

2년(B.C. 205) 봄 3월에 한왕이 洛陽의 新城에 이르니 三老[5] 董公이 길을 막고 한왕을 설득하기를, "신은 들으니 '도덕을 따르는 자는 흥하고 도덕을 거스르는 자는 망한다.'고 하고, '군대가 출동하는 데 명분이 없으면 일이 이루어지지 않는다.'고 하였습니다. 그러므로 '그가 역적임을 밝혀야 敵을 굴복시킬 수 있다.'라고 하였습니다. 項羽가 무도하여 그 군주를 죽였으니, 천하의 역적입니다.

仁이란 용맹으로 하는 것이 아니고, 義란 힘으로 하는 것이 아닙니다. 대왕께서는 의당 三軍을 거느리고 義帝를 위하여 素服을 입고 제후들에게 고하여 정벌하신다면 온 천하가 그 덕을 흠앙하지 않는 자가 없을 것이니 이것이 三王이 했던 일입니다."[6] 하니, 왕이 말하기를, "좋다. 그대가 아니었다면 이런 말을 듣지 못했을 것이다." 하였다.

이에 한왕이 의제를 위하여 發喪해서 左袒하고 3일 동안 擧哀하고 사신을 보내 제후들에게 고하기를, "천하가 함께 의제를 옹립하여 북면하여 섬겼는데 지금 항우가 의제를 강남에서 시해하였으니, 大逆無道한 자이다. 과인이 친히 발상하여 군사들이 모두 흰옷(상복)을 입고 關中의 군사를 모두 동원하고 三河[7]의 군사를 거두어 남쪽으로 江水와 漢水를 따라 배를 타고 내려가서 諸侯王들을 따라 의제를 살해한 초나라의

---

5) 三老 : 고대에 敎化를 담당했던 지방관으로, 鄕과 縣에 설치하였다. 백성 중에서 50세 이상이고 행실이 닦이고 대중을 거느려 선행을 할 수 있는 사람을 선발하여 三老로 삼았는데, 鄕에 한 사람을 두었고, 鄕三老들 중에서 한 사람을 뽑아 縣三老로 삼았다.(≪漢書≫ 권1 〈高帝紀〉)

6) 三王이 했던 일입니다 : 夏나라 禹임금이 舜임금으로부터 禪讓을 받고, 殷나라 湯임금이 무도한 桀을 쳐서 천하를 차지하고, 周나라 文王과 武王이 무도한 紂를 쳐서 천하를 차지한 일을 가리킨다.

7) 三河 : ≪漢書≫ 〈高帝紀〉의 韋昭의 주에 의하면, 河南, 河東, 河內 세 郡을 가리킨다.

항우를 치기를 원하노라." 하였다.

○二年春三月에 漢王至洛陽新城하니 三老董公遮說(세)曰 臣聞順德者昌하고 逆德者亡이라하고 兵出無名이면 事故不成이라하니이다 故曰 明其爲賊이라야 敵乃可服이라하니 項羽爲無道하야 放殺其主하니 天下之賊也라 夫仁不以勇이요 義不以力이라 大王宜率三軍之衆하사 爲之素服하고 以告諸侯而伐之면 則四海之內 莫不仰德하리니 此三王之擧也니이다 王曰 善하다 非夫子無所聞이리라 於是漢王爲義帝發喪하야 袒而大哭하고 哀臨三日하야 發使告諸侯曰 天下共立義帝하야 北面事之어늘 今項羽放殺義帝江南하니 大逆無道라 寡人親爲發喪하야 兵皆縞素하고 悉發關中兵하고 收三河士하야 南浮江漢而下하야 願從諸侯王하야 擊楚之殺義帝者하노라

6-1-6

가을 8월에 한왕이 酈生(역생)을 시켜 魏王 魏豹를 설득하고 불렀는데, 위표가 듣지 않고 말하기를, "한왕은 거만하고 사람을 업신여겨서 제후와 신하들에게 욕하기를 노비에게 욕하는 것처럼 하니, 나는 차마 다시 볼 수 없다." 하였다. 이에 한왕이 한신을 좌승상으로 삼아서 灌嬰·曹參과 함께 魏나라를 공격하였다.

한왕이 酈食其(역이기)에게 묻기를 "위나라의 대장은 누구인가?" 하니, 대답하기를, "柏直입니다." 하였다. 한왕이 말하기를, "이 자는 입에서 아직 젖비린내가 나는 자이니 어떻게 한신을 당할 수 있겠는가. 騎將은 누구인가?" 하니, 대답하기를, "馮敬입니다." 하였다. 한왕이 말하기를, "어질기는 하지만 관영을 당하지 못할 것이다. 步卒將은 누구인가?" 하니, 대답하기를, "項它입니다." 하였다. 한왕이 말하기를, "조참을 당하지 못할 것이니 나는 근심이 없다." 하였다. 한신 또한 묻기를, "위나라에서 周叔을 등용하여 대장으로 삼지 않았는가?" 하니, 대답하기를, "백직입니다." 하였다. 한신이 말하기를, "어린아이로다." 하고 마침내 공격하여 위표를 사로잡고 위나라 땅을 평정하였다.

○秋八月에 漢使酈生으로 說魏王豹하고 且召之한대 豹不聽曰 漢王慢而侮人하야 罵諸侯群臣을 如罵奴耳하니 吾不忍復見也하노라 於是에 王以韓信爲左丞相하야 與灌嬰曹參俱擊魏할새 王問食其호되 魏大將誰也오 對曰 柏直이니이다 王曰 是口尙乳臭라 安能當韓信이리오 騎將誰也오 曰 馮敬이니이다 曰 雖賢이나 不能當灌嬰이니라 步卒將誰也오 曰 項它니이다 曰 不能當曹參이니 吾無患矣로다 信亦問魏得無用周叔爲大將乎아 曰 柏直也니라 信曰 豎子耳로다 遂擊虜豹하고 定魏地하다

6-1-7

3년(B.C. 204) 겨울 12월에 초나라가 한나라의 甬道[8]를 자주 침탈하므로 한나라 군대의 군량이 부족하였다. 역이기가 말하기를, "옛날에 湯임금이 桀을 내쫓고 武王이 紂를 정벌하고서 모두 그 후예를 제후로 봉하였는데 秦나라는 제후를 정벌하여 그 社稷을 없앴습니다. 지금 만약 六國의 후예를 제후로 봉한다면 그 나라의 君臣과 백성들이 반드시 모두 그 은덕에 감격하고 그 의리를 흠모하여 신하가 되기를 원할 것이니, 이때에 대왕께서 南面하여 霸王을 칭한다면 초나라는 반드시 옷깃을 여미고 入朝할 것입니다." 하니, 왕이 말하기를, "좋은 말입니다. 빨리 제후의 印章을 새길 것이니 선생이 그들을 찾아가 제후의 인장을 채워주십시오." 하였다.

역이기가 아직 출발하지 않았을 때에 張良이 와서 배알하였다. 왕이 식사를 하고 있다가 그 일을 장량에게 말해주자 장량이 말하기를, "신이 앞에 있는 젓가락을 빌려서 대왕을 위해 설명드리겠습니다. 옛날에 탕임금과 무왕이 걸과 주의 후예를 봉해준 것은 그들의 목숨을 제어할 수 있다고 판단했기 때문입니다. 지금 대왕께서 項籍의 목숨을 제어할 수 있으십니까.

무왕이 은나라에 들어가서 곡식을 풀고 돈을 나누어주고 革車를 해체하여 軒을 만들고,[9] 말을 쉬게 하고 소를 풀어서[10] 다시 사용하지 않겠다는 의지를 보였는데, 지금 대왕께서 그렇게 하실 수 있습니까?

그리고 천하의 遊說客들이 친척을 떠나고 고향을 떠나서 대왕을 따라다니는 것은 단지 작은 땅이라도 얻기를 바라서인데 지금 다시 六國의 후예를 제후로 봉하면 유세객들이 각각 돌아가서 자기 주인을 섬길 것이니 대왕께서는 누구와 천하를 취하시겠습니까?

게다가 楚나라가 막강한데 육국이 다시 흔들려서 초나라를 따른다면 대왕께서 어떻게 그들을 신하로 삼으실 수 있겠습니까?

만약 그 유세객의 계책을 쓴다면 大事가 끝장날 것입니다." 하니, 왕이 먹던 음식을 뱉어내고 욕하기를, "어리석은 유생이 나의 일을 거의 망칠 뻔하였다." 하고, 빨리 인

---

8) 甬道 : 적에게 노출되지 않고 이동하기 위하여 길 양쪽에 담장을 쌓아 만든 交通壕를 가리킨다.

9) 革車를……만들고 : 革車는 고대 兵車의 일종이다. 軒은 朱軒을 가리키는데, 전쟁용 수레가 아니라 귀족들이 타고 다니는 일반 수레이다.(≪史記索隱≫ 권55 〈留侯世家〉)

10) 말을……풀어서 : 周나라 무왕이 商나라와 전쟁에서 이기고 돌아와 軍馬를 華山의 남쪽으로 돌려보내고 소를 桃林의 들에 풀어놓아 천하에 武力을 쓰지 않겠다는 뜻을 보인 일을 가리킨다. 桃林은 華陰縣 潼關이다.(≪書經≫ 〈周書 武成〉)

장을 녹이라고 명하였다.

○三年冬十二月에 楚數侵奪漢甬道하니 漢軍乏食이라 酈食其曰 昔湯放桀하시고 武王伐紂하사 皆封其後어늘 秦伐諸侯하야 滅其社稷하니 今誠能立六國後면 其君臣百姓이 必皆戴德慕義하야 願爲臣妾하리니 大王南鄕稱霸면 楚必斂衽而朝하리이다 王曰 善하다 趣刻印하니 先生因行佩之矣어다 未行에 張良來謁하니 王方食이라 具以告良한대 良曰 臣請借前箸爲大王籌之호리이다 昔湯武封桀紂之後者는 度(탁)能制其死生之命也라 今大王能制項籍之死命乎잇가 武王入殷하사 發粟散錢하시고 偃革爲軒하고 休馬放牛하야 示不復用하시니 今大王能之乎잇가 且天下游士 離親戚棄墳墓하고 從大王遊者는 徒欲望咫尺之地어늘 今復立六國後면 游士各歸事其主하리니 大王誰與取天下乎잇가 且楚唯無彊이어늘 六國復撓而從之면 大王焉得而臣之리잇고 誠用客謀면 大事去矣리이다 王輟食吐哺罵曰 豎儒幾敗迺公事로다하고 令趣銷印하다

6-1-8

5년(B.C. 202) 겨울 12월에 한나라와 제후의 군대가 垓下에서 항적을 포위하니 항적이 달아나 자살하자 초나라 땅이 평정되었는데 魯 지역만 항복하지 않았다. 한왕이 屠戮해버리려고 城 아래에 이르렀는데 여전히 〈성안에서〉 絃歌를 하고 글을 읽는 소리가 나는 것을 듣고서 그들이 禮義를 지키는 나라이므로 군주를 위하여 節義를 지켜 죽을 것이라고 여겨 항우의 머리를 내보이니 비로소 항복하였다. 이에 魯公의 예로 항우를 穀城에 장사 지내고 친히 擧哀하여 곡을 하고 떠났다. 項氏의 여러 지속들을 모두 죽이지 않고 項伯 등 4명을 列侯로 봉하여 劉氏의 성을 하사하고, 초나라에 잡혀 있던 백성들을 모두 고향으로 돌려보냈다.

○五年冬十二月에 漢及諸侯兵圍項籍垓下하니 籍走自殺이어늘 楚地悉定호되 獨魯不下라 王欲屠之하야 至城下러니 猶聞絃誦之聲하고 爲其守禮義之國이라 爲主死節이라하야 乃持羽頭示之한대 乃降이어늘 以魯公禮로 葬羽於穀城하고 親爲發哀哭之而去하고 諸項氏枝屬皆不誅하고 封項伯等四人爲列侯하야 賜姓劉氏하고 諸民略在楚者를 皆歸之하다

6-1-9

봄 정월에 다음과 같이 명하였다.

"초나라 땅이 이미 평정되었으나 義帝의 후예가 없으니 초나라 백성들을 慰撫하기

위하여 그 왕을 정하노라. 齊王 한신은 초나라의 풍속에 익숙하니 다시 그를 楚王에 봉하여 淮北 땅을 다스리고 下邳에 도읍하게 한다. 魏나라 相國 建成侯 彭越은 위나라 백성들을 위해 노고하였고 士卒들에게 자신을 낮추며 항상 적은 수의 군대로 많은 수의 군대를 공격하여 초나라 군대를 자주 격파하였으니, 위나라 옛 땅에 그를 왕으로 봉하여 梁王이라고 부르고 定都에 도읍하게 한다."

○春正月에 令曰 楚地已定호되 義帝無後하니 欲存恤楚衆하야 以定其主하노라 齊王信이 習楚風俗하니 更立爲楚王하야 王淮北都下邳하고 魏相國建城侯彭越은 勤勞魏民하고 卑下士卒하며 常以少擊衆하야 數破楚軍하니 其以魏故地王之하야 號曰梁王하야 都定陶하다

6-1-10

2월에 한왕이 汜水 북쪽에서 皇帝位에 오르고 나서 조서를 내리기를, "前 衡山王 吳芮는 아들 두 사람과 형의 아들 한 사람과 함께 百粵의 군대를 이끌고 제후들을 도와 포악한 진나라를 주벌하는 데 큰 공이 있었으므로 제후들이 그를 추대하여 항적이 침탈했던 땅에 왕으로 삼고 番君이라고 하였다. 이에 長沙, 豫章, 象郡, 桂林, 南海의 땅을 주어 번군 오예를 봉하여 長沙王으로 삼노라." 하였다.

또 이르기를, "前 粵王 亡諸(무제)는 대대로 월나라의 제사를 받들어 지냈는데 진나라가 그 땅을 침탈하여 그 社稷이 제사를 받지 못하게 하였다. 제후들이 진나라를 정벌할 때에 무제가 閩中의 군대를 직접 거느리고 진나라를 멸망시키는 전쟁을 도왔는데 항우가 그 공을 버리고 제후로 봉해주지 않았다. 지금 그를 閩粵王으로 삼아 閩中의 땅을 다스리게 하여 그 직책을 잃지 않게 하노라." 하였다.

○二月에 漢王卽皇帝位于汜水之陽하고 詔曰 故衡山王吳芮는 與子二人과 兄子一人으로 從百粵之兵하야 以佐諸侯하야 誅暴秦有大功이라 諸侯立以爲王이어늘 項籍侵奪之地하야 謂之番君하니 其以長沙豫章象郡桂林南海로 立番君芮爲長沙王이라 又曰 故粵王亡諸世奉粵祀러니 秦侵奪其地하야 使其社稷으로 不得血食이라 諸侯伐秦에 亡諸身率閩中兵하야 以佐滅秦한대 項羽廢而弗立이라 今以爲閩粵王하야 王閩中地하야 勿使失職하노라

6-1-11

5월이 고조가 雒陽의 南宮에 잔치를 열고 고제가 말하기를, "通侯11)와 諸將은 감히

任用三傑

朕에게 숨기지 말고 모두 실정을 말하라. 내가 천하를 얻은 까닭은 무엇이며, 項氏가 천하를 잃은 까닭은 무엇인가?" 하니, 高起와 王陵이 대답하기를, "폐하는 거만하고 사람을 업신여겼고, 항우는 어질고 사람을 공경하였습니다. 그러나 폐하는 사람을 시켜서 성을 공격하고 땅을 빼앗게 하여 항복받은 것을 그들에게 주어서 천하와 이익을 함께하셨고, 항우는 현자를 질투하고 공이 있는 사람을 미워하여 공이 있는 자를 해치고 현자를 의심하여 전쟁에서 이겨도 그 사람에게 功을 인정해주지 않고 땅을 얻어도 사람들과 이익을 함께하지 않았으니, 이것이 천하를 잃은 이유입니다." 하였다.

고제가 말하기를, "公들은 하나는 알고 둘은 모르는구나. 軍幕 안에서 전략을 짜서

11) 通侯 : 漢나라에서는 徹侯라고 하였고 또 列侯라 하였다. 그러니 通은 또한 徹의 뜻이다. 옛날에는 徹侯라고 하였는데 漢 武帝의 諱를 피하여 通侯라고 하였다. 通이란 것은 공덕이 왕실에 통함을 말한다. 또한 秦나라는 20등급의 작위를 두고 공로에 따라 상을 주었는데, 그중 가장 높은 것이 철후이니, 한나라는 진나라 제도를 그대로 따른 것이다.

천 리 밖에서 승부를 결정짓는 것은 내가 子房(張良)만 못하고, 국가를 진정시키고 백성을 慰撫하여 식량을 공급하고 군량이 끊이지 않게 하는 것은 내가 蕭何만 못하고, 백만의 군대를 연합하여 싸우면 반드시 이기고 공격하면 반드시 취하는 것은 내가 韓信만 못하니, 세 사람은 모두 人傑들이다. 그런데 내가 이들을 기용하였으니, 이것이 내가 천하를 얻은 까닭이다. 항우는 范增 한 사람이 있었는데도 그를 기용하지 못하였으니, 이것이 그가 나에게 잡힌 이유이다."라고 하니, 신하들이 悅服하였다.

○五月에 上置酒雒陽南宮하고 上曰 通侯諸將은 毋敢隱朕하고 皆言其情하라 吾所以有天下者何며 項氏之所以失天下者何오 高起王陵對曰 陛下嫚而侮人하고 項羽仁而敬人이라 然陛下使人攻城略地하야 所降下者를 因以與之하야 與天下同利也하시고 項羽妬賢嫉能하야 有功者害之하고 賢者疑之하야 戰勝而不與人功하고 得地而不與人利하니 此其所以失天下也니이다 上曰 公知其一이요 未知其二로다 夫運籌帷幄之中하야 決勝千里之外는 吾不如子房이요 塡(진)國家撫百姓하야 給餽餉不絶糧道는 吾不如蕭何요 連百萬之衆하야 戰必勝攻必取는 吾不如韓信하니 三者皆人傑이라 吾能用之하니 此吾所以取天下者也요 項羽는 有一范增이로되 而不能用하니 此其所以爲我禽也니라 群臣說(열)服하더라

6-1-12

季布를 郎中으로 삼고, 丁公을 참수하여 조리돌렸다.

그전에 초나라 사람 계포가 항적의 장수가 되어 자주 고제를 궁지에 몰아넣었다. 항적이 죽고 나서 고제가 千金을 현상금으로 걸고 계포를 찾으면서 감히 집에 숨기는 자가 있으면 三族을 벌하겠다고 하였다.

계포가 이에 머리를 깎고 목에 쇠줄을 차고 종이 되어 魯 땅의 朱家에게 자신을 팔았다. 주가가 속으로 그가 계포라는 것을 알고서 그를 사서 田宅에 두고서 직접 洛陽으로 가서 滕公을 보고 말하기를, "계포의 죄가 무엇인가. 신하는 각각 자기 임금을 위해서 직책을 수행하는 것이니 項氏의 신하를 어찌 모두 죽일 수 있겠는가. 지금 주상이 천하를 막 얻고서 사적인 원한으로 한 사람을 찾고 있으니 어찌 도량이 넓지 않은 모습을 보이는가. 그리고 계포처럼 어진 사람을 한나라에서 급하게 찾으면 이 사람이 북쪽으로 胡로 달아나지 않으면 남쪽으로 越로 달아날 것이다. 壯士를 미워해서 敵國을 도와주는 것은 伍子胥가 초나라 平王의 무덤을 파헤쳐 채찍질한 이유이다."[12] 하였다.

등공이 고제에게 말하니 고제가 계포를 용서하고 불러서 낭중에 임명하였다.

계포의 동모제 丁公 또한 항우의 장수가 되어 고제를 추격하여 彭城 서쪽에서 궁지에 몰아넣었다. 短兵으로 接戰하게 되자 고제가 급해서 돌아보고 말하기를, "두 분은 어찌하여 나를 괴롭히는가?" 하니, 정공이 이에 돌아갔다. 이때에 이르러 정공이 와서 알현하자 고제가 그를 軍中에 조리돌리면서 말하기를, "정공은 신하가 되어 충성하지 않아서 項王으로 하여금 천하를 잃게 한 자이다."라고 하고 마침내 참수하고서 말하기를, "후세에 신하된 자로 하여금 정공을 본받지 말게 하기 위해서이다." 하였다.

○以季布爲郎中하고 斬丁公以徇하다 初楚人季布爲項籍將하야 數窘辱帝라 籍滅에 帝購求布千金호되 敢有舍匿이면 罪三族호리라 布乃髡鉗爲奴하야 自賣於魯朱家하니 朱家心知其布也하고 買置田宅하고 身之洛陽하야 見滕公曰 季布何罪오 臣各爲其主用職耳니 項氏臣을 豈可盡誅耶아 今上始得天下而以私怨求一人하시니 何示不廣也오 且以布之賢으로 漢求之急이면 此不北走胡하면 南走越耳라 夫忌壯士하야 以資敵國은 此伍子胥所以鞭荊平之墓也니이다 滕公言於上하니 上乃赦布하고 召拜郎中하다 布母弟丁公이 亦爲項羽將하야 逐窘帝彭城西하야 短兵接이어늘 帝急顧曰 兩賢豈相戹哉아하니 丁公乃還이러라 至是來謁이어늘 帝以徇軍中曰 丁公爲臣不忠하야 使項王失天下者也라하고 遂斬之하고 曰 使後爲人臣으로 無效丁公也라

6-1-13

齊 사람 婁敬이 隴西에 수자리 살러 가면서 낙양에 들러 고제를 뵙기를 청하여 고제에게 말하기를, "폐하께서 낙양에 도읍하신 것은 周나라처럼 융성하기를 바라서가 아닙니까?" 하니, 고제가 말하기를, "그렇다." 하였다.

누경이 말하기를 "폐하께서 천하를 취한 것은 주나라와 다릅니다. 주나라는 后稷으로부터 덕을 쌓고 선을 쌓아 10여 世가 지나 文王과 武王에 이르러 제후들이 스스로 귀의하였기 때문에 마침내 殷나라를 멸망시키고 천자가 되었습니다. 成王이 즉위함에 이르러 周公이 도와서 마침내 洛邑을 조성하여, '이곳이 천하의 중심이 되니 제후들이 사방에게 朝貢을 바칠 때에 거리가 균등하다.'고 하였습니다. 〈낙양은〉 덕이 있으면

12) 伍子胥가……이유입니다 : 춘추시대 楚나라 오자서의 부친 伍奢와 형 伍尙이 平王에게 억울하게 죽었는데, 오자서가 오나라에 망명했다가 군대를 이끌고 초나라를 공격해서 수도 郢에 들어간 뒤에 초나라 평왕의 무덤을 파헤쳐 시체를 꺼내어 3백 번 매질한 일을 가리킨다.(≪史記≫ 권66 〈伍子胥列傳〉)

왕 노릇 하기 쉽고 덕이 없으며 망하기 쉬우니, 그러므로 주나라가 융성할 때에는 제후들과 사방의 오랑캐가 공물을 바치고 복종하지 않는 자가 없었는데, 주나라가 쇠함에 이르러서는 천하에 조공을 바치는 자가 없었지만 주나라가 제어하지 못하였으니, 이는 덕이 부족하였을 뿐만 아니라 힘이 약해서입니다. 지금 폐하께서 豐沛에서 일어나 蜀漢을 席卷하고 三秦을 평정하여 항우와 滎陽과 成皐 사이에서 싸웠는데 큰 전투가 70회이고 작은 전투가 40회였습니다. 이로 인하여 천하 백성으로 하여금 전투에서 참혹하게 죽게 하여 아직 곡소리가 끊이지 않고 부상당한 자가 일어나지 못하고 있는데, 주나라의 成王이나 康王 때처럼 융성하기를 바라시니, 신은 삼가 그때와는 비교할 수 없다고 생각합니다.

秦나라 땅은 산을 등지고 강을 띠처럼 두르고 있고 사방이 막혀서 견고하므로 갑자기 위급한 일이 생기면 백만의 군대를 곧바로 동원할 수 있습니다. 대체로 남과 싸울 때에 그 목을 누르고 그 등을 치지 않으면 완전히 이길 수 없습니다. 지금 폐하께서 진나라의 옛 땅을 차지하셨으니, 이 또한 천하의 목을 누르고 그 등을 치는 격입니다." 하였다.

고제가 신하들에게 물으니, 신하들이 모두 山東 사람이라서 다투어 말하기를, "주나라는 수백 년 동안 왕 노릇을 하였고 진나라는 2世 만에 망하였습니다. 낙양은 동쪽에 成皐가 있고 서쪽에 殽山과 澠池가 있고 황하를 등지고 洛水를 앞에 두고 있으므로 그 견고함 또한 믿을 만합니다." 하였다.

고제가 장량에게 물으니, 장량이 대답하기를, "낙양이 비록 이런 견고함이 있으나 그 안쪽이 좁아서 수백 리에 불과합니다. 田地는 척박하고 사방에서 적을 받는 지세이므로 무력을 쓸 수 있는 나라가 아닙니다. 關中은 왼쪽에 殽山과 函谷關이 있고, 오른쪽에 隴山과 西蜀이 있으며, 비옥한 들이 천 리이고, 남쪽에는 巴蜀의 풍요가 있고 북쪽에는 胡苑의 이로움이 있으니, 남쪽과 북쪽과 서쪽의 험조한 지형에 의지해 지키고 동쪽 한 쪽을 터서 제후들을 제어할 수 있습니다. 제후들이 안정되어 있으면 황하와 渭水을 통해 천하의 세곡을 운송하여 서쪽으로 京師에 공급하고, 제후들에게 변고가 있으면 물길을 따라 내려가서 운송할 수 있으니, 이곳이 이른바 金城(철옹성)이 천 리이고 天府(곳간과 같이 풍요로운 땅)의 나라라는 것입니다. 누경의 말이 옳습니다." 하니, 고제가 당일에 서쪽으로 가서 관중을 도읍으로 삼고 누경을 낭중에 임명하여 칭호를 奉春君으로 하고 劉氏 성을 하사하였다.

○齊人婁敬이 戍隴西하야 過洛陽하야 求見上曰 陛下都洛陽하시니 豈欲與周室比隆哉아 上曰 然하다 敬曰 陛下取天下 與周異하니 周自后稷으로 積德累善하야 十有餘世에 至于文武而諸侯自歸之어늘 遂滅殷爲天子라 及成王卽位에 周公相焉하야 乃營洛邑하야 以爲此天下之中也니 諸侯四方納貢職에 道里均矣라 有德이면 則易(이)以王이요 無德이면 則易(이)以亡이니 故周之盛時에 諸侯四夷 莫不賓服이러니 及其衰也에 天下莫朝호되 周不能制하니 非唯德薄이라 形勢弱也라 今陛下起豐沛하야 卷蜀漢定三秦하야 與項羽戰滎陽成皐之間하야 大戰七十이요 小戰四十에 使天下之民으로 肝腦塗地하야 哭聲未絶하고 傷者未起어늘 而欲比隆於成康之時하니 臣竊以爲不侔也라하노이다 夫秦地被山帶河하고 四塞以爲固하니 卒然有急이면 百萬之衆을 可立具也라 夫與人鬪에 不搤其亢拊其背면 未能全其勝也라 今陛下按秦之故地니 此亦搤天下之亢而拊其背也니이다 帝問群臣한대 群臣皆山東人이라 爭言 周王數百年이요 秦二世卽亡이라 洛陽東有成皐하고 西有殽澠하고 背河嚮洛하니 其固亦足恃也니이다 上問張良한대 良曰 洛陽雖有此固나 其中小하야 不過數百里라 田地薄하고 四面受敵하니 非用武之國也라 關中左殽函하고 右隴蜀이요 沃野千里며 南有巴蜀之饒하고 北有胡苑之利하니 阻三面而守하고 獨以一面으로 東制諸侯니 諸侯安定이면 河渭漕輓天下하야 西給京師요 諸侯有變이면 順流而下하야 足以委輸니 此所謂金城千里天府之國이라 敬說是也니이다 上卽日西都關中하고 拜敬郎中하야 號奉春君이라하고 賜姓劉氏하다

6-1-14

宋나라 학자 胡寅이 다음과 같이 말하였다.

"고제가 起兵한 지 8년 동안 편안히 지낸 해가 없었는데, 이때에 이르러 천하가 평정되었으므로 그도 조금은 안일함을 생각할 때인데도 다른 사람의 말을 채용하는 데에 민첩한 것이 이와 같으니 그가 帝業을 이룬 것이 당연하다."

宋儒胡寅曰 高帝起兵八年에 歲無寧居러니 至是天下平定이어늘 當亦少思安逸之時也로되 而敏於用言如此하니 其成帝業宜哉인저

6-1-15

6년(B.C. 201) 12월에 처음 符節을 쪼개서 나누어주며 功臣을 봉할 때에 酇侯 蕭何의 食邑이 유독 많았다. 공신들이 모두 말하기를, "신들은 직접 갑옷을 입고 병기를 들고서 많은 자는 백여 전을 치렀고 적은 자는 수십 합을 치렀는데 지금 소하는 말을

타고 전투에 참여하여 공로를 세운 적이 없고 단지 문서를 가지고 의논만 하였는데 도리어 신들보다 위에 있는 것은 무슨 까닭입니까?" 하였다.

고제가 말하기를, "제군들은 사냥을 아는가? 짐승이나 토끼를 추격하여 죽이는 것은 개이고, 개를 풀어 지시하는 것은 사람이다. 지금 제군들은 단지 짐승을 추격하였을 뿐이니 그 공이 개와 같고, 소하는 개를 풀어 지시하였으니 그 공이 사람과 같다." 라고 하니, 신하들이 모두 감히 말을 하지 못하였다.

장량 또한 전투한 공이 없었는데 고제가 齊 땅의 3만 戶를 직접 고르게 하니, 장량이 말하기를, "신이 처음 下邳에서 일어나 폐하와 留에서 만났으니 이는 하늘이 신을 폐하께 주신 것입니다. 폐하께서 신의 계책을 쓰시어 다행히 때에 맞았으니, 신은 留에 봉해진 것만으로 충분합니다. 3만 호는 감당할 수 없습니다." 하니, 장량을 留侯에 봉하였다.

陳平을 戶牖侯에 봉하자 진평이 사양하기를, "이것은 신의 공이 아닙니다." 하니, 고제가 말하기를, "내가 선생의 계책을 써서 전쟁에서 적을 이겼으니 공이 아니고 무엇인가?" 하였다. 진평이 말하기를, "魏無知가 아니었으면 신이 어떻게 폐하께 등용될 수 있었겠습니까." 하니, 고제가 말하기를, "그대는 근본을 배반하지 않는 사람이라고 이를 만하다." 하고, 위무지에게 상을 내렸다.

○六年十二月에 始剖符封功臣할새 酇侯蕭何食邑獨多라 功臣皆曰 臣等身被堅執銳하야 多者百餘戰이요 少者數十合이어늘 今蕭何未嘗有汗馬之勞라 徒持文墨議論호되 顧反居臣等上은 何也오 帝曰 諸君知獵乎아 追殺獸兎者는 狗也요 發蹤指示者는 人也니라 今諸君은 徒能得走獸耳라 功이 狗也요 至如蕭何는 發蹤指示니 功이 人也니라 群臣皆莫敢言이러라 張良亦無戰鬪功이로되 帝使自擇齊三萬戶한대 良曰 臣始起下邳하야 與上會留하니 此天以臣授陛下라 陛下用臣計하사 幸而時中하니 臣願封留足矣라 不敢當三萬戶로이다 乃封良爲留侯하다 封陳平爲戶牖侯한대 平辭曰 此非臣之功也니이다 帝曰 吾用先生謀하야 戰勝克敵하니 非功而何오 平曰 非魏無知면 臣安得進이리잇고 帝曰 子可謂不背本矣로다 乃賞無知하다

6-1-16

봄 정월에 고제가 진나라 왕실이 孤立되어 〈傍助가 없기 때문에〉 망한 것을 거울삼아 同姓들을 대대적으로 제후로 봉하여 천하를 鎭撫하려고 하였다. 초나라 땅을 나누어 두 나라로 만들어서 淮水 동쪽 53縣으로 從兄인 장군 劉賈를 세워 荊王으로 삼고,

薛郡・東海・彭城 36현으로 아우 文信君 劉交를 세워 楚王으로 삼고, 雲中・鴈門・代郡 53현으로 형 宜信侯 劉喜를 세워 代王으로 삼고, 膠東・膠西・臨菑・濟北・博陽・城陽郡 73현으로 미천했을 때의 外妻의 아들 劉肥를 세워 齊王으로 삼았다.

○春正月에 帝懲秦孤立而亡하야 欲大封同姓하야 以鎭撫天下하야 分楚地爲二國하야 以淮東五十三縣으로 立從兄將軍賈하야 爲荊王하고 以薛郡東海彭城三十六縣으로 立弟文信君交하야 爲楚王하고 以雲中鴈門代郡五十三縣으로 立兄宜信侯喜하야 爲代王하고 以膠東膠西臨菑濟北博陽城陽郡七十三縣으로 立微時外婦之子肥하야 爲齊王하다

6-1-17

조서를 내려 공신 18인의 位次를 정할 때에 모두들 "曹參의 공이 가장 많으니 제일이 되어야 합니다." 하였다.

鄂千秋가 나서서 말하기를, "조참이 비록 들판에서 싸워서 땅을 빼앗은 공이 있지만 이는 단지 한때의 일일 뿐입니다. 폐하께서 초나라와 대치하신 지 5년 동안 군사를 잃고 단신으로 달아난 것이 여러 차례였으나 소하가 항상 關中으로부터 군대를 보내 그 빈 곳을 보충하였고, 또 군중에 당장 군량이 없으면 소하가 관중에서 곡식을 운반해와서 식량이 결핍되지 않게 하였으며, 폐하가 자주 山東을 잃었으나 소하가 항상 관중을 보전하여 폐하를 기다렸으니, 이는 만세의 공입니다. 그런데 지금 어찌 하루아침의 공을 만세의 공 위에 둘 수 있겠습니까. 소하가 제일이고 조참이 그 다음입니다." 하였다.

고제가 말하기를, "훌륭하다." 하고 마침내 소하에게 칼을 차고서 宮殿에 오르는 것을 허락하고, 入朝할 때에 종종걸음을 하지 않도록 하였다. 고제가 말하기를, "나는 들으니 현자를 천거한 사람이 上位의 賞을 받는다고 하였다." 하고 악천추를 平安侯에 봉하였다.

○詔定元功十八人位次할새 皆曰 曹參功最多니 宜第一이니이다 鄂千秋進曰 參雖有野戰略地之功이나 此特一時之事耳라 上與楚相距五歲에 失軍亡衆하야 跳身遁者數(삭)矣로되 蕭何嘗[13]從關中하야 遣軍補其處하고 又軍無見(현)糧이면 何轉漕關中하야 給食不乏하며 陛下雖數亡山東이나 何常全關中하야 以待陛下하니 此萬世之功也라 今柰何以一(朝)〔旦〕[14]之功으로 加萬世之功哉잇가

13) 嘗 : '常'과 통용된다. ≪史記≫ 권53 〈蕭相國世家〉에 '常'으로 되어 있다.

何第一이요 參次之니이다 上曰 善하다 於是에 乃賜何帶劒履上殿하며 入朝不趨하고 上曰 吾聞進賢受上賞이라하고 封千秋爲安平侯하다

6-1-18

여름 5월에 고제가 櫟陽으로 돌아와서 5일에 한 번 太公을 문안하였는데, 태공의 家令15)이 태공을 설득하기를, "하늘에는 두 개의 해가 없고 땅에는 두 왕이 없다고 합니다. 황제가 비록 아들이지만 임금이고, 태공은 비록 아버지이지만 신하이니 어찌 임금으로 하여금 신하에게 절을 하게 하십니까. 이렇게 되면 황제의 권위가 서지 않습니다." 하였다.

그 후에 고제가 문안하자 태공이 빗자루를 들고 문에서 맞이하여 뒷걸음치며 물러나니 고제가 크게 놀라서 가마에서 내려 태공을 붙들자 태공이 말하기를, "황제는 임금입니다. 어찌 나 때문에 천하의 법을 어지럽힐 수 있겠습니까." 하였다.

이에 고제가 마음속으로 가령의 말을 좋게 여겨 황금 500근을 하사하고 명하기를, "사람의 지극히 가까운 관계로는 부자보다 가까운 경우가 없다. 그러므로 아버지가 천하를 얻으면 자식에게 전해주고, 자식이 천하를 얻으면 아버지를 높이는 것이니, 이것은 사람의 도리로서 지극한 것이다. 지난날 천하가 크게 어지럽고 전쟁마저 일어나 만민이 고통을 겪고 있었기 때문에 내가 친히 갑옷을 입고 무기를 들고 직접 군사를 이끌고 위태로움을 무릅쓰고 사나운 난리를 평정하여 제후를 세우고 전쟁을 종식시켜 백성을 쉬게 해서 천하가 크게 안정되었으니, 이것은 모두 태공의 가르침 덕분이다. 諸王과 通侯와 장군과 여러 卿과 大夫들이 이미 짐을 높여서 황제로 삼았으나 태공은 아직까지 尊號가 없으니, 지금 태공에게 존호를 올려 太上皇이라고 하노라." 하였다.

○夏五月에 上歸櫟陽하야 五日에 一朝太公이어늘 太公家令說(세)太公曰 天無二日이요 土無二王하니 皇帝雖子나 人主也요 太公雖父나 人臣也니 柰何令人主拜人臣이리오 如此則威重不行이니이다 後上朝한대 太公擁篲迎門却行이어늘 上大驚하야 下扶太公한대 太公曰 帝는 人主라 柰何以我亂天下法가 於是에 上心善家令言하야 賜黃金五百斤하고 詔曰 人之至親이 莫親於父子라 故父有天下에

---

14) (朝)〔旦〕: 저본에는 '朝'로 되어 있는데, 朝鮮 太祖 李成桂의 改諱가 '旦'이므로 저본에는 避諱하여 '旦'을 '朝'로 고친 것이다. 이에 의거하여 '旦'으로 바로잡았다.

15) 家令 : 漢代 황실의 屬官으로 황실 가사와 창고 및 음식에 관한 사무를 관장하는 사람이다.

傳歸於子하고 子有天下에 尊歸於父하니 此人道之極也라 前日天下大亂하야 兵革竝起하야 萬民苦殃이어늘 朕親被堅執銳하야 自率士卒하야 犯危難平暴亂하야 立諸侯하며 偃兵息民하야 天下大安하니 此皆太公之教訓也라 諸王通侯將軍群卿大夫 已尊朕爲皇帝호되 而太公未有號하시니 今上尊太公曰太上皇이라하노라

6-1-19

11년(B.C. 196) 2월에 다음과 같이 조서를 내렸다.

"듣건대 王者로는 周 文王보다 높은 사람이 없고 霸者로는 齊 桓公보다 높은 사람이 없다고 하는데, 이들은 모두 賢人을 얻어서 명성을 이루었다. 지금 천하의 현자의 지혜와 능력이 어찌 옛사람과 다르겠는가. 문제는 임금이 그들과 사귀지 않는 데에 있으니, 선비들이 어떻게 벼슬에 나올 수 있겠는가. 지금 내가 하늘의 신령함과 어진 사대부의 도움으로 천하를 평정하여 한 집안으로 만들었으니, 장구하게 대대로 종묘를 받들어 끊어지지 않게 하려고 하노라. 현인들이 이미 나와 함께 천하를 평정하였는데 나와 함께 천하를 편안하고 이롭게 하지 않을 수 있겠는가. 어진 사대부 중에 나를 따르려고 하는 자가 있거든 諸侯王과 郡守들은 반드시 몸소 권하여 수레에 태워 보내 相國府에 나아가게 하라. 그런 사람이 있는데도 말하지 않았다가 발각되면 파면할 것이다. 연로하여 병이 있는 자는 보내지 말라."

○十一年二月에 詔曰 蓋聞王者莫高於周文이요 伯者莫高於齊桓이니 皆待賢人而成名이라 今天下賢者智能이 豈特古之人乎아 患在人主不交故也니 士奚由進이리오 今吾以天之靈과 賢士大夫로 定有天下하야 以爲一家하니 欲其長久히 世世奉宗廟亡絶也하노라 賢人已與我共平之矣요 而不與我共安利之可乎아 賢士大夫有肯從我遊者면 諸侯王郡守는 必身勸爲之駕遣하야 詣相國府하라 有而弗言이라가 覺이면 免하리라 年老癃病은 勿遣하라

6-1-20

12년(B.C. 195) 10월에 고제가 黥布를 격파하고 돌아오는 길에 沛邑에 들러 그곳의 백성들의 세금을 면제해주고 대대로 나라에서 부역에 참여시키지 말게 하고, 魯땅에 들러 孔子의 사당에 太牢[16]로 제사 지냈다.

16) 太牢 : 제사의 규모를 지칭하는 용어로서, 희생으로 소・양・돼지를 사용하는 경우를 太牢라고 하

○十二年十月에 帝擊布하고 還過沛하야 復(복)其民하야 世世無有所與(예)하고 過魯하야 以太牢祠孔子하다

6-1-21

12월에 조서를 다음과 같이 내렸다.

"秦나라 황제, 楚나라 隱王[17], 魏나라 安釐王(안희왕)[18], 齊나라 愍王[19], 趙나라 悼襄王[20]이 모두 後嗣가 끊어졌으니, 진 시황제의 무덤에 守冢 20家를 지정하고, 초나라·위나라·제나라의 무덤에 각각 10家를 지정하고, 조나라 및 위나라 공자 無忌[21]의 무덤에 각각 5家를 지정하여 그들에게 해당 무덤을 살피게 하고 그들의 세금을 면제해주고 그들에게 나라에서 다른 일을 시키지 말도록 하라."

○十二月에 詔曰 秦皇帝 楚隱王 魏安釐王 齊愍王 趙悼襄王이 皆絶亡後하니 其與秦始皇帝守冢二十家하고 楚魏齊各十家하고 趙及魏公子無忌各五家하야 令視其冢하고 復(복)亡與(예)他事하다

6-1-22

여름 4월에 고제가 黥布를를 칠 때에 화살에 맞아 도중에서 병이 심하였다. 呂后가 묻기를, "폐하께서 돌아가신 뒤에 蕭相國이 죽으면 누구를 시켜 대신하게 해야 합니까?" 하니, 대답하기를, "조참이 적당하다." 하였다. 그 다음을 묻자 대답하기를, "王陵이 적당하지만 조금 우직하니 陳平이 도울 수 있고, 진평은 지혜는 넘치지만 혼자 맡기 어렵고, 周勃은 중후하고 文才는 부족하지만 그러나 劉氏를 안정시킬 사람은 반드시 주발일 것이니 太尉를 시킬 만하다." 하였다. 여후가 다시 그 뒤를 묻자 고조가 대

고, 양과 돼지만 사용하는 경우를 少牢라고 한다. ≪禮記≫ 〈王制〉에 "천자는 사직에 제사할 때 모두 태뢰를 쓰고, 제후는 사직에 제사할 때 모두 소뢰를 쓴다." 하였는데, 이에 대한 嚴陵方氏의 주에 "牢는 우리〔圈〕이다. 그곳에서 기르는 희생을 모두 牢라고 한다. 태뢰는 牛·羊·豕를 갖춘 것인데 그 규모가 크기 때문에 태뢰라고 하고, 소뢰는 羊과 豕만 쓰는데 그 규모가 작기 때문에 소뢰라고 한다." 하였다.

17) 楚나라 隱王 : 顔師古의 주에 의하면 陳勝을 가리킨다.(≪漢書≫ 권1하 〈高帝紀〉)

18) 魏나라 安釐王(안희왕) : 顔師古의 주에 의하면 魏 昭王의 아들이다.(≪漢書≫ 권1하 〈高帝紀〉)

19) 齊나라 愍王 : 顔師古의 주에 의하면 齊 宣王의 아들로 淖齒에게 살해되었다.(≪漢書≫ 권1하 〈高帝紀〉)

20) 趙나라 悼襄王 : 顔師古의 주에 의하면 趙 孝成王의 아들이다.(≪漢書≫ 권1하 〈高帝紀〉)

21) 無忌 : 顔師古의 주에 의하면 信陵君이다.(≪漢書≫ 권1하 〈高帝紀〉)

답하기를, "이 이후로는 그대가 알 바가 아니다." 하였다. 고제의 재위 기간은 12년이었고, 향년은 53세였다.

○夏四月에 上擊黥布時에 爲流矢所中하야 行道疾甚이어늘 呂后問陛下百歲後에 蕭相國旣死면 誰令代之오 曰 曹參可니라 問其次한대 曰 王陵可나 然少戇(당)하니 陳平可以助之요 陳平知有餘나 然難獨任하니 周勃重厚少文이나 然安劉氏는 必勃也니 可令爲太尉니라 呂后復問其次한대 上曰 此後는 亦非乃所知也니라 帝在位十二年에 享年五十三이러라

6-1-23

史臣 班固가 다음과 같이 논평하였다.

"고제가 文學을 익히지 않았지만 천성적으로 사리에 통달하였고, 계책을 좋아하고 남의 말을 잘 들었으며, 監門과 戍卒들일지라도 한번 보면 옛친구처럼 대하였다. 처음에 민심을 따라서 約法三章을 만들었고, 천하가 안정된 뒤에는 蕭何에게 명하여 律令을 정리하게 하고, 韓信에게 軍法을 정비하게 하고, 張蒼에게 章程(歷法과 度量衡)을 정하게 하고, 叔孫通에게 禮儀를 제정하게 하였고, 또 공신들과 符節을 쪼개서 나누어 갖고 맹세하는 글을 지어 丹書鐵券을 만들어 쇠로 만든 匱에 넣고 다시 돌로 만든 石室에 넣어 종묘에 보관하였으니, 재위에 있는 동안 일이 많아 시간이 부족하였지만 規模는 크고 원대하였다."

史臣班固論曰 帝不修文學而性明達하고 好謀能聽하며 自監門戍卒로 見之如舊라 初順民心하야 作三章之約하고 天下旣定에 命蕭何次律令하고 韓信申軍法하고 張蒼定章程하고 叔孫通制禮儀하고 又與功臣剖符作誓하야 丹書鐵券과 金匱石室을 藏之宗廟하니 雖日不暇給이나 規摹弘遠矣로다

본받을 만한 善政 善可爲法

西漢

文帝

7-1-1

太宗孝文皇帝의 이름은 恒이니 高祖(劉邦)의 中子이고, 어머니는 薄氏이다. 고조 11년(B.C. 196)에 그를 代王에 책봉하였다. 高后(呂太后) 8년(B.C. 180)에 고후가 崩하니 呂氏들이 난을 일으키려고 모의하여 劉氏를 위태롭게 하려고 하니, 丞相 陳平 등이 劉恒을 迎立하려고 하였는데, 그 후 9월에 京師에 이르러 황제에 즉위하였다.

太宗孝文皇帝名은 恒이니 高祖中子也요 母曰薄氏라 高祖十一年에 立爲代王하다 高后八年에 后崩하니 諸呂謀爲亂하야 欲危劉氏하니 丞相陳平等이 迎立恒할새 後九月에 至하야 卽皇帝位하다

漢文帝

7-1-2

원년(B.C. 179) 12월에 조서를 내리기를, "법이란 나라를 알맞게 다스리는 도구이

니, 포악을 금하고 선한 사람을 보호하는 것이다. 지금 법을 범한 자를 이미 논죄하였는데, 죄 없는 부모와 처자식과 형제까지 연좌시켜 노비로 삼으니 짐은 매우 옳지 않게 여긴다. 죄인의 가족들을 연좌하여 노비로 삼는 율령을 폐지하도록 하라." 하였다.

○元年十二月에 詔曰 法者는 治之正이니 所以禁暴而衛善人也라 今犯法已論이어늘 而使無罪之父母妻子同産으로 坐之하야 及爲收孥하니 朕甚不取라 其除收孥諸相坐律令하라

7-1-3

3월에 조서를 내리기를, "지금 따뜻한 봄날이라 초목과 생물들은 모두 스스로 즐거워하는데 우리 백성 중에 곤궁한 鰥寡孤獨은 위태로운 지경에 빠져 있는데도 아무도 돌보고 근심하는 자가 없으니 백성의 부모가 되어서 장차 어찌해야 하는가. 그들을 구제할 방안을 논의하라." 하였다.

또 이르기를, "노인은 비단옷을 입지 않으면 따뜻하지 않고 고기를 먹지 않으면 배부르지 않는 법이니, 지금 연초이니 수시로 사람을 보내서 長老들에게 문안하도록 하라. 또 布帛과 酒肉을 하사하지 않으면 장차 어떻게 천하의 子孫들이 그 어버이를 효로 봉양하는 것을 돕겠는가. 지금 관원이 아뢰는 말을 들으니 죽〔鬻〕을 받아야 할 자들 중에 간혹 묵은 곡식을 받은 경우가 있다고 하니, 이것이 어찌 노인을 봉양하겠다는 나의 뜻에 맞겠는가. 모두 條令을 만들라." 하였다.

有司가 縣과 道[1])로 하여금 나이 80세 이상인 자에게는 한 사람당 한 달에 쌀 1석, 고기 20근, 술 5말을 내리고, 90세 이상인 자에게는 여기에 또 한 사람당 비단 2필, 솜 3근을 하사하며, 물건을 하사할 때와 죽을 받는 자들에 대해서는 長吏(縣令)가 잘 살펴보고서 丞이나 尉가 이 물건을 전달하고, 90세가 되지 못한 자에게는 嗇夫와 令史가 전달하고, 二千石(郡守)은 都吏(督郵)를 보내 循行하면서 詔令대로 하지 않는 자들을 감독하고, 형벌을 받은 자와 미결수와 耏刑(수염을 깎는 형벌) 이상을 받은 자에 대해서는 이 조령을 적용하지 말 것을 청하였다.

○三月에 詔曰 方春和時에 草木群生은 皆有以自樂이어늘 而吾百姓鰥寡孤獨窮困之人은 或阽於危亡이로되 而莫之省憂하니 爲民父母하야 將何如오 其議所以振貸之하라 又曰 老者는 非帛不煖하고 非肉不飽니 今歲首니 不時使人存問長老하라 又無布帛酒肉之賜면 將何以佐天下子孫孝養其

---

1) 道 : ≪漢書≫ 권4 〈文帝紀〉 顔師古의 註에 蠻夷가 있는 縣을 道라 한다 하였다.

親이리오 今聞吏稟하니 當受鬻者或以陳粟하니 豈稱養老之意哉아 具爲令하라 有司請令縣道로 年八十已上은 賜米人月一石肉二十斤酒五斗하고 其九十已上은 又賜帛人二匹絮三斤하고 賜物及當稟鬻者는 長吏閱視하야 丞若尉致하고 不滿九十은 嗇夫令史致하고 二千石遣都吏循行하야 不稱者督之하고 刑者及有罪耏(내)已上은 不用此令하다

7-1-4

4월에 천리마를 바친 자가 있었는데, 문제가 말하기를, "鸞旗가 앞에 있고 屬車가 뒤에 있어서 길한 행차인 경우에는 하루에 50리를 가고 군대가 행군할 때에는 하루에 30리를 가니, 짐이 천리마를 타고서 혼자 먼저 어디로 가겠는가." 하고, 이에 그 말과 말을 가져오면서 길에서 든 비용을 돌려주고 조서를 내리기를, "짐은 바치는 것을 받지 않을 것이니, 사방으로 하여금 와서 바치지 말게 하라." 하였다.

○四月에 時有獻千里馬者어늘 帝曰 鸞旗在前하고 屬(촉)車在後하야 吉行日五十里요 師行三十里니 朕乘千里馬하야 獨先安之리오 於是에 還其馬與道里費하고 而下詔曰 朕不受獻也하노니 其令四方毋來獻하라

却千里馬

7-1-5

여름 6월에 문제가 천하에 은혜를 베푸니, 제후와 四夷가 원근을 막론하고 모두 기뻐하였다. 이에 代에서 올 때[2] 공이 있는 사람들에게 포상하고 조서를 내리기를, "대

---

2) 代에서……때 : 漢 文帝 劉恒는 황제가 되기 전에 代王에 봉해져 있었는데, 呂氏의 난이 평정된 뒤에 太尉 周勃과 丞相 陳平 등이 代王을 맞이하여 황제에 즉위시키고자 하였다. 유항의 측근들은 한나라 대신들이 속임수가 많다하여 가는 것을 반대하였는데, 中尉 宋昌의 권유로 이를 허락하게 되었다.

신들이 呂氏들을 주벌하고 짐을 맞이할 때에 짐이 의심하니 모두들 짐에게 가지 말하고 하였으나 中尉 宋昌만은 짐에게 가라고 권하였다. 짐이 이미 종묘를 보존하였고, 송창을 衛將軍으로 삼았으니, 송창을 壯武侯로 봉하고 짐을 따라온 여섯 사람은 모두 관직이 九卿에 이르게 하라." 하였다.

○夏六月에 帝旣施惠天下하니 諸侯四夷遠近驩洽하다 乃修代來功하고 詔曰 方大臣이 誅諸呂迎朕에 朕狐疑하니 皆止朕호되 唯中尉宋昌勸朕이라 朕已得保宗廟하고 已尊昌爲衛將軍하니 其封昌爲壯武侯하고 諸從朕六人은 官皆至九卿하라

7-1-6

2년(B.C. 178) 겨울 10월에 다음과 같이 조서를 내렸다.

"짐은 들으니, 옛날에 제후들이 1천여 개의 나라를 세워 각자 그 땅을 지키며 때때로 들어와 朝貢을 바쳤으니, 백성은 수고하지 않고 상하가 서로 기뻐하여 덕을 어기는 자가 없었다. 지금은 제후들이 長安에 기거하는 자가 많아서 封地가 멀리 있으니 吏卒들은 물자를 실어와 공급하느라 비용을 허비하고 고생하고 있으며 제후들은 자신의 백성을 교화시킬 방법이 없다. 제후들로 하여금 자기 나라로 가게 하고, 조정의 卿大夫가 된 자와 詔書로 장안에 머무는 것을 허락 받은 자는 그들의 태자를 封地에 가게 하라."

○二年冬十月에 詔曰 朕聞古者諸侯 建國千餘하야 各守其地하야 以時入貢하니 民不勞苦하고 上下驩欣하야 靡有違德이라 今列侯多居長安하야 邑遠하니 吏卒給輸費苦하고 而列侯亦無由敎訓其民이라 其令列侯之國하고 爲吏及詔所止者는 遣太子하라

7-1-7

11월 계묘일 그믐에 日蝕이 있자 문제가 다음과 같이 조서를 내렸다.

"짐은 들으니 하늘이 백성을 내리고 그들을 위해 임금을 두어서 그들을 기르고 다스리게 하였으니, 임금이 덕이 없어 정치를 베푸는 것이 고르지 않으면 하늘이 재앙을 보여서 다스리지 못하는 것을 경계한다고 한다. 그런데 지난 11월 그믐에 일식이 있어 꾸짖음이 하늘에 나타났으니, 재앙이 무엇이 이보다 크겠는가. 짐이 종묘를 보호하여 작은 몸으로 士民과 군왕들의 위에 있으니, 천하의 치란이 나 한 사람에게 달려

있다. 그대들 執政官들은 나의 팔과 다리와 같다. 짐이 아래로 뭇 백성들을 다스리고 기르지 못하고 위로 三光(해·달·별)의 밝음에 누를 끼쳤으니 그 不德이 크다. 이 명이 이른 곳에 있는 사람은 모두 짐의 과실과 짐이 알지 못하고 보지 못한 것을 생각하여 짐에게 고하기 바라며, 賢良하고 方正하여 능히 直言을 하고 極諫할 수 있는 자를 천거하여 짐이 미치지 못하는 것을 바로잡게 하라."

○十一月癸卯晦에 日有食之하니 帝下詔曰 朕聞之호니 天生民에 爲之置君하야 以養治之하니 人主不德하야 布政不均이면 則天示之災하야 以戒不治라 迺十一月晦에 日有食之하야 適見(현)于天하니 災孰大焉고 朕獲保宗廟하야 以微眇之身으로 託于士民君王之上하니 天下治亂이 在予一人이라 唯二三執政은 猶吾股肱也라 朕下不能治育群生하고 上以累三光之明하니 其不德大矣라 令至에 其悉思朕之過失及知見之所不及하야 匄以啓告朕하고 及擧賢良方正能直言極諫者하야 以匡朕之不逮하라

7-1-8

문제가 조회 때마다 郎官과 從官(시종신)이 書疏를 올리면 輦을 멈추고 그 말을 받지 않은 적이 없었고, 그 말이 쓸 만하지 않으면 버리고 그 말이 쓸 만하면 채용하면서 칭찬하지 않은 적이 없었다.

○上每朝에 郎從官上書疏에 未嘗不止輦受其言하야 言不可用이면 置之하고 言可用이면 采之하야 未嘗不稱善이러라

7-1-9

문제가 霸陵으로부터 올라와 서쪽으로 험준한 비탈을 말을 달려 내려가려고 하니 中郎將 袁盎[3]이 말을 타고 수레의 옆에 가까이 다가와 말고삐를 잡자 문제가 말하기를, "장군은 겁을 먹었는가?" 하니 원앙이 말하기를, "신은 들으니 千金을 가진 부자의 아들은 앉을 때에 堂의 가장자리에 앉지 않고, 聖主는 위험한 것을 타지 않고 요행을 바라지 않는다고 하였습니다. 지금 폐하께서 여섯 마리의 말이 끄는 빠른 수레를 타고서 험준한 산을 달려서 내려가시니 만약 말이 놀라서 수레가 엎이지면 폐하께서는

3) 袁盎 : 자는 絲이고, 출신지는 楚이다. 漢 文帝 때 直諫으로 유명한 신하였는데, 梁王의 원망을 사서 그가 보낸 자객에 의해 피살되었다.(≪史記≫ 권101 〈袁盎晁錯列傳〉)

納諫賜金

자신을 가볍게 여기실지라도 高廟와 太后께는 어찌하시렵니까?" 하니, 문제가 이에 그만두었다.

문제가 사랑하는 愼夫人이 禁中에 있을 때에 항상 황후와 같은 위치의 자리에 앉았었는데, 上林에 行幸하여 자리를 배치할 때에 원앙이 신부인의 자리를 뒤로 물리니 신부인이 노하고 문제 또한 노하였다. 원앙이 앞으로 나와서 설득하기를 "신은 들으니 尊卑에 차례가 있으면 上下가 화목하다고 하였습니다. 지금 이미 황후를 세웠으므로 부인은 妾입니다. 첩과 主母가 어찌 같은 위치에 앉을 수 있겠습니까. 그리고 폐하께서는 人彘[4]를 보지 못하셨습니까." 하니, 문제가 기뻐하여 신부인에게 말하고, 원앙에게 金 50근을 하사하였다.

○帝從霸陵上하야 欲西馳下峻阪하니 中郎將袁盎이 騎竝(방)車擥轡어늘 上曰 將軍怯邪아 盎曰 臣

---

4) 人彘 : 한나라 고조의 皇后 呂氏가 그의 아들 惠帝가 帝位에 오르자, 혜제의 이복동생인 趙王 劉如意를 독살하고, 고조의 총애를 받았던 조왕의 생모인 戚夫人의 팔다리를 자른 다음, 눈과 귀를 보고 들을 수 없게 만들어 돼지우리에 넣어서 '人彘'라고 하였다.(≪史記≫ 권9 〈呂太后本紀〉)

聞千金之子는 坐不垂堂하고 聖主는 不乘危不徼幸이라하니 今陛下騁六飛馳下峻山하시니 有如馬驚車敗면 陛下縱自輕이나 柰高廟太后何오 上乃止하다 上所幸愼夫人이 在禁中에 常與皇后同席坐러니 及幸上林布席이어늘 盎引郤愼夫人坐하니 夫人怒하고 上亦怒어는 盎因前說(세)曰 臣聞尊卑有序면 則上下和라하니 今已立后하시니 夫人乃妾이라 妾主豈可與同坐哉잇고 且陛下獨不見人彘(체)乎잇가 上說(열)하야 語夫人하고 賜盎金五十斤하다

7-1-10

봄 정월에 문제가 籍田을 親耕하고 조서를 내리기를, "농사는 천하의 근본이다. 籍田을 설치하고 짐이 친히 솔선하여 경작해서 종묘의 祭需로 쓰겠다." 하였다.

○春正月에 上親耕籍田하고 詔曰 夫農者는 天下之本也라 其開籍田하고 朕親率耕하야 以給宗廟粢盛하노라

7-1-11

3월에 有司가 皇子를 세워서 제후로 삼기를 청하니, 조서를 내리기를, "예전에 趙幽王이 유폐되어 죽었는데, 짐이 매우 가엾게 여겨 이미 그 태자 劉遂를 세워 趙王으로 삼았다. 유수의 아우 劉辟彊과 齊悼惠王의 아들 朱虛侯 劉章과 東牟侯 劉興居가 공이 있어 왕으로 삼을 만하다." 하고, 마침내 유벽강을 河間王으로 삼고, 유장을 城陽王으로 삼고, 유흥거를 濟北王으로 삼고, 이로 인하여 皇子 劉武를 세워 代王으로 삼고, 劉參을 太原王으로 삼고, 劉揖을 梁王으로 삼았다.

○三月에 有司請立皇子하야 爲諸侯하니 詔曰 前趙幽王幽死하니 朕甚憐之하야 已立其太子遂하야 爲趙王이라 遂弟辟彊及齊悼惠王子朱虛侯章東牟侯興居有功可王이라하고 乃遂立辟彊爲河間王하고 章爲城陽王하고 興居爲濟北王하고 因立皇子武爲代王하고 參爲太原王하고 揖爲梁王하다

7-1-12

5월에 다음과 같이 조서를 내렸다.

"옛날에 천하를 다스릴 때에 조정에는 進善旌과 誹謗木이 있었으니,[5] 다스리는 도

---

5) 조정에는……있었으니 : 堯임금이 民意를 알아서 정치에 반영하기 위하여 설치한 것으로, 進善旌이

리를 통하게 하고 간언을 오게 하기 위해서였다. 오늘날의 법에 비방과 요망한 말을 한 데 대한 죄가 있으니, 이는 신하들로 하여금 감히 진정을 다 말하지 못하게 하고 임금은 과실을 들을 수 없게 하는 것이다. 장차 어떻게 먼 지방의 賢良을 오게 하겠는가. 그 법을 없애도록 하라.

백성 중에 간혹 임금을 저주하기로 약속했다가 뒤에 서로 속이면[6] 관리는 大逆이라고 하고, 또 그들이 다른 말을 하면 관리는 비방한다고 한다. 이는 어리석고 무지한 백성이 죽음에 이르는 것이니, 짐은 매우 옳지 않게 여긴다. 이제부터 이런 일을 범한 자가 있거든 다스리지 말라."

○五月에 詔曰 古之治天下에 朝有進善之旌과 誹謗之木하니 所以通治道而來諫者也라 今法有誹謗訞言之罪하니 是使衆臣으로 不敢盡情하고 而上無由聞過失也라 將何以來遠方之賢良이리오 其除之하라 民或祝(주)詛上以相約이라가 而後相謾하면 吏以爲大逆하고 其有他言이면 又以爲誹謗하니 此細民之愚無知抵死니 朕甚不取라 自今以來로 有犯此者는 勿聽治하라

7-1-13

9월에 다음과 같이 조서를 내렸다.

"농사는 천하의 큰 근본이다. 백성이 의지해서 사는 것인데 백성 중에 간혹 근본을 일삼지 않고 말단을 일삼기 때문에 그 삶을 영위하지 못하니, 짐은 그렇게 되는 것을 근심한다. 그러므로 지금 群臣을 직접 거느리고 농사를 지어서 권면하니, 천하의 백성들에게 금년 田稅의 절반을 감면해주도록 하라."

○九月에 詔曰 農은 天下之大本也니 民所恃以生也어늘 而民或不務本而事末이라 故生不遂하니 朕憂其然이라 故今玆親率群臣하야 農以勸之하노니 其賜天下民今年田租之半하라

7-1-14

12년(B.C. 168) 봄 정월에 조서를 내리기를, "백성을 인도하는 길은 농사를 힘쓰는

란, 應劭의 설에 의하면 사방으로 통하는 길에 깃발을 세워놓고 선한 말을 진달하려는 사람은 그 아래에 서서 진달하게 하였다. 誹訪木이란, 응소의 설에 의하면 다리 가에 판을 설치하여 정치의 잘못을 그 판에 쓰게 하였다고 하는데 어느 다리인지는 알 수 없다.(≪大戴禮記≫ 제48 〈保傅〉)

6) 백성……속이면 : 顔師古의 注에 의하면, 처음에 임금을 저주하기로 약속했다가 뒤에 약속을 저버리고 중도에 그만두어서 저주한 실상이 없는 경우를 가리킨다.(≪漢書≫ 권4 〈文帝紀〉)

데에 달려 있으니, 짐이 천하 사람들에게 농사를 권장한 지가 지금 10년이 되었거늘 들이 더 개간되지 않았고 농사가 한 번도 풍년이 들지 않아서 백성들에게 굶주린 기색이 있으니 이는 농업에 종사하는 사람이 여전히 적은데 관리가 더 힘쓰지 않아서이고, 내가 조서를 자주 내려 해마다 백성들에게 경작하기를 권하였는데 그 공효가 이루어지지 않으니 이는 관리가 나의 조서를 봉행하는 데 부지런하지 않고 백성을 권면하는 데에 분명하지 않아서이다. 그리고 우리 농민들이 매우 고달픈데도 관리들이 살피지 않으니 장차 어떻게 권면하겠는가. 백성들에게 금년의 조세 절반을 감면해주도록 하라." 하였다.

또 이르기를, "孝悌는 천하의 큰 順理이고, 힘써 농사짓는 것은 삶을 영위하는 근본이고, 三老는 농민의 스승이고, 청렴한 관리는 백성의 表象이니, 짐은 이들 대부의 행실을 매우 가상하게 여긴다. 그런데 지금 1만 가구가 사는 고을 중에 〈孝悌한 사람과 힘써 농사지은 사람을 천거하라는〉 詔令에 부응할 만한 사람이 없다고 하니 이것이 어찌 실제의 인정이겠는가. 이는 관리가 현자를 천거하는 방법이 미비되어서이다. 謁者를 보내서 삼노와 효자를 위로하여 한 사람당 비단 5필씩을 하사하고, 공손한 자와 힘써 농사지은 자에게 2필씩을 하사하고, 청렴한 관리는 직위가 200석 이상인 경우 100석이 올라갈 때마다 3필을 더 주고, 백성들이 편안치 않게 여기는 것을 물어서 戶口의 숫자에 따라 일정한 인원의 三老와 孝悌와 力田[7]을 두어 각각 자기 뜻에 따라서 백성을 인도하게 하라." 하였다.

○十二年春正月에 詔曰 道民之路 在於務本하니 朕親率天下農이 十年于今이어늘 而野不加辟하며 歲一不登하야 民有飢色하니 是從事焉尙寡로되 而吏未加務也요 吾詔書數下하야 歲勸民種樹로되 而功未興하니 是吏奉吾詔不勤하야 而勸民不明也라 且吾農民甚苦로되 而吏莫之省하니 將何以勸焉이리오 其賜民今年租稅之半하라 又曰 孝悌는 天下之大順也요 力田은 爲生之本也요 三老는 農民之師也요 廉吏는 民之表也니 朕甚嘉此二三大夫之行하노라 今萬家之縣이 云 無應令이라하니 豈實人情이리오 是吏擧賢之道未備也니 其遣謁者하야 勞賜三老孝者帛人五匹하고 悌者力田二匹하고 廉吏二百石以上率百石者三匹하고 及問民所不便安하야 而以戶口率置三老孝悌力田常員하야 令各率其意하야 以道民焉하라

7) 三老와……力田 : 漢나라 때 설치된 鄕官의 명칭이다.(≪漢書≫ 권4 〈文帝紀〉)

7-1-15

13년(B.C. 167) 봄 2월에 다음과 같이 조서를 내렸다.

"짐이 친히 천하 사람들에게 농사를 권장하고자 경작하여 종묘 제사의 祭需로 올리고, 황후가 친히 누에를 쳐서 祭服을 만들어 올릴 것이니, 이에 대한 禮儀制度를 갖추라."

○十三年春二月에 詔曰 朕親率天下農耕하야 以供粢盛하고 皇后親桑하야 以奉祭服하니 其具禮儀하라

7-1-16

여름에 祕祝[8]을 폐지하였다.

처음 秦나라 때 祝官에 祕祝이 있어서 재앙이 있으면 그때마다 허물을 아랫사람에게 전가하였는데, 이때에 이르러 다음과 같이 조서를 내렸다.

"재앙은 원망으로부터 일어나고 복은 덕으로 말미암아 일어나는 것이다. 百官의 잘못은 의당 짐의 몸에서 말미암은 것인데 지금 祕祝을 담당한 관원이 허물을 아래로 전가하니 짐은 매우 옳지 않게 여긴다. 폐지하도록 하라." 하였다.

○夏에 除祕祝하다 初秦時祝官에 有祕祝하야 即有災祥이면 輒移過於下러니 至是詔曰 禍自怨起하고 福由德興이라 百官之非는 宜由朕躬이어늘 今祕祝之官이 移過於下하니 朕甚不取라 其除之하라

7-1-17

5월에 肉刑을 폐지하였다.

齊나라 太倉令 淳于意[9]가 죄를 지어 형벌을 받게 되자 조령을 내려 옥리에게 그를 체포하여 제나라에서 長安으로 이송하게 하였다. 태창공이 아들이 없고 딸만 다섯이었는데, 체포되어 이송될 때에 그 딸들에게 욕하기를, "자식을 낳았어도 아들을 낳지 못하였으니 급한 일이 있을 때에 유익한 것이 없도다."라고 하였다.

---

8) 祕祝 : 秦代에 만들어진 祈祝을 맡은 祝官인데, 漢나라 초기에는 그대로 인습했다가 文帝 때에 폐지하였다.(≪史記≫ 권10 〈孝文本紀〉)

9) 淳于意 : B.C. 251~? 漢 文帝 때에 太倉長이 되었으므로 倉公이라고 부른다. 扁鵲을 굳게 믿었으며, 醫道 및 導引法에 정통하였다.(≪史記≫ 권105 〈扁鵲倉公列傳〉)

그 막내딸 淳于緹縈이 상심하여 울면서 그 아버지를 따라 장안에 이르러서 上書하기를, “妾의 아비가 관리가 되어 齊나라에 있을 때에 모두들 그 청렴하고 공평함을 칭송했는데 지금 법에 저촉되어 형벌을 받게 되었습니다. 무릇 죽은 자는 다시 살아날 수 없고 肉刑을 당한 자는 〈잘린 사지를〉 다시 붙일 수 없으니, 비록 다시 허물을 고치고 스스로 새로워지려고 해도 방법이 없는 것을 첩은 슬퍼합니다. 첩은 제가 官婢로 沒入되어 아비의 형벌을 代贖해서 아비가 스스로 새로워질 수 있게 해수시기를 바랍니다.” 하였다.

상서를 아뢰자 천자가 그 뜻을 가련히 여겨 다음과 같이 조서를 내렸다.

“듣건대 舜임금 때에 옷과 冠에 그림을 그리고 章服을 다르게 하여 수치스럽게 했는데도 백성들이 법을 범하지 않았다고 하니, 그 이유가 무엇이겠는가. 지극히 잘 다스려졌기 때문이다. 지금 법에 肉刑이 세 가지가 있는데도[10] 간사함이 그치지 않으니 그 허물이 어디에 있는가. 짐의 덕이 작고 교화가 밝게 행해지지 않아서가 아니겠는가. 내가 심히 스스로 부끄러워하노라. 그러므로 백성을 訓導하는 것이 순수하지 못해서 어리석은 백성이 죄에 빠지는 것이다.

≪詩經≫에 이르기를, ‘화락한 군자여 백성의 부모이다.’라고 하였다. 오늘날 사람들이 허물이 있으면 교화를 베풀기도 전에 형벌이 이미 더해지니 혹시 행실을 고쳐서 선을 하려고 하더라도 그 방법이 없으니 짐이 심히 가엾게 여긴다. 형벌을 받아 사지가 잘리고 살갗에 刺字를 하면 종신토록 그 사지와 살갗을 다시 생겨나지 않는 것이니, 어쩌면 그리도 형법이 고통스럽고 부덕하단 말인가. 이것이 어찌 백성의 부모라고 일컫는 뜻이겠는가. 육형을 폐지하고 그것을 바꿀 수 있는 것으로 제도를 만들도록 하라.”

문제가 몸소 清淨과 無爲의 도를 닦고 將相이 모두 옛 공신들이라 文飾이 적고 질박함이 많았고 망한 秦나라의 정치를 징계하고 미워해서 논의할 때에 관대하고 후덕하게 하려고 힘써서 남의 過失을 말하는 것을 부끄럽게 여겼다. 교화가 천하에 행해져서 告訐하는 풍속이 바뀌니 관리는 자기 관직을 편히 여기고 백성은 그 생업을 즐거워해서 재물이 해마다 늘어나고 호구가 점점 불어나며 풍속은 돈독하고 후덕하고 금

10) 肉刑이……있는데도 : 고대의 육형은 墨, 劓, 剕, 宮, 大辟이었는데, 이때에 세 가지가 남아 있었다. 얼굴에 낙인을 찍는 墨과 코를 베는 劓, 발뒤꿈치를 베는 剕이다. 한 문제 때에 육형을 笞刑으로 대체하였다.(≪王忠文集≫ 卷13 〈張湯議肉刑〉)

령은 주밀하지 않아서 죄가 의심스러운 경우에는 백성의 편을 들어주니, 이 때문에 형벌이 크게 줄어들어 한 해 판결을 한 것이 400건뿐이어서 형벌을 사용할 필요가 없는 기풍이 있었다.

○五月에 除肉刑하다 齊太倉令淳于意有罪當刑하야 詔獄逮徙繫長安이라 太倉公無男하고 有女五人이러니 將行會逮에 罵其女曰 生子不生男하니 有緩急에 非有益也로다 其少女緹縈自傷泣하고 乃隨其父至長安하야 上書曰 妾父爲吏에 齊中皆稱其廉平이러니 今坐法當刑이라 妾傷夫死者는 不可復生이요 刑者는 不可復屬(촉)이니 雖復欲改過自新이나 其道亡繇也라 妾願沒入爲官婢하야 贖父刑罪하야 使得自新하노이다 書奏에 天子憐悲其意하야 乃下詔曰 蓋聞有虞之時에 畫衣冠異章服以爲僇이로되 而民弗犯하니 何則고 至治也라 今法有肉刑三而姦不止하니 其咎安在오 非乃朕德薄而教不明歟아 吾甚自愧하노라 故夫訓道不純하야 而愚民陷焉이라 詩曰 愷弟君子여 民之父母라하니 今人有過에 教未施而刑已加焉하니 或欲改行爲善이라도 而道亡繇至라 朕甚憐之하노라 夫刑至斷支體刻肌膚면 終身不息하니 何其刑之痛而不德也오 豈稱爲民父母之意哉리오 其除肉刑하고 有以易之하야 具爲令하라 上躬修玄默하고 而將相이 皆舊功臣이라 少文多質하고 懲惡亡秦之政하야 論議務在寬厚하야 恥言人之過失이라 化行天下하야 告訐之俗易하니 吏安其官하며 民樂其業하야 畜積歲增하고 戶口寖息하며 風流篤厚하고 禁網疏闊하야 罪疑者予民하니 是以刑罰大省하야 至於斷獄四百하야 有刑錯之風焉이러라

7-1-18

6월에 田地의 租稅를 폐지하였다.

조서를 내리기를, "농사는 천하의 근본으로 힘쓰는 것으로 이보다 큰 것이 없다. 지금 몸을 부지런히 하여 농사를 짓는데 조세를 매기니 이는 本에 종사하는 자와 末에 종사하는 자에 차이가 없는 것이다.11) 폐지하도록 하라." 하였다.

○六月에 除田之租稅하다 詔曰 農은 天下之本이라 務莫大焉이라 今勤身從事而有租稅之賦하니 是爲本末者 無以異也하니 其除之하라

11) 本에……것이다 : 本은 농사이고 末은 장사이다. 농부와 장사가 모두 세금을 내서 차이가 없기 때문에 田租를 폐지한 것이다.(≪史記集解≫ 권10 〈孝文本紀〉)

7-1-19

14년(B.C. 166) 겨울에 문제가 輦을 타고 郎署를 지날 때에 郎署長 馮唐[12]에게 묻기를, "노인장의 집은 어디에 있는가?" 하니, 대답하기를, "趙 땅 사람입니다." 하였다. 문제가 말하기를, "내가 代에 있을 때에 尙食監 高祛가 자주 나를 위해서 조나라의 어진 장수 李齊[13]가 鉅鹿 아래에서 싸운 것을 말하였다. 지금 내가 매번 밥을 먹을 때마다 뜻이 거록에 있지 않은 적이 없었으니, 노인장이 李齊를 알고 있는가?" 하니 대답하기를, "이제는 오히려 廉頗[14]와 李牧[15]이 장수 노릇 한 것만 못합니다." 하였다. 문제가 무릎을 치며 말하기를, "오호라. 내가 염파와 이목을 얻어서 장수를 삼지 못해서일 뿐이니, 〈그들을 얻었다면〉 내가 어찌 匈奴를 근심하겠는가." 하니, 풍당이 말하기를, "폐하께서는 그들을 얻었더라도 쓰시지 못할 것입니다." 하였다.

문제가 말하기를, "공이 어떻게 아는가?" 하니, 대답하기를, "上古時代에 왕이 장수를 보낼 때에 무릎을 꿇고 수레바퀴를 밀면서 말하기를, '도성 안은 寡人이 통제하고 도성 밖은 장군이 통제하여 軍功과 爵賞을 모두 밖에서 결정하고 돌아와서 아뢰도록 하라.' 하였으니, 이는 빈말이 아닙니다. 이목이 조나라 장수가 되었을 때에 군대의 市租를 모두 직접 사용하도록 하고, 士卒들을 먹이고 상을 줄 때에 조정의 지시를 따르지 않고 그에게 위임하여 공을 이룰 수 있게 하였습니다. 그렇기 때문에 이목이 그의 지혜와 재능을 다 발휘할 수 있어서 조나라가 거의 霸者가 되었습니다.

지금 신이 삼가 듣건대 魏尙이 雲中守가 되어 그 군의 市租를 모두 士卒들을 먹이

---

12) 馮唐 : 한나라 때의 名臣이다. 풍당의 선조는 趙나라 사람이었는데, 아버지 대에 代 지역으로 이사하였다가 한나라가 흥기한 후에 安陵으로 옮겼다. 풍당은 효도로 명성을 얻어 한 문제 때에 中郎署長을 담당한 이래 景帝 때까지 중앙 고위관직을 역임하였다. 이후 한 무제가 즉위한 후 풍당을 발탁하려 하였지만 이미 나이 90이 넘은 상태라 부득이 관직에 나가지 못하였고 대신 풍당의 아들 馮遂가 기용되었다.(≪漢書≫ 권50 〈馮唐列傳〉)

13) 李齊 : 전국시대 趙나라 장수로, 馮唐의 조부 때부터 풍당의 집안과 사이좋게 지낸 사람이다.(≪漢書≫ 권50 〈張馮汲鄭傳〉)

14) 廉頗 : 전국시대 趙나라의 명장으로서 80을 넘긴 나이에도 전투를 치르며 건재하여 노익장의 상징으로 여겨진다. 藺相如와 刎頸之交를 맺어 조나라를 지켰으며, 그 공으로 조나라 孝成王이 尉文이라는 읍의 땅을 내리고 信平君에 봉하였고, B.C. 251년에 平原君이 사망하면서 공석이던 相國 대행에 임명되었다. 그러나 悼襄王이 즉위하여 장군직에서 파면되어 지금의 河南省 開封市의 서북쪽 지역인 大梁으로 망명하였다.(≪史記≫ 권81 〈廉頗藺相如列傳〉)

15) 李牧 : 전국시대 趙나라 북쪽 변방을 지키던 장수로, 흉노족을 잘 방비하여 10년 동안 흉노족이 변방을 침입하지 못했으며, 또 秦나라를 대파한 공으로 武安君에 봉해졌다.(≪史記≫ 권81 〈廉頗藺相如列傳〉)

고, 私養錢[16]을 가지고 자기 뜻대로 賓客과 軍吏와 舍人을 먹였으니, 이 때문에 흉노가 멀리 피해서 운중의 변방에 가까이 오지 않고, 오랑캐가 한 번 쳐들어온 적이 있었는데 위상이 그들을 쳐서 죽인 숫자가 매우 많았다고 합니다.

사졸들은 농사를 짓다가 차출되어 군대에 들어가니 어찌 尺籍이나 伍符[17]를 알겠습니까. 종일토록 힘껏 전투하여 적을 베고 포로를 잡아 幕府에 功을 상신해도 한 마디도 호응해주지 않고, 여기에 법을 담당한 관리가 형법으로 다스리니 그 상은 행해지지 않고 형법은 반드시 시행됩니다.

또 위상이 공을 보고할 적에 수급이 6개가 차이가 나는 죄에 걸려 폐하께서 그를 법을 관장하는 관리에게 내려 그 관작을 박탈하고 노역형을 내리셨습니다.[18] 이 일로 본다면 폐하께서는 염파나 이목을 얻더라도 쓰지 못하실 것입니다." 하니, 문제가 기뻐하여 이날에 풍당에게 부절을 가지고 가서 위상을 사면하게 하고 다시 운중수가 되게 하고, 풍당을 車騎都尉로 임명하였다.

○十四年冬에 上輦過郎署할새 問郎署長馮唐曰 父家安在오 對曰 趙人이로소이다 上曰 吾居代時에 尙食監高祛數爲我言趙將李齊之賢이 戰於鉅鹿下러니 今吾每飯에 意未嘗不在鉅鹿也로니 父知之乎아 對曰 尙不如廉頗李牧之爲將也니이다 上搏髀曰 嗟乎라 吾獨不得頗牧爲將일새 吾豈憂匈奴哉리오 唐曰 陛下雖得之라도 不能用也시리이다 上曰 公何以知之오 對曰 上古王者之遣將也에 跪而推轂曰 閫以內者는 寡人制之하고 閫以外者는 將軍制之하야 軍功爵賞을 皆決於外하고 歸而奏之하라하니 此非虛言也라 李牧爲趙將에 軍市租를 皆自用하고 饗士賞賜를 不從中覆하야 委任而責成功이라 故牧得盡其智能하야 而趙幾霸라 今臣竊聞魏尙爲雲中守하야 其軍市租를 盡以饗士卒하고 私養錢自饗賓客軍吏舍人하니 是以匈奴遠避하야 不近雲中之塞하고 虜曾一入하니 尙擊之하야 所殺甚衆이라 夫士卒起田中從軍하니 安知尺籍伍符리오 終日力戰하야 斬首捕虜하야 上功幕府라도 一言不相應이어늘 文吏以法繩之하니 其賞不行而法必用이라 且尙坐上功首虜差六級이어늘 陛下下之吏하사 削其爵罰作之라 由此言之컨대 陛下雖得頗牧이라도 弗能用也시리이다 上說(열)하야

---

16) 私養錢 : 개인 창고에 있는 假錢이라는 뜻인데, 한나라 때에 市肆에서 거두어들이는 租稅 수입을 사적으로 사용할 수 있었다.(≪史記≫ 권102 〈張釋之馮唐列傳〉)

17) 尺籍이나 伍符 : 척적은 漢나라 때 軍令를 적은 문건이라는 설과 吏卒이 적을 참수한 숫자를 기록한 길이가 한 자쯤 되는 문건이라는 기록이 있다. 伍符는 군대에서 각 伍 간에 서로를 확인할 수 있는 符信으로 적의 간첩이 끼어드는 것을 방지하기 위한 장치이다.(≪史記≫ 권102 〈張釋之馮唐列傳〉)

18) 노역형을 내리셨습니다 : 원문은 '罰作'이다. 이는 漢代에 경범죄를 지은 자에게 부과하던 勞役刑이다.

是日에 令唐持節赦魏尙하고 復以爲雲中守하고 而拜唐爲車騎都尉하다

7-1-20

봄에 여러 제사를 지내는 壇·場을 증설하고 제사에 올리는 珪璧과 幣帛의 수량을 더하게 하였다.

조서를 내리기를, "짐이 희생과 규벽과 폐백으로 上帝와 宗廟를 섬긴 지 이제 14년이 되었다. 오랜 세월 동안 민첩하지 못하고 현명하지 못한 내가 오랫동안 천하를 다스리고 있으니 짐이 매우 스스로 부끄럽다. 여러 제사를 지내는 壇·場을 증설하고 제사에 올리는 규벽과 폐백의 수량을 더하도록 하라. 옛날 선왕이 널리 은혜를 베풀고서 그 보답을 구하지 않았고, 望祀를 지내고 그 복을 빌지 않고, 현자를 높이고 친척을 낮추며 백성을 먼저 하고 자신을 뒤로 하였으니 더할 수 없이 지극히 현명하였다. 지금 내가 들으니 제사를 담당한 관원이 복을 빌 때에 모두 복을 짐의 몸에 돌리고 백성을 위하지 않는다고 하니 짐이 매우 부끄럽게 여긴다. 짐의 부덕으로 그 복을 독차지하고 백성은 거기에 끼지 못한다면 이는 나의 부덕을 무겁게 만드는 것이니, 제사를 담당한 관원에게 공경은 다하되 비는 것은 없게 하라." 하였다.

○春에 增諸祀壇場珪幣하다 詔曰 朕獲執犧牲珪幣하야 以事上帝宗廟 十四年于今이라 歷日彌長하야 以不敏不明而久撫臨天下하니 朕甚自媿하노니 其廣增諸祀壇場珪幣하라 昔先王이 遠施不求其報하며 望祀不祈其福하고 右賢左戚하며 先民後己하나니 至明之極也라 今吾聞祠官祝釐에 皆歸福於朕躬하고 不爲百姓이라하니 朕甚媿之하노라 夫以朕之不德으로 而專饗獨美其福하고 百姓不與(예)焉이면 是重吾不德也니 其令祠官致敬하고 無有所祈하라

7-1-21

後元年(B.C. 163) 겨울 10월에 御史에게 다음과 같이 조서를 내렸다.

"지난 몇 년 동안 흉년이 들고 또 水災와 旱災와 전염병의 재앙이 있었으니 짐이 매우 근심하노라. 생각건대 짐의 정치에 잘못이 있고 행실에 허물이 있어서인가. 어찌하여 이런 재앙을 초래하였는가. 농지를 헤아려보면 더 줄어들지 않았고 백성을 헤아려보면 더 늘어나지 않았는데 식량이 심히 부족한 것은 백성들이 商業 등 말단의 일에 종사하여 농사를 해치는 것이 많고, 술을 빚느라 곡식을 소비한 것이 많으며, 곡식

을 먹는 가축이 많아서가 아니겠는가. 丞相과 列侯와 二千石의 관리와 博士들은 의논하여 백성을 도울 수 있는 방안이 있거든 마음을 다해 멀리 생각해서 숨김없이 아뢰도록 하라." 하였다.

○後元年冬十月에 詔御史曰 間者數年不登하고 又有水旱疾疫之災하니 朕甚憂之하노니 意朕之政有所失而行有過與아 何以致此오 夫度(탁)田非益寡요 計民未加益이로되 而食之甚不足者는 無乃百姓之從事於末하야 以害農者蕃하며 爲酒醪以靡穀者多하며 六畜之食焉者衆與아 其與丞相列侯吏二千石博士議之하야 有可以佐百姓者어든 率意遠思하야 無有所隱하라

7-1-22

가을 8월에 승상 張蒼[19]이 파면되었다. 문제가 竇皇后[20]의 동생 竇廣國이 어질고 선행이 있다고 하여 재상으로 삼으려고 하다가 "천하 사람들이 내가 두광국에게 사적인 은혜를 베푼다고 할까 염려된다."라고 하여 오랫동안 생각만 하고 재상으로 삼지 않았다. 申屠嘉[21]는 옛날에 材官[22]으로서 힘이 세어 高帝를 따랐었는데 됨됨이가 청렴하고 정직하여 집에서 사사로운 청탁을 받지 않았으므로 마침내 승상으로 삼았다.

○秋八月에 丞相張蒼免하다 帝以后弟廣國賢有行이라하야 欲相之러니 曰 恐天下以吾私廣國이라하야 久念不可러니 而申屠嘉故以材官蹶張으로 從高帝하고 爲人廉直하야 門不受私謁이어늘 遂以爲丞相하다

7-1-23

6년(B.C. 158) 겨울에 흉노가 上郡과 雲中을 침입하여 많은 사람을 죽이고 약탈하

---

19) 張蒼 : B.C. 256~B.C. 152. 漢나라의 개국공신으로 文帝 때 승상을 지내고 백여 세의 장수를 누린 인물이다. 高祖 6년(B.C. 201) 北平侯에 봉해졌다. 列侯로 相府에 있으면서 郡國에 대한 계책을 맡았다. 律曆에 정통했고, 圖書를 잘 알아 일찍이 음율과 역법을 개정했다.(≪漢書≫ 권42 〈張蒼傳〉)

20) 竇皇后 : 文帝의 황후이고, 景帝의 어머니인 孝文竇皇后이다.

21) 申屠嘉 : 漢 高祖를 따라 項羽를 공격한 데 공이 있어 都尉가 되었고, 漢 文帝 때엔 丞相이 되어 故安侯에 봉하여졌다. 신도가의 사람됨이 淸廉正直하여 私가 통하지 않았다. 漢 景帝 때 鼂錯가 用事하게 됨을 미워하였는데 조조가 宗廟의 담〔墻〕을 뚫은 일이 있자 신도가는 그를 죽이려 하였다. 조조는 겁이 나서 皇帝가 시켰다고 핑계하였다. 신도가는 황제에게 죄주기를 청했지만 황제는 끝내 그를 용서하였으므로 신도가는 분개하여 피를 토하고 죽었다. 시호는 節이다.(≪漢書≫ 권42 〈申屠嘉傳〉)

22) 材官 : 西漢 때 각 郡國에 두었던 지위가 낮은 武官職이다.

였으므로 烽火가 올라 甘泉과 長安에 보고되자 中大夫 令免을 車騎將軍으로 삼아 飛狐에 주둔하게 하고, 前 초나라 재상 蘇意를 장군으로 삼아 句注에 주둔하게 하고, 장군 張武를 北地에 주둔하게 하고, 河內太守 周亞夫를 장군으로 삼아 細柳에 주둔하게 하고, 宗正 劉禮를 장군으로 삼아 霸上에 주둔하게 하고, 祝茲侯 西厲를 장군으로 삼아 棘門에 주둔하게 해서 오랑캐를 대비하였다. 문제의 재위 기간은 23년이었고, 향년은 46세였다.

○六年冬에 匈奴入上郡雲中하야 殺略甚衆하야 烽火通於甘泉長安이어늘 以中大夫令免爲車騎將軍하야 屯飛狐하고 故楚相蘇意爲將軍하야 屯句注하고 將軍張武로 屯北地하고 河內太守周亞夫爲將軍하야 次細柳하고 宗正劉禮爲將軍하야 次霸上하고 祝茲侯徐厲爲將軍하야 次棘門하야 以備胡하다 帝在位二十三年이요 享年四十六이러라

7-1-24

史臣 班固가 다음과 같이 논평하였다.

"문제가 즉위하여 23년 동안 宮室과 苑囿와 車騎와 服御를 늘린 것이 없고, 불편한 제도가 있으면 그때마다 완화시켜서 백성을 이롭게 하였다. 일찍이 露臺를 만들려고 匠人을 불러서 비용을 계산하게 하니 100金이 소요된다고 하였다. 문제가 말하기를, '100금은 中人 10家의 재산이다. 내가 先帝의 宮室을 받들어 항상 수치를 끼치게 될까 두려워하였는데 어찌 노대를 만들겠는가.' 하였다.

자신은 검은색 거친 비단으로 만든 옷을 입고, 총애하는 愼夫人은 옷이 땅에 끌리지 않게 하였으며, 장막은 수놓지 않은 것을 써서 돈후하고 질박함을 보여 천하에 솔선수범을 보였다. 霸陵을 다스릴 때에 모두 瓦器를 쓰고 金, 銀, 銅, 錫으로 꾸미지 못하게 하고, 무덤을 만들 때에 있는 산을 그대로 이용하고 새로 봉분을 쌓지 못하게 하였다.

南越王 尉佗가 스스로 황제라고 칭하자 위타의 형제를 불러서 덕으로 회유하였는데, 위타가 마침내 稱臣하였다. 흉노와 和親을 맺었는데 후에 흉노가 배반하여 침입하자 변경을 수비하게 하고 군대를 동원하여 깊이 쳐들어가지 않았으니 백성을 번거롭게 하는 것을 염려해서였다.

吳王이 병을 핑계 대고 入朝하지 않자 几杖을 하사하였고, 袁盎 등 신하들의 간언하

는 말이 비록 심하였으나 항상 관대하게 받아들였고, 張武 등이 金錢을 뇌물로 받아 발각되자 다시 상을 더 내려서 수치를 느끼게 하였다.

전적으로 德으로 백성을 교화시키니 이 때문에 온 천하가 번성하고 풍족해져서 禮樂에 흥기하였으며, 옥사를 판결한 것이[23] 수백 건에 지나지 않아 거의 형벌을 사용하지 않는 지경에 이르렀으니, 오호라! 어질도다."

史臣班固論曰 帝卽位二十三年에 宮室苑囿車騎服御를 無所增益하며 有不便이면 輒弛以利民이라 嘗欲作露臺하야 召匠計之한대 直(치)百金이라 上曰 百金은 中人十家之產也라 吾奉先帝宮室하야 常恐羞之하노니 何以臺爲리오하다 身衣弋綈하며 所幸愼夫人衣不曳地하고 帷帳無文繡하야 以示敦朴하야 爲天下先하다 治霸陵에 皆瓦器하야 不得以金銀銅錫爲飾하고 因其山不起墳하다 南越尉佗自立爲帝어늘 召尉佗兄弟하야 以德懷之한대 佗遂稱臣이라 與匈奴結和親이러니 後而背約入盜어늘 令邊備守하고 不發兵深入하니 恐煩百姓이라 吳王詐病不朝어늘 賜以几杖하고 群臣袁盎等諫說 雖切이나 常假借納用焉하고 張武等受賂金錢覺이어늘 更加賞賜하야 以愧其心하다 專務以德化民하니 是以海內殷富하야 興於禮樂하며 斷獄數百하야 幾致刑錯하니 嗚呼仁哉인저

景帝

7-2-1

孝景皇帝의 이름은 啓이고 文帝의 太子이다. 어머니는 竇太后이니, 文帝 元年(B.C. 179) 봄 3월에 황태자가 되었고, 문제가 붕어하자 황제에 즉위하였다.

孝景皇帝名은 啓요 文帝太子也라 母曰竇皇后니 文帝元年春三月에 立爲皇太子러니 文帝崩에 卽皇帝位하다

漢景帝

23) 옥사를……것이 : 顔師古의 주에 의하면 온 천하에 死罪를 판결한 것을 가리킨다고 하였다.(≪漢書≫ 권4 〈文帝紀〉)

7-2-2

원년(B.C. 156) 겨울 10월에 다음과 같이 조서를 내렸다.

"듣자 하니 옛날에 祖는 功이 있는 왕에게 붙이고 宗은 덕이 있는 왕에게 붙여서 禮樂을 제정하는 것이 각각 말미암은 것이 있다고 하였다. 노래는 德을 드러내는 것이고, 춤은 공을 드러내는 것이다. 高皇帝의 사당에 酎[24]를 올릴 때에 武德과 文始와 五行의 춤을 추며,[25] 孝惠帝의 사당에 酎를 올릴 때에 文始와 五行의 춤을 춘다.

孝文皇帝가 천하를 다스릴 때에 關門과 橋梁에서 검문하는 제도를 폐지하여[26] 도성에서 멀리 떨어져 있는 지방 사람들에게 차이를 두지 않았으며, 誹謗罪를 폐지하고 肉刑을 폐지하였으며, 長老들에게 상을 내리고 곤궁한 백성들을 구휼하여 백성들이 삶을 영위할 수 있게 하였으며, 자신의 嗜欲을 줄이고 헌납하는 것을 받지 않았으며, 죄인에 대해 처자식까지 처벌하지 않고 죄 없는 자를 주벌하지 않았으며, 이익을 사사로이 하지 않았으며, 宮刑을 폐지하고 美人을 내보냈으며,[27] 남의 세대를 끊는 것을 신중히 하셨으니, 짐이 불민하여 효문황제의 盛政을 이루 다 기억할 수 없다.

이 일들은 모두 윗대의 황제들이 미치지 못한 일인데 효문황제께서 친히 행하시어 덕의 두터움이 天地와 짝을 이루고 혜택이 四海에 베풀어져 복을 얻지 못한 자가 없고 밝음은 日月과 같다. 그런데도 효문황제의 사당에 쓰는 음악이 그에 걸맞지 않으니 짐은 심히 두려워하노라. 효문황제의 사당에 사용할 昭德의 춤을 만들어 아름다운 덕을 밝힌 뒤에야 祖宗의 功德이 만세에 베풀어져 영원토록 무궁하게 전해질 것이니 짐은 매우 가상하게 여긴다. 丞相과 列侯와 中二千石[28]과 禮官은 禮儀를 마련하여 아

---

24) 酎 : 宗廟에 올리는 술 이름이다. 정월 초하루에 빚어서 8월에 완성하는데, 세 번 빚은 醇酒이다. (≪漢書≫ 권5 〈景帝紀〉)

25) 武德과……추며 : 裴駰이 지은 ≪史記集解≫에 孟康이 말하기를 "武德이라는 춤은 漢 高祖가 만든 것이고, 文始는 舜임금의 춤이고, 五行은 周나라의 춤이다. 무덕은 춤추는 자가 干과 戚을 들고 춤을 추고, 문시는 춤추는 자가 羽와 籥을 들고 춤을 추고, 五行은 춤추는 자가 冠冕 차림으로 춤을 추는데 의복이 오행의 색을 본받은 것이다."라고 하였다.(≪史記≫ 권10 〈孝文本紀〉)

26) 關門과……폐지하여 : 이전에는 도성을 들어오고 나가는 관문과 다리에 검문소를 설치하여 출입증인 傳을 사용하여 출입을 통제하였는데, 효문제 12년(B.C. 168)에 이 제도를 폐지하여 출입하는 데에 먼 지방 사람들도 차별을 두지 않았다.(≪漢書≫ 권4 〈文帝紀〉)

27) 美人을 내보냈으며 : 효문제 13년(B.C. 167)에 孝惠帝의 後宮의 美人들을 내보내 시집갈 수 있게 한 일을 가리킨다. 美人은 妃嬪의 칭호이다.(≪漢書≫ 권4 〈文帝紀〉)

되도록 하라."

승상 申屠嘉 등이 아뢰기를, "功으로는 고황제보다 큰 분이 없고, 德은 효문황제보다 성대한 분이 없으니, 고황제는 의당 太祖의 廟가 되어야 하고 효문황제는 의당 太宗의 廟가 되어야 합니다. 천자는 대대로 제사를 지내고, 郡國은 각각 태종의 사당을 세워야 합니다." 하니, 명하기를, "그렇게 하라." 하였다.

○元年冬十月에 詔曰 蓋聞古者에 祖有功而宗有德하야 制禮樂이 各有由라하니 歌者는 所以發德也요 舞者는 所以明功也라 高廟酎에 奏武德文始五行之舞하며 孝惠廟酎에 奏文始五行之舞하다 孝文皇帝臨天下에 通關梁不異遠方하시며 除誹謗去肉刑하시며 賞賜長老收恤孤獨하사 以遂群生하시며 減耆欲不受獻하시며 罪人不帑(노)하시며 不誅亡(무)罪하시며 不私其利也하시며 除宮刑出美人하시며 重絶人之世也시니 朕旣不敏하야 不能勝識(지)라 此皆上世之所不及이로되 而孝文皇帝親行之하사 德厚侔天地하시며 利澤施四海하야 靡不獲福하고 明象乎日月이나 而廟樂不稱하니 朕甚懼焉하노라 其爲孝文皇帝廟하야 爲昭德之舞하야 以明休德然后에 祖宗之功德이 施于萬世하야 永永無窮하리니 朕甚嘉之하노니 其與丞相列侯中二千石禮官으로 具禮儀奏하라 丞相嘉等奏功莫大於高皇帝요 德莫盛於孝文皇帝니 高皇帝宜爲太祖之廟요 孝文皇帝宜爲太宗之廟라 天子世世獻하고 郡國宜各立太宗廟라한대 制曰可라

7-2-3

中元 5년(B.C. 145) 9월에 다음과 같이 조서를 내렸다.

"獄事는 사람의 목숨이 달려 있는 것이다. 죽은 자는 다시 살아날 수 없으니 짐이 심히 불쌍히 여기노라. 여러 獄事 중에 의심스러운 경우 법조문으로 보면 법에 저촉되어 처벌되어야 하더라도 사람들의 마음에 승복되지 않는 경우에는 곧바로 讞議하도록 하라." 하였다.

○中五年九月에 詔曰 獄者는 人之大命이라 死者不可復生이니 朕甚憫之하노니 諸獄疑若雖文致於法而於人心不厭者는 輒讞之하라

---

28) 中二千石 : 漢나라 때의 품계 명칭이다. 顔師古의 설에 의하면 "한나라의 제도에 秩이 二千石인 자는 한 해에 얻는 것이 1,440石으로 실제로는 2,000석에 차지 못한다. 中二千石인 자는 한 해에 얻는 것이 2,160석인데 成數를 들어서 말하기 때문에 中二千石이라고 한 것이다. 中은 滿의 뜻이다." 하였다.(≪兩漢博聞≫ 권3)

7-2-4

6년(B.C. 144)이다. 처음에 경제가 笞法을 경감하였는데도 笞를 맞은 자가 온전하지 못하였다. 이에 다시 笞 300대를 200대로 감하고, 笞 200대를 100대로 감하였다. 또 箠令을 정하여 箠의 길이는 5尺으로 하고, 손잡이 쪽의 두께는 1寸의 대나무로 하고, 끝쪽은 半寸으로 하여 모두 마디를 깎아내고, 태를 맞는 자는 볼기를 때리고, 하나의 죄에 대해 태를 치고 나면 다른 죄인으로 바꾸어 때리니 이때부터 태를 맞은 자가 온전하게 되었다.

○六年이라 初에 上減笞法하되 笞者猶不全이러니 乃更減笞三百曰二百하고 笞二百曰一百이라 又定箠令하야 箠長五尺이요 其本大一寸竹也요 末薄半寸하야 皆平其節하고 當笞者笞臀하고 畢一罪에 乃更人하니 自是笞者得全하니라

7-2-5

後元年(B.C. 143) 봄 정월에 다음과 같이 조서를 내렸다.

"獄事는 중대한 일이다. 사람은 지혜로운 자와 어리석은 자가 있고, 관직에는 높고 낮음이 있으니, 의심스러운 옥사는 有司에게 讞議하게 하고, 유사가 결정하지 못할 경우에는 廷尉에게 옮겨서 평의한 뒤에 평의한 것이 부당하더라도 평의한 자에게 죄를 묻지 않을 것이다. 이는 옥사를 다스리는 자로 하여금 먼저 관대하게 다스리는 것을 힘쓰게 하기 위해서이다."

○後元年春正月에 詔曰 獄은 重事也라 人有智愚하고 官有上下하니 獄疑者讞有司하고 有司所不能決은 移廷尉讞而後에 不當이라도 讞者不爲失이니 欲令治獄者로 務先寬하노라

7-2-6

2년(B.C. 142) 여름 4월에 다음과 같이 조서를 내렸다.

"器物을 조각하여 꾸미는 것은 農事를 상하게 하는 것이고, 비단으로 수를 놓고 무늬를 넣어 베를 짜는 것은 女工을 해치는 것이니, 농사가 상하는 것은 굶주림의 근본이고, 여공이 해를 입는 것은 추위에 떨게 되는 근원이다. 굶주림과 추위에 떠는 것이 아울러 이르렀는데도 그릇된 짓을 하지 않을 자는 적다.

짐이 몸소 농사를 짓고 황후가 몸소 누에를 쳐서 宗廟의 祭需와 祭服에 사용하여 천하에 솔선을 보이고, 獻上을 받지 않고 太官[29]을 줄이고 徭役과 賦稅를 줄여서 천하 사람들에게 농사와 누에치기에 힘써 평소에 축적된 것이 있게 하여 재해를 대비하게 하려고 한다. 그리고 강한 자는 약한 자를 侵奪하지 말고 많은 무리는 적은 무리를 포학하게 대하지 말아서 노인은 命대로 살고 어린이는 성장할 수 있도록 하려고 한다.

올해에 흉년이 들어 백성의 식량이 부족하니 그 허물이 어디에 있는가? 혹 관리를 사칭하여 재물을 끌어모으고 백성을 침탈하고 만민을 침해하기도 한다. 縣丞은 官長인데 법을 농간하여 도둑과 함께 도둑질을 하니 매우 잘못된 것이다. 二千石으로 하여금 각각 그 직책을 수행하게 하고, 관직의 일을 하지 않고 혼란을 일으키는 자는 丞相이 아뢰어서 그 죄를 청하도록 하라."

○二年夏四月에 詔曰 雕文刻鏤는 傷農事者也요 錦繡纂組[30]는 害女工者也니 農事傷則飢之本이요 女工害則寒之原也라 夫飢寒竝至而能亡爲非者寡矣라 朕親耕하고 后親桑하야 以奉宗廟粢盛祭服하야 爲天下先하고 不受獻하며 減太官省(생)徭賦하야 欲天下務農蠶 素有畜積하야 以備災害하며 彊毋攘弱 衆毋暴寡하야 老耆以壽終하고 幼孤得遂長하노라 今歲或不登하야 民食頗寡하니 其咎安在오 或詐僞爲吏하야 以貨賂爲市하야 漁奪百姓하고 侵牟萬民하나니 縣丞은 長吏也라 姦法與盜盜甚無謂也라 其令二千石으로 各修其職하고 不事官職耗亂者는 丞相以聞하야 請其罪하라

7-2-7

3년(B.C. 141) 봄 정월에 조서를 내렸다.

"농사는 천하의 근본이다. 黃金과 珠玉은 굶주려도 먹을 수 없고 추워도 입을 수 없다. 근래에 간혹 흉년이 들었으니, 내 생각에 말단에 종사하는 자가 많고 농민이 적어서인 것이다. 郡國으로 하여금 농사와 누에치기를 권면하고 농작물을 더욱 많이 심어서 의복과 음식물을 얻을 수 있게 하라. 관리가 백성을 징발하거나 고용해서 황금과 주옥을 채굴한 자는 贓汚罪를 적용하여 도둑으로 취급하고, 二千石으로서 이를 내버려두고 다스리지 않은 자는 같은 죄로 처벌하겠다."

경제의 재위 기간은 16년이었고, 향년은 48세였다.

---

29) 太官 : 秦漢時代에 있던 관직 이름으로, 황제의 음식과 연회를 주관하고 小府에 속한다.

30) 纂組 : ≪漢書≫의 註에 應劭는 五采로 비단을 짜는 것이라고 하고 臣瓚은 붉은 인끈으로 보았다. (≪漢書≫ 권5 〈景帝紀〉)

○三年春正月에 詔曰 農은 天下之本也라 黃金珠玉은 飢不可食이며 寒不可衣라 間에 歲或不登하니 意爲末者衆하고 農民寡也라 其令郡國으로 務勸農桑하며 益種樹하야 可得衣食物하라 吏發民若取庸采黃金珠玉者는 坐臧爲盜하고 二千石聽者는 與同罪하리라 帝在位十六年이요 享年四十八이러라

7-2-8

史臣 班固가 다음과 같이 논하였다.

"漢나라가 일어나서 번거롭고 가혹한 법을 폐지하고 백성과 함께 휴식하였는데, 효문제 때에 이르러 여기에 恭儉을 더하고, 효경제는 선왕의 基業을 준수하여 5, 60년 사이에 풍속이 바뀌어 백성들이 醇厚해졌다. 주나라 때에는 成王과 康王의 치세를 말하고, 한나라 때에는 文帝와 景帝의 치세를 말하니 아름답도다."

史臣班固論曰 漢興에 掃除煩苛하야 與民休息이러니 至于孝文하야 加之以恭儉하고 孝景遵業하야 五六十載之間에 至於移風易俗하야 黎民醇厚하니 周云成康이요 漢言文景하나니 美矣로다

본받을 만한 善政 善可爲法

西漢

武帝

8-1-1

世宗孝武皇帝의 이름은 徹이고, 景帝의 中子이다. 어머니는 王美人이다. 경제 4년(B.C. 153)에 膠東王이 되고, 7년에 황태자가 되었는데, 後元 3년(B.C. 141)에 경제가 붕어하자 황제위에 올라 어머니 王氏를 높여 皇太后로 하였다.

世宗孝武皇帝名은 徹이요 景帝中子也라 母曰王美人이라 景帝四年에 立爲膠東王하고 七年에 爲皇太子러니 後三年에 景帝崩이어늘 卽皇帝位하야 尊母王氏爲皇太后하다

漢武帝

8-1-2

建元 원년(B.C. 140) 겨울 10월에 賢良하고 方正하여 능히 直言을 하고 極諫할 수 있는 학자를 선발하여 무제가 직접 策問하였는데, 廣川 사람 董仲舒[1]가 對策 세 편을 제출하니 무제가 그 대책을 훌륭하게 여겨 동중서를 江都相에 임명하였다. 승상 衛

綰[2])이 이 일로 인하여 선발한 현량 중에 申不害,[3]) 韓非子,[4]) 蘇秦,[5]) 張儀[6])의 학설을 공부하여 국정을 어지럽히는 자는 모두 파면하기를 청하니, 윤허하였다.

○建元元年冬十月에 擧賢良方正直言極諫之士하야 上親策問之한대 廣川董仲舒對策三篇이어늘 上善其對하야 以仲舒爲江都相한대 丞相衛綰이 因奏所擧賢良이 或治申韓蘇張之言하야 亂國政者는 請皆罷라하니 奏可하다

8-1-3

建元 3년(B.C. 138) 겨울 10월에 中山王 劉勝[7])이 와서 入朝하였다.

---

1) 董仲舒 : B.C. 197~B.C. 104. 前漢 때 경학가로 廣川 사람이다. 景帝 때 박사가 되었으며 무제가 즉위하여 널리 인재를 구하자 〈賢良對策〉을 올려 인정을 받아 江都相에 제수되었다. 이후 儒教로 사상계를 통일할 것을 주장, 유교가 국교화하는 기초를 만들었다. 또 학교 교육의 실시, 科擧 제도의 제정을 주장하고, 郡國에 명하여 우수한 인물을 천거하게 하였는데, 이러한 인재 등용 방법은 정치에 좋은 결과를 가져왔다.(≪漢書≫ 권56 〈董仲舒傳〉)

2) 衛綰 : 漢나라 代郡 大陵 사람으로 시호는 哀이다. 景帝 때 河間王의 太傅가 되고 吳·楚 7국의 난을 평정한 공으로 建陵侯에 봉해졌다.(≪史記≫ 권103 〈萬石張叔列傳〉)

3) 申不害 : B.C. 385~B.C. 337. 戰國時代 韓나라의 정치 사상가이다. 鄭나라에서 하급 관리로 일하다가 韓 昭侯를 섬겨 15년간 재상으로 있으면서 나라를 태평하게 다스렸다. 法家를 대표하는 인물로, 黃老 사상을 기본으로 삼아 신하들을 통제하는 방식을 강조하였다. 저서로 ≪申子≫가 있었다고 하나 송나라 때 모두 없어졌고, 현재는 ≪群書治要≫와 ≪太平御覽≫ 등에 실린 글을 모은 책 ≪大體≫가 남아 있다.(≪史記≫ 권63 〈老子韓非列傳〉)

4) 韓非子 : B.C. 280~B.C. 233. 전국시대 말기의 사상가이다. 약소국이었던 韓나라의 왕족으로, 젊어서 李斯와 함께 荀子에게 배워 뒷날 법가사상을 집대성했다. 진 시황제는 한비의 〈孤憤〉·〈五蠹〉의 논문을 보고 매우 감탄했다 한다. 한나라의 세력이 약해지는 것을 염려하여 왕에게 간언했지만 받아들여지지 않았고, 진나라의 공격을 받자 화평의 사신으로서 갔다. 시황제는 그를 보자 크게 기뻐하여 머물게 하려 했으나, 이사가 무고하여 옥에 가두고 독약을 주어 자살하게 했다. 저서에 ≪韓非子≫가 있다.(≪史記≫ 권63 〈老子韓非列傳〉)

5) 蘇秦 : ?~B.C. 284. 전국시대의 정치가로, 자는 季子이다. 張儀와 함께 鬼谷子를 사사하고, 秦나라의 惠王을 비롯한 제후들에게 유세를 하였으나 등용되지 않았다. 이에 다시 1년 동안 독서를 한 뒤 진나라를 두려워하는 산동 지역의 제후국을 찾아다니며 6國의 연합으로 진나라에 대항하자는 合縱說을 주창, 燕나라의 文侯에게 등용되었다. 뒤를 이어 趙·齊·魏·韓·楚·燕의 남북 縱橫說을 성공시켜 6국의 재상이 되고 스스로 武安君이라 칭하였다. 그러나 합종책은 장의 등이 내세운 連衡策에 밀려 실패하였고, 그 후 제나라 大夫의 미움을 사 살해당하였다. 장의와 함께 전국시대 策士의 1인자로 竝稱되고 있으며, 저서에 ≪蘇子≫가 있었으나 전하지 않는다.(≪史記≫ 권69 〈蘇秦列傳〉)

6) 張儀 : ?~B.C. 309. 전국시대의 정치가이다. 縱橫家의 비조로, 소진과 함께 귀곡자를 사사하였다. 소진의 주선으로 秦나라에서 벼슬살이를 하게 되었고 惠文王 때 재상이 되었다. 燕·楚·韓·魏·趙·齊의 6국이 연합하여 진나라에 대항한 소진의 合從策에 맞서 생존을 위해서는 6국이 각각 진나라와 연합해야 한다는 連衡策을 제창하여 합종을 깨버렸다. 혜왕이 죽은 뒤 실각하여 위나라로 피신하였으며, 재상이 된 지 1년 만에 죽었다.(≪史記≫ 권70 〈張儀列傳〉)

이때에 의논하는 자들이 鼂錯(조조)의 계책이 실패한 것을 원통하게 여겨[8] 諸侯王을 꺾고 억누르기를 힘쓰고 그들의 잘못을 자주 드러내어 황제에게 아뢰고 없는 허물까지도 찾아내려고 하니, 제후왕들이 슬퍼하고 원망하지 않는 자가 없었다.

이때에 이르러 주연을 베풀었는데 유승이 음악 소리를 듣고 울었다. 무제가 그 까닭을 묻자 유승이 조정의 관리들이 침해한 일들을 모두 아뢰니 무제가 제후를 대우하는 예를 후하게 하고, 有司가 아뢴 제후들의 일을 세세히 따지지 않고 親親의 은혜를 더욱 돈독하게 하였다.

○三年冬十月에 中山王勝來朝하다 時에 議者多冤鼂錯之策하여 務摧抑諸侯王하고 數奏暴其過惡하야 吹毛求疵하니 諸侯王莫不悲怨이라 至是에 置酒할새 勝聞樂聲而泣한대 上問其故하니 勝具以吏所侵聞이어늘 上乃厚諸侯之禮하고 省(생)有司所奏諸侯事하야 加親親之恩焉하다

8-1-4

9월에 무제가 천하에 文學이 뛰어나고 材智가 있는 선비들을 선발하고 그중에 뛰어난 자를 뽑아서 총애하여 기용하니 莊助,[9] 朱買臣,[10] 吾丘壽王,[11] 司馬相如,[12] 東方

---

7) 中山王 劉勝 : ?~B.C. 113. 前漢 景帝의 아홉 번째 아들이다.

8) 鼂錯(조조)의……여겨 : 鼂錯는 西漢의 潁川 사람으로 申不害와 商鞅의 刑名學을 배웠다. 文帝 때에는 太常掌故로 있으면서 왕명에 따라 伏生에게 ≪尙書≫를 배웠다. 또 태자의 家務을 담당하는 太子家令이 되었는데 유창한 언변과 판단력으로 태자로부터 智囊이라는 소리를 들었다. 景帝 때에 이르러 강성해진 제후들을 억제하기 위하여 그들의 封地를 삭감하려 하다가, 吳·楚 등 7국이 이에 반란을 일으키자, 마침내 그 반란의 원인 제공자라는 이유로 斬刑을 당하였다.(≪漢書≫ 권49 〈鼂錯傳〉) ≪漢書≫ 권53 〈景十三王傳〉 顔師古의 註에 '議者多冤鼂錯之策'은 조조의 계책이 옳았는데 억울하게 죽임을 당했음을 말한 것이라 하였다.

9) 莊助 : 前漢 때의 會稽 吳縣 사람으로, 원래 성은 莊氏인데 漢 明帝의 諱가 莊이기 때문에 ≪漢書≫에는 嚴으로 고쳐서 嚴助로 기록하였다. 漢 武帝 때 東方朔, 司馬相如, 吾丘壽王 등과 함께 총애를 받았으며, 시종신으로 있다가 자신의 고향인 회계 태수로 나가기도 하였다. 그러나 뒤에 淮南王 劉安의 모반 사건 때 유안과 사이가 좋았다는 이유로 사형당했다.(≪漢書≫ 권64상 〈嚴朱吾丘主父徐嚴終王賈傳〉)

10) 朱買臣 : ?~B.C. 115. 會稽 吳縣 사람으로, 자는 翁子이다. 집안이 가난하여 땔나무를 해다 팔아 생계를 꾸려 나갔다. 독서에만 몰두하고 집안을 돌보지 않자 아내가 집을 나갔다. 會稽太守가 되어서는 橫海將軍 韓說 등과 함께 월나라를 물리친 공으로 主爵都尉가 되었다가 나중에 丞相長史가 되었다. 張湯과 평소 사이가 좋지 않았기 때문에 장탕이 승상이 되었을 때 주매신을 능멸하고 절교하자, 주매신이 장탕의 음란한 일을 무제에게 고하게 되었다. 이에 장탕은 자결하고 무제는 주매신을 죽였다.(≪漢書≫ 권64상 〈嚴朱吾丘主父徐嚴終王賈傳〉)

11) 吾丘壽王 : 漢 武帝 때 사람으로 자는 子贛이다. 董仲舒에게 ≪春秋≫를 배우고, 벼슬은 光祿大夫 侍

朔,[13] 枚皐,[14] 終軍[15] 등이 함께 좌우에 있으면서 매번 대신과 논변할 때에 中外[16]가 의리의 글로 호응하니 대신이 자주 굴복하였다.

○九月에 上招選天下文學材智之士하야 簡拔其俊異者하야 寵用之하니 莊助朱買臣吾(우)丘壽王司馬相如東方朔枚皐終軍等이 竝在左右하야 每令與大臣辨論에 中外相應以義理之文하니 大臣數屈焉하더라

8-1-5

建元 6년(B.C. 135) 가을에 汲黯[17]을 主爵都尉로 삼았다.

그전에 급암이 謁者가 되었는데 자주 直諫을 하였기 때문에 내직에 있지 못하고 외

中에 이르렀다. 이때에 도적이 극성하여 丞相 公孫弘이 활을 가지고 다니는 것을 금하자고 건의했는데, 사리에 맞지 않은 이유를 조목조목 들어 반박하여 공손홍을 굴복시켰고, 汾陰에서 寶鼎을 얻어 周鼎이라고 하였는데 하늘이 한나라에게 내린 것이므로 漢鼎이라고 주장하였다. 후에 일에 연루되어 주륙되었다.(≪漢書≫ 권64상 〈嚴朱吾丘主父徐嚴終王賈傳〉)

12) 司馬相如 : B.C. 179~B.C. 117. 前漢의 成都 사람으로, 자는 長卿이고, 아명은 犬子였으며, 藺相如의 사람됨을 흠모하여 '相如'라고 개명하였다. 漢 景帝 때 武騎常侍에 임명되었으나 병 때문에 사직하고, 梁나라의 孝王에게 가서 사냥의 즐거움을 묘사한 〈子虛賦〉를 지었다. 효왕이 죽은 후 고향인 成都로 돌아와 과부가 된 부잣집 딸 卓文君을 만나 우여곡절 끝에 결혼하였다. 〈자허부〉를 보고 매료된 무제가 황제의 사냥에 관한 부를 써줄 것을 부탁하자, 본래 작품을 바탕으로 〈上林賦〉를 지어 궁정의 관직을 받았다. 29편의 부와 4편의 산문이 남아 있다.(≪史記≫ 권117 〈司馬相如列傳〉)

13) 東方朔 : B.C. 154~B.C. 93. 漢 武帝 때의 문신으로 자는 曼倩이다. 해학과 辯舌, 直諫으로 무제의 총애를 받아 수십 년간 측근으로 있으면서 太中大夫 給事中까지 올랐다. 속설에 의하면 西王母의 복숭아를 훔쳐 먹고 장수하여 삼천갑자 동방삭이라고 이른다. 여러 신화와 전설 등 기이한 이야기를 다룬 ≪神異經≫과 ≪十洲記≫를 지었다고 전해지나, 둘 다 남북조시대의 위작으로 여겨지고 있다.(≪史記≫ 권126 〈滑稽列傳〉)

14) 枚皐 : 漢 景帝 때의 저명한 문인 枚乘의 庶子로 자는 少孺이다. 어려서 아버지와 헤어져 어머니와 함께 곤궁하게 살다가 뒷날 대궐에 글을 올려 작고한 매승의 아들임을 밝힘으로써 벼슬을 얻었다.(≪漢書≫ 권51 〈賈鄒枚路傳〉)

15) 終軍 : 漢 武帝 때 사람으로, 자는 子雲이고, 濟南 사람이다. 18세의 나이로 博士弟子에 선발되고 이어 諫大夫에 발탁되었다. 20세 때에 무제가 南越을 굴복시키기 위해 그를 사신으로 보내려 하자, 그는 긴 노끈을 내려주면 南越王을 묶어 오겠다고 무제에게 자청하여 가서 마침내 남월왕을 설득하여 사명을 완수했다.(≪漢書≫ 권64상 〈嚴朱吾丘主父徐嚴終王賈傳〉)

16) 中外 : 顔師古의 주에 의하면, 中은 천자의 賓客인 嚴助의 무리를 가리키고, 外는 公卿大夫를 가리킨다.(≪漢書≫ 권64상 〈嚴朱吾丘主父徐嚴終王賈傳〉)

17) 汲黯 : 前漢 濮陽 사람으로, 자는 長孺이다. 漢 景帝 때에 太子洗馬로 있으면서 태도가 엄숙하여 태자가 그를 꺼려할 정도였고, 漢 武帝 때 謁者, 東海太守, 主爵都尉 등을 지내면서 직간을 잘하기로 유명하였다.(≪史記≫ 권120 〈汲黯列傳〉)

직으로 옮겨 東海太守로 나가게 되었다. 한 해 남짓 지나서 동해가 크게 다스려지자 불러들여 主爵都尉를 삼았는데, 그의 다스림은 無爲를 힘써서 大體만을 이끌어 가고 작은 법문에는 구애받지 않았다.

성품이 거만하고 예의는 부족하여 남의 잘못을 면전에서 꾸짖어 용납하지 못하였다. 이때에 천자가 文學이 뛰어난 인물들을 초빙하여 일찍이 "나는 이렇게 이렇게 하고자 하노라." 하니, 급암이 대답하기를, "폐하께서는 안으로는 욕심이 많으면서 밖으로만 仁義를 베풀고자 하시니, 어떻게 堯舜의 다스림을 본받으려고 하십니까." 하였다. 무제가 노하여 조회를 파하고 근신들에게 말하기를, "심하도다. 급암의 우직함이여!"라고 하였다.

신하들 중에 어떤 사람이 급암을 꾸짖자 급암이 말하기를, "천자가 公卿 등 보필하는 신하를 둔 것은 어찌 아첨하고 비위를 맞추어 임금을 불의에 빠뜨리게 하려고 해서이겠는가. 그리고 이미 그 지위에 있으면 비록 자신을 아끼더라도 조정을 욕되게 하는 것은 어찌한단 말인가." 하였다.

급암이 병이 많아 자주 휴가를 주었으나 낫지 않자 莊助가 다시 휴가 주기를 청하자 무제가 말하기를, "급암은 어떤 사람인가?" 하니, 장조가 대답하기를, "급암으로 하여금 직책을 맡아 관직에 있게 하면 다른 사람보다 나을 것이 없지만 어린 임금을 보필하게 하면 王業을 매우 견고히 지켜서 불러도 오지 않고 쫓아도 가지 않아서 孟賁이나 夏育[18]이라고 자부하는 사람이라도 그 뜻을 빼앗지 못할 것입니다." 하였다. 무제가 말하기를, "그렇다. 옛날에 '社稷之臣'이 있었는데 급암 같은 사람이 거기에 가깝다." 하였다.

○六年秋에 以汲黯爲主爵都尉하다 始黯爲謁者러니 以數切諫으로 不得留內하고 遷爲東海守하니 歲餘에 東海大治어늘 召爲主爵都尉하니 其治務在無爲하야 引大體不拘文法이러라 爲人性倨少禮하야 面折不能容人之過러라 時에 天子方招文學하야 嘗曰 吾欲云云하노라 黯對曰 陛下內多欲而外施仁義하시니 柰何欲效唐虞之治乎잇가 上怒罷朝하고 謂左右曰 甚矣汲黯之戇也여 群臣或數黯한대 黯曰 天子置公卿輔弼之臣은 寧令從諛承意하야 陷主於不義乎아 且已在其位면 縱愛身이나

18) 孟賁이나 夏育 : 맹분은 전국시대의 용사로, 소뿔을 뽑을 힘이 있었다. 물속에서는 蛟龍을 피하지 않았고 육지에서는 외뿔소와 범 같은 맹수도 피하지 않았는데, 한번 노하면 소리가 울려 천지를 진동시켰다고 한다. 하육은 周나라 때의 이름난 용사로 衛나라 사람인데, 千鈞의 무게를 들 수 있을 정도로 힘이 세었다고 한다.(≪史記≫ 권101 〈袁盎晁錯列傳〉)

柰辱朝廷何오 黯多病하야 賜告者數로되 不愈어늘 莊助復爲請告한대 上曰 汲黯何如人哉오 助曰 使黯任職居官은 無以踰人이나 然至其輔少主면 守成深堅하야 招之不來하고 麾之不去하야 雖自謂賁育이라도 亦不能奪之矣니이다 上曰 然하다 古有社稷之臣이러니 至如黯近之矣라

8-1-6

元光 5년(B.C. 130) 8월에 吏民 중에 當世의 일에 밝고 先聖의 道에 익숙한 자를 부를 때에 경유하는 縣들에서 차례로 음식을 제공하여 上計吏[19]와 함께 올라오게 하였는데, 菑川 사람 公孫弘[20]이 對策을 올렸는데 무제가 1등으로 뽑아서 博士에 임명하여 金馬門[21]에서 待詔[22]하게 하였다.

○元光五年八月에 徵吏民有明當世之務하고 習先聖之術者하야 縣次續食(사)하야 令與計偕할새 菑川人公孫弘이 對策이어늘 上擢爲第一하고 拜博士하야 待詔金馬門하다

8-1-7

元朔 원년(B.C. 128) 겨울에 二千石이 孝廉을 천거하지 않는 데 대한 법을 정하였다.

조서를 내리기를, "짐이 執事들에게 엄히 명을 내려 孝廉을 흥기시켜 풍속을 이루어서 선왕들의 緖業을 아름답게 계승하고자 한다. 10戶쯤 되는 작은 邑에도 반드시 忠信한 사람이 있고,[23] 세 사람이 함께 가면 그중에 나의 스승이 있는 법이다.[24] 지금

---

19) 上計吏 : 고대에 지방관청마다 戶口, 賦稅, 人事를 장부에 기록하여 매년 중앙에 吏屬을 보내서 이를 보고하게 하였다.

20) 公孫弘 : B.C. 200~B.C. 121. 前漢 菑川 사람이다. ≪春秋≫를 공부하여 賢良으로 博士가 되었고 丞相에 올라 平津侯에 봉해졌다. 그는 법률과 관리의 실무에 매우 밝고 검박하였으며 繼母에게 효성을 다하였지만, 겉으로 관대하고 안으로는 시기심이 많은 성품이었다.(≪漢書≫ 권58 〈公孫弘卜式兒寬傳〉)

21) 金馬門 : 漢代의 궁문 이름으로, 학사들이 待詔하던 곳인데, 궁문 옆에 銅馬가 있었기 때문에 이렇게 호칭했다 한다.

22) 待詔 : 漢나라 때에 徵士로서 아직 정식 관직이 없는 자는 모두 公車에서 명을 기다리게 하고, 그 중 특이한 자는 金馬門에서 詔命을 기다리면서 顧問에 대비하게 하였는데, 후대에는 待詔가 관직 명칭이 되었다.

23) 10戶쯤……있고 : 孔子가 "10戶쯤 되는 작은 邑에도 반드시 나처럼 忠信한 자는 있지만, 나처럼 學問을 좋아하는 이는 없을 것이다.〔十室之邑 必有忠信如丘者焉 不如丘之好學也〕"라고 한 말에서 인용한 것이다.(≪論語≫ 〈公冶長〉)

24) 세……법이다 : 孔子가 "세 사람이 길을 가면 반드시 나의 스승이 있으니, 그중에 善한 자를 가려서 따르고, 善하지 못한 자를 가려서 자신의 잘못을 고쳐야 한다.〔三人行 必有我師焉 擇其善者而從之

온 郡에서 한 사람도 천거하지 않는 곳이 있으니, 이는 교화가 아래로 내려가지 않고 선행을 쌓은 군자가 임금에게 알려지는 길이 막혀 있는 것이다. 또 현자를 천거하면 上等의 상을 받고, 현자를 가려서 알려지지 못하게 하면 顯戮하는 것이 옛날의 도이다. 二千石이 천거하지 않은 죄에 대해 논하라." 하였다.

有司가 아뢰기를 "효자를 천거하지 않고 詔命을 받들지 않으면 불경죄로 논죄해야 하고, 청렴한 자를 천거하지 않고 직책을 감당하지 못하면 파면해야 합니다." 하니, 윤허하였다.

○元朔元年冬에 定二千石不擧孝廉法하고 詔曰 朕深詔執事하야 興廉擧孝하야 庶幾成風하야 紹休聖緖하니 夫十室之邑에 必有忠信하고 三人竝行에 厥有我師라 今或至闔(합)郡而不薦一人하니 是化不下究하고 而積行之君子壅於上聞也라 且進賢受上賞하고 蔽賢蒙顯戮이 古之道也라 其議二千石不擧者罪하라 有司奏不擧孝하고 不奉詔어든 當以不敬論하고 不察廉하고 不勝任也면 當免하라하니 奏可하다

8-1-8

가을에 臨淄 사람 主父偃(주보언)[25]이 서쪽으로부터 關中으로 들어가서 대궐 아래에서 上書하였는데, 아침에 아뢰었는데 저녁이 불러들였다. 주보언과 같은 郡에 사는 嚴安[26]·無終 사람 徐樂(서악)[27] 또한 상서하였다. 상서가 올라가자 그들을 불러서 보고 말하기를, "공들은 어디에 있었는가. 서로 만난 것이 어찌 이리 늦었는가." 하고, 모두 郎中에 제수하고, 주보언을 특히 친애하여 한 해 동안 네 번 승진하여 中大夫가

其不善者而改之]"라고 한 말에서 인용한 것이다.(≪論語≫ 〈述而〉)

25) 主父偃(주보언) : ?~B.C. 126. 前漢 때 臨菑 사람이다. ≪周易≫과 ≪春秋≫를 비롯한 百家書에 정통했으나 衛靑을 통해 漢 武帝에게 알현을 요청하였다가 뜻대로 되지 않았다. 이에 직접 궐하에서 上書한 끝에 왕으로부터 召見을 받게 되었다. 이때 무제는 흉노를 정벌할 생각을 하고 있었는데, 주보언은 '일정한 거처에 안주하지 않고 자연 조건에 따라 끊임없이 이동하는 유목 민족인 흉노와의 전쟁이 한나라에 이로울 것이 없다.'라는 내용으로 건의하였다. 주보언의 말을 들은 무제는 흉노 정벌을 늦추고 주보언을 謁者로 삼았다. 이후 주보언은 여러 가지 謀策을 올려 한나라를 안정시키는 데 기여하였으나, 公孫弘에 의해 죽임을 당하였다.(≪漢書≫ 권64상 〈嚴朱吾丘主父徐嚴終王賈傳傳〉)

26) 嚴安 : 前漢 臨淄 사람으로, 한 무제 때 郎中에 제수되었다가 마침내 騎馬令이 되었다.(≪漢書≫ 권64상 〈嚴朱吾丘主父徐嚴終王賈傳〉)

27) 徐樂(서악) : 燕郡 無終 사람으로, 주보언·엄안과 함께한 무제에게 上書하여 무제에게 천하를 다스리는 일은 바른 政事에 있지 强兵에 있는 것이 아니며, 四夷를 복속시키는 것도 은덕으로 하라고 간하여 郎中에 제수되었다.(≪漢書≫ 권64상 〈嚴朱吾丘主父徐嚴終王賈傳〉)

되었다.

○秋에 臨菑人主父偃이 西入關하야 上書闕下하니 朝奏暮召入하다 偃同郡嚴安無終徐樂亦上書하니 書奏에 召見謂曰 公等皆安在오 何相見之晩也오하고 皆拜爲郎中이러니 偃尤親幸하야 一歲中에 凡四遷爲中大夫하다

8-1-9

元朔 2년(B.C. 127) 3월에 主父偃이 무제에게 아뢰기를, "천하의 호걸·겸병을 일삼 집안과 대중을 어지럽히는 백성을 모두 茂陵으로 이주시켜서 안으로 京師를 튼실하게 하고 밖으로 간사한 자들을 제거해야 하니, 이것이 이른바 죽이지 않아도 害가 제거되는 것입니다." 하니, 무제가 그대로 따랐다.

軹 사람 郭解는 關東의 大俠인데 그도 이주시키는 대상에 들었다. 衛青[28]이 그를 위해 말하기를, "곽해는 집이 가난하므로 이주시키기에 합당하지 않습니다." 하니, 무제가 말하기를, "곽해는 서민이지만 권세가 장군으로 하여금 그를 위해서 말하게 할 정도이니, 이것으로 보면 그의 집이 가난한 것이 아니다." 하고 마침내 곽해의 집을 이주시켰다.

○二年三月에 主父偃說(세)上曰 天下豪桀并兼과 亂衆之民을 皆可徙茂陵하야 內實京師하고 外銷姦猾이니 此所謂不誅而害除라 上從之하다 軹(지)人郭解는 關東大俠也라 亦在徙中이러니 衛青爲言郭解家貧하야 不中徙한대 上曰 解布衣로되 權至使將軍爲言하니 此其家不貧이라하고 卒徙解家하다

8-1-10

무제가 孔臧을 御史大夫로 삼으려고 하였는데 공장이 사양하기를, "신은 대대로 經學을 業으로 삼아왔으니, 太常[29]이 되어서 신의 家業을 이어 從弟인 侍中 孔安國과

---

28) 衛青 : ?~B.C. 106. 漢 武帝 때의 명장으로 자는 仲卿이다. 그의 아버지 鄭季가 平陽侯 曹壽의 종 衛媼과 정을 통하여 위청을 낳았으므로 어머니 성을 따라 성을 衛氏로 하였다. 그의 누이 衛子夫가 무제의 총애를 받았기 때문에 위청이 관직에 진출하여 大中大夫가 되고 車騎將軍이 되었다. 이듬해 흉노정벌에 나서서 전후 일곱 번에 걸친 정벌을 통해 그들의 머리 5만 級을 베는 전공을 세워 長平侯 大將軍의 작위에 올랐다. 무제의 철저한 흉노정벌 정책을 수행하여 勇將으로서 이름을 떨쳤다. (≪漢書≫ 권55 〈衛青霍去病傳〉)

29) 太常 : 官名이다. 秦나라 때 奉常이라는 관직을 두었는데, 漢 景帝 6년(B.C. 151)에 太常으로 고쳤다. 9卿 중 하나로서 禮樂과 郊廟와 社稷의 일을 담당하였다.

古訓을 정리하여 길이 후세에 전해지게 할 수 있기를 원합니다.” 하니, 무제가 그를 태상으로 삼고 예우하기를 三公과 같이 하였다.

○上欲以孔臧爲御史大夫한대 臧辭曰 臣世以經學爲業하니 乞爲太常하야 典臣家業하야 與從弟侍中安國으로 綱紀古訓하야 使永垂來嗣하야지이다 上乃以爲太常하고 其禮賜如三公이러라

8-1-11

元朔 5년(B.C. 124) 봄에 흉노 右賢王[30]이 朔方을 자주 침범하여 어지럽히자 무제가 車騎將軍 衛青에게 3만 騎를 거느리고 高闕에서 〈흉노를 향해〉 출동하고, 장군 蘇建[31]·李沮[32]·公孫賀[33]·李蔡[34]는 함께 朔方에서 출동하고, 李息[35]·張次公[36]은 함께 右北平에서 출동하게 하니 도합 10여만 명이었다. 모두 위청에게 예속시켜 흉노를 치게 하였다. 우현왕이 술을 마시고 취하자 위청 등이 밤에 포위하자 우현왕이 놀라서 포위를 뚫고 북쪽으로 달아나니 裨王 10여 명과 군사 5,000여 명과 가축 수십만 마리를 노획하였다. 이에 군대를 이끌고 돌아오니 무제가 使者를 보내 大將軍의 印章을 가지고 가서 軍中에 나아가 위청을 대장군에 제수하고 여러 장수들을 모두 예속시키고 8,700戶를 더 封해주고, 위청의 세 아들과 여러 장수와 校尉 7인을 列侯로 봉하였다.

○五年春에 匈奴右賢王數侵擾朔方이어늘 上令車騎將軍衛青將三萬騎出高闕하고 將軍蘇建李

---

30) 右賢王 : 흉노의 제도에 최고 통치자인 單于 밑에 左賢王과 右賢王을 두는데, 그 권력은 선우의 다음이다.

31) 蘇建 : 前漢 杜陵 사람이다. 校尉로서 衛青을 따라 흉노를 치는 데에 공을 세워 平陵侯에 봉해졌고, 衛尉로서 遊擊將軍이 되어 위청을 따라 朔方에 출병하였다. 후에 代郡太守가 되었다. 아들이 셋인데 그중에 蘇武가 가장 유명하다.(≪漢書≫ 권54 〈李廣蘇建傳〉)

32) 李沮 : 前漢 雲中 사람이다. 景帝와 武帝를 섬긴 무장으로 彊弩將軍을 지냈다.(≪漢書≫ 권55 〈衛青霍去病傳〉)

33) 公孫賀 : 前漢 北地 義渠 사람으로 자는 子叔이다. 부인은 衛皇后의 언니이다. 武帝 때에 車騎將軍으로 대장군 위청을 따라 출정하여 공을 세워 南窌侯에 봉해졌다. 후에 石慶의 뒤를 이어 丞相이 되고 葛繹侯에 봉해졌다.(≪漢書≫ 권66 〈公孫劉田王楊蔡陳鄭傳〉)

34) 李蔡 : 前漢 成紀 사람으로 文帝, 景帝, 武帝를 섬겼다. 輕車將軍으로 대장군 위청을 따라서 공을 세워 樂安侯에 봉해지고 丞相에까지 올랐으나 죄를 지어 처형되었다.(≪史記≫ 권111 〈衛將軍驃騎列傳〉)

35) 李息 : 前漢 郁郅 사람이다. 경제와 무제를 섬긴 무장으로, 대장군 위청을 따라 朔方에 출전하였다.(≪漢書≫ 권55 〈衛青霍去病傳〉)

36) 張次公 : 前漢 河東 사람이다. 校尉로 대장군 위청을 따라 흉노를 친 공으로 岸頭侯에 봉해졌고, 다시 將軍으로 위청을 따라 출전하였는데, 후에 죄를 지어 侯에서 파면되었다.(≪漢書≫ 권55 〈衛青霍去病傳〉)

沮公孫賀李蔡俱出朔方하고 李息張次公俱出右北平하니 凡十餘萬人이라 皆領屬青하야 擊匈奴하다 右賢王飲醉어늘 青等夜至圍之하니 右賢王驚潰圍北去어늘 得裨王十餘人衆萬五千餘人畜數十百萬하다 於是引兵還하니 上使使者持大將軍印卽軍中拜青爲大將軍하고 諸將皆屬하고 益封八千七百戶하고 封青三子諸將校尉七人하야 爲列侯하다

8-1-12

여름 6월에 다음과 같이 조서를 내렸다.

"내가 들으니 백성은 禮로 인도하고 音樂으로 교화시킨다고 하는데 지금 예와 악이 무너졌으니 짐은 매우 안타깝게 여긴다. 禮官으로 하여금 학문을 권하고 예를 일으켜서 천하에 솔선수범을 보이게 하라."

이에 승상 公孫弘 등이 아뢰기를 "博士官을 만들고 거기에 弟子 50명을 두어서 徭役과 賦稅를 면제해주고 성적의 高下에 따라 郎中·文學·掌故에 補任하고, 秀才로서 뛰어난 자가 있으면 그 이름을 황제에게 아뢰며, 학문을 하지 않거나 재능이 下等인 자는 罷免시키십시오. 또 관리로서 한 가지 이상의 기예를 통달한 자는 모두 뽑아서 고위직에 보임하십시오." 하니, 무제가 그대로 따랐다. 이로부터 公·卿·大夫·士 중에 文學을 하는 자들이 성대하게 많아졌다.

○夏六月에 詔曰 蓋聞導民以禮하고 風之以樂이라 今禮壞樂崩하니 朕甚閔焉이라 其令禮官으로 勸學興禮하야 以爲天下先하라 於是丞相弘等奏請爲博士官하고 置弟子五十人하야 復(복)其身하고 第其高下하야 以補郎中文學掌故하고 卽有秀才異等이어든 輒以名聞하고 其不事學若下材면 輒罷之하고 又吏通一藝以上者는 請皆選擇하야 以補右職하야지이다 上從之하다 自此公卿大夫士彬彬多文學之士矣라

8-1-13

元狩 2년(B.C. 121) 봄에 霍去病[37]을 票騎將軍으로 삼아 1만 騎를 거느리고 隴西

---

37) 霍去病 : 漢 武帝 때의 명장으로서, 18세 때 侍中이 되어 衛青을 따라 흉노정벌에 나서서 공을 세워 冠軍侯로 봉해졌다. 3년 후인 B.C. 120년 驃騎將軍이 되어 甘肅으로 출성하였고, 그해 여름에는 북방으로 말머리를 돌렸다. 이런 식으로 흉노정벌에 나간 일이 여섯 차례였으며, 정예부대를 이끌고 大軍보다 먼저 적진 깊숙이 쳐들어가는 전법을 써서, 한나라의 영토 확대에 지대한 공을 세워 위청과 함께 大司馬가 되었는데 그 권세는 위청을 능가했다고 한다. 그러나 불과 24세로 죽자, 무제는 크게 슬퍼하여 長安 근교의 茂陵에 무덤을 만들되, 일찍이 곽거병이 대승리를 거둔 祁連山의

郡에서 출동하여 흉노를 공격하게 하니, 6일을 계속 싸워 焉支山을 넘어 1천여 리를 들어가 참수하고 노획한 것이 매우 많았고, 休屠王[38]이 하늘에 제사 지내는 金人[39]을 거두었다.

여름에 곽거병이 다시 公孫敖[40]와 수만 騎를 거느리고 함께 北地에서 출동하고, 張騫[41]과 李廣[42]은 함께 右北平에서 출동하였는데, 곽거병은 2천여 리를 깊이 들어가 居延을 넘어 小月氏(소월지)를 지나서 祁連山에 이르러 3만 명을 참수하고 노획한 것은 그보다 많았으므로 5천 戶를 더 封해주었다.

○元狩二年春에 以霍去病爲票騎將軍하야 將萬騎하야 出隴西하야 擊匈奴하니 轉戰六日에 過焉支山千餘里하야 斬首虜獲甚衆하고 收休屠王祭天金人이라 夏에 復與公孫敖將數萬騎하야 俱出北地하고 張騫李廣俱出右北平이러니 去病深入二千餘里하야 踰居延過小月氏(지)하야 至祁連山하야 斬首三萬하고 虜獲尤多하니 益封五千戶하다

8-1-14

元封 5년(B.C. 106) 여름에 무제가 文武의 名臣들이 다 없어지려고 한다고 하여 조서를 내리기를, "대체로 非常한 공이 있으려면 반드시 비상한 사람을 필요로 한다. 그러므로 말이 혹 날뛰거나 사람을 차더라도 하루에 천 리를 가고, 선비가 세속에 얽매이지 않더라도 功名을 세우는 경우가 있으니, 멍에를 거부하는 말과 세속에 구애받지

형상을 본뜨게 하여 그의 무공을 기렸다.(≪漢書≫ 권55 〈衛青霍去病傳〉)

38) 休屠王 : 休屠는 흉노의 부족 명칭이다. 무제 때에 漢나라에 투항했던 金日磾가 휴도왕의 태자였다.(≪漢書≫ 권68 〈霍光金日磾傳〉)

39) 金人 : 顔師古의 주에 의하면 지금의 佛象을 가리킨다.

40) 公孫敖 : 前漢 義渠 사람이다. 무제 때 驃騎將軍으로 흉노를 치기 위해 代에서 출전했다가 병졸 7,000명을 잃어 庶人이 되었고, 그 후에 대장군 衛青을 따라 출전해서 공을 세워 合騎侯에 봉해졌다. 다시 출전하여 흉노를 치다가 병졸을 많이 잃어 참수형을 당하게 되었는데 달아나서 민간에서 5, 6년을 지내다 발각되어 멸족되었다.(≪史記≫ 권111 〈衛將軍驃騎列傳〉)

41) 張騫 : 漢 武帝 때 大月氏國에 사신으로 갔다가 匈奴에게 포로가 되는 등 온갖 고초를 겪고 13년 만에야 돌아왔는데, 西域 諸國에 한나라가 널리 알려지고 서역과의 교통 또한 크게 열리는 계기를 마련한 공으로 博望侯에 봉해졌다.(≪漢書≫ 권61 〈張騫李廣利傳〉)

42) 李廣 : ?~B.C. 119. 前漢의 명장이다. 文帝, 景帝, 武帝 3대에 걸쳐 40여 년간 군대를 거느리고 흉노와 대치하면서 많은 전투를 치렀다. 용맹하고 활을 잘 쏘며 군사들을 잘 거느리니, 흉노가 飛將軍이라 일컬으며 두려워하였다. 평생에 걸쳐 쌓은 공적이 많았지만 인정을 받지 못하였고, 마지막 출전에서 행군 중에 길을 잃었다가 대장군 위청의 질책과 심문을 받게 되자 자결하였다.(≪史記≫ 권109 〈李將軍列傳〉)

않는 선비라도 어떻게 제어하느냐에 달려 있다. 州郡으로 하여금 吏民 중에서 뛰어난 인재로서 將相이 되고 먼 지역에 사신 갈 수 있는 사람을 천거하게 하라." 하였다.

○元封五年夏에 上以名臣文武欲盡이라하야 乃下詔曰 蓋有非常之功이면 必待非常之人이라 故馬或奔踶而致千里하고 士或有負俗之累而立功名하나니 夫泛(봉)駕之馬와 跅弛之士는 亦在御之而已라 其令州郡으로 察吏民有茂材異等可爲將相及使絶域者하라

8-1-15

太初 원년(B.C. 104) 여름 5월에 太中大夫 公孫卿[43]과 壺遂[44]와 太史令 司馬遷[45] 등이 曆數의 기강이 무너졌으니 正朔을 고쳐야 한다고 하였는데, 兒寬[46]이 夏나라의 正朔을 써야 한다고 아뢰었다. 이에 공손경 등에게 명하여 漢나라의 太初曆을 만들되 正月을 歲首로 하고, 色은 黃色을 숭상하며, 數는 五를 쓰고, 관직의 명칭을 정하고, 音律을 맞추고, 종묘와 백관의 儀式을 정하여 常法으로 삼아 후세에 전해지게 하였다.

○太初元年夏五月에 太中大夫公孫卿壺遂太史令司馬遷等言歷紀壞廢하니 宜改正朔이라 兒寬議以爲宜用夏正이라한대 乃詔卿等造漢太初曆하야 以正月爲歲首하고 色尙黃하고 數用五하고 定官名하고 協音律하고 定宗廟百官之儀하야 以爲典常하야 垂之後世하다

8-1-16

征和 4년(B.C. 89) 3월에 무제가 鉅定에서 藉田을 갈고 돌아와 泰山에 가서 封禪을 하고 明堂에 제사 지내고 群臣들을 보고 말하기를, "짐이 즉위한 이래로 하는 일이 광

---

43) 公孫卿 : 漢 武帝 때의 方士로 齊 사람이다.(≪史記≫ 권20 〈孝武本紀〉)

44) 壺遂 : 漢 武帝 때 학자로, 사마천과 함께 律曆을 정하였고, 벼슬은 詹事에 이르렀고, 사마천으로부터 군자라는 평을 받았다.(≪史記≫ 권108 〈韓長孺列傳〉)

45) 司馬遷 : B.C. 145~B.C. 86. 前漢의 역사가로, 자는 子長이다. 太史令이던 부친 司馬談의 영향으로 어릴 때부터 많은 글을 읽었다. 20세쯤 郞中이 되어 武帝를 수행하였고, 그 후 태사령이 되어 태산 封禪 의식을 수행하였다. 사마담이 죽으면서 ≪史記≫의 완성을 부탁하였고, 태사령이 되면서 본격적으로 저술에 착수하였으나 흉노의 포위 속에서 부득이하게 투항하지 않을 수 없었던 李陵 장군을 변호하다가 무제의 노여움을 사 宮刑을 받았다. 옥중에서 저술을 계속하다가 무제의 신임을 회복하여 환관의 최고직인 中書令이 되었고, B.C. 91년경 마침내 ≪사기≫를 완성하였다.

46) 兒寬 : 前漢 千乘 사람으로 ≪尙書≫를 전공하여 歐陽生에게 배웠고, 博士가 되어 孔安國에게 배웠다. 무제 때 左內史가 되어 치적이 뛰어났고, 후에 御使大夫에 임명되었다.(≪漢書≫ 권58 〈公孫弘卜式兒寬傳〉)

망하고 도리에 어긋나 천하 사람들로 하여금 근심하고 괴로워하게 했으니 지금에 와서 뉘우쳐도 어찌할 수가 없다. 지금부터 일에 백성을 해치는 것이 있거나 천하의 재물을 허비하는 것이 있거든 모두 혁파하라." 하였다.

田千秋[47]가 아뢰기를, "方士 중에 神仙을 말하는 자가 매우 많지만 드러난 공이 없으니 모두 파면하여 내보내십시오." 하니, 무제가 "大鴻臚의 말이 옳다." 하고, 이에 神人을 기다리는 方士들을 모두 파면하였다.

그 후로 무제가 群臣들을 대할 때마다 "지난날 어리석고 현혹되어 방사들에게 속았으니, 천하에 어찌 仙人이 있겠는가. 모두 요망한 자들일 뿐이다. 먹는 것을 절제하고 약을 복용하면 다소 병을 덜게 할 수 있을 뿐이다."라고 탄식하였다.

○征和四年三月에 上耕于鉅定하고 還幸泰山하야 修封禪祀明堂하고 見群臣乃言曰 朕卽位以來로 所爲狂悖하야 使天下愁苦하니 不可追悔라 自今事有傷害百姓하고 糜費天下者어든 悉罷之하라 田千秋曰 方士言神仙者甚衆이로되 而無顯功하니 請皆罷斥遣之하야지이다 上曰 大鴻臚言是也라 於是悉罷諸方士候神人者하고 是後上每對群臣하야 自歎曏時愚惑爲方士所欺라 天下豈有仙人이리오 盡妖妄耳라 節食服藥이면 差可少病而已라하다

8-1-17

宋나라 학자 胡寅이 다음과 같이 말하였다.

"사람은 허물을 아는 것보다 어려운 것이 없고, 허물을 뉘우치는 것보다 어려운 것이 없으며, 허물을 고치는 것보다 더 심하게 어려운 것이 없으니, 사람이 혼미하여 허물을 알지 못하는 것이 모두 이것 때문이다. 漢 武帝 같은 사람은 나이 68세가 된 뒤에야 지난날의 잘못을 알아서 모두 고쳤으니, 비록 명민하지 않다고 하더라도 자기의 허물을 알지 못하고 허물을 숨기는 자와는 현격한 차이가 있다. 오호라. 참으로 제왕이 마음속에 仁을 간직하고 의로운 쪽으로 마음을 바꾸는 본보기가 될 만하다."

宋儒胡寅曰 人莫難於知過하고 莫難於悔過하며 莫甚難於改過하니 迷而不知者皆是也라 若漢武

47) 田千秋 : ?~B.C. 77. 漢 武帝 때의 大臣이다. 무제 때에 衛太子 劉據가 江充에 의하여 巫蠱의 화를 당한 끝에 자결하였는데, 高寢郎으로 있던 전천추가 꿈에 白頭翁의 교시를 받았다고 가탁하면서, 急變의 상소를 올려 태자의 억울함을 적극 변호하자, 무제가 곧바로 그를 大鴻臚에 임명하고 몇 달 사이에 丞相으로 임명하는 한편 富民侯에 봉하였다. 昭帝가 즉위하였을 때에는 이미 노쇠하여 그에게 수레를 타고 入朝하는 특권을 내렸는데, 이 때문에 그를 車丞相 또는 車千秋라 불렀다고 한다. ≪漢書≫의 열전에는 車千秋로 기록되어 있다.(≪漢書≫ 권66 〈公孫劉田王楊蔡陳鄭傳〉)

帝는 行年六十有八然後에 知往日之非하야 而悉改之하니 雖云不敏이나 然其去不知過而遂非者遠矣로다 嗚呼라 此眞可爲帝王處仁遷義之法也哉인저

8-1-18

여름 6월에 田千秋를 丞相으로 삼아서 富民侯에 봉하고, 趙過[48])를 搜粟都尉로 삼았다.

그전에 桑弘羊[49])이 말하기를, "輪臺[50]) 동쪽에 漑田 5,000頃 이상이 있으니, 屯田兵을 보내고 校尉를 두고, 백성 중에서 건장하고 이주하겠다는 자를 모집하여 漑田이 있는 곳으로 보내 더 개간하고 烽火臺를 설치하여 서쪽의 나라들에게 위엄을 보이십시오." 하였다.

무제가 이에 조서를 내려 지난 일을 몹시 후회하여 말하기를, "전에 有司가 아뢴 것은 백성들에게 세금 30錢을 더 부과하여 변방의 경비를 보조하고자 한 것인데, 이는 노약자와 곤궁한 백성들을 거듭 곤궁하게 하는 것이었다. 지금 또 군졸을 보내 윤대에 田地를 개간하라고 청하는데, 윤대는 車師[51])에서 서쪽으로 천여 리나 떨어져 있다. 지난날 거사를 쳐서 그 왕에게 항복을 받았으나 거리가 멀고 식량이 부족해서 도중에 죽은 자가 수천 명이었는데, 하물며 전지를 더 개간한단 말인가.

匈奴가 평소 말하기를, '한나라는 지극히 크지만 飢渴을 견디지 못하니, 이리 한 마리를 잃고서 천 마리의 양을 내쫓는 격이다.'[52])라고 하였다. 지난번 貳師가 패했을

---

48) 趙過 : 한 무제 때 搜粟都尉가 되어 代田法을 시행했으며, 耕耘·落種 등에 사용하는 농기구를 제작했다.(≪漢書≫ 권24 〈食貨志 上〉)

49) 桑弘羊 : B.C. 152~B.C. 80. 西漢 河南 洛陽 사람으로, 상인의 아들이었다. 13세에 心計를 써서 무제의 侍中이 되었다. 鹽鐵法과 均輸平準法을 실시하여, 국가의 이익을 따지는 데 있어서 백성의 아주 미세한 것까지 하였으므로, 국가의 이익은 매우 컸다. 그러나 후세의 儒學者들로부터 한 무제 말기에 群盜가 일어난 것은 이 같은 가혹한 경제적 수탈 때문이었다고 비난을 받았다. 霍光 등과 함께 遺詔를 받고서 昭帝를 보좌하였다. 뒤에 자기의 공을 믿고 자신의 子弟들을 벼슬시키려 하다가 되지 않자 곽광을 원망하여 上官桀과 모반하였다가 죽임을 당하였다.(≪漢書≫ 권24하 〈食貨志4하〉)

50) 輪臺 : 윤대는 漢代 西域의 國名이다. 한 무제는 평생 서역을 정벌하는 데 주력하여 국력이 많이 고갈되었는데, 만년에 이를 깊이 후회하여 마침내 윤대 지역을 포기하면서 아울러 자신을 자책하는 조서를 내렸다. 이를 일러 '輪臺의 詔書'라고 한다.(≪漢書≫ 권96하 〈西域傳〉)

51) 車師 : 西域에 있는 나라 이름인데, 車師前國과 車師後國이 있다. 거사전국은 장안에서 서쪽으로 8,150리 떨어져 있고, 거사후국은 장안에서 서쪽으로 8,950리 떨어져 있다. 漢나라 宣帝 때 이곳에 戊己校尉를 두고 屯田을 설치하였다가 폐지하였다.(≪漢書≫ 권96하 〈西域傳〉)

52) 이리……격이다 : ≪資治通鑑綱目集覽≫에 "'失一狼'은 匈奴가 이리로써 자신을 비유한 것이고, '走

때[53]에 군사들이 죽고 포로가 되어 흩어졌으니 비통한 마음이 항상 짐의 마음에 있는데 지금 또 멀리 윤대의 전지를 개간하기를 청하여 봉화대를 만들려고 하니, 이것은 천하를 어지럽히고 수고롭게 하는 것이지 백성을 넉넉하게 하는 것이 아니다. 짐은 차마 듣지 못하겠다.

大鴻臚 등이 또 의논하여 죄수를 모집해서 흉노의 使者를 호송하게 하여 죄수들에게 侯에 封하는 賞을 밝혀서 〈흉노의 單于에게〉 분풀이를 하려고 하니,[54] 이는 五霸도 하지 않았던 일이다. 지금에 힘쓸 일은 포학을 금하고 함부로 세금을 부과하는 것을 금지하며 농업에 힘쓰고 말을 기르는 자에게 給復하는 제도〔馬復令〕를 정비하여 부족한 것을 보충해서 武備가 결핍되지 않게 하는 데 있을 뿐이다. 郡國의 二千石은 각각 말을 기를 方略과 변방을 보완할 수 있는 의견을 올려서 上計吏와 함께 와서 아뢰라." 하였다.

이로부터 다시는 군대를 출동시키지 않고, 전천추를 富民侯에 봉하여 休息하겠다는 뜻을 밝히고 백성을 부유하게 기를 것을 생각하였다. 또 조과를 搜粟都尉로 삼으니 조과가 백성에게 代田法[55]을 가르쳤는데, 1畝에 세 이랑을 만들어 해마다 바꾸어가며 경작하였기 때문에 代田이라고 하였다. 김을 맬 때마다 뿌리를 북돋아주어 뿌리가 깊어서 바람과 가뭄을 견디게 하고, 밭 갈고 김매는 농기구를 모두 편리하고 정교하게 만드니 힘은 적게 들이고 거두는 곡식은 많았기 때문에 백성들이 모두 편리하게 여겼다.

○夏六月에 以田千秋爲丞相하야 封富民侯하고 以趙過爲搜粟都尉하다 先是桑弘羊言輪臺東有漑田五千頃以上하니 可遣屯田卒하야 置校尉하고 募民壯健敢徙者하야 詣田所하야 墾田築亭하야 以威西國이라한대 上乃下詔하야 深陳既往之悔曰 前有司奏欲益民賦三十하야 助邊用하니 是重困老弱孤獨也라 今又請遣卒하야 田輪臺하니 輪臺西於車師千餘里라 前擊車師하야 雖降其王이나

千羊'은 羊으로써 漢나라를 비유한 것이다.〔失一狼 匈奴以狼自比也 走千羊 以羊喩漢也〕"라고 하였다.

53) 貳師가……때 : 貳師는 貳師將軍 李廣利를 가리킨다. 征和 3년(B.C. 90)에 李廣利가 7만 騎를 거느리고 五原으로 나가서 匈奴를 치다가 패하여 흉노에게 살해되었다.(≪漢書≫ 권61 〈張騫李廣利傳〉)

54) 죄수를……하니 : ≪資治通鑑≫ 권22 〈漢紀13〉 武帝 征和 4년조 胡三省 註에 "죄수들에게 單于를 찌르게 하여 분풀이를 하려고 한 것이다." 하였다.

55) 代田法 : 한 무제 때 조과가 搜粟都尉가 되었을 때에 처음으로 창설한 경작법이다. 일종의 輪作法으로 같은 경작지 내의 일부를 해바꿈하여 재배함으로써 지력의 소모를 막고 일정한 수확을 계속 올리게 하는 농법이다. 이 농법이 農地의 일부를 계속 묵혀둔다는 측면에서 보면 근본적으로 伊尹이 창설한 區田法과 크게 차이가 나지 않는다.(≪漢書≫ 권24 〈食貨志 상〉)

以遼遠乏食하야 道死者尙數千人이어든 況益田乎아 匈奴常言漢極大나 然不耐饑渴하니 失一狼走千羊이라하니라 乃者貳師敗에 軍士死略離散하니 悲痛常在朕心이어늘 今又請遠田輪臺하야 欲起亭隧하니 是擾勞天下요 非所以優民也라 朕不忍聞하노라 大鴻臚等又議欲募囚徒하야 送匈奴使者하야 明封侯之賞하야 以報忿하니 此五伯(패)所不爲也라 當今務在禁苛暴止擅賦하고 力本農修馬復(복)令하야 以補缺하야 毋乏武備而已라 郡國二千石各上進畜馬方略補邊狀하야 與計對하라 自是不復出軍하고 而封田千秋爲富民侯하야 以明休息하며 思富養民也러라 又以趙過爲搜粟都尉하니 過教民爲代田하야 一畮三甽에 歲代處라 故曰代田이라 每耨에 輒附根하야 根深能風旱하고 其耕耘田器를 皆有便巧하니 用力少而得穀多라 民皆便之러라

8-1-19

宋나라 학자 司馬光[56]이 다음과 같이 논평하였다.

"천하에 참으로 일찍이 선비가 없었던 적이 없었다. 무제가 四夷 정벌하기를 좋아하여 용맹하고 죽음을 가볍게 여기는 사람이 조정에 가득차서 국토를 넓히는 것을 뜻대로 하지 못하는 것이 없었다. 그 후에 백성을 쉬게 하고 농사를 중시하여 趙過의 무리가 백성들에게 농사를 가르쳐서 백성들 또한 그 혜택을 입었으니, 이는 한 임금의 몸이 기호가 달라짐에 따라 선비들에 곧바로 호응한 것이다. 만약 무제가 三王의 局量을 겸하여 商나라나 周나라의 정치를 일으켰다면 三代의 신하들이 없었겠는가." 하였다.

宋儒司馬光論曰 天下信未嘗無士也라 武帝好四夷之功하야 而勇銳輕死之士充滿朝廷하야 闢土廣地를 無不如意러니 及後息民重農하야 而趙過之儔教民耕耘하야 民亦被其利하니 此一君之身이 趣好殊別에 而士輒應之하니 使武帝兼三王之量하야 以興商周之治면 其無三代之臣乎아

8-1-20

무제의 재위 기간은 54년이었고, 향년은 71세였다.

---

56) 司馬光 : 1019~1086. 宋나라 학자이자 정치가로, 자는 君實이며, 호는 迂夫 또는 迂叟이고, 시호는 文正이다. 涑水先生이라고도 하며, 죽은 뒤 溫國公에 봉해졌으므로 司馬溫公이라고도 한다. 神宗이 王安石을 발탁하여 新法을 단행하게 하자, 이에 반대하여 새로 임명된 樞密副使를 사퇴하고 지방으로 나갔다. 신종이 죽은 뒤 중앙에 복귀하여 정권을 담당하였다. 저서에 《資治通鑑》, 《涑水紀聞》, 《司馬文正公集》 등이 있다.

帝在位五十四年이요 享年七十一이러라

8-1-21

史臣 班固가 다음과 같이 논평하였다.

“漢나라가 百王의 폐단이 이어진 세상을 이어받아 高祖가 난리를 평정하여 질서 있는 세상을 회복하고, 文帝와 景帝가 백성을 기르는 데에 힘썼으나 옛날의 禮文을 상고하는 일에 이르러서는 빠뜨린 것이 많았다. 孝武帝가 처음 즉위하여 諸子百家의 학설들 배척하여 六經을 表章하고, 마침내 온 천하에 자문하여 뛰어난 인재를 뽑아서 그들과 공을 세우고, 太學을 일으키고, 郊祀를 바로잡으며, 正朔을 고치고, 曆數를 정하고, 音律을 맞추어서 周나라의 뒤를 이으니, 號令과 文章이 찬란하게 稱述할 만하였다. 무제의 큰 재능과 큰 국량에 문제와 경제의 공손하고 검소함을 고치지 않고 백성들을 구제하였다면 詩書에서 칭송한 말이라도 어찌 그보다 더하겠는가.”

史臣班固論曰 漢承百王之弊하야 高祖撥亂反正하고 文景務在養民이로되 至于稽古禮文之事하얀 猶多闕焉이러니 孝武初立하야 卓然罷黜百家하야 表章六經하고 遂疇咨海內하야 擧其俊茂하야 與之立功하고 興太學修郊祀改正朔定曆數協音律하야 紹周後하니 號令文章이 煥然可述이라 如武帝之雄材大略에 不改文景之恭儉하야 以濟斯民이면 雖詩書所稱인들 何有加焉이리오

본받을 만한 善政 善可爲法

西漢

昭帝

9-1-1

孝昭皇帝의 이름은 弗陵이니, 武帝의 少子이다. 어머니 鉤弋夫人 趙氏가 昭帝를 낳을 때에 기이한 일이 있었다. 무제 말에 戾太子가 죽으니,[1] 後元 2년(B.C. 87) 2월에 그를 皇太子로 세우고, 무제가 붕어하자 皇帝位에 올랐다.

孝昭皇帝名은 弗陵이니 武帝少子也라 母鉤弋夫人趙氏生帝하니 有奇異라 武帝末에 戾太子敗하니 後元二年二月에 立爲皇太子하고 帝崩에 卽皇帝位하다

9-1-2

元鳳 원년(B.C. 80) 봄에 泗水戴王(劉賀)이 이전에 죽었는데, 후사가 없다는 이유로 領地를 회수하였다. 사수대왕의 후궁에게 遺腹子 劉煖이 있었는데 相과 內史가 모두 아뢰지 않았다. 소제가 듣고서 가련히 여겨 유난을 泗水王으로 삼고 상과 내사를 모

1) 戾太子가 죽으니 : 戾太子는 漢 武帝의 長子 劉據(B.C. 128~B.C. 91)이다. 武帝 때에 方士와 巫覡의 무리들이 宮人들을 蠱惑시켜서 木人을 궁중에 묻고서 제사 지냈다. 이때 마침 무제가 병이 들었는데, 江充은 여태자와 틈이 있었으므로, 무제의 병은 巫蠱에 의한 것이라고 하면서 궁중의 목인들을 파내고, 태자의 궁중에서 목인이 가장 많이 나왔다고 上言하였다. 이에 태자는 두려워서 강충을 斬하고 군사를 일으켜 모반하였다가 실패하자 자살하였다. 후에 田千秋가 태자의 억울함을 상소하여, 강충의 집안을 멸족시켰다.(≪漢書≫ 권63 〈武五子傳〉)

두 하옥시켰다.

○元鳳元年春에 泗水戴王前薨하니 以無嗣國除하고 後宮有遺腹子煖하니 相內史不奏言이어늘 上聞而憐之하야 立煖爲泗水王하고 相內史皆下獄하다

9-1-3

郡國에 행실이 바른 자를 부르니 韓福 등 5人이 長安에 이르거늘 각각 비단 50匹을 하사하고 돌려보내면서 조서를 내리기를, "짐은 그들을 관직의 일로 수고롭게 하는 것을 안타깝게 여긴다. 그들이 효제를 힘써 행하여 鄕里를 가르치게 하고, 郡縣으로 하여금 正月에 양고기와 술을 하사하게 하고, 그들이 죽거든 옷과 이불 한 벌을 하사하고 中牢[2])로 제사하게 하라." 하였다.

○徵郡國有行義者하니 韓福等五人至長安이어늘 賜帛人五十匹하고 遣歸에 詔曰 朕閔勞以官職之事하노니 其務修孝弟하야 以教鄕里하고 令郡縣하야 以正月賜羊酒하고 有不幸者면 賜衣被一襲하고 祠以中牢하다

9-1-4

8월에 鄂邑長公主[3])와 燕王 劉旦[4])과 左將軍 上官桀과 상관걸의 아들 五騎將軍 上官安과 御史大夫 桑弘羊이 大司馬大將軍 霍光[5])과 알력이 있어 모두 곽광에게 원한을 품고 있었다. 이에 거짓으로 사람을 시켜서 연왕 유단을 대신하여 上書하여 말하기를, "곽광이 나가서 郎官과 羽林의 武備를 대대적으로 점검할 적에 길에서 辟除를 하였으며, 大將軍府의 校尉를 마음대로 調發하여 늘려서 제멋대로 전권을 휘둘렀으므로 非常한 일이 있을까 의심됩니다." 하고, 곽광이 휴가 가는 날을 엿보아 소제에게 아뢰기

---

2) 中牢 : 少牢와 같은 말로, 祭需에 소와 양을 사용하는 제사를 가리킨다.

3) 鄂邑長公主 : 완칭은 鄂邑蓋長公主이다. 漢 武帝의 딸이고 昭帝의 누이이다. 食邑이 鄂이고, 蓋侯에게 시집갔다. 上官桀 등과 함께 음모를 꾸며 소제의 측근인 霍光을 죽이고 소제를 폐한 다음 燕王을 황제로 추대하려고 하였으나 일이 발각되어 실패하자 자살하였다.(≪漢書≫ 권68 〈霍光金日磾傳〉)

4) 劉旦 : 漢 武帝의 아들로 소제의 이복형이다.

5) 霍光 : ?~B.C. 68. 前漢 平陽 사람으로, 자는 子孟이며, 霍去病의 이복동생이다. 무제의 두터운 신임을 받은 명신으로, 무제의 遺詔를 받고 金日磾 등과 소제를 보필하면서 大司馬 大將軍이 되고, 소제가 죽자 昌邑王 劉賀를 맞아들여 帝位에 있게 했다가 그가 음란하다 하여 폐위시키고 다시 宣帝를 영입하는 등 전후 20년 동안 國政을 좌지우지하였다.(≪漢書≫ 권68 〈霍光金日磾傳〉)

로 하였다. 상관걸이 중간에 그 일을 有司에게 내리려 하였고 상홍양이 대신들과 退廳하는 곽광을 잡으려고 하였는데, 上書가 올라갔으나 소제가 내리려고 하지 않았다.

다음 날 아침에 곽광이 그 소식을 듣고 畫室[6] 안에 머물러 있고 대궐로 들어가지 못하였다. 소제가 "대장군은 어디에 있는가?"라고 물으니 상관걸이 대답하기를, "燕王이 그의 죄를 고했기 때문에 감히 들어오지 못하고 있습니다." 하였다.

明辨詐書

소제가 조서를 내려 대장군을 부르니 곽광이 들어가서 冠을 벗고 머리를 조아리고 사죄하니, 소제가 말하기를, "장군은 冠을 쓰라. 짐은 이 상서가 거짓이라는 것을 안다." 하였다. 곽광이 말하기를, "폐하께서는 어떻게 아셨습니까?" 하니, 소제가 말하기를, "장군이 廣明[7]에 가서 郎官 등의 무비를 점검한 지가 얼마 되지 않았고 교위를 調發한 이후 10일이 되지 못했으니, 연왕이 어떻게 알겠는가. 그리고 장군이 옳지 않은 일을 하려고 했다면 교위를 조발할 필요가 없었다." 하였다.

이때 소제의 나이가 14세였으므로 尙書와 좌우 신하들이 모두 놀랐다. 상서 내용이 실제로 근거가 없어서 상서한 자가 과연 도망하니 매우 급하게 체포하게 하자 상관걸 등이 두려워하여 소제에게 아뢰기를, "작은 일을 끝까지 파헤칠 필요가 없습니다." 하였으나 소제가 듣지 않았다. 그 후에 상관걸의 무리 중에 곽광을 헐뜯는 자가 있으면 소제가 노하여 말하기를, "대장군은 충신이고 先帝께서 짐의 몸을 보좌하라고 부탁하신 사람이니, 감히 헐뜯는 자가 있으면 처벌하겠다." 하니 이로부터 상관걸

6) 畫室 : 漢代에 궁전 앞 西閣에 있던 방이다. 그곳에 堯, 舜, 禹, 湯, 桀, 紂 등 고대 제왕의 초상이 있기 때문에 畫室이라고 한다. 近臣들이 여기에서 계책을 짜는 곳이라는 설도 있다.(≪漢書≫ 권68 〈霍光金日磾傳〉·권66 〈公孫劉田王楊蔡陳鄭傳〉)

7) 廣明 : 顔師古의 주에 "廣明은 亭 이름인데, 長安城 동쪽 東都門 밖에 있다."라고 하였다.(≪資治通鑑≫ 권23 〈漢紀15〉 昭帝 上)

등이 감히 다시 말하지 못하였다.

○八月에 鄂邑長公主와 燕王(朝)〔旦〕[8)]과 左將軍上官桀과 子五騎將軍安과 御史大夫桑弘羊이 與大司馬大將軍霍光有隙하야 皆怨恨光하야 詐令人爲燕王(朝)〔旦〕上書하야 言光出都肄郎羽林할새 道上稱蹕하고 擅調益莫府校尉하고 專權自恣하니 疑有非常이라하고 候伺光出沐日奏之하고 桀欲從中下其事하고 弘羊當與諸大臣共執退光이러니 書奏에 帝不肯下라 明朝에 光聞之하고 止畫(화)室中不入한대 上問大將軍安在오 桀對曰 以燕王告其罪故로 不敢入이로소이다 有詔召大將軍한대 光入하야 免冠頓首謝어늘 上曰 將軍冠하라 朕知是書詐也로라 將軍無罪니라 光曰 陛下何以知之시니잇고 上曰 將軍之廣明都郎屬(촉)耳요 調校尉以來하니 未能十日에 燕王何以得知之리오 且將軍爲非인댄 不須校尉니라 是時帝年十四라 尙書左右皆驚이라 而上書者果亡하니 捕之甚急한대 桀等懼하야 白上호되 小事不足遂니이다 上不聽이라 後桀黨有譖光者면 上輒怒曰 大將軍은 忠臣이요 先帝所屬(촉)以輔朕身하니 敢有毁者면 坐之하리라 自是桀等不敢復言이러라

9-1-5

元鳳 4년(B.C. 77) 여름 5월에 효문황제 사당의 正殿에 불이 나니, 소제와 群臣이 모두 素服을 하고 中二千石을 보내 五校[9)]의 군사를 거느리고 사당을 짓게 한 지 6일 만에 완공하였다.

○四年夏五月에 孝文廟正殿火하니 上及群臣皆素服하고 發中二千石將五校하야 作治六日成하다

9-1-6

元平 元年(B.C. 74) 봄 2월에 조서를 내리기를, "천하는 농사와 양잠을 근본으로 한다. 지난번에 지출을 줄이고 긴요하지 않은 관직을 혁파하고 변방에 수자리 사는 숫자를 줄여서 농사짓고 양잠하는 자가 더욱 많아졌지만 아직도 백성들이 넉넉하게 살

---

8) (朝)〔旦〕: 저본에는 '朝'로 되어 있는데, 朝鮮 太祖 李成桂의 改諱가 '旦'이므로 저본에는 避諱하여 '旦'을 '朝'로 고친 것이다. 이에 의거하여 '旦'으로 바로잡았다. 아래도 같다.

9) 五校: 五校尉로 漢나라 때 궁궐의 宿衛를 담당한 步兵·屯騎·長水·越騎·射聲의 合稱이다. 漢나라 荀悅이 지은 ≪申鑒≫ 〈時事〉에 "軍功의 爵賞을 관장하는데 작은 것은 五校가 담당하고 큰 것은 太尉가 담당한다."라고 하였는데, 黃省曾의 주에 "五校는 첫째 屯騎, 둘째 越騎, 셋째 步兵, 넷째 長水, 다섯째 射聲이다. 모두 宿衛兵을 관장하니, 이른바 '大駕에 鹵簿와 五校가 앞에 있다.'라는 것이 이것이다." 하였다. 또한 ≪資治通鑑≫ 胡三省 주에는 "將作大匠의 속관에 左·右·前·後·中의 五校令이 있다."라고 하였다.

지 못하니 짐이 매우 안타깝게 여긴다. 口賦錢[10])을 줄이도록 하라." 하였다. 有司가 아뢰어 10분의 3을 줄일 것을 청하니 소제가 윤허하였다.

소제의 재위 기간은 13년이었고, 향년은 22세였다.

○元平元年春二月에 詔曰 天下以農桑爲本이라 日者省(생)用하고 罷不急官하고 減外繇하야 耕桑者益衆이로되 而百姓未能家給하니 朕甚愍焉하노니 其減口賦錢하라 有司奏請減什三한대 上許之하다 帝在位十三年이요 享年二十二러라

9-1-7

宋나라 학자 司馬光이 다음과 같이 논평하였다.

"소제는 어린 나이에 霍光의 충성을 변별하였으니, 타고난 자질이 어쩌면 그리도 밝은 것인가. 재위 기간이 길지 못했으니 애석하다."

宋儒司馬光論曰 帝以童穉之年에 辨霍光之忠하니 何天資之明也오 享國不永하니 惜哉라

宣帝

9-2-1

中宗 孝宣皇帝의 처음 이름은 病已인데, 후에 詢으로 개명하였다. 武帝의 증손자이고, 어머니는 王氏이다. 昭帝가 붕어하고 後嗣가 없어서 昌邑王 劉賀[11])를 迎立하였는데, 음란하고 무도하므로 霍光이 太后에게 아뢰어 폐위시키고 선제를 영립하여 孝昭皇帝의 뒤를 잇게 하였다.

漢宣帝

10) 口賦錢 : 漢나라의 人頭稅로서, 口賦와 口錢의 합칭이다. ≪晉書≫ 〈禮儀志 漢儀〉의 주에, 백성의 나이 7세부터 14세까지 口賦錢을 23錢씩 내는데, 그중 20錢은 천자를 봉양하는 데 쓰고, 3錢은 武帝가 口錢을 추가로 부과하여 車騎馬를 구입하는 데 사용하였다고 하였다.

11) 昌邑王 劉賀 : 漢 武帝의 아들이 여섯인데, 그중 李夫人의 아들인 劉髆이 昌邑哀王이고, 유박의 아들이 劉賀이므로, 유하는 무제의 손자이다.(≪漢書≫ 권63 〈武五子傳〉)

中宗孝宣皇帝初名은 病已니 後改名詢하다 武帝曾孫也요 母王氏라 昭帝崩하고 無嗣하니 迎立昌邑王賀러니 淫戲無度어늘 霍光奏太后廢之하고 迎立帝하야 嗣孝昭皇帝後하다

9-2-2

本始 元年(B.C. 73) 여름 4월에 조서를 내리기를, "故 皇太子[12]가 湖에 있는데[13] 諡號가 없다. 歲時에 제사해야 하니, 그 시호를 議定하고 園邑[14]을 두도록 하라." 하였다.

有司가 아뢰기를, "禮에 '다른 사람의 후사가 된 자는 아들이 된다.'라고 하였습니다. 그러므로 그 本生父母를 낮춰서 제사 지내지 못하는 것은 조상을 존중하는 의리입니다. 폐하께서 효소황제의 후사가 되어 祖宗의 제사를 계승하셨으니, 생부의 시호는 悼라고 하고 생모의 시호는 悼后라고 하고, 고 황태자의 시호는 戾라고 하고, 史良娣[15]는 戾夫人이라고 하고 모두 改葬해야 합니다." 하였다.

○本始元年夏四月에 詔曰 故皇太子在湖에 未有號諡라 歲時祠하니 其議諡하고 置園邑하라 有司奏호되 禮에 爲人後者爲之子也라 故降其父母不得祭는 尊祖之義也라 陛下爲孝昭皇帝後하사 承祖宗之祀하시니 親諡宜曰悼요 母曰悼后요 故皇太子諡曰戾요 史良娣曰戾夫人이요 皆改葬焉하노이다

9-2-3

霍光이 上官桀을 죽이고 마침내 형벌로 아랫사람들을 엄하게 다스리니, 이로 말미암아 俗吏들이 모두 엄혹함을 숭상하였는데, 河南丞 黃霸[16]가 홀로 관대하고 온화하

---

12) 故 皇太子 : 武帝의 태자인 戾太子를 가리킨다. 여태자의 아들이 史皇孫 劉進이고, 사황손의 아들이 宣帝이므로, 선제는 무제의 曾孫이다.(≪漢書≫ 권8 〈宣帝紀〉)

13) 湖에 있는데 : 湖는 湖縣이다. 戾太子가 호현에서 자살하여 그곳에 장사 지냈다.(≪漢書≫ 권63 〈武五子傳〉)

14) 園邑 : 漢代에 陵園을 守護하기 위해 설치한 縣邑을 가리킨다.

15) 史良娣 : 선제는 무제의 증손이고 여태자의 손자이다. 戾太子가 史良娣를 맞아들여 史皇孫을 낳고, 史皇孫이 王夫人을 맞아들여 宣帝를 낳았으므로 史良娣는 선제의 祖母이다. 성이 史氏이고 良娣는 官名이다. 태자의 부인은 妃, 良娣, 孺子 세 등급이 있다.(≪漢書≫ 권8 〈宣帝紀〉)

16) 黃霸 : 漢나라 陽夏 사람으로 자는 次公이다. 律令에 밝았으며 河南과 潁川의 태수를 거쳐 丞相에 오르고 建成侯에 봉해졌다.(≪漢書≫ 권89 〈循吏傳〉)

게 정치를 하여 명성을 얻었다. 선제가 民間에 있을 때에 백성들이 관리의 엄혹함에 고생하는 것을 알았는데, 황패가 법을 집행하는 것이 공평하다는 것을 듣고 그를 불러서 廷尉正을 삼으니, 의심스러운 옥사를 자주 해결하자 廷尉의 관리들이 공평하다고 칭송하였다.

○霍光旣誅上官桀에 遂以刑罰痛繩群下하니 由是俗吏皆尙嚴酷이로되 而河南丞黃霸獨用寬和爲名이라 上在民間時에 知百姓苦吏急也라 聞霸持法平하고 乃召以爲廷尉正하니 數決疑獄에 庭中稱平[17]이라

9-2-4

地節 3년(B.C. 67) 봄 3월에 다음과 같이 조서를 내렸다.

"나는 들으니 공이 있는데 상을 주지 않고, 죄가 있는데 처벌하지 않으면 堯舜이라도 천하를 교화시킬 수 없다고 한다. 지금 膠東相 王成[18]이 유민을 위무하여 오게 하는 데 게으르지 않아서 유민들 중에 와서 자진 신고한 자가 8만여 口라고 한다. 뛰어난 치적이 있으니 왕성에게 爵은 關內侯를 秩은 中二千石을 하사하라."

○地節三年春三月에 詔曰 蓋聞有功不賞하고 有罪不誅면 雖唐虞라도 猶不能以化天下라하니 今膠東相王成이 勞來不怠하야 流民自占八萬餘口라 治有異等之效하니 其賜成爵關內侯하고 秩中二千石하라

9-2-5

가을 9월에 지진이 일어나자 조서를 내려 直言을 구하고, 京師의 屯兵을 줄이고, 郡國의 宮館을 혁파하고, 가난한 백성들에게 곡식을 빌려주면서 다음과 같이 말하였다.

"지난번에 지진이 일어났으니 짐이 심히 두려워하노라. 짐의 과실을 경계하여 짐이 미치지 못하는 것을 바로잡을 계책이 있거든 有司에게 숨기지 말고 말하라. 짐이 이미 不德하여 멀리 변방에 있는 자들을 歸附하게 하지 못하였으니 이 때문에 변경에서

17) 庭中稱平 : 顔師古의 註에 "여기의 '庭中'은 廷尉 가운데라는 뜻이다."라고 하였다.(≪漢書≫ 권89 〈循吏傳〉)

18) 王成 : 출신 지역이 어디인지는 알려져 있지 않다. 膠東相으로 있으면서 정치를 잘했다는 명성이 매우 높아서 宣帝가 가장 먼저 상을 내렸다.(≪漢書≫ 권89 〈循吏傳〉)

수자리 사는 것이 종식되지 않고 있다. 지금 다시 군대를 정비해서 屯兵을 크게 모아서 오래도록 백성을 수고롭게 하는 것은 천하를 편안케 하는 방법이 아니다. 車騎將軍과 右將軍의 둔병을 혁파하라. 사용하지 않는 池籞[19]는 가난한 백성들에게 빌려주고, 군국의 궁관을 다시 수리하지 말고, 돌아온 流民에게는 公田을 빌려주고 씨앗과 식량을 빌려주고 算賦[20]와 徭役을 부과하지 말라."

○秋九月에 地震하니 詔求直言하고 省京師屯兵하고 罷郡國宮館하고 假貸貧民曰 乃者地震하니 朕甚懼焉하노라 有能箴朕過失하야 以匡不逮하고 毋諱有司하라 朕既不德하야 不能附遠하니 是以邊境屯戍未息이라 今復飭兵重屯하야 久勞百姓은 非所以綏天下也라 其罷車騎右將軍屯兵하라 池籞未御幸者는 假與貧民하고 郡國宮館을 勿復修治하고 流民還歸者를 假公田貸種食하고 且勿算事[21]하라

9-2-6

겨울 12월에 廷尉平을 두었다.

처음 효무황제 때에 張湯[22]과 趙禹[23]의 무리가 조목을 나누어 법령을 제정하여 見知故縱監臨部主의 법[24]을 만들고, 관리가 고의로 법조문을 각박하게 적용한 경우 그 관리의 처벌을 관대하게 하였고, 관리가 법을 위배하여 죄인을 풀어준 경우 그 관리의 처벌을 엄하게 하였는데, 그 후에 점점 유사한 법을 만들어 禁法이 점점 세밀해지

19) 池籞 : 제왕의 禁苑으로, 池는 물고기를 기르는 곳이고, 籞는 새를 가두어 기르는 곳이다.(≪漢書≫ 권8 〈宣帝紀〉)

20) 算賦 : 算賦는 漢代에 성년의 남자에게 징수하던 인두세로 15세 이상 56세까지 120錢을 징수하였다.

21) 且勿算事 : 顔師古의 註에 "算賦를 내지 않고 요역에 동원하지 않게 한 것이다."라고 하였다.(≪漢書≫ 권8 〈宣帝紀〉)

22) 張湯 : 漢 武帝 때 太中大夫로서 律令을 만드는 데 참여했고, 御史大夫가 되어서는 법문을 너무 가혹하게 다루어 뒤에 朱買臣 등의 무함을 받고 자살하기에 이르렀다. 후대에는 酷吏 가운데 대표적인 인물로 일컬어졌다.(≪漢書≫ 권59 〈張湯傳〉)

23) 趙禹 : 前漢 斄 사람이다. 周亞夫가 丞相일 때에 丞相史로 있었으나 주아부의 신임을 받지 못하였는데, 무제 때에 무제의 신임을 받아 中大夫에 이르렀고, 張湯과 律令을 論定하는 데에 참여하였다.(≪漢書≫ 권90 〈酷吏傳〉)

24) 見知故縱監臨部主의 법 : 顔師古의 주에 의하면, '見知故縱'은 범법한 사람을 보고도 고발하지 않는 것이고, '監臨部主'는 감독하는 部의 官長이다. 즉 범법한 사람을 보고 고발하지 않은 경우 그곳을 감독하는 부의 관장도 같은 죄로 연좌하여 처벌하는 법이다.(≪漢書≫ 권23 〈刑法志〉)

고 율령이 번다하고 가혹해져서 법을 담당하는 자가 그 법을 다 보지 못하고 간사한 관리가 법을 농간하여 재물을 갈취하니 정치를 논하는 자들이 모두 원망하고 비난하였다.

선제가 여염에 있을 때에 이런 상황을 알았는데, 이때에 廷尉史 路溫舒[25]가 上書하여 말하기를, "秦나라의 잘못이 열 가지가 있는데 그중에 하나가 아직까지 남아 있으니, 옥을 다스리는 관리가 그것입니다." 하였다. 선제가 그 말을 좋게 여겨 조서를 내려, 廷尉史가 직임이 가볍고 녹이 적다고 해서 廷尉平을 新設하여 秩을 600석으로 하고 정원을 4명으로 하여 매년 季秋 후에 疑獄을 심의해줄 것을 청하게 하였다. 이때에는 선제가 항상 宣室에 임어하여 재계하고 일을 처결하니, 刑獄이 공평하게 다스려졌다고 하였다.

○冬十二月에 置廷尉平하다 初孝武之世에 張湯趙禹之屬이 條定法令하야 作見知故縱監臨部主之法하고 緩深故之罪하고 急縱出之誅러니 其後轉相比況하야 禁網寖密하고 律令煩苛하야 典者不能徧覩하고 姦吏因緣爲市하니 議者咸寃傷之라 上在閭閻에 知其若此러니 會廷尉史路溫舒上書하야 以爲秦有十失에 其一尙存하니 治獄之吏是也라 上善其言하야 詔以廷史任輕祿薄이라하야 置廷尉平秩六百石員四人하야 每季秋後請讞하니 時上常幸宣室하야 齋居而決事하니 刑獄號爲平矣러라

9-2-7

地節 4년(B.C. 67) 여름 5월에 다음과 같이 조서를 내렸다.

"父子와 夫婦는 天性이다. 비록 재앙이 있더라도 죽음을 무릅쓰고 살리려고 하는 것은 진실로 사랑이 마음에 맺혀 있기 때문이니 어찌 그것을 어길 수 있겠는가. 지금부터는 자식이 부모를 숨겨주고, 아내가 남편을 숨겨주고, 손자가 조부모를 숨겨준 경우에는 모두 죄를 묻지 말라."

○四年夏五月에 詔曰 父子夫婦는 天性也라 雖有患禍나 猶蒙死而存之는 誠愛結於心이니 豈能違之리오 自今子匿父母妻匿夫孫匿大父母는 皆勿坐하라

---

25) 路溫舒 : 前漢의 관리로 자는 長君이다. 어릴 때 양치기 생활을 하면서 늪에 자라는 부들의 잎을 엮어서 글씨 연습을 하고 틈틈이 律令을 공부하여 獄吏가 되었다. 그 후 孝廉으로 천거를 받아 山邑丞이 되었다. 宣帝가 즉위하자 덕을 숭상하고 형벌을 완화하자는 상소를 올려 선제로부터 칭찬을 받았다.(≪漢書≫ 권51 〈賈鄒枚路傳〉)

9-2-8

9월에 다음과 같이 조서를 내렸다.

"先帝의 令甲[26]에 '죽은 자는 살릴 수 없고, 肉刑을 받은 부위는 소생할 수 없다.'라고 하니, 이것은 先帝께서 중하게 여긴 것이었는데 관리들이 부응하지 못하고 있다. 지금 옥에 갇혀 있는 자 중에 매를 맞거나 飢寒으로 옥중에서 병들어 죽는 자가 있으니 어찌 마음 쓰는 것이 人道에 거스른단 말인가. 짐은 매우 통탄스럽게 여긴다. 郡國으로 하여금 해마다 갇혀 있는 죄수의 상황을 보고하게 하되 매를 맞거나 병들어 죽은 자의 죄명과 이름과 소속된 縣의 이름과 官爵과 사는 마을을 기록하게 하고, 丞相과 御史는 〈이를 바탕으로 郡國의 관리의〉 考課를 매겨 아뢰도록 하라."

○九月에 詔曰 令甲死者不可生이요 刑者不可息이니 此先帝之所重而吏未稱이라 今繫者 或以掠辜若飢寒으로 瘐死獄中하니 何用心逆人道也리오 朕甚痛之하노라 其令郡國으로 歲上繫囚호되 以掠笞若瘐死者 所坐名縣爵里하고 丞相御史殿最以聞하라

9-2-9

朱邑[27]을 大司農으로 삼았다.

주읍이 젊어서 桐鄕의 嗇夫가 되어 청렴하고 공평하여 가혹하지 않고 사람들을 사랑하고 혜택을 베푸는 것으로 행실을 삼아 남을 때리거나 욕한 적이 없고 고아와 노인들을 위문하니 관리와 백성들이 그를 사랑하고 공경하였다. 北海太守로 승진하여 치적과 행실이 가장 높아 조정에 들어가 大司農이 되어서는 옛 친구들을 돈독하게 대하였으나 성품이 공정하여 사사로이 교제할 수 없었다. 列卿이 되어서는 사는 것을 검소하게 하고 녹봉은 族黨들과 함께 써서 집에 남은 재물이 없었다. 그가 죽자 선제가 조서를 내려 칭찬하고 그 아들에게 金 100근을 하사하여 제사를 받들게 하였다.

---

26) 令甲 : 甲令이라고도 한다. ≪漢書≫ 권8 〈宣帝紀〉 顔師古의 주에 보면 天子가 내린 法令 중 제1조 또는 제1편을 뜻하는 것으로 漢나라 때 詔令을 發布한 순서에 따라 令甲·令乙·令丙이라고 하였다. 후대에는 법령·政令의 뜻으로 쓰였다.

27) 朱邑 : ?~B.C. 61. 자는 仲卿이다. 漢나라 때 관원으로, 원래 농민 출신이나 嗇夫로서 탁월한 재주를 보여 太守를 거쳐 大司農까지 올랐던 인물이다. 젊어서 桐鄕의 嗇夫가 되어 善政을 베풀었으므로 고을 사람들이 모두 사랑하면서 존경하였다. 죽은 후에 그의 유언에 따라 동향에다가 장사 지냈는데, 동향의 백성들이 사당을 세워서 歲時에 제사를 지냈다.(≪漢書≫ 권89 〈循吏傳〉)

○以朱邑爲大司農하다 邑少爲桐鄕嗇夫하야 廉平不苛하고 以愛利爲行하야 未嘗笞辱人하고 存問孤老하니 吏民愛敬之라 遷北海太守하야 以治行第一로 (人)〔入〕[28]爲大司農하얀 敦厚篤於故舊나 公正不可交以私라 身爲列卿하야 居處節儉하고 祿賜以共族黨하니 家無餘財러라 及卒에 上下詔稱揚하고 賜其子金百斤하야 以奉祀하다

9-2-10

元康 2년(B.C. 64) 여름 5월에 다음과 같이 조서를 내렸다.

"獄事란 만민의 생명이 걸린 일이다. 살아 있는 사람이 원망하지 않게 하고 죽은 자가 한을 품지 않게 한다면 법을 담당하는 관리라고 말할 만하다. 그런데 지금은 그렇지 않아서 법을 쓸 때에 남을 속이는 마음을 가지고 법률을 분석할 때에 제 마음대로 해석하여 輕重이 고르지 않고 말을 늘리고 잘못을 수식하여 그 죄를 이루니, 아뢰는 것이 사실과 같지 않아서 임금이 알 길이 없다. 二千石들은 각각 官屬들을 살펴서 이런 사람을 쓰지 말라. 관리가 혹시 마음대로 徭役을 일으키고 식당과 客舍를 꾸며서 방문하는 使客의 비위를 맞추며, 직분과 법을 넘어서서 명예를 취하는 것은 비유하자면 얇은 얼음을 밟고서 해가 뜨기를 기다리는 것과 같으니 어찌 위태롭지 않겠는가. 지금 천하가 疫病의 재앙을 입었으니, 재앙을 심하게 입은 자는 금년분 조세를 내지 말게 하라."

○元康二年夏五月에 詔曰 獄者는 萬民之命이니 能使生者不怨하고 死者不恨이면 則可謂文吏矣라 今則不然하야 用法에 或持巧心하고 析律에 貳端하야 深淺不平하고 增辭飾非하야 以成其罪하니 奏不如實이라 上亡由知라 二千石各察官屬하야 勿用此人하라 吏或擅興徭役하며 飾廚傳하야 稱過使客하며 越職踰法하야 以取名譽는 譬猶踐薄氷하야 以待白日이니 豈不殆哉아 天下頗被疾疫之災하니 其令被災甚者로 毋出今年租賦하라

9-2-11

선제가 蕭望之[29]가 經書에 밝고 신중하며 論議이 넉넉하여 재능이 宰相을 맡을 수

28) (人)〔入〕: 저본에는 '人'로 되어 있으나, ≪漢書≫에 의거하여 '入'으로 바로잡았다.

29) 蕭望之 : ?~B.C. 47. 前漢 東海 蘭陵 사람으로, 자는 長倩이다. 后倉과 白奇와 夏侯勝에게 師事하였다. 宣帝 때 平原太守, 左馮翊, 御史大夫를 지냈으며, 후에 太子太傅로 遺詔를 받들어 어린 임금 元

있다고 여겨 그의 政事를 하는 능력을 자세히 시험하려고 다시 左馮翊으로 삼았다. 소망지가 小府에서 외직으로 나가 좌천되니 병이 있다고 핑계 대자 선제가 侍中을 시켜 자기의 뜻을 전해 타이르기를, "조정에서 임용한 자는 모두 〈지방관으로〉 백성을 다스린 경력을 가지고 功을 고과한 것이었다. 그대가 전에 平原太守를 지낸 기간이 짧기 때문에 다시 三輔에 임명한 것이지 그대의 과실을 들은 바가 있어서가 아니다." 하니, 소망지가 즉시 나와서 공무를 보았다.

○帝以蕭望之經明持重하고 論議有餘하야 材任宰相이라하야 欲詳試其政事하야 復以爲左馮翊하다 望之從少府出하여 爲左遷이라 卽移病이어늘 上使侍中諭意曰 所用皆更(경)治民하야 以考功이니 君前爲平原太守日淺이라 故復試之於三輔요 非有所聞也라한대 望之卽起視事하다

9-2-12

元康 3년(B.C. 63) 봄 3월에 丙吉[30] 등을 봉하여 列侯로 삼고, 친구들과 保母들에게 차등을 두어 물건을 하사하였다.

병길은 됨됨이가 寬厚하고 자기의 선행을 자랑하지 않았다. 曾孫[31]이 즉위한 뒤로 예전에 자신이 어린 선제에게 베풀었던 은혜를 절대 입 밖에 내지 않았는데, 이때 掖庭宮의 계집종이 자기가 일찍이 선제를 길러준 공이 있다고 스스로 진술하고, 使者인 병길이 당시의 상황을 안다고 끌어들였다. 선제가 직접 만나서 물은 뒤에 병길이 옛날에 자기에게 은혜를 베푼 일이 있는데 끝내 말하지 않았다는 것을 알고는 매우 어

帝를 보필하였다. 그러나 환관인 弘恭과 石顯에게 미움을 받고 모함을 당한 나머지 하옥되었다가 결국에는 독약을 마시고 자결했다.(≪漢書≫ 권78 〈蕭望之傳〉)

30) 丙吉 : ?~B.C. 55. 漢 宣帝 때의 명재상이다. 자는 少卿이다. 武帝의 아들 衛太子 劉據가 巫蠱의 禍에 걸려 억울하게 죽었다. 당시 위태자 일족이 모두 주살되었지만 갓난아기였던 태자의 손자 劉病已만은 기저귀를 찬 채 郡邸獄에 수감되었다. 이때 廷尉監으로 있던 丙吉이 태자가 억울한 누명을 쓴 것을 알고 아이를 불쌍히 여겨 여죄수 둘을 골라 皇曾孫 유병이에게 젖을 먹여 기르게 하였다. 이듬해 天機를 볼 줄 아는 사람이 장안의 감옥 안에 천자의 기운이 있다고 하자 무제는 사자를 파견하여 옥에 갇힌 자들을 모두 죽이라고 하였다. 병길은 문을 닫고 밤새 버티며 무고한 황증손을 죽일 순 없다 하였고, 무제는 하늘의 뜻임을 깨닫고 천하에 사면령을 내렸다. 이에 병길이 병이의 할머니인 史氏 집안으로 아이를 보내고, 掖庭에 조서를 내려 황증손을 돌보게 하였다. 후에 유병이가 제위에 올라 宣帝가 되었으나 병길은 자신의 私恩에 대해 절대 말하지 않았으며 선제 또한 까맣게 모르고 있다가 霍光 일가가 멸족된 후에야 알게 되었다. 이에 감동한 선제는 병길을 博陽侯에 봉하였다.(≪漢書≫ 권73 〈丙吉傳〉)

31) 曾孫 : 宣帝를 가리킨다. 武帝의 長子 劉據가 戾太子이고, 여태자의 아들이 史皇孫 劉進이고, 사황손의 아들이 선제이므로, 선제는 무제의 曾孫이다.(≪漢書≫ 권8 〈宣帝紀〉)

질게 여겼다.

처음에 張賀[32]가 일찍이 동생인 張安世[33]에게 皇曾孫의 자질이 아름답고 괴이한 징조[34]가 있는 것을 칭송하였는데 장안세가 그때마다 제지하면서 말하기를, "少主[35]가 위에 계시니 증손을 일컬어서는 안 됩니다." 하였다. 선제가 즉위했을 때에는 장하가 이미 죽은 뒤였다. 선제가 장안세에게 말하기를, "掖庭令이 평소 나를 칭송할 때에 장군이 제지한 것은 옳았다." 하였다.

이때에 이르러 조서를 내리기를, "짐이 어릴 때에 丙吉과 史曾[36]과 許舜[37]이 모두 옛 은혜가 있었고, 張賀가 짐의 몸을 輔導하여 文學과 經術을 배우게 하였으니 은혜가 매우 크고 그 공이 성대하다. 詩에 이르지 않았던가. '덕에 보답하지 않음이 없다.'[38]라고 하였으니, 장하의 아들 張彭祖와 병길과 사증과 허순을 封하여 모두 列侯로 삼고, 친구들과 아래로 郡邸獄의 女徒로서 일찍이 나를 돌봐준 공이 있는 자들은 모두 官祿과 田宅과 財物을 받게 해서 각각 은혜의 크기에 따라 보답하라." 하였다.

○三年春三月에 封丙吉等爲列侯하고 故人阿保賜物有差하다 丙吉爲人이 深厚不伐善하고 自曾孫遭遇로 絶口不道前恩이러니 會掖庭宮婢自陳嘗有阿保之功하야 辭引使者丙吉知狀한대 上親見問然後에 知吉有舊恩而終不言하고 大賢之러라 初張賀嘗爲弟安世하야 稱皇曾孫之材美及徵怪하니 安世輒絶止하야 以爲少主在上하니 不宜稱述曾孫이니라 及帝卽位而賀已死라 上謂安世曰 掖庭令平生稱我할새 將軍止之하니 是也라 至是下詔曰 朕微眇時에 丙吉史曾許舜이 皆有舊恩하고 張賀輔導朕躬하야 修文學經術하니 恩惠卓異하고 厥功茂焉이라 詩不云乎아 無德不報라하니 封賀子彭祖及吉曾舜하야 皆爲列侯하고 故人下至郡邸獄復(복)作嘗有阿保之功者[39]를 皆受官祿田宅財

---

32) 張賀 : 前漢 사람으로 張湯의 아들이고, 張安世의 형이다. 일찍이 戾太子를 섬겼었는데, 여태자의 은혜를 생각하여 宣帝가 어릴 때에 掖庭令으로 있으면서 극진히 돌봐주었다.(≪漢書≫ 권8 〈宣帝紀〉)

33) 張安世 : 前漢 사람으로 자는 子孺이고, 張湯의 아들이다. 昭帝가 죽은 뒤에 대장군 霍光과 함께 昌邑王을 세웠다가 폐하고 宣帝를 옹립하는 계책을 구상하였다. 곽광이 죽은 뒤 大司馬 領尙書事에 제수되었으며, 조심하고 주밀하여 선제의 신임을 받았다. 博學多識하여 "세 상자의 없어진 책을 장안세가 기억하였다.〔亡書三篋 安世識之〕"라는 고사도 널리 인용되고 있으며, 7代에 걸쳐 侍從을 지낸 일로 權門貴族의 대명사로도 불린다.(≪漢書≫ 권59 〈張湯傳〉)

34) 괴이한 징조 : 宣帝의 온 몸과 발바닥까지 털이 나 있고, 누워 있으면 자줏빛이 나며, 떡집에서 떡을 사면 그때마다 그 떡집에 떡이 매우 잘 팔렸던 일을 가리킨다.(≪漢書≫ 권8 〈宣帝紀〉)

35) 少主 : 武帝가 죽고 昭帝가 8세에 즉위했기 때문에 少主라고 칭한 것이다.(≪漢書≫ 권7 〈昭帝紀〉)

36) 史曾 : 宣帝가 어릴 때에 中郎將으로서 돌봐준 공이 있는 사람이다.(≪漢書≫ 권8 〈宣帝紀〉)

37) 許舜 : 宣帝가 어릴 때에 長樂衛尉로서 돌봐준 공이 있는 사람이다.(≪漢書≫ 권8 〈宣帝紀〉)

38) 덕에……없다 : ≪詩經≫ 〈大雅 抑〉에 보인다.

物하야 各以恩淺深報之하라

9-2-13

神爵 3년(B.C. 58) 8월에 小吏의 녹봉을 올려주고 다음과 같이 조서를 내렸다. "관리가 청렴하고 공평하지 않으면 다스리는 도가 쇠하게 된다. 지금 小吏들이 모두 일을 부지런히 하는데 俸祿이 적으니, 백성들을 侵漁하지 않으려고 해도 어려운 일이다. 100석 이하의 관리에게 녹봉 10분의 5를 올려주도록 하라."

○神爵三年八月에 益小吏俸하고 詔曰 吏不廉平이면 則治道衰라 今小吏皆勤事어늘 而俸祿薄하니 欲無侵漁百姓이나 難矣라 其益吏百石已下俸十五하라

9-2-14

甘露 3년(B.C. 51) 봄 정월에 戎狄이 臣服해오자 선제가 股肱之臣의 아름다운 행실을 생각해서 麒麟閣에 그 사람들의 초상을 그리고 그들의 관작과 성명을 썼는데, 오직 霍光만은 이름을 쓰지 않고 '大司馬 大將軍 博陸侯 姓 霍氏'라고 쓰고, 그 다음으로 張安世, 韓增,[40] 趙充國,[41] 魏相,[42] 丙吉, 杜延年,[43] 劉德,[44] 梁丘賀,[45] 蕭望

---

39) 郡邸獄復(복)作嘗有阿保之功者 : 당시 廷尉監인 丙吉이 皇曾孫을 양육하게 했던 胡組와 趙徵卿(혹 郭徵卿)을 가리킨 것이다. '復作'은 ≪漢書≫ 권8 〈宣帝紀〉 顔師古의 주에 보면 復은 음이 服이니, 刑徒를 풀어줌을 이른다. 詔令으로 사면령을 내려서 항쇄와 죄수복을 제거하였다가 다시 죄를 범하면 徒刑을 시키되, 평민과 똑같이 할 수 없으므로 다시 관청에서 노역을 시켜 그 본죄의 연월일을 채우게 하였으니, 법률에서 이것을 이름하여 '復作'이라 한다 하였다.

40) 韓增 : 韓信의 후손으로 昭帝 때에 前將軍에 이르렀고, 대장군 霍光과 宣帝를 옹립하였다.(≪漢書≫ 권33 〈魏豹田儋韓信傳〉)

41) 趙充國 : B.C. 137~B.C. 52. 武帝, 昭帝, 宣帝를 섬긴 漢나라의 명장이다. 무제 때 흉노를 격퇴하고 선제 때 營平侯에 봉해졌다. 선제 때 西羌이 반란을 일으키자 70세의 늙은 나이로 나가 싸워서 이를 평정한 다음 屯田을 설치하고 군사를 정돈하여 돌아왔다.(≪漢書≫ 권69 〈趙充國辛慶忌傳〉)

42) 魏相 : ?~B.C. 59. 漢나라 濟陰 定陶 사람으로, 자는 弱翁이고, 시호는 憲侯이다. 처음에 茂陵令이 되었다가 뒤에 河南太守로 전직되었다. 宣帝 때에 丞相이 되어 여러 부처를 총괄하여 丙吉과 합심하여 정사를 보필하였으므로 선제가 총애하였고 高平侯에 봉해졌다.(≪漢書≫ 권74 〈魏相丙吉傳〉)

43) 杜延年 : 漢나라 昭帝 때 사람으로, 자는 幼公이고, 아버지는 杜周이다. 원래 대장군 霍光 휘하의 관리였는데, 諫大夫로 있을 때에 上官桀과 燕王 劉旦의 謀反을 고한 공으로 建平侯에 봉해졌다.(≪漢書≫ 권60 〈杜周傳〉)

44) 劉德 : 漢나라 楚元王의 후손으로, 劉向의 아버지이다. 陽城侯에 봉해졌다.(≪漢書≫ 권36 〈楚元王傳〉)

之, 蘇武 도합 11인이 모두 공덕으로 당시에 이름이 알려졌다. 이 때문에 드러내 이름을 드날려서 中興을 보좌하였다고 밝혀서 方叔,[46] 召虎,[47] 仲山甫[48]의 반열에 올려놓았다.

○甘露三年春正月에 上以戎狄賓服으로 思股肱之美하야 乃圖畫其人於麒麟閣하고 署其官爵姓名호되 唯霍光不名하고 曰大司馬大將軍博陸侯姓霍氏라하고 其次張安世韓增趙充國魏相丙吉杜延年劉德梁丘賀蕭望之蘇武凡十一人이 皆以功德으로 知名當世라 是以表而揚之하야 明着中興輔佐하야 列於方叔召虎仲山甫焉이러라

9-2-15

여러 학자들에게 조서를 내려 五經의 同異를 강론하게 하니, 太子太傅 蕭望之 등이 변별하고 분석하여 아뢰었다. 이에 선제가 친히 '制'를 칭하고 裁決하고 ≪梁丘易≫[49]과 ≪大小夏侯尚書≫[50]와 ≪穀梁春秋≫의 博士를 세웠다.

○詔諸儒하야 講五經異同하니 太子太傅蕭望之等이 平(편)奏한대 上親稱制臨決焉하고 迺立梁丘易大小夏侯尙書穀梁春秋博士하다

---

45) 梁丘賀 : 前漢 때 학자로, 자는 長翁이고 琅邪 사람이다. 宣帝 때에 점을 쳐서 謀反을 미리 알아서 선제가 화를 면하였다. 벼슬은 太中大夫와 給事中을 거쳐 少府에 이르렀다.(≪漢書≫ 권88 〈儒林傳〉)

46) 方叔 : 周 宣王 때의 卿士이다. 왕명을 받아 북쪽으로 玁狁을 정벌하고 남쪽으로 荊楚를 정복하여 공로를 세웠다. ≪詩經≫ 〈小雅 采芑〉에 "미련한 저 蠻荊이 준동을 하여 대국을 원수로 삼고 말았도다. 방숙이 나이는 비록 많으나 그 계책은 갸륵하기만 하도다.〔蠢爾蠻荊 大邦爲讐 方叔元老 克壯其猶〕"라고 하고, 또 "방숙이 일찍이 험윤을 정복하였으므로 만형이 두려워하며 와서 복종하였도다.〔征伐玁狁 蠻荊來威〕"라고 하였다.

47) 召虎 : 周 宣王 때 淮南 지방 오랑캐 정벌의 임무를 성공적으로 수행한 召穆公이다.(≪詩經≫ 〈大雅 江漢〉)

48) 仲山甫 : 周나라의 大夫로, 仲山甫 혹은 仲山父라는 호칭으로 잘 알려져 있다. 魯 獻公의 둘째 아들로, 이름은 전해지지 않으며 중산보는 그의 자이다. 樊 땅에 봉해져 樊仲·樊仲山父·樊侯라고도 불리며, 周 宣王을 잘 보좌하여 주나라의 중흥을 이룬 명재상이다. ≪詩經≫ 〈大雅 烝民〉은 尹吉甫가 그의 덕을 찬미하여 지은 시이다.

49) 梁丘易 : 前漢 梁丘賀가 전한 ≪易≫을 가리킨다. 孔子의 ≪역≫이 여러 대를 거쳐 田王孫에게 전해지고 전왕손에게서 양구하에게 전해졌다. 양구하는 본래 京房에게 ≪역≫을 배웠는데, 후에 다시 전왕손에게 ≪역≫을 전해받았다고 한다.(≪御批歷代通鑑輯覽≫ 권17)

50) 大小夏侯尙書 : 伏勝의 ≪今文尙書≫가 張生과 始昌을 거쳐 夏侯勝에게 전해졌고, 하후승이 從父의 아들인 夏侯建에게 전했는데, 하후승을 大夏侯라고 하고 하후건을 小夏侯라고 한다. 이로 말미암아 ≪尙書≫에 대·소하후의 학이 있게 된 것이다. 그러나 대·소하후의 ≪상서≫는 晉末 五胡의 전란에 없어졌다 한다.(≪御批歷代通鑑輯覽≫ 권17)

9-2-16

선제는 여염에서 성장하여 제위에 올랐기 때문에 민간의 어려움을 알고 있었다. 곽광이 죽고 나서 비로소 親政을 하여 마음을 가다듬어 정치를 하였는데, 5일에 한 번씩 정사를 듣고 丞相으로부터 이하 관원들이 각각 자기가 맡은 일을 아뢰되 구두로 진달하게 하고 그 공로를 확인하였다. 侍中과 尙書로서 공로가 있어 진급시켜야 하거나 남다른 선행이 있으면 후하게 상을 내려 자손에까지 이르도록 고치지 않았다. 국정을 운영하는 것이 주밀하고 법률이 완비되어 上下가 모두 편안하여 구차한 뜻이 없었다.

刺史와 守相[51])을 임명할 때에는 매번 직접 보고 물어서 그 말한 동기를 살피며, 그들이 물러가면 행하는 것을 고찰하여 그 말과 대조해서 名實이 상응하지 않으면 반드시 그렇게 된 까닭을 알았다. 항상 말하기를, "서민이 그 田里에서 편안히 살고 근심과 원한의 마음을 잊는 것은 정치가 공평하게 되고 송사가 사리에 맞게 처리되기 때문이다. 나와 이것을 함께하는 자는 오직 어진 二千石일 것이다." 하였다.

褒裝守令

太守는 吏民의 근본이니 자주 바뀌면 아래에서 불안하게 여기고, 오래도록 바뀌지 않는다는 것을 백성들이 알아야 속이지 않아서 그 교화에 복종한다고 여겼다. 그렇기 때문에 이천석이 다스린 공효가 있으면 詔書를 내려 면려하고 秩을 올려주고 金을 하사하고, 혹은 爵이 關內侯에 이르렀다가 公卿에 결원이 생기면 표창했던 사람들에서 뽑아서 차례로 임용하였으니, 이 때문에 한나라 때에 良吏가 이때에 가장 많아서 中興이라고 일컬어졌다. 선제의 재위 기간은 25년이었고, 향년은 42세였다.

51) 守相 : 顔師古의 注에 의하면, 守는 郡守를 가리키고, 相은 諸侯의 相을 가리킨다.(≪漢書≫ 권86 〈何武王嘉師丹傳〉)

○帝興于閭閻하야 知民事之艱難이러니 霍光旣薨에 始親政事하야 厲精爲治하야 五日一聽事하고 自丞相以下로 各奉職(奉)〔奏〕[52]事하야 敷奏其言하고 考試功能이라 侍中尙書功勞當遷及有異善이면 厚加賞賜하야 至于子孫히 終不改易이라 樞機周密하고 品式備具하야 上下相安하야 莫有苟且之意러라 及拜刺史守相에 輒親見問하야 觀其所由하며 退而考察所行하야 以質其言하야 有名實不相應이면 必知其所以然이라 常稱曰 庶民所以安其田里而亡愁歎怨恨之心者는 政平訟理也라 與我共此者는 其唯良二千石乎인저 以爲太守는 吏民之本이니 數變易則下不安하고 民知其將久라야 不可欺罔하야 乃服從其敎化라 故二千石有治理效어든 輒以璽書勉勵하고 增秩賜金하고 或爵至關內侯라가 公卿缺이면 則選諸所表하야 以次用之하니 是以漢世良吏於是爲盛이라 稱中(宗)〔興〕[53]焉이러라 帝在位二十五年이요 享年四十二라

9-2-17

史臣 班固가 다음과 같이 논평하였다.

"효선제의 정치는 상과 벌을 공정하고 엄중하게 하고, 名實을 자세히 살폈으므로, 政事와 文學과 法理를 담당한 사람들이 모두 그 재능을 정밀하게 발휘하였고, 技巧를 부리는 工匠들이 만든 器物에 이르기까지도 元帝와 成帝 사이에서는 미치지 못했으니, 여기에서도 관리들이 자기의 직무를 잘 수행하고 백성들이 생업에 편안하였다는 것을 알 수 있다. 匈奴가 어지러운 때를 만나 무도한 자는 무너뜨리고 道가 있는 나라는 공고히 해주어[54] 北夷에게 위엄을 보이니, 單于가 그 義를 흠모하여 머리를 조아리고 藩臣을 자칭하였다. 功이 祖宗을 빛내고 사업이 후세에 전해졌으니 中興이라고 말할 수 있다. 그 덕이 殷나라 高宗과 周나라 宣王과 짝할 만하다."

史臣班固論曰 孝宣之治는 信賞必罰하고 綜核名實하니 政事文學法理之士 咸精其能하고 至于技巧工匠器械히 自元成間으로 鮮能及之하니 亦足以知吏稱其職하고 民安其業也라 遭値匈奴乖亂하야 推(퇴)亡固存하야 信威北夷하니 單于慕義하야 稽首稱藩이라 功光祖宗하며 業垂後嗣하니 可謂中興이라 侔德殷宗周宣矣러라

---

52) (奉)〔奏〕: 저본에는 '奉'으로 되어 있으나, ≪漢書≫ 권8 〈宣帝紀〉에 의거하여 '奏'로 바로잡았다.

53) (宗)〔興〕: 저본에는 '宗'으로 되어 있으나, ≪漢書≫ 권89 〈循吏傳〉에 의거하여 '興'으로 바로잡았다.

54) 무도한……해주어 : ≪漢書≫ 권8 〈宣帝紀〉 顔師古의 주에 보면 당시 匈奴가 내분이 일어나 선제가 呼韓邪單于를 조회 오게 하여 굳게 보존시켜 주었고, 郅支單于를 패주시켜서 멀리 도망하게 하였다고 하였다.

본받을 만한 善政 善可爲法

東漢

光武

10-1-1

漢光武

世祖 光武皇帝는 諱는 秀이고 字는 文叔이니 南陽 蔡陽 사람이다. 高祖의 9대손이니 실로 景帝의 아들 長沙定王 劉發의 후손이고 南頓令 劉欽의 아들이다. 도량이 넓고 툭 트였으며 仁明하고 勇略이 있었다. 王莽[1] 말기에 群盜가 蜂起하자 광무제는 南陽의 宛에서 군사를 일으켰는데, 昆陽에서 왕망의 장수 王邑[2]을

1) 王莽 : 漢나라 孝元皇后의 생질로 大司馬가 되어 권력을 잡았으나 哀帝가 즉위하자 물러났다가 애제가 죽은 뒤 다시 기용되어 平帝를 옹립하고 자신의 딸을 황후로 들여 조정의 정사를 전횡하였다. 이후 평제를 죽인 뒤 宣帝의 후손인 劉嬰을 세워 섭정을 하며 스스로 假皇帝라고 일컫다가 마침내 제위를 찬탈하고 스스로 천자가 되어 국호를 新이라 하였다. 이후 왕망은 토지를 모두 王田으로 삼아 백성들이 매매하지 못하게 하고 소금·술·錢 등을 모두 관청에서 주관하여 경영하였으며, 법령이 가혹하여 경범의 죄수도 죽음에 이르게 하고 해마다 전쟁을 일으켜 백성들의 원성이 자자하였다. 이 때문에 각지의 백성이 분분하게 義兵을 일으켰는데, 왕망 地皇 4년(B.C. 23) 劉玄의 新市·平林의 군대와 赤眉·下江 등의 농민 군대가 長安을 공격해 들어가 왕망을 살해하였다. (≪漢書≫ 권99 〈王莽傳〉)

2) 王邑 : 왕망이 세운 新나라의 大司空이다. 光武帝가 왕망의 난을 평정하기 위해 병사를 일으켰을 때,

대파하자 更始[3])가 破虜大將軍에 임명하고 武信侯에 봉하였다. 또 邯鄲(한단)을 격파하고 王郎[4])을 주살하는 데 공이 있었기 때문에 蕭王으로 세워졌다가 建武 원년(25)에 皇帝에 즉위하였다.

世祖光武皇帝는 諱秀요 字文叔이니 南陽蔡陽人이라 高祖九世之孫이니 實景帝子長沙定王發之後요 南頓令欽之子也라 恢廓大度하고 仁明勇略이라 王莽末에 群盜蜂起하니 帝起兵於宛한대 及大敗莽將王邑於昆陽하야 更始拜爲破虜大將軍하고 封武信侯라 又以破邯鄲誅王郎有功으로 立爲蕭王이라가 建武元年卽皇帝位하다

10-1-2

여름에 광무제가 吳漢[5])을 파견하여 耿弇(경감)과 景丹 등 13명의 장군[6])을 거느리

왕망의 장수 王尋과 王邑이 100만 대군을 앞세워 대항해오자 광무제의 군대는 모두 놀라 昆陽으로 들어가 주둔하였는데, 왕심과 왕읍이 성을 겹겹이 포위하고 공격해오자 모두 전의를 잃고 흩어지려 하였다. 이때 광무제가 앞서서 적과 싸워 연속 승리를 거두자 곤양성을 지키던 자들이 이것을 보고 모두 합세하여 싸웠고, 결국 왕망의 군대는 대패하여 왕심은 피살되고 왕읍은 수천 명을 이끌고 洛陽으로 돌아갔다.(≪十九史略≫ 권3 〈東漢〉, ≪後漢書≫ 〈天文志 상 王莽3, 光武12〉)

3) 更始 : 漢나라 말기의 淮陽王 劉玄의 연호이다. 유현은 광무제의 族兄으로 王莽 말기에 광무제와 함께 군사를 일으켜 천자로 추대되었으나, 赤眉에게 패해 항복하였다가 피살되었다.(≪後漢書≫ 권11 〈劉玄列傳〉) 赤眉는 西漢 말기에 왕망이 漢나라를 찬탈하자 琅琊의 樊崇이 莒에서 군사를 일으킨 다음 왕망의 군대와 구별하기 위해 눈썹을 붉게 칠하고 赤眉라 이름하였는데, 이들은 유현을 공격하여 패배시키고 劉盆子를 세워 황제로 삼아 江淮 사이에서 횡행하다가 뒤에 광무제에 의해 평정되었다.

4) 王郎 : 新莽 말기의 邯鄲 사람으로, 西漢 종실 劉林과 豪族 李育 등에 의해 황제로 옹립되어 한단에 도읍을 정했다가 광무제에게 토벌되었다. 광무제는 그를 토벌한 뒤에 그동안 왕랑과 交結하고 있던 관리와 서민의 이름이 적힌 것이 수천 장을 발견했으나 거들떠보지도 않고 불태우게 하면서 말하기를 "반복무상하여 불안해하는 자들로 하여금 스스로 안심하게 하려는 것이다."라고 하였다.(≪後漢書≫ 권1 〈光武帝紀〉)

5) 吳漢 : 광무제의 장군으로 역적 公孫述과 여덟 번 싸워 여덟 번 모두 승리하여 공손술을 멸망시켰고, 또 匈奴를 격파하여 큰 공을 세운 인물이다. 그는 담력이 매우 강하여 아무리 급한 때에도 항상 의기가 자약하였으며, 늘 兵器를 수선하고, 군사를 조련하는 데에 게을리하지 않았다고 한다.(≪後漢書≫ 권18 〈吳漢列傳〉)

6) 耿弇(경감)과……장군 : 광무제가 新나라를 멸망시키고 빼앗긴 나라를 찾으려 할 때 그를 도와 漢나라를 재건한 장군 28명이 있는데, 그 가운데 13명을 말한다. 당시 광무제의 장군 28명은 鄧禹·馬成·吳漢·王梁·賈復·陳俊·耿弇·杜茂·寇恂·傅俊·岑彭·堅鐔·馮異·王霸·朱祐·任光·祭遵·李忠·景丹·萬脩·蓋延(합연)·邳彤·銚期·劉植·耿純·臧宮·馬武·劉隆인데, 광무제의 아들 明帝가 이들을 中興功臣이라 하여 南宮의 雲臺에 그려 넣었기 때문에 '雲臺二十八將'이라고도 한다.(≪後漢書≫ 권22 〈朱景王杜馬劉傅堅馬列傳〉)

고 尤來[7] 등을 추격하게 하였는데, 1만 3천여 명의 수급을 베고 마침내 끝까지 추격하여 浚靡까지 갔다가 돌아왔다. 이에 적들은 흩어져 遼西와 遼東으로 들어갔다가 烏桓[8]과 貊人에게 습격당하여 모두 사로잡혔다. 都護將軍 賈復(가복)이 眞定縣에서 五校[9]와 싸우다가 가복이 상처를 심하게 입자, 蕭王이 크게 놀라 말하기를 "내가 가복으로 하여금 별도로 군대를 거느리게 하지 않은 까닭은 그가 적을 가볍게 여겼기 때문인데, 과연 나의 名將을 잃을 뻔하였구나. 내 듣건대 그의 부인이 임신했다고 하니, 딸을 낳으면 나의 아들을 장가보내고 아들을 낳으면 나의 딸을 시집보내어 그가 妻子를 걱정하지 않게 하겠다." 하였는데, 가복의 병이 얼마 후 나아서 광무제를 뒤따라 薊 땅에 이르니 서로 만나보고 매우 기뻐하였다.

○夏에 帝遣吳漢하야 率耿弇景丹等十三將軍하고 追尤來等한대 斬首萬三千級하고 遂窮追至浚靡而還이라 賊散入遼西遼東이라가 爲烏桓貊人所鈔擊略盡이라 都護將軍賈復與五校戰於眞定이라가 復傷創甚하니 帝大驚曰 我所以不令賈復別將者는 爲其輕敵也어늘 果然失吾名將이라 聞其婦有孕이라하니 生女邪면 我子娶之하고 生男邪면 我女嫁之하야 不令其憂妻子也라한대 復病尋愈하야 追及帝於薊하니 相見甚驩이라

10-1-3

처음에 更始帝가 琅邪 사람 伏湛[10]을 平原太守로 삼았는데, 당시 천하에 병란이 일어났으나 伏湛만은 홀로 편안히 백성들을 어루만졌다. 그러다가 門下督[11]이 복담을 위해 군사를 일으킬 것을 도모하자 복담이 체포하여 목을 베니, 이에 관리와 백성들

---

7) 尤來 : 更始 초기에 鐵脛, 大槍, 五幡 등과 함께 일어난 賊의 명칭으로, 광무제 원년에 북쪽 元氏縣에서 이들을 공격하여 北平에서 연달아 격파하였다.(≪通鑑節要≫ 권16 〈東漢紀〉 世祖光武皇帝上 建武 元年)

8) 烏桓 : 부족의 이름으로, 烏丸으로 표기하기도 한다. 본래 東胡의 별종으로, 漢나라 때 흉노에게 멸망당하였는데, 나머지 종족들이 烏桓山으로 도망쳐 들어가 살면서 산의 이름을 종족명으로 삼았다.

9) 五校 : 西漢末 高扈가 거느리던 農民 起義軍의 이름이다.

10) 伏湛 : 後漢 琅邪 東武 사람으로, 자는 惠公이다. 아버지 伏理에게 ≪齊詩≫를 전수받아 당대의 名儒가 되어 수백 명의 학생들을 가르쳤다. 成帝 때 博士弟子가 되었고, 新莽 때 繡衣로 법을 집행하였으며, 更始帝 때 平原太守를 지냈다. 光武帝 때 부름을 받아 尙書에 임명되었고, 司直과 大司徒를 지낸 뒤 陽都侯에 봉해졌다.

11) 門下督 : 漢代 郡縣에 소속된 관직으로 도적을 잡는 일을 주관하였다. 後漢末에는 丞相府와 將軍府에서도 설치하였다.

이 믿고 귀의하여 平原 한 고을이 복담 덕분에 온전하게 되었다. 황제가 복담을 불러 尙書로 삼고, 주관하여 옛 제도를 헤아려 정하게 하였다.

○初에 更始以琅邪伏湛爲平原太守한대 時에 天下兵起나 湛이 獨晏然撫循百姓이러니 門下督이 謀爲湛起兵이어늘 湛이 收斬之하니 於是에 吏民이 信向하야 平原一境이 賴湛以全이라 帝徵湛爲尙書하고 使典定舊制하다

10-1-4

宛 사람 卓茂[12]는 너그럽고 인자하고 공손하고 백성을 사랑하며 담박하고 편안하고 道를 좋아하였다. 평소 信實하여 외모를 화려하게 꾸미지 않고 몸가짐이 淸濁의 사이에 있어서[13] 총각 때부터 老年에 이르기까지 사람들과 경쟁한 적이 없었으니, 鄕黨의 벗들이 비록 행실과 재능이 卓茂와 같지는 않았지만 모두 그를 좋아하고 사모하여 기뻐하였다.

哀帝와 平帝 연간에 密縣의 令이 되었는데, 백성들을 자식처럼 여겨 善한 사람을 천거하여 교화를 행하고 입으로 나쁜 말을 하지 않으니, 관리와 백성들이 親愛하여 차마 속이지 못하였다. 그리하여 몇 년 만에 교화가 크게 행해져서 길에 버려진 물건이 있어도 사람들이 줍지 않을 정도로 풍속이 순후하게 되었다. 京部의 丞으로 옮기게 되자 密縣 사람들이 늙은이와 젊은이 할 것 없이 모두 눈물을 흘리며 따라와 전송하였다.

王莽이 攝政할 때에는 병으로 면직하고 고향으로 돌아갔다. 광무제가 즉위했을 때 먼저 탁무를 찾았으니, 당시 탁무의 나이 70여 세였다. 詔書를 내려 이르기를, "이름이 천하에 으뜸이 되었으면 마땅히 무거운 상을 받아야 하니, 지금 탁무를 太傅로 삼고 褒德侯에 봉하도록 하라." 하였다.

○宛人卓茂는 寬仁恭愛하고 恬蕩樂道하며 雅實不爲華貌하고 行己在於淸濁之間하야 自束髮至白首히 未嘗與人有爭競하니 鄕黨故舊雖行能與茂不同이나 而皆愛慕欣欣焉이러라 哀平間에 爲

12) 卓茂 : 後漢 때 南陽 宛 사람으로, 자는 子康이다. 일찍이 博士 江翁을 섬겨 詩禮와 曆算을 정밀히 배워, 漢 元帝 때에 通儒로 불려 侍郎에 천거되기도 하였고, 외직으로 密縣令이 되어 선정을 베풀어 명성이 높았다. 王莽이 찬탈하던 시기에 벼슬을 버리고 은거하고 있었는데, 광무제가 즉위한 뒤 민심을 수습하기 위해 그를 太傅로 발탁하여 褒德侯에 봉해주었다.(≪後漢書≫ 권55 〈卓茂列傳〉)

13) 몸가짐이……있어서 : 몸가짐이 너무 결백하지도 않고 너무 혼탁하지도 않아서 中庸의 道를 지켰다는 말이다.

密令한대 視民如子하야 擧善而教하고 口無惡言하니 吏民親愛하야 不忍欺之러라 數年에 教化大行하야 道不拾遺라 遷京部丞하니 密人老少皆涕泣隨送이러라 及王莽居攝에 以病免歸라 帝卽位에 先訪求茂하니 茂時年七十餘라 詔曰 夫名冠天下면 當受重賞이니 今以茂爲太傅하고 封褒德侯라하다

10-1-5

宋나라 학자 司馬光이 다음과 같이 논평하였다.

"孔子께서 말씀하기를 '善한 이를 등용하고 능하지 못한 이를 가르치면 백성들이 권면된다.'14) 하였다. 이런 까닭에 舜임금이 皐陶를 등용하고 湯임금이 伊尹을 등용함에 不仁한 자가 멀리 사라진 것이니,15) 이는 德이 있었기 때문이다. 光武帝가 즉위한 초기에는 群雄들이 角逐을 벌여 온 천하가 물 끓듯이 소란하였으니, 견고한 敵을 꺾어 무찌르는 사람과 권모술수와 詭辯을 늘어놓는 선비가 바야흐로 세상에서 重望을 받고 있었다. 그런데 광무제는 홀로 忠厚한 사람을 등용하고 循良한 관리를 旌表한 다음 초야에서 선발하여 여러 公의 위에 두었으니, 舊物16)을 빛나게 회복하여 國祚를 장구하게 했던 것이 마땅하다. 이는 대개 먼저 힘쓸 바를 알아서 그 本原을 얻었기 때문이다."

宋儒司馬光論曰 孔子稱擧善而教不能則勸이라하시니 是以로 舜擧皐陶하고 湯擧伊尹에 而不仁者遠하니 有德故也라 光武卽位之初에 群雄競逐하야 四海鼎沸하니 摧堅陷敵之人과 權略詭辨之士가 方見重於世어늘 而獨能取忠厚之人하고 旌循良之吏하야 拔於草萊之中하야 置諸群公之首하니 宜

---

14) 孔子께서……권면된다 : ≪論語≫ 〈爲政〉에 "季康子가 '백성으로 하여금 윗사람을 공경하고 충성하게 하며, 이것을 권면하게 하려는데, 어찌하면 되겠습니까?'라고 묻자, 孔子께서 말씀하기를, '대하기를 莊嚴하게 하면 백성들이 공경하고, 효도하고 사랑하면 백성들이 충성하고, 善한 이를 등용하고 능하지 못한 이를 가르치면 백성들이 권면될 것이다.'라고 하였다.〔季康子問使民敬忠以勸 如之何 子曰臨之以莊則敬 孝慈則忠 擧善而教不能則勸〕"라고 한 데서 온 말이다.

15) 舜임금이……것이니 : 智에 대해 樊遲가 묻자 孔子가 "정직한 사람을 들어 쓰고 모든 부정한 사람을 버리면 부정한 자로 하여금 곧게 할 수 있다.〔擧直錯諸枉 能使枉者直〕" 하였는데, 번지가 깨우치지 못하자 子夏가 말하기를 "舜임금이 천하를 소유함에 여러 사람들 중에서 선발하여 皐陶를 등용하시니, 不仁한 자들이 멀리 사라졌고, 湯임금이 천하를 소유함에 여러 사람들 중에서 선발하여 伊尹을 등용하시니, 불인한 자들이 멀리 사라졌다.〔舜有天下 選於衆 擧皐陶 不仁者遠矣 湯有天下 選於衆 擧伊尹 不仁者遠矣〕"라고 대답하였다.(≪論語≫ 〈顔淵〉)

16) 舊物 : 집안 대대로 전해온 先代의 家法을 의미하는데, 여기서는 한나라 왕실의 법통을 가리킨다. 晉나라 王羲之의 아들 獻之가 밤에 서재에서 잘 때 도둑이 들었는데, 방안의 물건을 다 훔쳐서 짐을 꾸렸을 즈음에 왕헌지가 천천히 이르기를 "푸른 모포는 우리 집의 오랜 물건이니 그것만은 놓아두어라.〔靑氈我家舊物 可特置之〕"라고 했던 고사에서 온 말이다.(≪晉書≫ 권80 〈王羲之列傳〉)

其光復舊物하고 享祚久長이니 蓋由知所先務而得其本原故也라하다

10-1-6

建武 2년(26) 봄 정월에 광무제가 大司馬 吳漢을 파견하여 王梁 등 9명의 장군을 거느리고 鄴城 동쪽에서 檀鄕의 賊徒를 공격하게 해서 크게 무찔러 항복을 받고 모두 功臣으로 封하여 列侯로 삼았으니, 大國은 4개 縣이었고 나머지는 각각 차등 있게 封하였다.

詔書를 내려 이르기를, "人情이 만족스럽게 되면 放縱한 병통이 생겨서, 순간의 욕망을 기쁘게 여겨 罰을 신중히 하는 의리를 잃어버리게 되는 법이다. 여러 장군들은 功業이 원대하니 실로 무궁하게 전하고자 해야 할 것이다. 그러므로 의당 깊은 못에 임한 듯이, 얇은 얼음을 밟은 듯이 전전긍긍해서[17] 날마다 하루하루를 삼가야 할 것이다. 드러난 공효에 대해 아직 보상을 받지 못했거나 名籍에 이름을 올리지 못한 자는 大鴻臚府[18]에서 서둘러 올리도록 하라. 그러면 朕이 차등 있게 勳錄할 것이다." 하였다.

그러자 博士 丁恭[19]이 의논하여 말하기를, "옛날 帝王이 諸侯를 봉할 때는 百里를 넘지 않았습니다. 그러므로 諸侯를 세우는 것을 이롭게 여겨[20] 雷雨에서 法을 취하였으니,[21] 중앙의 왕실을 강화하고 지방의 제후를 약화시킨 것은 治世를 이루기 위한

---

17) 깊은……전전긍긍해서 : 조심스러운 자세로 매사를 신중하게 처리하는 마음가짐을 말한다. ≪詩經≫에 "전전긍긍하여 깊은 못에 임한 듯 얇은 얼음을 밟은 듯이 한다.〔戰戰兢兢 如臨深淵 如履薄氷〕"라고 한 데서 온 말이다.(≪詩經≫ 〈小雅 小旻〉)

18) 大鴻臚府 : 首都에 설치된 관아로서, 朝貢・來聘・賓客接待・朝祭・禮儀 등의 사무를 주관하던 곳이다.

19) 丁恭 : 후한 山陽 東緡 사람으로, 자는 子然이다. ≪春秋公羊傳≫ 嚴氏學을 익혀 學義에 정통했다. 光武帝 때 諫議大夫와 博士 등을 지내고, 關內侯에 봉해졌다. 당세의 大儒로 칭송되어 멀리서 찾아온 諸生이 수천 명에 이르렀는데, 이름난 제자로는 承宮과 樓望, 樊儵, 鍾興 등이 있다.

20) 諸侯를……여겨 : ≪周易≫ 屯卦에 "屯은 크게 형통하고 貞함이 이로우니, 갈 바를 두지 말고 侯를 세움이 이롭다.〔屯 元亨 利貞 勿用有攸往 利建侯〕" 하였는데, 이에 대한 ≪程傳≫에서 "屯은 크게 형통할 道가 있으나 처함은 이로움이 貞固(正道를 굳게 지킴)에 있으니, 정고가 아니면 어떻게 어려움을 구제하겠는가? 屯의 때를 당하여 가는 바가 있어서는 안 된다. 천하의 어려움을 어찌 혼자의 힘으로 구제할 수 있겠는가? 반드시 널리 보조함을 얻어야 한다. 그러므로 侯를 세움이 이로운 것이다."라고 하였다.

21) 雷雨에서 法을 취하였으니 : ≪周易≫ 屯卦의 〈彖傳〉에 "屯은 剛과 柔가 처음 사귀어 어려움이 생겼으며, 험한 가운데 동하니, 크게 형통하고 貞함은 우레와 비의 動함이 가득하기 때문이다.〔屯 剛柔始交而難生 動乎險中 大亨貞 雷雨之動滿盈〕"라고 하였는데, 이에 대한 ≪程傳≫에서 "이른바 '크게 형통하고 貞하다'는 것은 우레와 비의 동함이 가득하기 때문이다. 陰과 陽이 처음 사귀면 험난하여 通暢하지 못하고, 화합함에 미치면 우레와 비를 이루어 천지의 사이에 가득하여 물건을 냄이 이에 이루

까닭이었습니다. 지금 諸侯를 大國의 4개 縣에 封하는 것은 古制에 부합하지 않습니다." 하였다.

광무제가 이르기를, "옛날에 나라가 망한 이유는 모두 無道하였기 때문이니, 功臣에게 封地가 많아서 멸망했다는 말은 일찍이 듣지 못하였다." 하고, 이에 謁者를 보내어 즉시 印綬를 주게 하였다. 聖策에 이르기를, "'윗자리에 있으면서 교만하지 않으면 높아도 위태롭지 않고 절제하여 법도를 삼가 지키면 가득 차도 넘치지 않는다.' 하였으니,[22] 공경하고 경계하며 자손에게 전하여 길이 漢나라의 蕃國이 되도록 하라." 하였다.

○二年春正月에 帝遣大司馬吳漢하야 率王梁等九將軍하야 擊檀鄉賊於鄴東하야 大破降之하고 悉封功臣하야 爲列侯하니 大國은 四縣이요 餘各有差하다 下詔曰 人情得足이면 苦於放縱하야 快須臾之欲하야 忘愼罰之義라 諸將業遠功大하니 誠欲傳於無窮이라 宜如臨深淵하고 如履薄氷하야 戰戰慄慄하야 日愼一日이라 其顯效未酬어나 名籍未立者는 大鴻臚趣上하라 朕將差而錄之호리라하니 博士丁恭議曰 古帝王封諸侯에 不過百里라 故利以建侯하야 取法於雷하니 彊幹弱枝는 所以爲治也라 今封諸侯四縣는 不合古制니이다 帝曰 古之亡國은 皆以無道니 未嘗聞功臣地多而滅亡者라하고 乃遣謁者하야 卽授印綬라 策曰 在上不驕면 高而不危하고 制節謹度면 滿而不溢이니 敬之戒之하고 傳之子孫하야 長爲漢藩하라

10-1-7

3월에, 천하에 크게 사면령을 내렸다.

조서를 내려 이르기를, "지난번에는 獄事에 원망이 많고 用刑이 너무 각박하였으니, 朕이 매우 근심스러웠다. 孔子께서 이르기를, '刑罰이 알맞지 못하면 백성들이 손발을 둘 곳이 없어진다.'[23] 하였으니, 中二千石의 여러 大夫 및 博士와 議郎과 함께 刑罰을 줄이는 데 대해 의논하도록 하라." 하였다.

어지니, 屯에 크게 형통할 道가 있는 것이다. 크게 형통하는 까닭은 貞하기 때문이니, 貞固함이 아니면 어떻게 어려움에서 벗어나겠는가. 사람이 어려움에 처할 때에 크게 형통함을 이루는 道가 있으니, 이 또한 貞固히 함에 달려 있는 것이다.〔所謂大亨而貞者 雷雨之動 滿盈也 陰陽始交則艱屯 未能通暢 及其和洽則成雷雨 滿盈於天地之間 生物乃遂 屯有大亨之道也 所以能大亨 由夫貞也 非貞固 安能出屯 人之處屯 有致大亨之道 亦在夫貞固也〕"라고 하였다.

22) 윗자리에……하였으니 : ≪孝經≫ 〈諸侯章〉에 보인다.

23) 刑罰이……없어진다 : ≪論語≫ 〈子路〉에 보인다.

○三月에 大赦天下하다 詔曰 頃獄多寃하고 用刑刻深하니 朕甚愍之라 孔子云 刑罰不中이면 則民無所措手足이라하니 其與中二千石諸大夫博士議郞으로 議省刑罰하라

10-1-8

가을에, 賈復(가복)의 部將이 潁川에서 사람을 죽였는데, 潁川太守 寇恂이 체포하여 옥에 가두었다. 당시는 오히려 초창기였으므로 軍營에서 법을 범한 자들을 대부분 서로 용납해주었으나, 구순은 그 부장을 저자에서 죽였다. 그러자 가복은 이를 수치로 여겨 돌아오는 길에 영천에 들러 좌우 사람들에게 이르기를 "내가 구순에게 모욕을 당했으니, 만나면 반드시 내 손으로 그를 베겠다." 하였다. 구순이 이 사실을 장계로 보고하니 황제가 구순을 불렀다.

구순이 조정에 이르렀을 때 황제가 引見하였는데, 당시 가복이 먼저 와서 자리에 앉아 있다가 일어나 서로 피하려고 하니, 황제가 이르기를 "천하가 아직 평정되지 않았는데 두 마리의 범이 어찌 사사로이 싸울 수 있단 말인가. 오늘 朕이 처분해줄 것이다." 하고, 이에 함께 앉아서 지극히 즐겁게 담소하였는데, 마침내 함께 수레를 타고 같이 나와서 붕우의 정을 맺고 떠났다.

○秋에 賈復部將殺人於潁川이어늘 潁川太守寇恂이 捕得繫獄이라 時尙草創이라 軍營犯法을 率多相容호되 恂은 戮之於市하니 復以爲恥하야 還過潁川할새 謂左右曰 吾爲寇恂所陷하니 見必手劒之하리라 恂이 以狀聞하니 帝乃徵恂이라 恂至引見한대 時에 賈復이 先在坐라가 起相避어늘 帝曰 天下未定이어늘 兩虎安得私鬪리오 今日에 朕이 分之호리라 於是에 竝坐極歡한대 遂共車同出하야 結友而去하다

10-1-9

鄧禹[24]는 馮愔[25]이 배반한 뒤로 위엄과 명망이 차츰 떨어지고 또 양식이 부족하여 싸움에서 자주 승리하지 못하였으니, 歸附했던 자들이 날로 더욱 離散하였다. 또 赤眉

---

24) 鄧禹 : 光武帝의 중흥을 도운 척고 功臣 중의 한 사람으로, 광무제 즉위 후에 大司徒에 임명되고 高密侯에 봉해졌다.

25) 馮愔 : 鄧禹의 部將이다. 등우가 上郡을 공격할 때에 馮愔과 宗歆이 栒邑을 지키고 있었는데 권세를 다투어 서로 공격하여 풍음이 마침내 종흠을 죽이고는 배반하여 등우를 공격하니, 황제가 이 말을 듣고 풍음의 친구인 黃防을 보내어 포박하여 돌아오게 하였다.

軍과 延岑[26]의 군대가 三輔[27] 지방에서 행패를 부리며 어지럽히고 郡縣의 큰 姓氏들이 각기 병력을 보유하고 있었지만, 등우가 평정하지 못하고 있었다.

광무제가 이에 偏將軍 馮異[28]를 파견하여 등우를 대신하여 이들을 토벌하게 하였는데, 당시 車駕가 친히 전송하여 河南에 이르러 풍이에게 칙명하기를 "三輔 지방은 王莽과 更始의 난리를 만나고 赤眉와 延岑의 혹독함까지 겹쳐서 백성들이 도탄에 빠져 의지하고 하소연할 곳이 없다. 장군이 이제 황제의 辭命을 받들어 법을 따르지 않는 자들을 토벌하게 되었으니, 삼보 지방의 營堡 중에 항복하는 자들은 그 우두머리를 보내어 京師에 오게 하고, 그 백성들을 해산하여 농사짓고 뽕나무를 가꾸게 하며, 그 營壁을 파괴하여 다시 모이지 못하게 하라. 征伐은 굳이 땅을 經略하고 城을 屠戮하려는 것이 아니라 요점이 평정하여 백성들을 편안히 살게 하려는 데에 있을 뿐이다. 諸將들은 용감히 싸우지 않는 것은 아니지만 노략질하기를 좋아한다. 卿은 본래 관리와 군사들을 잘 제어하니, 생각건대 스스로를 닦고 신칙하여 郡縣이 고통을 당하지 않게 할 수 있을 것이다." 하였다. 풍이가 머리를 조아리고 명령을 받고는 군대를 이끌고 서쪽으로 가서 이르는 곳마다 위엄과 신의를 베푸니, 여러 도적들이 대부분 항복하였다.

○鄧禹自馮愔叛後로 威名稍損하고 又乏糧食하야 戰數不利하니 歸附者日益離散이러라 赤眉延岑暴亂三輔하고 郡縣大姓이 各擁兵衆하야 禹不能定이어늘 帝乃遣偏將馮異하야 代禹討之할새 車駕送至河南하야 勑異曰 三輔遭王莽更始之亂하고 重以赤眉延岑之醜하야 元元塗炭하야 無所依訴라 將軍이 今奉辭하야 討諸不軌하니 營堡降者는 遣其渠帥하야 詣京師하고 散其小民하야 令就農桑하고 壞其營壁하야 無使復聚하라 征伐은 非必略地屠城이라 要在平定安集之耳니 諸將이 非不健鬪나 然好虜掠이라 卿은 本能御吏士하니 念自修勑하야 無爲郡縣所苦하라 異頓首受命하고 引而西하야 所至에

---

26) 延岑 : 後漢 南陽 사람으로 자는 叔牙이다. 光武帝 建武 초에 漢中에 있으면서 武安王이라 자칭했다가, 馮異에게 패배하자 秦豊에 투항했다. 나중에 公孫述에게 항복하여 大司馬가 되고, 汝寧王에 봉해졌다. 建武 12년(36) 공손술에게 권해 출병하여 漢將 吳漢을 습격하라고 하였는데, 공손술이 패해 죽자 한나라에 항복한 뒤 피살되었다.

27) 三輔 : 漢나라 때 首都인 長安을 중심으로 인접지를 京兆·馮翊·扶風으로 세 구역으로 나누어 三輔라 하였다.

28) 馮異 : 光武帝 때의 장수로, 赤眉를 崤底에서 크게 격파하여 남녀 8만 명의 항복을 받고 나머지 10여만 명이 나중에 항복해오는 등 큰 공을 세웠다. 이에 광무제가 璽書를 내려 그 노고를 치하하기를 "처음에는 실패하였으나 나중에는 공을 거두었으니 논공행상하여 큰 공훈에 보답하겠다."라고 하였다.(≪後漢書≫ 권17 〈馮異列傳〉)

布威信하니 群盜多降이러라

10-1-10

宋나라 학자 司馬光이 다음과 같이 논평하였다.

"옛날에 周나라 사람이 武王의 德을 칭송하여 이르기를 '백성을 염려하는 文王의 功德을 布陳하여, 내가 가서 천하를 안정시키기를 구한다.'[29] 하였으니, 王者가 군사를 쓰는 것은 그 뜻이 위엄과 덕을 펴서 백성들을 편안하게 함에 있을 뿐임을 말한 것이다. 光武帝가 關中을 취한 것을 보면 이 道를 사용한 것이니, 어찌 아름답지 않은가."

宋儒司馬光論曰 昔에 周人頌武王之德曰 鋪時繹思하야 我徂惟求定이라하니 言王者之兵은 志在布陳威德安民而已라 觀光武之所以取關中하면 用是道也니 豈不美哉아

10-1-11

12월에 다음과 같이 詔書를 내렸다.

"생각건대, 宗室의 列侯들이 王莽에 의해 廢位되어 先靈이 의귀할 곳이 없어졌으니, 朕이 매우 민망하게 여기고 있다. 만일 侯의 몸이 이미 세상을 떠났으면 그 子孫들이 소속된 郡縣에서 현재 그들의 명단을 尙書에게 올려서 작위와 벼슬을 내리게 하도록 하라."

○十二月에 詔曰 惟宗室列侯爲王莽所廢하야 先靈無所依歸하니 朕甚愍之라 若侯身已歿이면 屬所이 上其子孫見(현)名尙書하야 封拜하라

10-1-12

建武 4년(28) 겨울에 隗囂[30]가 馬援[31]으로 하여금 가서 公孫述[32]을 만나보게 하

---

29) 백성을……구한다 : 武王이 紂를 誅罰한 다음 仁政을 펴고 敎化를 베풀어 天下가 歸依해 安定을 찾게 한 것을 讚美한 것이다.(≪春秋左氏傳≫ 魯宣公 12년) 또한 ≪詩經≫ 〈周頌 賚〉에 '敷時繹思'로 되어 있다.

30) 隗囂 : 漢나라 成紀 출신으로, 王莽 말기에 隴西에서 웅거해 있으면서 西州上將軍이라 자칭하였다. 처음에는 更始帝를 떠받들다가 뒤에 光武帝를 섬겼으며, 그 뒤에 다시 반란을 일으켜 公孫述에게 붙었다가 광무제의 정벌로 인해 西域으로 도망쳤으며, 그곳에서 죽었다. 이로 인해 외효는 反覆이 無常한 대표적인 인물로 칭해진다.(≪後漢書≫ 권13 〈隗囂公孫述列傳〉)

였다. 마원이 평소 공손술과 한 마을 사람으로 서로 친했기 때문에[33] 蜀에 도착했을 때 공손술이 평소처럼 손을 잡고 반갑게 맞이할 것이라 생각하였다. 그런데 공손술은 섬돌에 호위병을 성대하게 진열해놓은 채로 마원을 맞아 들어오게 해서 交拜禮를 마치고는 館舍로 나가 있게 한 다음, 百官을 종묘 가운데 모아놓고 옛날의 친구에 대한 자리를 세우게 하였다. 그렇게 한 뒤에 공손술은 鸞旗[34]와 旄頭의 騎兵[35]으로 警蹕[36]을 하고 수레에 올라 경쇠 모양처럼 허리를 굽혀 揖을 하고 들어왔는데, 禮로 연향함과 官屬들이 매우 성대하였다.

당시 공손술이 마원을 侯에 봉하고 大將軍의 지위를 제수하려 하니 빈객들이 모두 그가 머물 것을 바라였는데, 마원은 그들을 깨우쳐 말하기를 "천하가 雌雄을 겨루어 아직 안정되지 않았는데 공손술은 먹던 밥을 뱉고 달려가 國士를 맞이하여[37] 함께 成敗를 도모하지 않고, 도리어 허수아비 인형처럼 威儀나 용모만을 꾸미고 있으니, 이 사람이 어찌 천하의 선비를 오랫동안 머물게 할 수 있겠는가." 하였다.

그리고 인하여 사례하고 돌아가 외효에게 말하기를 "子陽은 우물 안의 개구리일 뿐입니다. 망령되이 스스로 높은 체하고 큰 체하고 있으니, 東方[38]에 전념하는 것만 못합니다." 하니, 외효가 이에 마원을 사신으로 보내어 洛陽에 글을 받들어 올리게

---

31) 馬援 : 後漢의 장군으로, 광무제를 도와서 太中大夫, 隴西太守를 지내며 이민족을 토벌하였다. 후에 伏波將軍에 임명되어 交趾 즉 북베트남의 반란을 평정하여 新息侯가 되었다.

32) 公孫述 : 後漢 때의 群雄 가운데 한 사람으로, 子陽이고, 扶風 茂陵 출신이다. 처음에는 王莽을 섬겼으나, 前漢 말 更始의 난이 일어나자 成都에서 군사를 일으키고 巴蜀 지방을 평정한 뒤 스스로 천자라 칭하고 국호를 成家라고 하였다. 뒤에 광무제의 장군 吳漢 등의 공격을 받아 죽음을 당하였다. (≪後漢書≫ 권13 〈公孫述列傳〉)

33) 馬援이……때문에 : 馬援과 公孫述이 모두 扶風縣 茂陵 사람이기 때문에 이렇게 말한 것이다.

34) 鸞旗 : 깃털과 털을 엮어서 깃발 옆에 나열하여 매달고 수레 위에 싣고 다니는 것을 鸞旗라 하니, 車駕가 출행할 때 앞서가는 기이다.

35) 旄頭의 騎兵 : 旄頭는 騎士의 별칭으로, 황제의 儀仗隊 가운데 선두 騎兵을 가리킨다.

36) 警蹕 : 辟除를 의미한다. 天子가 나갈 때에는 警이라고 칭하니 경계하고 엄숙히 함을 보이는 것이요, 들어올 때에는 蹕이라고 하니 行人을 멈추게 하여 길을 치우는 것이다.

37) 먹던……맞이하여 : 원문의 吐哺는 吐哺握髮의 준말로, 군주가 어진 인재를 간절히 구하는 마음을 의미한다. 周公의 아들 伯禽이 魯나라에 봉해지자, 주공이 경계하기를 "네가 노나라에 가거든 노나라 임금이란 것으로 선비들에게 교만을 부리지 말라. 나는 文王의 아들이고 武王의 아우이고 成王의 숙부로서 천하에 재상이 되었음에도, 머리 한 번 감을 때 세 번씩 머리털을 거머쥐고 나가고, 밥 한 번 먹을 때 세 번씩 밥을 뱉고 나가서〔一沐三握髮 一飯三吐哺〕 선비를 만나면서도 오히려 천하의 선비를 놓칠까 염려했었다."라고 한 데서 온 말이다.(≪史記≫ 권33 〈魯周公世家〉, ≪韓詩外傳≫ 권3)

38) 東方 : 光武帝가 있는 洛陽을 가리킨다.

하였다.

마원이 처음 이르렀을 때 한참 있다가 中黃門으로 인도하여 들어가게 했는데, 광무제는 宣德殿 남쪽 행랑 아래에 있으면서 두건만 쓰고 앉아 그를 맞이하였다. 광무제가 웃으며 마원에게 이르기를 "卿이 두 황제의 사이에서 분주히 왔다 갔다 하고 있으니, 지금 卿을 만남에 사람으로 하여금 크게 부끄럽게 한다." 하였다. 마원이 머리를 조아려 사례하고 인하여 말하기를 "당금의 세상에는 단지 군주가 신하를 가려서 쓸 뿐만 아니라, 신하 또한 군주를 가려서 섬겨야 합니다.[39] 신은 공손술과 같은 고을에 살았기 때문에 어려서부터 서로 친하였습니다만, 신이 지난번 蜀에 도착했을 때 공손술은 창을 잡은 호위병을 섬돌에 세운 뒤에 신을 나오게 하였습니다. 그런데 신이 지금 먼 곳에서 왔는데 폐하께서는 어찌 신이 刺客이나 간사한 사람이 아닌 줄을 아시고, 소탈하게 대하기를 이와 같이 하십니까?" 하니, 광무제가 다시 웃으며 이르기를 "경은 자객이 아니라 다만 說客(세객)일 뿐이다." 하였다. 마원이 말하기를 "천하에는 반복하여 帝王의 名字를 도둑질한 자[40]가 이루 셀 수 없을 정도로 많은데, 이제 폐하를 뵈니 넓고 큰 도량이 高祖와 똑같습니다. 이제야 帝王에는 본래 진짜가 있다는 것을 알겠습니다." 하였다.

○四年冬에 隗囂使馬援으로 往觀公孫述이라 援이 素與述同里閈相善하야 以爲旣至에 當握手歡如平生이러니 而述盛陳陛衛하야 以延援入하야 交拜禮畢에 使出就館하고 會百官於宗廟中하고 立舊交位하다 述鸞旗旄騎警蹕就車하야 磬折而入한대 禮饗官屬이 甚盛이러라 欲授援以封侯大將軍位하니 賓客皆樂留어늘 援曉之曰 天下雄雌하야 未定이어늘 公孫述은 不吐哺走迎國士하야 與圖成敗하고 反修飾邊幅如偶人形하니 何足久稽天下士乎아하고 因辭歸하야 謂囂曰 子陽은 井底蛙耳라 而妄自尊大하니 不如專意東方이니이다 囂乃使援하야 奉書洛陽이라 援初到良久에 中黃門引入한대 帝在宣德殿南廡下하야 但幘坐迎이라 笑謂援曰 卿遨遊二帝間하니 今見卿에 使人大慙이로다 援이 頓首拜謝하고 因曰 當今之世엔 非但君擇臣이라 臣亦擇君矣니이다 臣與公孫述同縣하야 少相善이나 臣前至蜀에 述陛戟而後에 進臣이러니 臣今遠來어늘 陛下何知非刺客姦人하고 而簡易(이)若是잇고 帝復笑曰 卿非刺客이라 顧說客耳로다 援曰 天下에 反覆盜名字者가 不可勝數어늘 今見陛下호니 恢廓

39) 군주가……합니다 : ≪孔子家語≫ 〈觀周〉에 "군주가 비록 그 신하의 德器를 헤아리지 않더라도 신하는 그 군주에게 충성하지 않을 수 없다. 그러므로 군주는 이미 신하를 가려서 맡기고 신하 또한 군주를 가려서 섬기는 것이다.〔君雖不量於其身 臣不可以不忠於其君 是故 君旣擇臣而任之 臣亦擇君而事之〕"라고 한 데서 온 말이다.

40) 帝王의……자 : 帝王의 名號를 참람하게 훔쳐서 帝를 칭하고 王을 칭한 자를 말한다.

大度 同符高祖라 乃知帝王自有眞也로소이다

10-1-13

建武 5년(29) 여름 4월에 큰 흉년을 만나고 蝗蟲의 피해가 있자, 조서를 내려 이르기를, "오랜 가뭄으로 보리가 상하여 가을 파종을 하지 못하고 殘虐한 관리들을 견디지 못해 獄事에 원통함이 많이 맺혔으니, 백성들의 근심과 원한이 하늘의 기운을 움직인 것인가. 京師의 여러 官府와 三輔 및 郡國으로 하여금 押送된 죄수를 방면하게 해서, 斬刑에 해당하는 죄가 아니면 일체 抑留하지 말고, 현재 수감 중인 죄수는 죄를 면하여 庶人이 되게 하며, 유순하고 선량한 관리를 등용하고 탐욕스럽고 잔인한 관리를 물리쳐서, 각자 그 일을 바로잡는 데 힘쓰도록 하라." 하였다.

○五年夏四月에 旱蝗하니 詔曰 久旱傷麥하야 秋種未下하고 將殘吏未勝하야 獄多冤結하니 元元愁恨하야 感動天氣乎아 其令中都官三輔郡國으로 出繫囚하야 罪非犯殊死면 一切勿按하고 見(현)徒免爲庶人하며 務進柔良하고 退貪酷하야 各正厥事焉하라

10-1-14

隗囂가 辯士인 張玄으로 하여금 竇融[41] 등을 설득하게 하였는데, 그 말에 이르기를 "更始의 일[42]이 이미 이루어졌다가 얼마 안 되어 다시 멸망하였으니, 이는 劉氏가 다시 興旺하지 않을 징험이다. 이제는 주군으로 삼는 대상이 있어서 다시 서로 隷屬되어 있으니, 하루아침에 拘禁하면 절로 힘을 잃게 할 수 있을 것이다. 이후에 혹시라도 危敗를 당한다면 후회한들 무슨 소용이 있겠는가. 지금 豪桀들이 각축하여 雌雄을 가리지 못하고 있으니, 이들이 각각 土宇(영토)를 점거하고 隴蜀[43]과 合從하게 된다면

41) 竇融 : 後漢 扶風 平陵 사람으로, 자는 周公이다. 新莽 말에 일찍이 王匡을 따라 綠林과 赤眉를 진압하고 波水將軍에 올랐다. 왕망이 15년 만에 망하자 更始의 대사마 趙萌에게 항복하여 중용되었다. 이후 更始에게 귀순하여 張掖屬國都尉가 되었다. 경시가 패하자 酒泉太守 梁統 등이 추천하여 河西五郡의 大將軍事를 관할했다. 光武帝가 즉위하자 마침내 결단을 내려 귀순하고, 涼州牧과 冀州牧이 되고, 隗囂를 격파해 安豐侯에 봉해졌다. 建武 12년(36) 大司空과 將作大匠에 이르렀다. 衛尉의 일을 집행하면서도 성격이 겸허하여 황제의 총애를 한 몸에 받았고, 많은 후손들이 고관에 오르는 등 번영했다. 시호는 戴이다.

42) 更始의 일 : 更始는 漢나라 말기의 淮陽王 劉玄의 연호이다. 유현은 光武帝의 族兄으로 王莽 말기에 광무제와 함께 군사를 일으켜 천자로 추대되었으나, 赤眉에게 패해 항복하였다가 피살되었다.(≪後漢書≫ 권11 〈劉玄列傳〉)

높게는 六國[44])처럼 될 수 있고 낮아도 南海尉 趙佗[45])처럼 지위를 잃지는 않을 것이다." 하였다.

두융 등이 호걸을 불러 의논하니, 그 가운데 식견이 있는 자들이 모두 말하기를 "지금 皇帝의 姓名은 圖讖書에 보이니,[46]) 前代부터 온갖 사물을 널리 알고 道術에 능한 선비인 谷子雲[47])과 夏賀良[48]) 등이 모두 말하기를 '漢나라가 다시 天命을 받을 符瑞가 있다.'[49]) 하였기 때문에 劉子駿[50])이 이름과 字를 고쳐서 그 점괘에 부응하기를 바랐습니다. 그 후 王莽 말기에 西門君惠가 유자준을 옹립하려고 도모하다가 일이 발각되

---

43) 隴蜀 : 隴은 隗囂를 이르고 蜀은 公孫述을 이른다.

44) 六國 : 戰國時代의 韓, 魏, 趙, 燕, 楚, 齊이니, 戰國時代에 각각 그 지역을 점거하고 있었다.

45) 趙佗 : 秦 始皇 때의 장수로 南海 龍川令으로 파견되었다가 진나라 말기의 혼란기를 틈타 桂林과 象郡, 남해를 병합하여 南越을 세우고 스스로 武王이라 칭하였다. 漢나라 呂后 때 독립하여 稱帝하고 한나라와 대립하다가 文帝 원년(B.C. 179)에 帝號를 없애고 臣從하는 조건으로 강화하여 나라를 유지하였는데, 뒤에 武帝 또한 이를 인정하여 南越의 왕으로 책봉하였다.(≪史記≫ 권113 〈南越列傳〉)

46) 지금……보이니 : 光武帝가 長安에 있을 때, 同舍生인 彊華가 關中에서 赤伏符를 가져왔는데, 거기에 "유수가 군대를 일으켜 무도한 자를 체포하면, 사방 오랑캐가 운집해 용이 들에서 싸우다가, 사칠의 즈음에는 불이 주인이 되리라.〔劉秀發兵捕不道 四夷雲集龍鬪野 四七之際火爲主〕"고 쓰여 있었는데, '四七'은 漢 高祖로부터 광무제가 일어난 초기까지가 280년이라는 말이고, '불이 주인이 된다'는 것은 漢나라가 火德을 숭상한 것을 가리켜 한 말이다. 赤伏符는 王莽의 新나라 말기에 讖緯家가 만든 符籙이다.

47) 谷子雲 : 漢나라 長安 사람 谷永으로, 그의 자가 子雲이다. 經書에 해박하고 특히 天文에 정통하였다. 前漢 元帝 때에 太常丞으로 있으면서 여러 차례 글을 올려 천재지변의 현상을 가지고 조정의 득실을 논하였고, 成帝 때에는 황태후를 비롯해 외척 王氏들과 가까이 지낸 탓에 성제로부터 경계를 받기도 하였다.(≪漢書≫ 권85 〈谷永傳〉)

48) 夏賀良 : 前漢의 術家이다. 成帝 때 甘忠可에게 〈天官曆〉 등을 배웠는데, 한나라의 왕력이 쇠하였으므로 개원하고 이름을 바꾸어 다시 천명을 받아야 한다고 주장하였다. 哀帝가 그 말을 따라 建平 2년(B.C. 5)에 太初로 연호를 바꾸고 스스로를 '陳聖劉太平皇帝'라고 불렀다.(≪漢書≫ 권75 〈李尋傳〉)

49) 다시……있다 : 다시 천명을 받아 中興한다는 의미이다. 漢나라 成帝 때 谷永이 上書하기를 "폐하께서 8대의 공업을 이어받으시어 陽數를 빼앗기는 말세를 맞아, 삼칠의 액운의 절기를 건너고 계십니다.〔陛下承八世之功業 當陽數之標季 涉三七之節紀〕"라고 하였는데, 삼칠은 한나라가 세워진 후 210년 만에 망할 것이라는 예언이다. 곡영의 예언이 있은 후 서한 건국 210년 만에 과연 新莽이 황위를 찬탈하였다. 또 哀帝 때 夏賀良이 말하기를 "赤精子의 비결에 漢나라의 曆運이 중간에 衰한다고 하였으니, 다시 天命을 받아야 합니다.〔赤精子讖 漢家曆運中衰 當再受命矣〕" 하였는데, 赤精子는 漢 高祖 劉邦이 赤帝의 정기로 태어났다 해서 이렇게 부르는 것이다.

50) 劉子駿 : 劉歆이다. 西漢 沛 사람으로, 자는 子駿인데, 후에 劉秀로 개명하고 자를 穎叔이라 하였다. 그는 劉向의 아들로, 어려서 詩書에 통달하여 부친과 함께 校書를 맡았다. 금문학이 권한을 잡고 있던 때에 고문경을 학관에 세울 것을 강력히 주장하였으며, 중국 최초의 도서 분류 목록인 ≪七略≫을 저술하였다. 역법 등 수학에 밝아 ≪三統曆譜≫를 짓고 圓周形量器를 제작하여 원주율을 3.1547로 비교적 정확히 계산해냈는데, 이를 劉歆率이라고도 부른다.

어 피살되었는데, 그가 나갈 때 구경하는 사람들에게 말하기를, '讖言의 글은 거짓이 아니다. 劉秀가 진정 그대들의 주인이다.' 하였으니, 이는 모두 근래의 일에서 드러났기에 사람들이 모두 직접 보았습니다. 더구나 지금 황제라고 칭하는 이가 몇 사람 있지만 洛陽이 土地가 가장 광대하고 군사가 가장 강성하며 號令이 가장 분명하니, 赤伏符의 글을 보고 人事를 살펴보았을 때 다른 姓은 거의 상대할 수 없습니다." 하였다.

여러 사람들의 의견이 같은 사람도 있고 다른 사람도 있었는데, 두융이 마침내 光武帝에게 귀의하기로 계책을 결단하고 長史[51] 劉鈞 등을 보내어 글을 받들어 洛陽에 이르렀다. 이보다 앞서 광무제가 또한 使者를 파견하여 두융에게 보내는 親書를 주어 부르게 하였는데, 사자가 길에서 유균을 만나 바로 함께 돌아왔다.

광무제가 유균을 보고는 매우 기뻐하여 禮로 宴饗하고 마친 다음 돌려보낼 때에 두융에게 내린 璽書를 하사하였는데 그 글에 이르기를 "지금 益州에는 公孫子陽이 있고 天水에는 隗將軍이 있으니, 蜀과 漢이 서로 공격함에 권세(결정권)가 장군에게 달려 있다. 발을 들어 왼쪽으로 향하느냐 오른쪽으로 향하느냐에 따라 곧 輕重이 그쪽으로 쏠리게 되니, 이것을 가지고 말한다면 장군을 서로 厚待하고자 함이 어찌 한량이 있겠는가. 마침내 齊 桓公과 晉 文公처럼 이름난 盟主를 세워 미약한 나라를 돕게 하고자 한다면[52] 마땅히 힘써 功業을 끝마쳐야 할 것이요, 셋으로 나누어 솥발처럼 서서 合從하고 連橫하고자 한다면 또한 이때에 결정해야 할 것이다. 천하가 아직 합병되지 않았지만, 나와 그대는 멀리 떨어져 있어서 서로 병탄할 나라가 아니다. 지금 의논하는 자들 중에는 반드시 옛날 任囂가 尉佗(趙佗)에게 7郡을 제압하는 것을 가르쳐준 계책[53]을 내는 자가 있을 것이니, 王者는 땅을 나누어 分封해줌은 있고 백성을 나누어 줌은 없으니,[54] 스스로 자기 하고 싶은 대로 할 뿐이다." 하고는 인하여 두융을 涼州

---

51) 長史 : 이때 사람들이 竇融을 추대하여 大將軍으로 삼았기 때문에 長史를 둔 것이다.

52) 마침내……한다면 : 齊 桓公과 晉 文公은 春秋時代에 어진 임금으로 일컬어졌는데, 이들은 제후들을 규합하여 미약한 周나라 왕실을 높이고 강한 楚나라를 다스리니, 제후들이 모두 높여서 霸主로 삼았다.

53) 任囂가……계책 : 秦나라 二世皇帝 때에 南海尉 任囂가 병들자, 趙佗에게 7郡을 제압하는 계책을 가르쳐주었다. 7郡은 南海, 鬱林, 蒼梧, 合浦, 交趾, 九眞, 日南이 바로 이곳이다.

54) 王者는……없으니 : 무릇 땅을 나누어 제후를 봉해주니, 封地를 받은 자가 각각 땅을 나누어 가지고 있는 것이다. ≪漢書≫ 〈地理志〉 註에 "땅을 나누어 줌이 있다는 것은 封疆(국경)을 세움을 이르고, 백성을 나누어 줌이 없다는 것은 마음대로 왕래해서 그 거처가 일정하지 않음을 이른다." 하였다.

牧에 제수하였다. 璽書가 河西에 이르니, 하서 사람들은 모두 놀라서 이르기를 "天子가 萬里 밖까지 밝게 내다본다." 하였다.

○隗囂使辨士張玄說竇融等曰 更始事已成이라가 尋復亡滅하니 此는 一姓不再興之效也라 今卽有所主하야 便相係屬이니 一(朝)〔旦〕55)拘制면 自令失柄이니 後有危敗면 雖悔無及이라 方今豪桀競逐에 雌雄未決하니 當各據土宇하고 與隴蜀合從이면 高可爲六國이요 下不失尉佗니라 融等이 召豪桀議之하니 其中識者皆曰 今皇帝姓名이 見於圖書하니 自前世博物道術之上谷子雲夏賀良等이 皆言漢有再受命之符라 故劉子駿改易名字하야 冀應其占이러니 及莽末에 西門君惠謀立子駿이라가 事覺被殺한대 出할새 謂觀者曰 讖文不誤라 劉秀眞汝主也라하니 此皆近事暴着(저)라 衆所共見者也니 況今稱帝者數人이로되 而洛陽土地最廣하고 甲兵最彊하고 號令最明하니 觀符命而察人事에 他姓殆未能當也라하니 衆議或同或異어늘 融이 遂決策東向하고 遣長史劉鈞等하야 奉書詣洛陽이라 先是에 帝亦發使遺融書以招之라가 遇鈞於道하야 卽與俱還이라 帝見鈞歡甚하야 禮饗畢에 乃遣令還할새 賜融璽書曰 今益州에 有公孫子陽하고 天水에 有隗將軍하니 方隴蜀相攻에 權在將軍이라 擧足左右에 便有輕重하니 以此言之컨대 欲相厚豈有量哉아 欲遂立桓文하야 輔微國인댄 當勉卒功業이요 欲三分鼎足하야 連衡合從인댄 亦宜以時定하라 天下未并이나 吾與汝絶域하야 非相呑之國이라 今之議者는 必有任囂敎尉佗制七郡之計하리니 王者는 有分土하고 無分民하니 自適己事而已라하고 因授融涼州牧하다 璽書至河西하니 河西皆驚하야 以爲天子明見萬里之外라하더라

10-1-15

겨울 10월에 처음으로 太學을 설립하였다. 車駕가 궁중으로 돌아와56) 太學에 행차해서 옛날 법식을 상고하고 禮樂을 닦고 밝히니, 찬란하여 文物이 볼만하였다.

○冬十月에 初起太學이라 車駕還宮하야 幸太學하야 稽式古典하고 修明禮樂하니 煥然文物이 可觀矣라

10-1-16

11월에 馮異가 關中을 다스려서 출입한 지 3년 만에 上林苑에 도읍이 이루어졌

---

55) (朝)〔旦〕: 저본에는 '朝'로 되어 있는데, 朝鮮 太祖 李成桂의 改諱가 '旦'이므로 저본에는 避諱하여 '旦'을 '朝'로 고친 것이다. 이에 의거하여 '旦'으로 바로잡았다.

56) 車駕가……돌아와 : 魯 지방에 거둥하여 孔子를 제사하고 궁중으로 돌아온 것이다.

다.[57] 어떤 사람이 글을 올려 말하기를 "풍이의 위엄과 권세가 지극히 중하니, 백성들의 마음이 그에게 歸依하여 咸陽王이라고 부릅니다." 하였다. 광무제가 이 글을 풍이에게 보이자, 풍이가 두려워하며 글을 올려 사례하니, 조서를 내려 답하기를 "장군은 황제에 있어서 의리는 군신간이 되고 은혜는 부자간과 같으니, 어찌 의심하고 혐의하여 두려워하는 뜻이 있는가." 하였다.

○十一月에 馮異治關中하야 出入三歲에 上林成都라 人有上章言호되 異威權至重하니 百姓歸心하야 號爲咸陽王이라하야늘 帝以章示異한대 異惶懼하야 上書陳謝어늘 詔報曰 將軍之於國家에 義爲君臣이요 恩猶父子니 何嫌何疑하여 而有懼意리오하다

10-1-17

建武 6년(30) 봄에, 馮異가 長安으로부터 들어와 조회하자, 광무제가 公卿에게 이르기를 "이 사람은 내가 군대를 일으킬 때 主簿였으니,[58] 나를 위해서 온갖 苦難을 헤치고 關中을 평정했다." 하고는 조회를 파한 뒤에 진귀한 보물과 돈과 비단을 하사하고, 조서를 내려 이르기를 "창졸간에 蕪蔞亭의 팥죽과 滹沱河의 보리밥을 올렸는데,[59] 그 厚意를 오랫동안 갚지 못하였다." 하였다.

○六年春에 馮異自長安入朝하니 帝謂公卿曰 是我起兵時主簿也라 爲吾披荊棘하고 定關中이라하고 旣罷에 賜珍寶錢帛하고 詔曰 倉卒에 蕪蔞亭豆粥과 滹沱河麥飯이어늘 厚意久不報라하다

---

57) 3년……이루어졌다 : 이때 馮異가 上林苑에 군대를 주둔하고 있었다. 3년 만에 도읍이 이루어졌다는 말은 민심이 교화되어 3년 만에 그에게 歸附하는 사람이 많았다는 의미로, ≪史記≫ 〈五帝本紀〉에 "순임금이 歷山에서 농사를 지을 때에는 역산의 사람들이 모두 밭두둑을 양보하였고, 雷澤에서 물고기를 잡을 때에는 뇌택 가의 사람들이 모두 거처를 양보하였으며, 河濱에서 질그릇을 구울 때에는 하빈의 그릇이 모두 조악하지 않았다. 그리하여 순임금이 거처하는 곳에는 1년 만에 촌락이 이루어졌고 2년 만에 읍이 이루어졌고 3년 만에 都邑이 이루어졌다.〔舜耕歷山 歷山之人皆讓畔 漁雷澤 雷澤上人皆讓居 陶河濱 河濱器皆不苦窳 一年而所居成聚 二年成邑 三年成都〕"라고 한 데서 온 말이다.

58) 내가……主簿였으니 : 光武帝가 군대를 일으켜 永川을 순행할 때에 馮異가 항복하니, 光武帝가 그를 主簿로 삼았다.

59) 창졸간……올렸는데 : 更始 2년(24)에 薊城에서 반란을 일으켜서 王郎에게 호응하자 이에 劉秀가 말을 재촉하여 성을 나와서 새벽부터 밤늦게까지 남쪽으로 달려 蕪蔞亭에 이르렀다. 이때에 날씨가 춥고 먹을 것이 없었는데, 馮異가 팥죽을 올렸다. 이후 왕랑의 군대가 유수를 추격하자 유수가 滹沱河를 건너 南宮에 이르러 비바람을 만났다. 이때 풍이가 섶나무를 가지고 와 보리밥을 지어 유수에게 올렸다.(≪資治通鑑≫ 권39 〈漢紀31〉 淮陽王 更始 2년)

10-1-18

12월에 다음과 같이 詔書를 내렸다.

“지난번에 군대가 해산되지 아니하여 재정이 부족하였다. 그러므로 10분의 1을 세금으로 내는 법을 시행하였는데 지금 양식의 저축이 다소 비축되었으니, 郡國으로 하여금 현재 있는 田租를 거두되 30분의 1을 내게 하여 옛 제도[60]와 같게 하라.”

○十二月에 詔曰 頃者師旅未解하야 用度不足이라 故行十一之稅한대 今糧儲差積하니 其令郡國으로 收見(현)田租호되 三十稅一하야 如舊라하다

10-1-19

建武 7년(31) 봄 3월 그믐에 日食이 있었다. 광무제가 正殿을 피하고 전쟁을 그치고 5일 동안 政事를 듣지 않고서[61] 조서를 내려 이르기를 “나의 德이 薄해서 재앙을 불러와 하늘의 譴責이 日月에 드러났으니, 매우 두렵다. 무슨 말을 하겠는가. 이제 바야흐로 그 과실을 생각하여 허물을 제거하고자 하노니, 有司들로 하여금 각각 職任을 닦아 法度를 받들어 준행해서 백성들에게 은혜를 베풀게 하고, 百僚들은 각기 숨김없이 封事를 올리되 上書할 때 성덕을 칭송하는 말은 하지 못하게 하라.” 하였다.

○七年春三月晦에 日有食之이라 帝避正殿하고 寢兵不聽事五日하고 詔曰 吾德薄致災하야 讁見日月하니 戰慄恐懼라 夫何言哉리오 今方念愆하야 庶消厥咎하노니 其令有司로 各修職任하야 奉遵法度하야 惠玆元元하고 百僚各上封事하야 無有所諱하고 其上書호되 不得言聖하라하다

10-1-20

建武 9년(32) 봄 정월에 潁陽成侯 祭遵(채준)[62]이 軍中에서 죽었다. 임종할 때에

---

60) 옛 제도 : 漢 景帝 원년(B.C. 156)에 백성들로 하여금 30분의 1을 田租로 내게 하였는데, 지금 경제 때 시행했던 것을 따랐으므로 옛 제도라 한 것이다.

61) 正殿을……않고서 : 국가에 천재지변이 있으면 군주는 관례적으로 ‘正殿을 피하고 수라의 음식을 줄이며, 도축을 금하고 음악을 물리며, 억울한 옥사를 다시 심리하고 직언을 구하는 일을 행한다.

62) 祭遵(채준) : 東漢 潁川 사람이다. 光武帝를 따라 河北을 정벌하여 剌奸將軍이 되었고, 이후에도 군공이 많아 征虜將軍에 제수되고 潁陽侯에 봉해졌다. 상으로 받은 것을 사졸들에게 다 나누어주어 집안에 재물이 없었고, 儒術을 좋아하여 비록 軍旅 가운데에 있었어도 禮樂을 잊지 않았다 한다.(≪後漢書≫ 권20 〈祭遵列傳〉)

薄葬하도록 경계하였고 家事를 물었으나 끝내 말한 바가 없었다. 광무제가 매우 심하게 근심하고 슬퍼하여 채준의 상여가 河南에 이르자, 車駕(황제)가 素服으로 임하여 바라보며 애통하게 哭하였다. 城門으로 돌아와서는 지나가는 상여를 보고 눈물을 그치지 못하였고, 喪禮가 이루어진 뒤에 다시 太牢[63]로 제사하였으며, 大長秋[64]와 河南尹에게 조서를 내려 喪事를 감독하게 하고 大司農[65]으로 하여금 비용을 주게 하였다. 장사 지낼 때에 車駕가 다시 임하였고 장사 지낸 후에도 그 무덤에 임하였으며 夫人과 집안 사람들을 찾아가서 위문하였다. 그 후 조회할 때 광무제가 매번 탄식하며 이르기를 "어떻게 하면 국가를 걱정하고 公正하게 봉직하기를 祭征虜와 같이 하는 사람을 얻을 수 있겠는가." 하였다.

○九年春正月에 潁陽成侯祭遵薨於軍이라 戒臨終薄葬하고 問以家事나 終無所言이러라 帝愍悼之尤甚하사 遵喪至河南하니 車駕素服臨之하야 望哭哀慟이라 還幸城門하얀 閱過喪車하고 涕泣不能已하며 喪禮成에 復祠以太牢하고 詔大長秋河南尹하야 護喪事하고 大司農給費라 至葬에 車駕復臨之하고 既葬에 又臨其墳하고 存見夫人室家라 其後朝會에 帝每歎曰 安得憂國奉公을 如祭征虜者乎아하더라

10-1-21

建武 12년(36) 겨울 12월에 광무제가 睢陽令 任延[66]을 武威太守로 삼고, 친히 만나보고 경계하여 이르기를, "上官을 잘 섬겨서 名譽를 잃지 말라." 하였다. 임연이 대답하기를 "신은 듣건대, 忠臣은 사사롭지 않고 사사로운 신하는 충성하지 않는다고 하였습니다. 正道를 행하고 公(국가)을 위해 봉직하는 것은 신하의 절개이고 상하가 附和雷同하는 것은 陛下의 福이 아니니, 上官을 잘 섬기라는 말씀은 신이 감히 명령을 받들 수가 없습니다." 하였다. 황제가 탄식하며 이르기를 "卿의 말이 옳다." 하였다.

○十二年冬十二月에 帝以睢陽令任延으로 爲武威太守하고 親見戒之曰 善事上官하야 無失名

63) 太牢 : 소, 양, 돼지의 세 가지 희생을 모두 갖춘 성대한 祭物을 말한다.

64) 大長秋 : 황후전의 사무를 책임지는 관직이다.

65) 大司農 : 漢나라 때의 관명으로 錢·穀·金·帛 따위의 國家 財政을 관장하였다.

66) 任延 : 後漢 南陽 사람으로 자는 長孫이다. 어릴 때부터 학문이 뛰어나 '任聖童'이라 일컬어졌다. 光武帝 초기에 九眞太守가 되어 많은 선정을 베풀어 구진 사람들에 의해 生祠堂이 세워졌고, 그 후에도 武威太守·潁川太守 등을 역임하면서 많은 치적을 올렸다.(≪後漢書≫ 권76 〈循吏列傳 任延〉)

譽하라 延對曰 臣聞忠臣不(和)〔私〕67)하고 (和)〔私〕臣不忠이라하니 履正奉公은 臣子之節이요 上下雷同은 非陛下之福이니 善事上官은 臣不敢奉命이로소이다 帝歎曰 卿言是也라하더라

10-1-22

建武 13년(37) 봄 정월에 조서를 내려 이르기를 "〈지난해에 이미 郡國에 勅敎를 내려 珍味를 바치지 못하게 했는데, 지금 오히려 그만두지 않고〉 군국에서 珍味를 바쳤으니, 大官으로 하여금 더 이상 遠方에서 膳羞를 받지 말게 하고, 宗廟에 올리는 제수는 옛 제도와 같이 하도록 하라." 하였다.

이때 異國에서 하루에 천 리를 달릴 수 있는 名馬를 바치고 또 값어치가 百金이나 되는 寶劍을 바치니, 조서를 내려 劍은 騎士에게 하사하고 말은 鼓車(북을 싣고 다니는 수레)에 멍에하게 하였다.

광무제는 평소 음악 듣기를 좋아하지 않았고, 손에는 珠玉을 잡지 않았다. 일찍이 사냥을 나갔다가 車駕가 밤에 돌아왔는데, 上東門68)의 門候(문지기) 汝南 사람 郅惲69)이 관문을 막고 열어주지 않았다. 이에 광무제가 從者로 하여금 〈횃불을 밝혀〉 문틈으로 자신의 얼굴을 확인하게 하였으나,70) 郅惲이 말하기를 "불빛이 멀어 식별할 수가 없습니다." 하고는 이에 명령을 받들지 않으니, 광무제가 마침내 돌아가서 中東門71)으로 들어왔다.

다음 날 질운이 上書하여 諫하기를 "옛날에 文王은 감히 유람과 사냥을 즐기지 못하

67) (和)〔私〕 : 저본에는 '和'로 되어 있으나, ≪後漢書≫ 권76 〈循吏列傳 任延〉에 의거하여 '私'로 바로잡았다. 아래도 같다.

68) 上東門 : 洛陽의 12門 중의 하나이다. 살펴보건대 12支가 있으니, 방위마다 세 개의 문이 있는데 上東門은 寅方의 문이다. 문마다 門候 한 사람이 있으니, 秩이 六百石이다. 城門校尉에 속하니, 성문을 열고 닫으며 출입하는 것을 관장한다.

69) 郅惲 : 光武帝 때의 直臣으로, 후한 汝南 西平 사람이다. 자는 君章이다. ≪韓詩≫와 ≪嚴氏春秋≫를 공부하고, 天文曆數에 정통했다. 광무제 때 孝廉으로 천거되어 洛陽 上東城 門候가 되었을 때, 사냥을 갔다가 밤늦게 돌아오는 황제에게 신원을 확인할 수 없다는 이유로 성문을 잠그고 열어주지 않았다가 다음 날 忠諫을 올려 황제가 布 백 필을 하사했다. 나중에 태자 劉彊에게 ≪韓詩≫를 가르쳤고, 侍講을 지냈다. 郭后가 폐위되자 태자에게 양위하라고 권했다가 藩國으로 물러나 지냈다. 長沙太守로 옮겼다가 일에 연좌되어 면직되고 귀향하였다.

70) 이에……하였으나 : ≪後漢紀≫ 권7 〈光武皇帝紀7〉에 "광무제가 문에서 횃불을 들어 황제의 얼굴에 비추게 하였다.〔上令從門擧火射帝面〕"라고 하였다.

71) 中東門 : 洛陽의 12門 가운데 卯方에 있는 문이다.

拒關賜布

여 萬民들이 바르게 공양하는 것만 받으셨습니다. 그런데 폐하께서는 멀리 山林에 사냥 나가서 밤으로써 낮을 이으시니, 社稷과 宗廟를 어찌하시렵니까." 하였다. 이 글을 아뢰자, 질운에게 삼베 100匹을 하사하고 中東門의 門候를 貶職하여 參封縣의 尉[72]로 삼았다.

○十三年春正月에 詔曰 郡國獻異味하니 其令大官으로 勿復受遠方口實하고 所以薦宗廟하얀 自如舊制하라하다 時에 異國有獻名馬者한대 日行千里하고 又進寶劍價直(치)百金하니 詔以劍으로 賜騎士하고 馬로 駕鼓車하다 帝雅不喜聽音樂하고 手不持珠玉이라 嘗出獵이라가 車駕夜還할새 上東門候 汝南郅惲이 拒關不開어늘 帝令從者로 見(현)面於門間이나 惲曰 火明遼遠이라하고 遂不受詔하니 帝乃回從東中門入이러니 明日에 惲上書諫曰 昔에 文王은 不敢槃于遊田하야 以萬民惟正之供이어늘 而陛下는 遠獵山林하야 夜以繼晝하니 其如社稷宗廟何오하니 書奏에 賜惲布百匹하고 貶東中門候하야 爲參封尉하다

72) 參封縣의 尉 : 參封은 縣의 이름이니, 琅邪郡에 속한다. 尉는 도적을 맡은 벼슬이다.

10-1-23

여름 4월에 광무제가 將士와 功臣들에게 크게 宴饗을 베풀고 食邑을 더하거나 봉지를 바꿔주었으니, 모두 365人이었는데, 그 가운데 外戚으로 恩澤을 입어 封해진 사람이 45인이었다. 鄧禹의 封邑을 정하여 高密侯로 삼아 4縣을 식읍으로 주었고, 李通을 固始侯로 삼았으며, 賈復을 膠東侯로 삼아 6縣을 식읍으로 주었고, 나머지는 모두 차등이 있게 시상하였다. 그리고 이미 죽은 사람은 그 자손을 더하여 封하였으니, 혹은 支庶를 封하기도 하였다.

광무제는 오래도록 전쟁을 치르느라 전쟁이 싫어졌고 또 천하가 피폐해져서 백성들이 편히 쉬기를 바란다는 것을 알고는 隴과 蜀이 평정된 이후로 급한 경보가 아니면 다시 군대의 일을 말한 적이 없었다. 황태자가 일찍이 공격하고 전쟁하는 일에 대해 묻자, 광무제가 말하기를 "옛날 衛나라 靈公이 陣法을 묻자 孔子께서 대답하지 않았으니,[73] 이는 네가 미칠 바가 아니다."[74] 하였다.

鄧禹와 賈復은 광무제가 전쟁을 종식하고 文德을 닦으려 하며, 功臣들로 하여금 京師에서 병력을 보유하게 하지 않고자 한다는 것을 알아서 마침내 갑옷과 병기를 버리고 儒學에 돈독히 힘썼다. 그러자 광무제 또한 功臣들의 爵位와 土地를 완전하게 보전해주어 관리의 職事가 허물이 되지 않게 하려고 생각하여[75] 마침내 좌우의 장군을 파직하니, 耿弇(경감) 등이 또한 大將軍의 印綬를 올리고 모두 列侯의 신분으로 집에 돌아갔다. 이에 광무제는 特進[76]의 지위를 더해준 다음 朝請을 받들게 하였다.[77]

당시 광무제는 바야흐로 관리의 일을 三公[78]에게 맡겼기 때문에 功臣들이 모두 등

---

73) 옛날……않았으니 : ≪論語≫ 〈衛靈公〉에 "衛나라 靈公이 孔子에게 陣法을 묻자, 공자께서 '俎豆에 관한 일은 일찍이 들었지만 군대에 관한 일은 배우지 못하였습니다.' 하고, 다음날 마침내 떠나셨다.〔衛靈公問陳於孔子 孔子對曰 俎豆之事 則嘗聞之矣 軍旅之事 未之學也 明日遂行〕"라고 하였는데, ≪集註≫에 "衛 靈公은 無道한 군주인데 또 전쟁의 일에 뜻을 두었다. 그러므로 배우지 못하였다고 답하고 떠나신 것이다.〔衛靈公 無道之君也 復有志於戰伐之事 故答以未學而去之〕"라고 하였다.

74) 네가……아니다 : 황태자는 달리 공부할 것이 많기 때문에 전쟁에 대해서는 아직 몰라도 된다는 말이다.

75) 관리의……생각하여 : ≪資治通鑑≫ 권43 〈漢紀35〉의 胡三省의 註에 "功臣들이 맡은바 관리의 職事에 허물이 있어서 封해진 爵邑을 잃을까 걱정한 것이다."라고 하였다.

76) 特進 : 漢나라 때 官名으로, 제후들 중 공덕이 크고 높아 조정으로부터 특별한 존경을 받는 사람을 특진시켜 三公의 아래에 지위를 두게 한 데서 붙여진 이름이다.

77) 朝請을……하였다 : 봄에 조회하는 것을 朝라 하고 가을에 조회하는 것을 請이라 하니, 실무는 보지 않고 봄가을로 조회할 때에만 불러서 명령을 받들게 할 뿐이라는 말이다.

용되지 않았는데, 이때 列侯 가운데 오직 高密侯·固始侯·膠東侯 세 사람만이 公卿들과 함께 국가의 大事에 참여하여 의논해서 은혜와 예우가 매우 두터웠다. 황제는 비록 功臣들을 제어하였지만 매번 法을 굽히고 포용하여[79] 그들의 작은 과실을 용서하였고, 먼 지방에서 진귀한 물건과 맛있는 음식을 바치면 반드시 먼저 제후들에게 두루 하사하여 太官[80]에 남은 것이 없었다. 그러므로 功臣들이 모두 福祿을 보전하여 誅罰과 譴責을 받은 사람이 없었다.

○夏四月에 帝大饗將士功臣하고 增邑更(경)封하니 凡三百六十五人이로되 其外戚恩澤封者가 四十五人이라 定封鄧禹爲高密侯하야 食四縣하고 李通爲固始侯하고 賈復爲膠東侯하야 食六縣하고 餘各有差하고 已歿者는 益封其子孫하니 或更封支庶하다 帝在兵間久에 厭武事하고 且知天下疲耗하야 思樂息肩하고 自隴蜀平後로 非警急이면 未嘗復言軍旅러라 皇太子嘗問攻戰之事한대 帝曰 昔에 衛靈公이 問陳하니 孔子不對하시니 此非爾所及이라하더라 鄧禹賈復은 知帝偃干戈 修文德하고 不欲功臣擁衆京師하야 乃去甲兵하고 敦儒學하니 帝亦思念欲完功臣爵土하야 不令以吏職爲過하야 遂罷左右將軍하니 耿弇等이 亦上大將軍將軍印綬하고 皆以列侯就第하니 加位特進奉朝請이러라 帝方以吏事責三公이라 故功臣竝不用한대 是時列侯唯高密固始膠東三侯가 與公卿參議國家大事하야 恩遇甚厚라 帝雖制御功臣이나 而每回容宥其小失하고 遠方貢珍甘이면 必先徧賜諸侯하야 而太官無餘라 故皆保其福祿하야 無誅譴者러라

10-1-24

建武 16년(40) 가을 9월에 郡國에 大姓 및 兵長과 群盜들이 곳곳에서 함께 일어나 가는 곳마다 백성들을 攻劫하고 長吏들을 殺害하였다. 이에 郡縣에서 추격하여 토벌하게 하니 군대가 도착하면 해산했다가 떠나가면 다시 집결했는데, 靑州·徐州·幽州·冀州 네 고을이 더욱 심하였다.

겨울 10월에 使者를 파견하여 郡國에 내려가 도적을 다스리게 하되, 도적들이 자발

---

78) 三公 : 太尉·司徒·司空으로, 임금의 고문 구실을 하는 국가 최고의 명예직이었다. 太尉는 사방의 군대에 관한 일을 관장하고, 司徒는 백성들에게 孝悌와 겸양과 검소함을 가르치는 일을 관장하고, 司空은 水土와 城을 경영하고 邑을 일으키며 도랑을 깊이 파고 堤防을 수리하는 일을 관장하였다.

79) 매번……포용하여 : 원문의 '每回容'에 대해 ≪後漢書≫ 권52 〈朱景王杜馬劉傳堅馬列傳〉에는 "回는 굽힘이니, 〈'回容'은〉 法을 굽혀 용납함을 이른다." 하였다.

80) 太官 : 원래 궁중에서 음식을 관장하고 酒果를 장만하는 등 연향을 준비하는 부서였는데, 후대에는 祭物을 관장하는 일을 맡아보았다.

적으로 서로 간에 규찰하고 적발하여 다섯 명이 함께 한 명을 참수할 경우에는 그 죄를 면제해주게 하고, 관리들이 비록 머뭇거리고 회피하여 일부러 도적을 놓아주더라도 모두 추궁하지 말고 그들이 도적을 추포한 것을 공효로 삼게 하였으며, 牧守와 令長 가운데 관내의 盜賊을 방치한 채 잡아들이지 않는 자와 또 두려움 때문에 城을 버리거나 지켜야 할 고을을 버리는 자는 모두 罪로 여기지 말고 단지 도적을 얼마나 사로잡았는지에 따라 殿最[81]를 해서 오직 은닉하는 자만 죄를 주게 하였으니, 이에 지방의 관리들이 서로 번갈아 추포하고 도적들이 모두 해산되었다. 그렇게 하고 나서 그 首魁를 다른 郡으로 옮긴 뒤에 백성들에게 토지를 나누어주고 곡식을 받도록 하여 生業을 편안히 여기게 하였다. 이로부터 소와 말을 방목하고 고을의 성문을 닫지 않게 되었다.

○十六年秋九月에 郡國에 大姓及兵長群盜가 處處竝起하야 攻劫(所在)〔在所〕[82]하고 害殺長吏라 郡縣追討하니 到則解散하고 去復屯結호되 靑徐幽冀四州尤甚이러라 冬十月에 遣使者하야 下郡國하야 聽盜自相糾擿하야 五人이 共斬一人者는 除其罪하고 吏雖逗留廻避故縱이라도 皆勿問하고 聽以禽討爲效하며 其牧守令長이 坐界內盜賊而不收捕者와 又以畏愞捐城委守者는 皆不以爲負하고 但取獲賊多少로 爲殿最하야 惟蔽匿者乃罪之하니 於是에 更相追捕하야 賊竝解散이라 徙其渠帥於他郡하고 賦田受稟하야 使安生業하니 自是로 牛羊放牧하고 邑門不閉러라

10-1-25

建武 19년(43)에 광무제가 沛國의 桓榮[83]을 議郎[84]으로 삼아 太子에게 經書를 가르치게 하고 御駕가 太學에 행차하여 博士들을 모아놓고 앞에서 論難하게 하였는데, 환영이 經書의 뜻을 분명하게 밝히되 매번 예의를 지키면서 謙讓하여 사람들이 心服하게 하고 文辭가 뛰어나다고 하여 남들을 업신여기지 않으니, 학자들 중에 누구도

81) 殿最 : 관원들의 근무 성적을 심사하여 그 優劣을 매기던 일로서 上을 最, 下를 殿이라고 하였다.

82) (所在)〔在所〕: 저본에는 '所在'로 되어 있으나, ≪後漢書≫ 권1하 〈光武帝紀〉에 의거하여 '在所'로 바로잡았다.

83) 桓榮 : 龍亢 사람으로 字는 春卿이고, 經學에 밝았다. 光武帝 때에 太子少傅가 되어 당시 태자인 明帝에게 五經을 가르쳤다. 명제가 즉위해서는 스승으로 예우하여 五更에 임명하고, 太學에 행차하면 반드시 절하였다고 한다.(≪後漢書≫ 권37 〈桓榮列傳〉)

84) 議郎 : 漢代에 설치한 官名으로 光祿勳에 소속된 郎官의 하나이다. 賢良하고 方正한 선비를 뽑아 임용하였다.

그를 따라갈 자가 없었다.

○十九年에 帝以沛國桓榮爲議郞하야 使授太子經하고 車駕幸太學하야 會諸博士論難於前한대 榮辨明經義호되 每以禮讓相厭하고 不以辭長勝人하니 儒者莫之及이러라

10-1-26

陳留의 董宣[85]이 洛陽令이 되었을 때 湖陽公主의 종이 白晝에 사람을 죽이고는 인하여 공주의 집에 숨으니, 관리가 체포하지 못하였다. 공주가 出行할 때에 그 종으로 하여금 驂乘[86]을 하게 하였는데, 동선이 夏門亭에서 기다리고 있다가 수레를 멈추고 말고삐를 잡고는 칼로 땅을 그으며 큰 소리로 공주의 잘못을 낱낱이 이야기하고, 종을 꾸짖어 수레에서 내리게 한 다음 인하여 맨손으로 쳐서 죽였다. 공주가 즉시 궁중으로 돌아와 광무제에게 하소연하자, 광무제가 크게 노하여 동선을 불러 곤장을 쳐서 죽이려고 하였다.

동선이 머리를 조아리며 아뢰기를 "한마디 말씀을 올리고 죽기를 원합니다." 하니, 광무제가 "무슨 말을 하고자 하는가?" 하였다. 동선이 아뢰기를 "폐하께서 聖德으로 중흥하셨지만 공주가 종을 풀어놓아 사람을 죽이게 하였으니, 장차 어떻게 천하를 다스리려 하십니까. 신에게는 군이 매를 때리실 필요가 없으니, 청컨대 스스로 죽겠습니다." 하고는 즉시 머리를 기둥에 부딪쳐서 피가 흘러 얼굴을 뒤덮었다. 황제가 小黃門(宦官)으로 하여금 그를 붙잡게 하고 동선으로 하여금 머리를 조아려 공주에게 사죄하게 하였는데, 동선이 따르지 않으므로 억지로 머리를 조아리게 하니, 동선이 양손으로 땅을 짚고 버티어 끝내 고개를 숙이려 하지 않았다.

공주가 말하기를 "文叔(光武帝의 字)께서 白衣로 있었을 때에는 도망 온 자를 감추어 주고 죽을죄를 지은 자를 숨겨주었을 때 관리들이 감히 집에 이르지 못하였는데, 지금 天子가 되어서는 위엄이 한 縣令에게도 행해지지 못한단 말입니까?" 하였다. 광무제가 웃으며 이르기를 "天子는 白衣와 같지 않다." 하고는, 조칙을 내려 동선에게 굽히

---

85) 董宣 : 後漢 圉縣 사람으로 자는 少平이다. 벼슬이 洛陽令에 이르렀으며, 豪强들을 억눌러 臥虎란 별명이 붙었다.

86) 驂乘 : 수레의 오른쪽에서 높은 사람 옆에 모시고 탄다는 말이다. 옛날 수레를 탈 때 높은 이는 왼쪽에 앉고, 御者는 가운데에 앉으며, 호위하는 사람은 오른쪽에 타서 수레가 기울어지지 않게 하였다.

賞彊項令

지 않고 나가게 하고 30만 錢을 하사하니, 동선이 이것을 모두 여러 관리들에게 나누어주었다. 이로 말미암아 호걸스럽고 강한 자들을 마음대로 공격하게 되었으니, 京師에 두려워하지 않는 자가 없었다.

○陳留董宣爲雒陽令에 湖陽公主蒼頭가 白日殺人하고 因匿主家하니 吏不能得이라 及主出行에 以奴驂乘이어늘 宣於夏門亭候之라가 駐車叩馬하고 以刀畫地하야 大言數主之失하고 叱奴下車하야 因格殺之하니 主卽還宮訴帝하니 帝大怒召宣하야 欲箠殺之어늘 宣叩頭曰 願乞一言而死로이다 帝曰 欲何言고 宣曰 陛下聖德中興이나 而主縱奴殺人하니 將何以治天下乎아 臣不須箠니 請得自殺하노이다 卽以頭擊楹하야 流血被面이라 帝令小黃門持之하고 使宣叩頭謝主한대 宣不從이어늘 彊使頓之하니 宣兩手據地하야 終不肯俯라 主曰 文叔이 爲白衣時에 藏亡匿死에 吏不敢至門이러니 今爲天子에 威不能行一令乎아 帝笑曰 天子與白衣不同이라하고 因敕彊項令出하고 賜錢三十萬하니 宣悉以班諸吏라 由是로 能搏擊豪强하야 京師莫不震慄이러라

10-1-27

建武 26년(50) 봄 정월에 百官의 녹봉 올려주되, 千石 이상의 관리는 西京(前漢) 때보다 녹봉을 줄이고 六百石 이하의 관리는 舊秩(前漢 때의 秩祿)보다 올려주었다.

○二十六年春正月에 增百官俸호되 千石以上은 減於西京하고 六百石以下는 增於舊秩하다

10-1-28

처음 壽陵[87]을 만들 때에 광무제가 다음과 같이 말하였다.

"옛날 帝王을 장사 지낼 때는 모두 진흙으로 사람의 형상을 만들고 질그릇을 만들며 나무로 수레를 만들고 띠풀로 말을 만들되 후세 사람으로 하여금 장사 지낸 곳을 알지 못하게 하였으니, 太宗[88]은 始終(生死)의 의리를 알았고 景帝[89]는 〈선왕을 계승하여〉 孝의 도리를 잘 따랐던 것이다. 그러므로 天下가 난리를 만났을 때 霸陵[90]만 그 福을 완전하게 받았으니[91] 어찌 아름다운 일이 아니겠는가. 지금 陵을 만드는 땅은 2, 3頃을 넘지 않게 하고 山陵은 만들지 말며 언덕과 연못은 겨우 물만 흘러가게 할 것이니, 다음 王朝가 일어난 뒤에는 丘隴과 同體가 되게 하라."[92]

○初作壽陵에 帝曰 古者帝王之葬에 皆陶人瓦器하고 木車茅馬호되 使後世之人으로 不知其處하니 太宗識終始之義하고 景帝能述遵孝道라 遭天下反覆에 而霸陵獨完受其福하니 豈不美哉아 今所制地不過二三頃하고 無爲山陵하고 陂池裁令流水而已니 使迭興之後에 得與丘隴同體라하더라

---

87) 壽陵 : 임금이 죽기 전에 미리 만들어두는 무덤을 말한다. 壽는 장구하다는 뜻을 취한 것이다. 수릉을 만든 것은 文帝 때에 비롯되었다.

88) 太宗 : 前漢의 제5대 황제 文帝 劉恒으로, 高祖 劉邦의 넷째 아들이다. 공손하고 검소하여 오로지 德으로 백성을 교화시킴을 힘썼다.

89) 景帝 : 前漢의 제6대 황제 劉啓로, 太宗 文帝의 아들이다. 선왕의 遺業을 준수해서 5, 60년 사이에 풍속을 바꾸어 백성들의 풍속이 醇厚해졌으므로, 사람들이 태평성세를 말할 때면 반드시 周나라의 成王과 康王에 빗대어 漢나라에서는 文帝와 景帝를 칭송하였다고 한다.

90) 霸陵 : 前漢의 太宗 文帝의 陵으로, 문제의 유언에 따라 장례를 아주 검소하게 치렀다고 한다.

91) 天下가……받았으니 : 赤眉軍이 長安을 침입하였을 때 오직 霸陵만이 도굴당하지 않았다고 하는데, 이 일을 가리킨다. 赤眉는 漢나라 말에 樊崇이 일으킨 반란군을 지칭하는 말이다. 王莽이 帝位를 찬탈하자 번숭이 군사를 일으켜 소요를 부리면서 왕망의 군사와 구별 짓기 위해 휘하 군사들의 눈썹을 붉게 칠하게 한 데서 유래한 말이다. 후일 光武帝에게 평정되었다.

92) 丘隴과……하라 : 후일에 다른 왕조가 개창된 뒤에는 陵墓가 丘隴의 형체와 구별이 되지 않게 하여 사람들의 눈에 띄게 하지 말라는 의미이다.

10-1-29

建武 27년(51) 가을에 광무제가 신하들을 크게 모아놓고 묻기를 "太子의 師傅가 될 만한 사람이 누구인가?" 하니, 신하들이 황제의 뜻을 받들어 모두 말하기를, "태자의 外叔인 執金吾 原鹿侯 陰識(음지)[93]가 가합니다." 하였다.

그러자 博士 張佚[94]이 正色하고 말하기를 "지금 폐하께서 태자를 세운 것이 陰氏를 위한 것입니까, 天下를 위한 것입니까. 음씨를 위한 것이라면 陰侯를 태자의 사부로 삼는 것이 가하겠지만, 천하를 위한 것이라면 실로 천하의 어질고 재능이 있는 사람을 등용해야 할 것입니다." 하였다.

광무제가 칭찬하며 말하기를 "태자의 사부를 두고자 하는 것은 태자를 위한 일이다. 지금 박사는 朕을 바로잡는 것도 어렵게 여기지 않는데, 더구나 태자에 있어서야 더 말할 것이 있겠는가." 하고, 즉시 장일을 제수하여 太子太傅로 삼고 博士 桓榮을 少傅로 삼은 다음 輜車와 乘馬[95]를 하사하였다.

○二十七年秋에 帝大會群臣하고 問誰可傅太子者오 群臣이 承望帝意하야 皆言太子舅執金吾原鹿侯陰識可라한대 博士張佚이 正色曰 今陛下立太子가 爲陰氏乎아 爲天下乎아 卽爲陰氏則陰侯可어니와 爲天下則固宜用天下之賢才니이다 帝稱善曰 欲置傅者는 爲太子也라 今博士不難正朕이온 況太子乎아하고 卽拜佚하야 爲太子太傅하고 以博士桓榮으로 爲少傅하고 賜以輜車乘馬하다

10-1-30

中元 원년(56) 여름에 京師에 醴泉[96]이 솟아 나왔는데, 이 물을 마신 사람은 痼疾

93) 陰識(음지) : 後漢 光武帝의 부인인 光烈皇后의 이복 오라비인데, 軍功으로 封侯되었다. 황제와 대면했을 때는 직언을 서슴지 않다가도 빈객과 마주해서는 조정의 일을 일절 말하지 않았다 한다. (≪後漢書≫ 권32 〈陰識列傳〉)

94) 張逸 : 後漢 사람으로 光武帝 때 博士가 되었다. 태자의 스승을 선임하는 문제로 직언을 하였으며, 太子太傅를 지냈다.

95) 輜車와 乘馬 : 軿車에 옷의 가림이 있고 뒤의 끝채가 없는 것을 輜車라 이르고, 말 네 마리를 乘이라 한다.

96) 醴泉 : 단맛이 나는 샘물을 이르는데, 예로부터 이것을 祥瑞의 응험으로 일컬어왔다. ≪禮記≫ 〈禮運〉에 "하늘은 기름진 이슬을 내리고, 땅은 단 샘물을 내보낸다.〔天降膏露 地出醴泉〕"라고 하였으며, ≪爾雅≫에 "단비가 제때에 내려 만물을 아름답게 한 것을 醴泉이라 한다.〔甘露時降 萬物以嘉 謂之醴泉〕" 하였다.

이 모두 나았다. 또 赤草[97]가 물가에서 자라고 郡國에서 甘露水가 나온다는 보고를 자주 올리니, 신하들이 上奏하기를 "토지신이 신령스럽게 감응하여 朱草가 싹터 나왔습니다. 孝宣帝[98]는 아름다운 상서가 있을 때마다 改元하여 神爵(B.C. 61~B.C. 58), 五鳳(B.C. 57~B.C. 54), 甘露(B.C. 53~B.C. 50), 黃龍(B.C. 49)을 나열하여 年紀로 삼았으니, 이는 천지신명이 감응하여 이르게 함으로써 聖德과 威信을 드러내 밝힌 것입니다. 이 때문에 태평성대의 교화를 이루어 中興을 칭송하게 되었습니다. 지금 천하가 맑고 편안하여 靈物이 이에 내려왔는데 폐하께서는 겸허하고 자신을 내세우지 않는 마음을 가지시어 사양하며 자처하지 않으시니, 어찌 祥瑞의 符節과 드러난 길조가 泯沒되어 알려지지 않게 할 수 있겠습니까. 마땅히 太史로 하여금 撰集하여 來世에 전하게 해야 할 것입니다." 하였다. 그러나 광무제는 받아들이지 않고 항상 스스로 德이 없다고 겸손해하면서 매번 郡國에서 올린 상서로운 일을 번번이 억제하고 자신에게 해당시키지 않았기 때문에 史官이 기록한 것이 드물었다.

광무제는 매일 아침 일찍 조회를 보고 해가 기울어야 비로소 파하였으며, 자주 公卿과 郎·將을 引見하여 經傳의 의리를 강론해서 밤이 깊어서야 비로소 잠을 자니, 황태자가 근로하여 게을리하지 않는 광무제를 보고는 틈을 타서 諫하기를 "폐하께서는 禹王과 湯王의 총명함이 있으신데 黃帝와 老子의 養性하는 福을 잃으시니, 원컨대 정신을 기르고 아껴서 한가로이 지내며 스스로 편안하시기를 바랍니다." 하였다. 이에 광무제가 이르기를, "나는 본래 이것을 즐거워하니, 피곤하지 않다." 하였다.

광무제는 비록 征伐로 大業을 이루었지만 천하가 이미 평정되었을 때는 功臣을 물리치고 文官을 등용해서 政事의 체통을 밝게 알고 삼가며, 朝廷의 대권을 총괄하고 때를 헤아리고 힘을 헤아려서 조처함에 지나친 일이 없었다. 그러므로 前代의 功烈을 회복하여 몸소 太平을 이룩할 수 있었다. 재위 기간은 33년이었고 향년은 62세였다.

○中元元年夏에 京師에 醴泉涌出한대 飮之者固疾皆愈라 又有赤草生於水崖하고 郡國頻上甘露하니 群臣奏言 地祇靈應而朱草萌生이라 孝宣帝每有嘉瑞에 輒以改元하야 神爵五鳳甘露 黃

---

97) 赤草 : 가지와 잎이 모두 붉은 珊瑚와 같다는 朱草를 말한다. 태평시대에만 나타나는 진귀한 瑞物이라고 전해지는데, ≪大戴禮≫에 "朱草는 하루에 한 잎씩 나오다가 보름이 지난 뒤에는 하루에 한 잎씩 떨어져서, 한 바퀴 돌면 다시 시작된다.〔朱草 日生一葉 至十五日已後 日落一葉 周而復始〕" 하였다. ≪鶡冠子≫ 〈度萬〉에 "聖王의 德이 아래로 온갖 生靈에 미치게 되면 醴泉이 솟아나고 朱草가 돋아난다." 하였다.

98) 孝宣帝 : 前漢 제7대 임금 劉詢을 말한다.

龍을 列爲年紀하니 蓋以感致神祇하야 表彰德信이라 是以로 化致昇平하야 稱爲中興이라 今天下清寧하야 靈物仍降이어늘 陛下情存損挹하사 推而不居하시니 豈可使祥符顯慶으로 沒而無聞이리오 宜令太史撰集하야 以傳來世라한대 帝不納하고 常自謙無德하야 每郡國所上을 輒抑而不當이라 故史官罕得記焉이러라 帝每(朝)〔旦〕99) 視朝하고 日昃乃罷하고 數引公卿郎將하야 講論經理하야 夜分乃寢하니 皇太子見帝勤勞不怠하고 乘間諫曰 陛下有禹湯之明而失黃老養性之福하시니 願頤愛精神하야 優游自寧하소서 帝曰 我自樂此하니 不爲疲也라하더라 雖以征伐濟大業이나 及天下既定에 乃退功臣而進文吏하야 明愼政體하고 總攬權綱하야 量時度力하야 擧無過事라 故能恢復前烈하고 身致太平하다 在位三十三年이요 壽六十二라

99) (朝)〔旦〕: 저본에는 '朝'로 되어 있는데, 朝鮮 太祖 李成桂의 改諱가 '旦'이므로 저본에는 避諱하여 '旦'을 '朝'로 고친 것이다. 이에 의거하여 '旦'으로 바로잡았다.

본받을 만한 善政　善可爲法

東漢

明帝

11-1-1

漢明帝

顯宗 孝明皇帝는 諱는 莊이고 光武帝의 넷째 아들이니, 母后는 陰皇后이다. 明帝가 태어났을 때 豐下[1]하였고 10세에 ≪孝經≫에 능통하였으니, 광무제가 기특하게 여겼다. 建武 15년(39)에 東海公에 봉해지고 17년에 작위가 승진되어 王이 되었으며 19년에 옹립되어 皇太子가 되었는데, 桓榮을 스승으로 섬겨 ≪尙書≫에 통하였다. 中元 2년(57)에 皇帝에 즉위하였다.

顯宗孝明皇帝諱莊이요 **光武第四子也**니 **母陰皇后**라 **生而豐下**하고 **十歲能通孝經**하니 **光武奇之**러라 **建武十五年**에 **封東海公**하고 **十七年**에 **進爵爲王**하고 **十九年立爲皇太子**한대 **師事桓榮**하야 **通尙書**하고 **中元二年**에 **卽皇帝位**하다

---

1) 豐下 : 아래턱이 제비의 턱처럼 두툼하고 넓적하게 생긴 것을 이르는 말로, 예전에는 이런 턱을 가진 사람을 貴相이라 하였다.

11-1-2

여름 4월에 詔書를 내려 이르기를, "高密侯 鄧禹[2]는 제일가는 개국공신이고 東平王 劉蒼[3]은 도량이 넓고 계책이 있으니, 등우를 太傅로 삼고 유창을 驃騎將軍으로 삼도록 하라." 하였다. 유창이 간절하게 사양했지만 명제가 허락하지 않았다. 다시 표기장군에게 조서를 내려 長史와 掾史 40인을 배치하여 地位가 三公의 위에 있게 하였다.

유창이 일찍이 西曹掾으로 있는 齊國의 吳良을 천거하였는데, 명제가 이르기를, "어진 이를 천거하여 국정을 돕는 것은 宰相의 직무이다. 옛날 蕭何는 韓信을 천거할 때 제단을 쌓아 임명하고,[4] 더 이상 시험하지 않았으니, 지금 오량을 議郎으로 삼도록 하라." 하였다.

○夏四月에 詔曰 高密侯禹는 元功之首요 東平王蒼은 寬博有謀하니 其以禹爲太傅하고 蒼爲驃騎將軍하라 蒼이 懇辭어늘 帝不許라 又詔驃騎將軍하야 置長史掾史員四十人하야 位在三公上하다 蒼이 嘗薦西曹掾齊國吳良한대 帝曰 薦賢助國은 宰相之職也니 蕭何擧韓信에 設壇而拜하고 不復考試하니 今以良爲議郎하라하다

11-1-3

永平 원년(58) 5월에 東海恭王 劉彊[5]이 병들었다. 명제가 使者와 太醫를 파견하여 역마를 타고 가서 병을 치료하되 끊임없이 왕래하게 한 뒤에 沛王 劉輔와 濟南王 劉康과 淮陽王 劉延에게 詔書를 내려 魯 땅에 가서 병세를 살펴보게 하였는데, 유강이 죽

---

2) 鄧禹 : 後漢 光武帝를 도와 천하를 평정한 개국공신으로, 24세 때 광무제가 즉위하자 三公의 하나인 大司徒에 임명되고 高密侯에 봉해졌으며 明帝 때는 太傅가 되었다.

3) 劉蒼 : 光武帝의 여덟 째 아들로 東平王에 봉해졌다. 사려가 깊고 위풍이 당당하여 明帝의 사랑을 많이 받았는데, 명제가 그에게 가정생활에서 무엇이 가장 즐거운지에 대해 물었을 때, 선을 행하는 것이 가장 즐겁다고 대답하였다 한다.(≪後漢書≫ 권42 〈光武十王列傳 東平憲王〉)

4) 蕭何는…임명하고 : 원문의 '設壇而拜'는 壇을 설치해놓고 장수를 임명한다는 '設壇拜將'을 가리키는 말로, 漢 高祖 劉邦이 項羽에 의해 巴蜀 땅에서 漢中王이 되어 동쪽으로 중원에 진출하지 못하고 있을 때 승상 蕭何가 韓信을 대장으로 천거하고 유방에게 청하여 吉日을 잡아서 齋戒하고 대장이 올라갈 壇을 설치하고 禮를 갖추어서 한신을 대장으로 임명하였다. 이 단을 將壇이라 한다.(≪通鑑節要≫ 권2)

5) 劉彊 : 後漢 光武帝의 맏아들로, 東海王에 봉해졌다. 시호는 恭이다. 郭皇后의 소생으로 일찍이 皇太子가 되었는데, 어려서부터 성품이 겸공한 데다 뒤에 母后가 廢位되자 끝내 태자의 자리를 고사하였다. 그리고 蕃國에 봉해지기를 간절히 청하여 마침내 동해왕에 봉해졌는데, 그가 특히 겸공하고 禮를 잘 지켰기 때문에 천자의 애틋한 사랑을 받았다.(≪後漢書≫ 권42 〈光武十王列傳 東海恭王彊傳〉)

음에 앞서 臨終 때에 글을 올려 皇恩에 사례하자 명제가 글을 읽어보고는 비통해하였다. 太后를 따라 나와 津門亭에 납시어 發哀하고 大司空으로 하여금 符節을 들고 護喪하게 한 다음 특별히 예물을 보내주고 나서 楚王 劉英과 趙王 劉栩와 北海王 劉興 및 京師의 親戚들에게 조서를 내려 모두 장례에 참석하게 하였다. 명제는 유강이 겸손함과 검소함을 굳게 지켰던 일을 추억하고는 厚하게 장사 지내어 그의 뜻을 어기고자 하지 않았다. 이에 특별히 조서를 내려 副葬하는 물품에 대해 힘써 소박함을 따르게 함으로써 東海王의 탁월하고 우뚝한 뜻을 빛나게 하고, 將作大匠[6]이 남아 머무르며 陵廟를 건립하게 하였다.

○永平元年夏五月에 東海恭王彊病이어늘 帝遣使者太醫하야 乘驛視病하야 絡繹不絶하고 詔沛王輔濟南王康淮陽王延하사 詣魯省疾할새 彊薨에 臨終에 上書謝恩하니 帝覽書悲慟하고 從太后出하사 幸津門亭하사 發哀하고 使大司空으로 持節護喪하고 贈送以殊禮하고 詔楚王英趙王栩北海王興及京師親戚하야 皆會葬하다 帝追惟彊深執謙儉하야 不欲厚葬하야 以違其志라 於是에 特詔遣送之物을 務從約省하야 以彰王卓爾獨行之志하고 將作大匠留起陵廟하다

11-1-4

永平 2년(59) 겨울 10월에 명제가 辟雍(太學)에 행차하여 처음으로 養老禮를 행할 때 李躬을 三老로 삼고 桓榮을 五更[7]으로 삼았는데, 삼로는 都紵大袍를 입고 進賢冠을 쓰고 玉杖을 짚었으며, 오경 역시 그와 같은 복장이었으나 지팡이는 짚지 않았다. 황제의 수레가 벽옹의 禮殿에 도착하여 東廂에 御坐를 마련하고 使者를 보내어 安車로 삼로와 오경을 태학의 강당에서 맞이하게 하였는데, 천자가 門屛에서 맞이하여 서

---

6) 將作大匠 : 관직명이다. 秦나라 때 처음으로 설치하였는데 將作少府라 칭하였다. 西漢 景帝 때에 將作大匠이라 개칭하였는데, 宮室·宗廟·陵寢 및 기타 土木 공사를 맡았는바, 東漢·魏·晉 시대에도 전례대로 설치하였다. 南朝 梁나라 때에는 大匠卿이라 개칭하였고, 北齊 때에는 將作寺大匠이라 개칭하였다. 隋나라로부터 遼나라에 이르기까지 대부분 將作監大匠이라 칭하였다.

7) 三老로……五更 : 《禮記》 〈文王世子〉에 "마침내 삼로와 오경을 설치하였다.〔遂設三老五更〕" 하였으니, 원래는 周代에 천자가 노인을 父兄의 예로 봉양하기 위해 설치한 일종의 관직이다. 그 의미에 대해서는 여러 가지 해설이 있다. 漢代의 三公과 大夫를 가리킨다는 해설과, 삼로는 하늘과 땅과 사람의 일을 아는 사람이라는 해설, 三德 즉 正直, 剛, 柔가 있는 사람이라는 해설, 三辰을 본뜬 것이라는 해설이 있고, 오경은 五行이 바뀌어 갈음하는 것을 아는 사람이라는 해설과 五事 즉 貌, 言, 視, 聽, 思에 능한 사람이라는 해설, 五星을 본뜬 것이라는 해설이 있다. 更자는 老자의 뜻으로, 늙어서 일에 경험〔更〕이 있다는 의미인데, 혹은 叟자의 잘못으로 보기도 한다.

臨雍拜老

로 예를 표하되 인도하여 阼階(東階)로 올랐다. 삼로가 賓階(西階)로 올라 계단 아래에 이르렀을 때에 천자가 예를 갖추어 揖하였고, 삼로가 禮殿에 올라가 동향하였을 때 三公이 几案을 설치하고 九卿이 신을 정돈하였다. 천자가 직접 소매를 걷어 올려 희생을 가르고 醬을 잡아 대접하고 爵을 잡아 입을 가셨는데, 식전에 祝鯁을 하고 식후에 祝饐(축열)을 하였다.[8] 오경이 남향하면 삼공이 나아가 음식을 올리되 그 예도 이와 같이 하였다.

예를 마치고 환영과 제자들을 인도하여 당 위로 올랐는데, 명제가 스스로 아랫사람

8) 식전에……하였다 : ≪資治通鑑綱目集覽≫에 "哽은 음식이 목구멍 안에 머물러 있는 것이니, 노인은 매번 음식을 먹을 적에 목구멍에 머물러 있는 경우가 많으므로 음식을 먹기 전에 축원해서 목구멍에 머물러 있지 않게 한 것이다.……饐은 음식이 막혀서 숨이 통하지 못하는 것이니, 음식을 먹고 난 뒤에 축원해서 숨이 막히지 않게 한 것이다.〔哽者 食留咽中也 老人每食多哽 故於未食前祝之 使毋哽也……饐者 食窒氣不通也 於已食後祝之 使毋饐〕" 하였다. 즉 '祝哽'은 식전에 음식을 먹다가 목이 메이지 않기를 축원하는 것이고 '祝饐'은 식후에 음식이 목에 막히지 않기를 축원하는 것이다.

들을 위해 강설할 때 여러 유자들이 명제의 앞에서 어려운 부분을 질문하였으니, 橋門[9]을 둘러싸고 구경하던 冠帶를 갖춘 벼슬아치와 사대부들이 대체로 억만이나 되었다. 이에 조서를 내려 환영에게 관작을 내려 關內侯로 삼게 하고 삼로와 오경에게는 모두 二千石의 봉록을 내려 종신토록 그 몸을 봉양하게 하였으며 천하의 三老[10]에게는 술과 고기를 하사하였다.

명제는 태자가 되었을 때부터 환영에게 ≪尙書≫를 배웠고 황제에 즉위했을 때에도 오히려 환영을 스승의 禮로 존중하였다. 항상 太常府에 행차하여 환영을 東面에 앉게 하고 几杖을 배설하게 한 다음 百官 및 환영의 문하생 수백 명을 모이게 하여 명제가 친히 受業하였다. 그리고 諸生이 혹 자리를 비켜서 명제에게 어려운 것을 질문하였는데, 명제는 겸손하게 말하기를 "太師께서 이 자리에 있다."라 하였고, 講席이 파하면 太官이 마련한 음식을 모두 太常의 집에 하사하였다.

환영이 병을 앓을 때마다 명제는 使者를 보내 위문하여 太官과 太醫가 끊임없이 길을 오가게 하였다. 그러다가 병이 위독해졌을 때 〈환영이〉 上疏하여 謝恩하고 爵位와 田土를 사양하여 돌려주니, 명제가 그의 집에 행차하여 안부를 묻되 골목에 들어가서는 수레에서 내려 경서를 안고 앞으로 가서 환영을 어루만지며 눈물을 흘린 다음 牀茵, 帷帳, 衣被, 刀劒을 하사하셨다. 그리고 환영이 죽었을 때는 명제가 친히 變服하고 喪에 임하여 장사 지낸 다음 首陽山에 冢塋을 설치하도록 하였다.

○二年冬十月에 帝幸辟雍하사 初行養老禮할새 以李躬爲三老하고 桓榮爲五更한대 三老服都紵大袍하고 冠進賢하고 扶玉杖하니 五更亦如之호되 不杖이라 乘輿가 到辟雍禮殿하사 御坐東廂하시고 遣使者하야 安車로 迎三老五更於太學講堂한대 天子가 迎於門屛하사 交禮호되 道自阼階하고 三老가 升自賓階하야 至階에 天子가 揖如禮하고 三老가 升東面에 三公이 設几하고 九卿이 正履하고 天子가 親袒割牲하고 執醬而饋하고 執爵而酳한대 祝哽在前하고 祝饐在後하며 五更南面이어든 三公이 進供호되 禮亦如之하고 禮畢에 引桓榮及弟子하야 升堂한대 帝自爲下說에 諸儒가 問難於前하니 冠帶縉紳之士가 圜橋門而觀聽者 蓋億萬計라 於是에 詔賜榮爵關內侯하고 三老五更은 皆以二千石祿으로 養終厥身하고 賜天下三老酒肉하다 帝自爲太子로 受尙書於桓榮이러니 及卽帝位에 猶尊榮以師禮라 常幸太常府하야 令榮으로 坐東面하고 設几杖하고 會百官及榮門生數百人하야 帝親自執業하시고 諸生이 或避位發難하니 帝謙曰 太師가 在是라하고 旣罷에 悉以大(태)官供具로 賜太常家라

---

9) 橋門 : 太學 주위의 四門을 말한다.

10) 천하의 三老 : 鄕縣의 삼로를 이른다.

榮이 每疾病에 帝輒遣使存問하사 大(태)官太醫가 相望於道러니 及篤에 上疏謝恩하고 讓還爵土하니 帝幸其家하사 問起居호되 入街下車하사 擁經而前하사 撫榮垂涕하고 賜以牀茵帷帳衣被刀劒하고 榮이 卒에 帝親自變服하고 臨喪送葬하고 賜冢塋于首陽之山하다

11-1-5

永平 3년(60) 봄에 명제는 中興한 功臣들을 생각하여 이에 장수 28명의 象을 南宮의 雲臺에 그리게 하였는데, 鄧禹를 으뜸으로 삼고, 다음은 馬成, 吳漢, 王梁, 賈復(가복), 陳俊, 耿弇(경감), 杜茂, 寇恂, 傅俊, 岑彭, 堅鐔, 馮異, 王霸, 朱祐, 任光, 祭遵(채준), 李忠, 景丹, 萬修, 蓋延(합연), 邳彤, 銚期, 劉植, 耿純, 臧宮, 馬武, 劉隆이고, 또 여기에 王常, 李通, 竇融, 卓茂를 더하여 모두 32명이었다.

○三年春에 帝思中興功臣하야 乃圖畫二十八將於南宮雲臺할새 以鄧禹爲首하고 次는 馬成吳漢王梁賈復陳俊耿弇杜茂寇恂傅俊岑彭堅鐔馮異王霸朱祐任光祭遵李忠景丹萬修蓋延邳彤銚期劉植耿純臧宮馬武劉隆이요 又益以王常李通竇融卓茂하야 合三十二人하다

11-1-6

여름에 명제가 北宮을 크게 지을 때에 당시 가뭄이 들었다. 尙書僕射 鍾離意[11]가 대궐에 나와서 冠을 벗고 사례하며 상소하기를 "옛날 成湯이 가뭄을 만나 六事[12]로 自責하기를 '정사에 절도가 없는가. 백성을 부리기를 고통스럽게 하였는가. 궁실을 경영하였는가. 여인의 청탁이 많았는가. 뇌물이 성행하였는가. 아첨하는 무리가 많았는가.' 하였습니다. 삼가 살피건대, 北宮을 크게 짓자 백성들이 農時를 잃었으니, 예로부터 宮室이 조금 협소한 것은 고민할 것이 아니라 다만 백성이 편안하지 못한 것을 근심하였습니다. 마땅히 공사를 중지하여 하늘의 마음에 부응하소서." 하였다.

명제가 자책하고 조서를 내려 대답하기를, "成湯의 六事를 인용함에 그 허물이 나

---

11) 鍾離意 : 후한 때 山陰 사람으로 자는 子阿이다. 明帝 때 尙書까지 지냈다.

12) 六事 : 湯임금이 7년의 大旱을 만나 스스로 犧牲이 되어 桑林의 들에서 기노할 적에 여섯 가지 일로 자신을 책망하여 이르기를 "정사가 간략하지 못한가. 백성이 직업을 잃었는가. 궁실이 높은가. 부녀자의 청탁이 성한가. 뇌물이 행해지는가. 아첨하는 무리가 많은가.〔政不節歟 民失職歟 宮室崇歟 女謁盛歟 苞苴行歟 讒夫昌歟〕"라고 하자, 그 말이 채 끝나기도 전에 수천 리 지방에 큰비가 내렸다는 고사에서 온 말이다.(≪十九史略≫ 권1 〈殷〉)

한 사람에게 있으니, 그대들은 冠履를 사양하지 말라."[13] 하였다. 또 將作大匠에게 勅命을 내려 여러 궁궐의 공사를 중지하게 하고 급하지 않은 비용을 감축하게 하며 조서를 내려 公卿과 百僚에게 사례하니, 마침내 때에 맞게 단비가 내렸다.

○夏에 帝大起北宮할새 時天旱하니 尙書僕射鍾離意가 詣闕免冠하고 上疏曰 昔成湯이 遭旱에 以六事로 自責曰 政不節邪아 使民疾邪아 宮室營邪아 女謁盛邪아 苞苴行邪아 讒夫昌邪아 竊見北宮大作에 民失農時하니 自古로 非苦宮室小狹이라 但患民不安寧하나니 宜且罷止하야 以應天心하소서 帝策詔報曰 湯引六事에 咎在一人하니 其冠履勿謝하라하고 又敕大匠하야 止作諸宮하고 減省不急하고 詔因謝公卿百僚하니 遂應時澍雨하다

11-1-7

荊州刺史 郭賀[14]가 벼슬에 특별한 공적이 있자, 명제가 三公의 복식인 黼黻과 冕旒冠을 하사하고 勅命으로 部(관할 지역)를 순행할 때에 수레의 휘장을 제거해서 백성들로 하여금 그의 용모와 의복을 보게 하여 덕 있는 이를 표창하였다.

○荊州刺史郭賀가 官有殊政이어늘 帝이 賜以三公之服黼黻冠旒하고 敕行部에 去襜帷하야 使百姓으로 見其容服하야 以彰有德하다

11-1-8

永平 6년(63) 봄 2월에 王雒山에서 寶鼎이 나와 〈명제에게〉 바치니, 다음과 같이 조서를 내렸다.

"祥瑞가 내리는 것은 德이 있는 사람에게 감응하는 것이다. 그러나 지금은 정사에 편벽됨이 많은데 어떻게 이런 일이 있는 것인가. ≪周易≫에 鼎은 三公을 상징한다고 하였으니, 어찌 三公이 잘 봉직하여 그런 것이 아니겠는가. 삼공에게 비단 50匹을 하

---

13) 冠履를……말라 : 군신 관계에 제약되어 충성스러운 신하의 直諫을 사양하지 말라는 의미이다. 冠履는 머리에 쓰는 관과 발에 신는 신발로, 상하와 존비의 관계를 비유하는 말이다. 漢나라의 賈誼가 文帝에게 글을 올려 죄를 지은 대신들을 낮은 관리가 함부로 대하는 것을 비판하여 "신발은 비록 곱더라도 베개 위에 올려놓지 않으며, 冠은 비록 해졌더라도 신발의 깔창으로 쓰지 않는다.〔履雖鮮 不加於枕 冠雖敝 不以苴履〕"라고 하여 위계질서를 지킬 것을 강조한 고사에서 온 말이다.(≪漢書≫ 권48 〈賈誼傳〉)

14) 郭賀 : 後漢 洛陽 출신으로 자는 喬卿이다. 光武帝 때에 尙書令이 되었는데, 故事에 숙달하여 국익에 기여한 바 많았다. 荊州刺史가 되어 탁월한 정사를 펼쳐 백성들의 칭송이 자자하였다.

사하고 九卿과 二千石의 관리에게는 절반을 하사하라. 先帝(光武帝)께서 詔書를 내려 사람들이 上書할 때 聖德을 칭송하는 것을 금지하였는데 근자에 章奏에는 부화한 말이 자못 많다. 지금부터 만일 지나치게 칭송하거나 헛된 찬양을 하는 경우가 있으면 尙書가 모두 규제하고 관심을 두지 말아서, 아첨하는 자들의 비웃음을 사지 않겠다는 점을 보이라."

○六年春二月에 王雒山에 出寶鼎이어늘 獻之하니 詔曰 祥瑞之降은 以應有德이어늘 方今에 政化多僻하니 何以致茲오 易曰 鼎象三公이라하니 豈三公奉職이 得其理邪아 其賜三公帛五十匹하고 九卿二千石은 半之하라 先帝詔書에 禁人上書言聖이어늘 而間者에 章奏에 頗多浮詞하니 自今으로 若有過稱虛譽어든 尙書가 皆宜抑而不省하야 示不爲諂子蚩也하라

11-1-9

永平 8년(65) 겨울 10월 그믐에 일식이 있었으니, 皆既日食이었다. 여러 官司에 조서를 내려 부지런히 職事를 닦고 숨김없이 할 말을 다하게 하니, 이에 지위에 있는 사람들이 모두 封事를 올려 각각 得失을 말하였다. 명제가 그 글을 살펴보고 깊이 스스로 引責하여 올린 封事를 百官에게 반포하여 보이고 조서를 내려 "群臣들이 말한 것은 모두 朕의 허물이다. 백성의 원망을 다스리지 못하고 관리의 간악함을 금하지 못하면서 경솔하게 民力을 사용하여 宮室을 修繕하고 出入에 절도가 없으며 기뻐하고 노여워하는 것에 절도를 잃었으니, 길이 前代의 경계를 생각함에 마음이 매우 두려워진다. 그러므로 다만 짐의 德이 박하여 오래되면 태만해질까 염려될 뿐이다." 하였다.

○八年冬十月晦에 日有食之하니 既하다 詔群司하야 勉修職事하고 極言無諱하니 於是에 在位者이 皆上封事하야 各言得失할새 帝覽章하고 深自引咎하여 以所上으로 班示百官하고 詔曰 群臣所言은 皆朕之過니 民冤不能理하고 吏黠不能禁호되 而輕用民力하야 繕修宮宇하고 出入無節하며 喜怒過差하니 永覽前戒에 竦然兢懼라 徒恐薄德이 久而怠耳라하다

11-1-10

永平 9년(66)에 명제가 儒學을 숭상하여 皇太子와 여러 王과 侯로부터 大臣의 子弟와 功臣의 子孫에 이르기까지 經書를 배우지 않은 자가 없었으며, 또 外戚인 樊氏·郭氏·陰氏·馬氏의 여러 자제들을 위해 南宮에 학교를 세우고 이름을 四姓小侯라 하고

는 五經의 스승을 두어 학식이 높고 유능한 이를 찾아 선발하여 學業을 전수시키고, 期門과 羽林의 군사로부터 모두 ≪孝經≫의 章句를 통달하게 하니, 匈奴 또한 아들을 보내어 입학하게 하였다

九年에 帝崇尙儒學하야 自皇太子諸王侯로 及大臣子弟功臣子孫히 莫不受經하고 又爲外戚樊氏郭氏陰氏馬氏諸子하야 立學於南宮하고 號를 四姓小侯라하고 置五經(博士)師[15]하야 搜選高能하야 以授其業하고 自期門羽林之士로 悉令通孝經章句하니 匈奴亦遣子入學하다

11-1-11

永平 11년(68) 봄 정월에 東平王 劉蒼이 여러 왕과 함께 와서 조회하고 달포 뒤에 封國으로 돌아갈 때, 명제가 송별의 자리에 임하였다가 궁으로 돌아와 처연히 그리워하여 이에 使者를 보내어 손수 쓴 조서를 내려 東平國의 中傅(宦官)에게 주며 이르기를, “이별한 뒤에 홀로 앉아 있자니 즐겁지 아니하여 그대로 수레를 타고 돌아왔다. 오는 도중에 수레의 가로나무〔軾〕에 엎드려 시를 읊조리고 길이 그대가 떠난 곳을 바라보며 그리워하였으니 실로 내 마음이 괴로웠다. 그러다가 〈采菽〉[16]을 읊을 때에 이르러서는 더욱 탄식하였다. 日前에 동평왕에게 ‘집에 있을 때에 무슨 일이 가장 즐거운가?’ 물었는데, 동평왕이 말하기를 ‘善을 하는 것이 가장 즐겁습니다.’ 하였으니, 그 말이 매우 훌륭하여 그대의 허리와 배보다 훨씬 컸다.[17] 이제 列侯의 印章 19개를 보내니, 여러 王子 중에 나이가 5세 이상으로 종종걸음으로 와서 절할 수 있는 자에게 모두 이 인장을 차게 하라.” 하였다.

○十一年春正月에 東平王蒼이 與諸王으로 俱來朝라가 月餘에 還國할새 帝臨送이라가 歸宮에 悽然懷思하야 乃遣使手詔하사 賜東平國中傅曰 辭別之後에 獨坐不樂하야 因就車歸하야 伏軾而吟하야 瞻望永懷호니 實勞我心이러니 誦及采菽에 以增歎息이라 日者에 問東平王호되 處家에 何等最樂고하니 王이 言 爲善最樂이라하니 其言甚大하야 副是腰腹이라 今送列侯印十九枚하니 諸王子五歲以上能

---

15) 五經(博士)師 : 저본에는 ‘五經博士師’로 되어 있으나, ≪後漢書≫ 권2 〈明帝紀〉에 의거하여 ‘博士’를 衍文으로 보고 ‘五經師’로 바로잡았다.

16) 采菽 : ≪詩經≫ 〈小雅 采菽〉에 “콩을 거두고 콩을 거두기를 네모진 바구니와 둥근 바구니에 하도다. 君子가 와서 朝會함에 무엇을 내려줄꼬.〔采菽采菽 筐之筥之 君子來朝 何錫予之〕”라고 하였다.

17) 그대의……컸다 : 東平王 劉蒼이 허리 둘레가 8尺이므로 그의 말이 그의 허리보다 크고 훌륭하다고 말한 것이다.

趨拜者를 皆令帶之하라

11-1-12

永平 14년(71) 여름 4월에 楚王의 獄事[18]에 대해 철저히 다스렸는데, 당시 顔忠과 王平이 供招에 隧鄕侯 耿建 等을 끌어들이자, 경건 등은 공초에 안충이나 왕평과는 만난 적이 없다고 하니, 이때 명제가 매우 노여워하였다. 이에 관리들이 모두 두려워하며 연좌된 자들을 모두 죄에 몰아넣고 감히 정상을 참작하여 용서해주는 일이 없었다.

이때 侍御史 寒朗[19]이 마음속으로 그들의 억울함을 슬퍼하여, 홀로 안충과 왕평을 심문하되, 시험 삼아 경건 등의 용모를 말해보라고 하니, 두 사람이 놀라 대답하지 못하였다. 이에 한랑은 그들이 거짓말을 하고 있다는 사실을 알고, 上言하기를, "경건 등은 간사한 마음이 없었는데 전적으로 안충과 왕평의 誣告를 받았으니, 아마도 천하의 無辜한 사람들이 대부분 이와 같을 듯합니다." 하였다.

명제가 이르기를, "그대의 말과 같다면 안충과 왕평이 무엇 때문에 그들을 끌어들인 것인가?" 하니, 대답하기를, "안충과 왕평은 자신들이 저지른 짓이 도리에 어긋나는 것이라는 사실을 잘 알고 있습니다. 그러므로 근거도 없이 많은 사람들을 끌어들여 자신들의 죄가 없다고 밝혀지기를 기대한 것입니다." 하였다.

---

18) 楚王의 獄事 : 後漢 明帝 永平 13년(70) 光武帝의 여섯째 아들이자 명제의 아우인 楚王 劉英의 모반 사건으로 일어난 옥사를 말한다. 초왕 유영은 불교를 독실하게 신봉하였는데, 당시 燕廣이란 자가 초왕이 漁陽 사람 王平, 顔忠 등과 함께 불교를 신봉한다는 명목으로 圖書를 조작하여 모반을 꾀하고 있다고 投書하였다. 이에 명제가 관리를 파견하여 사실을 조사하게 하였는데 돌아온 관리가 초왕 유영이 간악한 무리를 모으고 圖讖을 날조하여 帝位를 찬탈하려 하고 있다고 보고하였다. 명제는 초왕 유영의 封爵을 박탈하고 그를 丹陽의 涇縣으로 옮기도록 하였는데, 초왕 유영은 단양에 이르러 자살하였다. 공범으로 지목된 왕평, 안충 등이 洛陽의 옥중에서 모진 고문을 이기지 못하고 거짓 진술을 하는 바람에 무고한 연루자가 수천 명에 이르렀는데, 명제는 평소 宗室의 여러 王들에 대한 원한을 이 옥사에 쏟아부어 증거 여부를 가리지 않고 연루된 자들을 혹독하게 다스리게 하였고 옥사를 맡은 관리들도 명제의 뜻에 영합하여 수많은 억울한 옥사를 만들어내었다.(≪後漢書≫ 권2 〈明帝紀〉, 권41 〈寒朗列傳〉, 권42 〈楚王英列傳〉)

19) 寒朗 : 魯國 薛 사람으로 자는 伯奇인데, 永平 연간에 侍御史로서 三府의 掾屬과 함께 楚獄의 顔忠과 王平 등을 考案하였다. 당시 안충과 왕평 등이 耿建, 臧信, 鄧鯉, 劉建 등을 무고하게 끌어 대서 옥에 갇히게 만들었는데, 황제의 노여움이 심해 아무도 사실대로 고하지 못하고 있었다. 이때 한랑이 죽음을 무릅쓰고 이 사실을 아뢰어 이틀 뒤에 명제가 직접 옥에 가서 무고한 천여 명을 석방하였다.(≪後漢書≫ 권41 〈寒朗列傳〉)

명제가 이르기를, "그대의 말과 같다면 어찌 일찍 아뢰지 않았단 말인가?" 하니, 대답하기를, "신은 천하에 그들의 간사함을 고발하는 사람이 따로 있을 줄 알았습니다." 하였다. 명제가 이르기를, "관리들이 그간의 전말을 잘 알고 있을 것이니, 속히 잡아 하옥시킨 다음 문초하도록 하라." 하니, 左右의 사람들이 모두 물러나려 하였는데, 한랑이 말하기를, "원컨대, 한 말씀 올리고 죽고자 합니다." 하였다.

명제가 이르기를, "누구와 함께 글을 작성하려 하는가?" 하니, 대답하기를, "신이 홀로 작성할 것입니다." 하였다. 명제가 이르기를, "어찌 三府[20]과 함께 의논하지 않는 것인가?" 하니, 대답하기를, "신은 이 일이 滅族의 죄에 해당하는 것을 잘 알고 있습니다. 그러므로 감히 다른 사람을 많이 끌어들일 수 없습니다." 하였다.

명제가 이르기를, "무엇 때문에 멸족에 해당한다고 말하는가?" 하니, 대답하기를, "신이 일 년 동안 일을 조사했지만 간악한 정상을 다 밝혀내지 못하고 도리어 죄인들을 대신해 하소연하고 있으니 滅族의 죄에 해당하는 것을 잘 압니다. 그러나 신이 이렇게 말하는 까닭은 실로 폐하께서 한 번 각성하기를 바라기 때문입니다. 신이 보건대, 옥에 갇혀 조사받고 있는 자들에 대해 모두가 '요사스런 악행을 행하고 큰 과오를 저질렀으니, 신하들이 모두 함께 미워해야 합니다. 따라서 지금은 석방하는 것보다 하옥하는 것이 좋으니, 그래야 후일에 책임이 없어질 수 있을 것입니다.' 하였습니다. 이 때문에 한 사람을 조사하면 열 사람이 연루되고 열 사람을 조사하면 백 사람이 연루되었습니다. 또 公卿들이 조회할 때 폐하께서 그 득실에 대해 하문하면 모두 무릎을 꿇고 말하기를, '옛 제도에 大罪는 禍가 九族에까지 미쳤는데, 폐하께서 크게 은혜를 내리시어 죄가 그 자신의 몸에서 그치게 하셨으니 천하의 사람들이 모두 다행이라 여깁니다.'라 해놓고, 집으로 돌아가서 입으로는 말하지 못했지만 지붕을 쳐다보며 가만히 탄식하여, 그들에게 원통함이 많다는 사실을 알지 못하는 이가 없으면서도 감히 폐하의 하교를 거스르는 사람이 아무도 없었습니다. 신은 지금 이런 말을 아뢰고 죽어도 후회가 없습니다." 하였다.

이에 명제의 노여움이 풀려서 한랑을 내보낼 것을 명하고, 이틀 후에 車駕가 직접 洛陽의 獄에 행차하여 죄수들을 審理한 다음 천여 명을 출옥시키니, 이때 날이 가물었다가 바로 큰비가 내렸다.

---

20) 三府 : 太尉・司徒・司空의 府를 말한다.

○十四年夏四月에 窮治楚獄할새 顔忠王平이 辭引隧鄉侯耿建等이어늘 建等은 辭未嘗與忠平相見하니 是時에 帝怒甚이라 吏皆惶恐하야 諸所連及을 率一切陷入하고 無敢以情恕者라 侍御史寒朗이 心傷其寃하야 試以建等物色으로 獨問忠平하니 而二人이 錯愕不能對어늘 朗知其詐하고 乃上言호되 建等無姦이어늘 專爲忠平所誣하니 疑天下無辜가 類多如此하노이다 帝曰 卽如是면 忠平이何故引之오 對曰 忠平自知所犯不道라 故多虛引하야 冀以自明이니이다 帝曰 卽如是면 何不早奏오 對曰 臣恐海內別有發其姦者라 帝曰 吏持兩端하니 促提下捶之하라 左右引去이늘 朗曰 願一言而死하리이다 帝曰 誰與共爲章고 對曰 臣獨作之호이다 帝曰 何不與三府議오 對曰 臣自知當族滅이라不敢多汙染人호이다 帝曰 何故族滅고 對曰 臣考事一年에 不能窮盡姦狀하고 反爲罪人訟寃이라故知當族滅이나 然臣所以言者는 誠冀陛下의 一覺悟而已라 臣見考囚在獄者를 咸共言妖惡大故는 臣子의 所宜同疾이니 今出之不如入之니 可無後責이라 是以로 考一連十하고 考十連百하고 又公卿朝會에 陛下問以得失이니언 皆長跪言舊制에 大罪는 禍及九族이어늘 陛下大恩이 裁止於身하니天下幸甚이라하고 及其歸舍에 口雖不言이나 而仰屋竊歎하야 莫不知其多寃호되 無敢牾陛下言者라臣今所陳이 誠死無悔로이다 帝意解하사 詔遣朗出하고 後二日에 車駕自幸洛陽獄하사 錄囚徒하야 理出千餘人하니 時에 天旱이러니 卽大雨하다

11-1-13

永平 17년(74) 봄 정월에 명제가 原陵을 알현할 때가 되었을 때, 밤에 先帝(光武帝)와 太后(光烈皇后)가 평상시처럼 즐거워하는 꿈을 꾸고 잠에서 깨어난 후에 너무 슬퍼 잠을 이루지 못하여 바로 曆書를 살펴보니 내일이 길일이었다. 마침내 백관을 거느리고 上陵禮를 행하니, 그날 甘露가 능원의 나무 위에 내리거늘 명제가 백관에게 명하여 그 감로를 받아다 바치게 하였다. 祭儀가 끝난 후에 명제가 자리에서 앞으로 나와 御床에 엎드려 태후께서 쓰시던 鏡匳(화장갑) 속 물건을 들여다보고 슬퍼 눈물을 흘리며 연지와 분 및 화장 도구로 바꾸라고 명하니, 좌우의 신하들이 모두 눈물을 흘리며 누구도 쳐다보지 못하였다.

○十七年春正月에 帝當謁原陵할새 夜夢先帝太后가 如平生歡하고 既寤에 悲不能寐하야 卽按曆하니明(朝)〔旦〕[21]日吉이라 遂率百官上陵하니 其日에 甘露降於陵樹어늘 帝令百官하사 采取以薦이라會畢에 帝從席前伏御床하사 視太后鏡匳中物하고 感動悲涕하사 令易脂澤裝具하니 左右皆泣하야

21) (朝)〔旦〕: 저본에는 '朝'로 되어 있는데, 朝鮮 太祖 李成桂의 改諱가 '旦'이므로 저본에는 避諱하여 '旦'을 '朝'로 고친 것이다. 이에 의거하여 '旦'으로 바로잡았다.

莫能仰視하더라

11-1-14

명제는 建武 年間의 제도를 준수하여 변경한 바가 없어서 后妃의 집안이 侯에 봉해지거나 정치에 참여할 수 없었다.

한번은 館陶公主22)가 아들을 郎官에 제수해주기를 요구하였는데, 허락하지 않고 10만 錢을 하사하고는 여러 신하들에게 이르기를 "郎官은 위로 하늘의 列宿에 응하고 외직으로 나가서는 百里 되는 縣을 주관하니, 만일 적임자가 아니면 백성들이 그 殃禍를 받게 된다. 이 때문에 신중히 하는 것이다." 하였다.

公車23)가 反支日24)이라 하여 章奏를 받지 않았는데, 명제가 듣고 괴이하게 여겨 이르기를, "백성들이 농사짓고 누에 치는 일을 그만두고 멀리 와서 대궐에 이르렀는데 다시 禁忌에 구애를 받게 되었으니, 이것이 어찌 政事의 本義이겠는가?" 하고 마침내 그 제도를 없앴다.

또 尙書 閻章의 두 누이가 貴人이 되었을 때, 염장은 舊典을 정밀히 읽고 한 자리에 오래 있어서 당연히 중요한 직책으로 승진되어야 하였지만 명제는 後宮의 親屬이라 하여 마침내 임용하지 않았으니, 이 때문에 관리는 적임자를 얻고 백성들은 생업을 즐거워하여 遠近이 두려워 복종하고 戶口가 더욱 불어났다. 明帝의 재위 기간은 18년이었고 향년이 48세였다.

○帝遵奉建武制度하사 無所變更하사 后妃之家이 不得封侯與(예)政이라 館陶公主이 爲子求郎이어늘 不許而賜錢千萬하고 謂群臣曰 郎官이 上應列宿(수)하고 出宰百里하니 苟非其人이면 民受其殃이라 是以難之하노라 公車以反支日로 不受章奏한대 帝聞而怪曰 民廢農桑하고 遠來詣闕이어늘 而復拘以禁忌하니 豈爲政之意乎아 於是에 遂蠲其制하다 尙書閻章의 二妹爲貴人에 章精力曉舊典하고 久次當遷重職이로되 帝爲後宮親屬이라하야 竟不用하니 是以로 吏得其人하고 民安其業하야 遠近畏服하고 戶口滋殖焉이러라 帝在位十八年에 壽四十八이러라

---

22) 館陶公主 : 光武帝의 딸이다.

23) 公車 : 漢나라 때 상소 및 徵召에 관한 일을 관장했던 관서의 이름이다.

24) 反支日 : 초하루의 干支에 따라 매달 정해지는 禁忌日로서, 이날은 공무를 쉰다. 초하루가 戌亥(초하루가 戌日이나 亥日)일 때는 1일, 辛酉일 때는 2일, 午未일 때는 3일, 辰巳일 때는 4일, 寅卯일 때는 5일, 子丑일 때는 6일이 반지일이 된다.

11-1-15

史臣 范曄[25])이 다음과 같이 논평하였다.

"明帝는 刑理를 잘 알아서 法令이 분명하였고, 날이 늦도록 조정에 앉아 정사를 처리하여 원통하고 억울한 일을 반드시 알아내었고, 안팎에 사사로이 총애함이 없었고, 높은 자리에서 교만하고 잘난 체하는 기색이 없었으며, 獄事를 결단함에 實情을 얻어서 〈처결한 것이〉 前代에 비해 10분의 2[26])라고 이름이 났다. 그러므로 후세에 정사를 말하는 사람들은 建武와 永平 年間의 정사를 첫 번째로 꼽지 않은 이가 없었다. 그러나 鍾離意와 宋均 같은 사람들은 항상 명제가 일을 까다롭게 살핀다고 말하였으니,[27]) 이는 어찌 남을 용납하는 도량이 넉넉하지 못했던 것이 아니겠는가."

史臣范曄論曰 明帝善刑理하야 法令分明하고 日晏坐朝하야 幽枉必達하고 內外無倖曲之私하고 在上無矜大之色하며 斷獄得情하야 號居前代十二이라 故後之言事者가 莫不先建武永平之政이로되 而鍾離意宋均之徒는 常以察慧爲言하니 夫豈弘人之度未優乎아

章帝

11-2-1

肅宗 孝章皇帝는 이름이 炟이니 顯宗(明帝)의 다섯 번째 아들이다. 母后는 賈貴人[28])이니, 永平 3년(60)에 옹립되어 皇太子가 되었다. 어릴 적에 도량이 넓고 儒學을 좋아하니 현종이 재주를 중하게 여겼다. 18세에 황제로 즉위하였다.

---

25) 范曄 : 南朝 宋나라 사람으로, 자가 蔚宗이고 順陽 사람이며, 范泰의 아들이다. 어려서부터 학문을 좋아하여 經史를 두루 읽었으며, 문장을 잘 지어 ≪後漢書≫를 저술하였다.

26) 10분의 2 : 열 가지 중에 그 두 가지를 결단하였다는 말로, 전대에 비하여 형벌이 적었던 것을 가리킨다.

27) 명제가……말하였으니 : ≪後漢書≫ 권71 〈鍾離意傳〉에 "황제의 성품이 협소하고 꼼꼼하여 직접 귀로 듣고 눈으로 보아 숨겨진 일을 적발하여 밝히는 것을 좋아하니, 公卿과 大臣들은 자주 꾸짖음과 견책을 받고, 尙書 이하의 近臣들이 던지는 물건에 맞고 끌려 나가기까지 하였다.〔帝性褊察 好以耳目隱發爲明 公卿大臣 數被詆毁 近臣尙書以下 至見提曳〕"라 하였다.

28) 賈貴人 : 南陽 사람으로, 光武帝 때 당시 태자였던 顯宗의 후궁으로 들어와 中元 2년(57)에 章帝를 낳고 貴人이 되었다. 장제는 등극한 후에 賈貴人을 황후로 올리지는 않고 많은 재물을 주어 대우하였다고 한다.(≪後漢書≫ 권10 〈皇后紀 賈貴人〉)

肅宗孝章皇帝諱炟이니 顯宗第五子也라 母賈貴人이니 永平三年에 立爲皇太子라 少寬容好儒術호니 顯宗器重之러라 十八年에 卽皇帝位하시다

11-2-2

建初 元年(76)에 東平王 劉蒼이 시의에 맞는 3가지 정책을29) 올리니, 章帝가 答書를 내리기를, "그간에 관리와 백성들이 上奏할 때 또한 이런 말이 있었다. 그러나 짐의 智慮가 淺短하여 혹 옳다고 여길 때도 있었지만 다시 생각해보면 옳지 않다고 여겨져서 정할 바를 모르고 있었는데, 동평왕의 깊은 계책을 듣고 보니 확연하게 근심이 풀렸다. 그대의 좋은 계책을 생각하여 차례차례 시행할 것이다." 하고 특별히 동평왕에게 錢 500만을 하사하였다.

漢章帝

○建初元年에 東平王蒼이 上便宜三事하니 帝報書曰 間에 吏民奏事에 亦有此言호되 但明智淺短하야 或謂儻是나 復慮爲非하야 不知所定이러니 得王深策하니 恢然意解라 思惟嘉謀하야 以次奉行하리라하고 特賜王錢五百萬하다

11-2-3

建初 4년(79) 겨울 11월에 太常 · 中郎將 · 大夫 · 博士 · 郎官30) 및 여러 학자들에게 조서를 내려 白虎觀31)에 모여 五經의 同異를 논의하게 하였는데 五官中郎將 魏應으로

29) 東平王……정책을 : ≪後漢書≫ 권73 〈光武十三王列傳〉에 보면 당시 지진이 일어나 유창이 당시 시의에 맞는 3가지 정책에 대해 주청한 것이다.

30) 太常……郎官 : ≪資治通鑑≫ 권46 〈漢紀36〉 胡三省 註에 "'將'은 三署와 虎賁·羽林의 中郎將이고, '大夫'는 光祿大夫·太中大夫·中散大夫·諫議大夫이다. '博士'는 五經博士이고, '郎官'은 五署郎과 尙書郎, 蘭臺와 東觀의 校書郎이다." 하였다.

31) 白虎觀 : 後漢 학사들이 모여 황제를 모시고 五經을 강의하고 토론하던 곳으로, 未央宮 북쪽에 있었다.

하여금 承制[32]하여 묻게 하고 侍中 淳于恭으로 하여금 이를 장제에게 아뢰게 하여 장제가 직접 稱制[33]하고 臨席하여 可否를 결정하여 ≪白虎議奏≫[34]를 지었으니, 이때 유명한 학자인 丁鴻, 樓望, 成封, 桓郁, 班固, 賈逵 및 廣平王 劉羨[35]가 모두 여기에 참여하였다.

○四年冬十一月에 詔太常將大夫博士郎官及諸儒하야 會白虎觀하야 議五經同異한대 使五官中郎將魏應으로 承制問하고 侍中淳于恭이 奏하야 帝親稱制臨決하야 作白虎議奏하니 名儒丁鴻樓望成封桓郁班固賈逵及廣平王羨이 皆與焉이러라

11-2-4

建初 5년(80) 여름 5월에 直言하는 선비를 外官에 補任할 때 다음과 같이 조서를 내렸다.

"朕은 직언하는 선비가 오기를 희망하여 비스듬히 앉아[36] 특별한 소식을 기다리고 있으니, 먼저 도착한 사람들이 각각 이미 마음속의 불만을 토로해서 대략 子大夫[37]들의 뜻을 들었다. 그러므로 이들을 모두 좌우에 두어서 의견을 묻고 살펴서 받아들이려고 하였는데, 建武 연간[38]의 詔書에 '堯임금은 職責으로 신하를 시험하였으니, 言語와 筆札로만 시험하지 않았다.' 하였다. 지금 外官이 많이 비어 있으니 모두 補任하도록 하라."

○五年夏五月에 以直言士로 補外官할새 詔曰 朕思遲[39]直士하야 側席異聞호니 其先至者가 各已

---

32) 承制 : 조정의 재가를 받지 않고 편의대로 적절히 권한을 행사하는 것을 말한다.

33) 稱制 : 詔令을 내려서 제왕의 정사를 집행하는 것을 이르는 말로, 여기서는 곧 황제가 직접 그 의논의 可否를 결단하였다는 말이다.

34) 白虎議奏 : 지금의 ≪白虎通≫이 이것이다. ≪山堂考索≫에 이르기를 "≪白虎議奏≫는 모두 40편이니, 지금 남아 있는 本은 44권이다. 이 책은 官爵에서 시작하여 嫁娶(男婚女嫁)에서 끝난다." 하였다.

35) 廣平王 劉羨 : 明帝의 아들이다.

36) 비스듬히 앉아 : 겸손한 마음으로 현자를 기다린다는 의미이다. ≪後漢書≫ 李賢의 注에 "비스듬히 앉는다는 말은 똑바르게 앉지 못한 것이니 현명하고 어진 사람을 기다리기 때문이다.〔側席 謂不正坐 所以待賢良也〕"라고 하였다.(≪後漢書≫ 권3 〈章帝紀〉)

37) 子大夫 : ≪資治通鑑綱目集覽≫에 "子는 사람의 美稱이다. 大夫는 顧問과 應對를 관장하므로 그 관직을 들어 子라 칭한 것이다.〔子者 人之嘉稱也 大夫 掌顧問應對 故擧其官而稱子焉〕"라고 하였다.

38) 建武 연간 : 後漢 光武帝의 연호로 25년에서 56년까지이다.

發憤吐懣하야 略聞子大夫之志矣라 皆欲置於左右하야 顧問省納이어늘 建武詔書에 又曰 堯試臣以職하니 不直以言語筆札이라하다 今外官多曠하니 竝可以補任이니라

11-2-5

建初 7년(82) 봄 정월에 沛王 劉輔·濟南王 劉康·東平王 劉蒼·中山王 劉焉·東海王 劉政·琅邪王 劉宇가 와서 조회할 때 조서를 내려 패왕·제남왕·동평왕·중산왕에 대하여 贊拜不名[40]하게 하였고 正殿에 올라 拜禮를 올릴 때는 장제가 친히 答禮하였으니, 은총과 영광이 前古에 비하여 더욱 두터웠다.

매번 이들이 입궐할 때마다 輦으로 맞이하여 궁중의 閤門에 이르러서야 내리게 하였는데, 장제는 그들을 위해 자리에서 일어나 용모를 고쳤으며 皇后는 안에서 친히 拜禮를 올렸으니, 모두들 몸을 굽히고 절하며 사례하여 스스로 편안하게 행동하지 못하였다.

○七年春正月에 沛王輔濟南王康東平王蒼中山王焉東海王政琅邪王宇來朝할새 詔沛濟南東平中山王贊拜不名하고 升殿乃拜할새 帝親答之하니 所以寵光榮顯이 加於前古라 每入에 輒以輦迎하야 至省閤하야 乃下한대 帝爲之興席改容하고 皇后親拜於內하니 皆鞠躬辭謝하야 不自安이러라

11-2-6

建初 8년(83) 겨울 12월에 장제가 班超[41]를 將兵長史에 제수하고 徐幹을 軍司馬로 삼은 다음 따로 衛候 李邑을 파견하여 烏孫[42]의 사신을 호송하게 하였는데, 이읍이 于竇國에 이르렀을 때 龜兹가 疏勒을 공격하는 상황을 만나 두려워서 감히 나아가지 못하고 인하여 上書하여 아뢰기를 "西域의 戰功은 이룰 수 없습니다."라 하고, 다시 반

39) 遲 : ≪後漢書≫ 李賢의 註에 "'遲'는 希望과 같다.〔遲 猶希望也〕"라고 하였다.(≪後漢書≫ 권3 〈章帝紀〉)

40) 贊拜不名 : 임금이 功臣에게 내리는 특별한 은전이다. 신하가 임금을 알현할 때 집례자가 그 성명을 부리지 않고 관직만을 부르는 것으로 특별한 예우이다.

41) 班超 : 後漢 사람으로 자는 仲升이고 班固의 아우이다. 明帝 때에 지금의 西藏 지역인 西域에 사신으로 가서 鄯善과 于闐, 疏勒, 莎車 등의 나라를 服屬시키고 이들 지역을 다스리는 西域都護가 되었다.(≪後漢書≫ 권47 〈班超列傳〉)

42) 烏孫 : 漢나라 때 西域에 있던 나라 이름으로, 지금의 新疆省 경내 溫宿縣 이북에서 伊寧縣 이남 지역이다.

초를 매우 비방하여 "그는 愛妾을 품고 자식을 끌어안은 채 나라 밖에서 안락한 생활을 하면서 나라 안은 돌볼 마음이 없습니다."라 하였다. 반초가 이 말을 듣고 탄식하기를, "내가 曾參이 아닌데 세 번이나 거듭 이르는 讒言[43]이 있으니, 아마도 사람들에게 의심을 사서 그런 것인가 보다." 하고 마침내 아내를 보내니, 장제가 그의 충성을 알고 이읍을 몹시 나무라기를, "반초가 설령 애첩을 품고 자식을 끌어안고 있었더라도 고향으로 돌아가기를 바라는 병사가 천여 명인데, 그대는 어찌 반초와 마음을 함께하지 않는가?" 하였다. 그리고 이읍으로 하여금 반초에게 가서 節度의 지휘를 받게 한 다음 반초에게 조서를 내려 이르기를 "만일 이읍이 外官에 補任할 만한 자이거든 머물러두고 함께 從事하도록 하라." 하였다.

○八年冬十二月에 帝拜班超爲將兵長史하고 以徐幹爲軍司馬하고 別遣衛候李邑하야 護送烏孫使者러니 到于寘에 値龜兹攻疏勒한대 恐懼不敢前하야 因上書陳西域之功不可成하고 又盛毀班超하야 擁愛妻抱愛子하고 安樂外國하야 無內顧心이라한대 超聞之하고 歎曰 身非曾參而有三至之讒하니 恐見疑於當時矣라하고 遂去其妻하니 帝知其忠하고 乃切責邑曰 超縱擁愛妻抱愛子나 思歸之(子)〔士〕[44]千餘人이니 何能盡與超同心乎리오 令邑詣超受節度하고 詔若邑任在外者어든 便留與從事하다

11-2-7

元和 원년(84) 가을 7월에 다음과 같이 조서를 내렸다.

"律法에 '拷問을 받는 자는 오직 榜刑과 笞刑과 立刑[45]에 처해진다.' 하였고 또 令丙[46]에 '매〔箠〕는 長短의 數가 있다.'[47] 하였다. 지난번 큰 獄事[48]가 일어난 이래로

---

43) 세……讒言 : 참소가 여러 차례 이르게 되면 믿지 않던 사람도 끝내는 믿게 된다는 말이다. 옛날 曾子가 費 땅에 살 때에, 증자와 이름이 같은 자가 살인을 저질렀는데 어떤 사람이 증자의 어머니에게 "증삼이 사람을 죽였소."라고 하니 믿지 않고 태연히 베만 짰다. 두 번째에도 믿지 않다가, 세 번째로 그 말을 듣자 그제야 증자의 어머니도 두려워서 베 짜던 북을 던지고 담을 넘어 달아났다는 고사이다.(≪戰國策≫ 〈秦策2〉)

44) (子)〔士〕: 저본에는 '子'로 되어 있으나, ≪後漢書≫ 권77 〈班梁列傳〉에 의거하여 '士'로 바로잡았다.

45) 榜刑과……立刑 : 榜刑과 笞刑은 杖刑이고, 立刑은 考訊을 말한다.

46) 令丙 : 세 번째 詔令을 뜻한다. 漢나라 때 前代의 詔令을 보존하려는 목적으로 發布된 선후에 따라 令甲·令乙·令丙 등으로 篇次를 삼았던 데서 온 말이다.(≪琅琊代醉編≫ 권20)

47) 매〔箠〕는……있다 : 매의 규격이 정해져 있다는 말이다. 景帝 때 箠令을 정하였는데, 箠의 길이는

拷問이 매우 혹심하여 鉆과 鑽의 종류[49]가 너무도 참혹하니, 그 지독한 고통을 생각하면 마음이 서글퍼진다. 가을 겨울 간에 獄事을 다스릴 때는 이 뜻을 밝혀 참혹한 고문을 금하게 해야 할 것이다."

○元和元年秋七月에 詔曰 律云 掠者는 唯得榜笞立이라하고 又令丙에 箠長短有數라하니 自往者大獄以來로 掠者多酷하야 鉆鑽之屬이 慘苦無極하니 念其痛毒에 怵然動心이라 宜及秋冬治獄하야 明爲其禁하라

11-2-8

11월에 尙書 張林이 上言하기를 "縣官(관부)의 비용이 부족하니, 직접 소금을 굽고 또 武帝의 均輸法[50]을 다시 시행하여야 합니다." 하니, 朱暉가 불가하다고 굳게 주장하며 말하기를 "균수법은 장사꾼이 물건을 파는 것과 다름이 없습니다. 소금을 구워 파는 이익이 관청으로 돌아가면 백성들이 곤궁하고 원망하게 되니, 진실로 현명한 군주가 행할 바가 아닙니다." 하였다.

명제가 이로 인해 노여워하여 尙書들을 준열히 꾸짖으니 주휘 등이 모두 스스로 3일 동안 옥에 갇혀 있었다. 그러자 詔敕을 내어 이르기를, "國家(황제)는 駁議[51]를 듣기 좋아하는 법이니 노인(주휘)에게는 잘못이 없다. 조칙의 내용은 지나쳤을 따름이니, 무엇 때문에 스스로 옥에 갇힌 것인가." 하였다.

주휘가 인하여 병이 중하다는 핑계를 대고 더 이상 署議하지 않으려 하니, 尙書令

5尺이고 몸체의 크기가 1寸이니 그 대나무는 끝이 얇아져서 半寸이 되며 마디를 제거하여 평평하게 하였다고 한다. 그러므로 長短의 數가 있다고 한 것이다.(≪後漢書≫ 권3 〈肅宗孝章帝紀〉)

48) 큰 獄事 : 明帝 永平 13년(70)에 楚王 劉英의 모반 사건으로 일어난 대규모 獄事를 말한다.

49) 鉆과……종류 : 鉆과 鑽은 모두 피부에 刑을 가하는 刑具로, 모두 혹심한 형벌을 의미한다.

50) 均輸法 : 均輸平準法으로 漢 武帝 때 실시했던 재정정책의 하나이다. 균수란 각 생산지의 물품을 가격이 비싼 지방으로 옮겨 팔고, 다시 그 지역의 값싼 물품을 사들여 비싼 곳에 판매하는 것이고 평준이란 장안의 시장 가격을 고려하여 가격이 싸면 물자를 사들이고, 비싸면 내다 파는 방법으로 물가를 조절하는 것이다. 이 제도는 국가의 입장에서는 물가를 조절하고 막대한 이득을 취할 수 있으나 상인들과 백성들 입장에서는 자유자재로 사고팔 수 없어 원망이 많았다.

51) 駁議 : 신하가 제왕에게 올리는 글의 일종으로 다른 사람이 논한 사안에 대해 변론하여 논박하는 것이다. 漢나라 蔡邕이 저술한 ≪獨斷≫에 "백관이 천자에게 올리는 글에 네 가지 명칭이 있는데, 첫째는 章이고 둘째는 奏이고 셋째는 表이고 넷째는 박의이다. 의심스러운 일이 있을 때 공경과 백관이 회의를 하면 臺閣에서 이를 바로잡는 부분이 있는데, 그에 대해 이의를 제기한 것을 박의라고 한다."라고 하였다.

이하가 두려워서 주휘에게 이르기를, “지금 황제의 꾸짖음이 준열한데 어찌 병을 핑계 댈 수 있단 말인가. 그 禍가 적지 않을 것이다.” 하였다. 주휘가 말하기를, “나이 80에 皇恩을 입고 機密의 자리에 있게 되었으니, 마땅히 죽음으로 보답해야 할 것이다. 그러나 마음으로 불가하다는 것을 알면서도 임금의 뜻에 순종하여 부화뇌동한다면 신하의 의리를 저버리는 것이다. 지금은 귀와 눈에 아무것도 보고 들리지 않으니, 엎드려 死命을 기다릴 것이다.” 하고 마침내 입을 닫고 더 이상 말하지 않으니, 상서들이 어쩔 줄 몰라 하다가 도리어 함께 주휘를 탄핵하였다.

이에 장제의 노여움이 풀려서 그 일을 그만두었다가, 며칠 뒤에 조서를 내려 直事郎으로 하여금 주휘의 안부를 묻게 하고 太醫에게 병을 살펴보게 하고 太官에게 음식을 내리게 하였는데, 주휘가 병상에서 일어나 사례하니 다시 錢 10만과 布 100匹과 옷 10領을 하사하였다.

○十一月에 尙書張林上言호되 縣官(則下民足)〔經用不足〕52)하니 宜自煮鹽及復修武帝均輸之法하니 朱暉固執하야 以爲不可曰 均輸之法은 與賈販無異라 鹽利歸官則下民窮怨이니 誠非明主所宜行이니이다 帝因發怒하야 切責諸尙書하니 暉等이 皆自繫獄三日이러니 詔敕出之曰 國家樂聞駁議하니 黃髮無愆이라 詔書過耳니 何故自繫오 暉因稱病篤하고 不肯復署議하니 尙書令以下이 惶怖謂暉曰 今臨得譴讓하니 柰何稱病고 其禍不細리라 暉曰 行年八十에 蒙恩得在機密하니 當以死報라 心知不可而順旨雷同이면 負臣子之義라 今耳目無所聞見하니 伏待死命이라하고 遂閉口不復言하니 諸尙書不知所爲라가 乃共劾奏暉라 帝意解하야 寢其事러니 後數日에 詔使直事郎으로 問暉起居하고 太醫視疾하고 太官賜食한대 暉乃起謝하니 復賜錢十萬布百匹衣十領하다

11-2-9

東平 사람 鄭均의 형이 縣의 관리가 되어서 자못 禮로 보내주는 선물을 받았는데, 정균이 간하였으나 듣지 않았다. 이에 정균은 집을 나가 품팔이를 하여 1년 남짓 만에 돈과 비단을 얻어 가지고 돌아와 형에게 주면서 말하기를 “물건이 없어지면 다시 얻을 수 있지만 관리가 贓罪에 걸리면 종신토록 버림받는 것입니다.” 하니, 형이 그 말에 감동되어 마침내 청렴하고 결백한 관리가 되었다. 정균은 벼슬이 상서가 되었다

---

52) (則下民足)〔經用不足〕: 저본에는 ‘則下民足’으로 되어 있으나, 四庫全書存目叢書本 ≪歷代君鑑≫(明景泰四年內府刊本)에 의거하여 ‘經用不足’으로 바로잡았다.

가 임기를 마치고 돌아오니 장제가 조서를 내려 정균을 포창하고 곡식 1,000斛을 하사하고 늘 8월에 長吏에게 안부를 묻게 하고 더하여 양고기와 술[53]을 내리게 하였다.

○東平鄭均兄爲縣吏하야 頗受禮遺한대 均諫不聽이어늘 乃脫身爲傭하야 歲餘에 得錢帛하야 歸以與兄曰 物盡이면 可復得爲어니와 吏坐贓이면 終身捐棄라하니 兄感其言하야 遂爲廉潔하다 均仕爲尙書라가 免歸하니 帝下詔褒寵均하고 賜穀千斛하고 常以八月로 長吏問起居하고 加賜羊酒하다

11-2-10

元和 2년(85) 봄 정월에 다음과 같이 조서를 내렸다.

"법령에 이르기를, '백성 가운데 자식을 낳은 사람이 있거든 세금을 면제해주고 3년 동안 算賦[54]를 내지 말게 하라.' 하였으니, 지금 懷妊한 사람들에 대해 胎養穀을 사람마다 3斛씩 하사하고 그 남편에게 세금을 면제해주고 1년 동안 算賦를 내지 말게 하고 이를 著錄하여 법령으로 삼게 하라."

또 公卿에게 다음과 같이 조서를 내렸다.

"자기 직분을 안정되게 하는 데 힘쓰는 관리는 진실하고 꾸밈이 없어서 날로 계산하면 부족해도 달로 계산하면 유여함이 있다.[55] 襄城縣令 劉方과 같은 자는 관리와 백성들이 이구동성으로 번거롭지 않다고 이르니, 비록 다른 특이한 점은 있지 않으나 이 또한 道에 가깝다.

가혹함을 살피는 것이라 여기고 각박함을 밝음이라 여기고 가볍게 용서함을 德이라 여기고 무겁게 형벌을 내림을 위엄이라 여겨서 네 가지가 혹 일어나면 아래 백성들이 원망하는 마음을 품게 된다. 내가 조서를 자주 내려 반포하는 使者들이 길에 이어지는데도 관리들은 더 잘 다스리지 못하고 백성들은 혹 직책을 잃으니, 그 잘못이 어디에 있겠는가. 옛 법령을 힘써 생각하여 짐의 뜻에 부응하라." 하였다.

○元和二年春正月에 詔曰 令云 民有産子者어든 復(복)하고 勿筭三歲라하니 今諸懷妊者를 賜胎養

53) 양고기와 술 : 옛날에 선사품으로 썼던 것이다. 漢나라 高祖가 盧綰과 같은 마을에 살며 친하게 지냈는데, 두 사람이 같은 날에 아들을 보게 되었으므로, 마을 사람들이 양고기와 술을 가지고 두 집에 가서 축하했던 고사에서 온 말이다.

54) 算賦 : 漢나라 때에 成年에게 징수했던 일종의 人頭稅로, 漢 高祖 4년(B.C. 203)에 詔令을 내려 15세부터 56세까지 1인당 120錢을 세금으로 내도록 정하였다. 後漢 때에는 '口算'이라고도 하였다.

55) 날로……있다 : 아침저녁의 작은 이로움은 없지만 오래되면 마침내 유익함이 있다는 의미이다.

穀人三斛하고 復其夫하야 勿筭一歲하야 著以爲令하라 又詔公卿曰 安靜之吏는 悃愊無華하야 日計不足이나 月計有餘하나니 如襄城令劉方은 吏民同聲하야 謂之不煩하니 雖未有他異나 斯亦殆近之矣라 夫以苛爲察하고 以刻爲明하고 以輕爲德하고 以重爲威하야 四者或興이면 則下有怨心이라 吾詔書數下에 冠蓋接道호되 而吏不加治하고 民或失職하니 其咎安在오 勉思舊令하야 稱朕意焉하라

11-2-11

장제가 태자로 있을 때 汝南 사람 張酺56)에게 ≪尙書≫를 수학하였는데, 이해 동쪽 지역을 순시할 때에 張酺를 東郡太守로 삼았다. 장제는 동군에 행차하여 장포와 門生 및 郡縣의 掾史를 불러 모두 郡庭에 모이게 하고 장포로 하여금 ≪상서≫ 한 篇을 講하게 한 다음 君臣의 禮를 행하였으니, 賞賜가 매우 특별하여 흡족하게 여기지 않는 사람이 없었다.

任城을 지날 때는 鄭均의 집에 행차하여 만나보고 그에게 終身토록 尙書의 祿을 주게 하였다.

3월에 魯나라에 행차하여 闕里에서 孔子 및 72제자에게 제사 지내고 6代의 음악57)을 연주한 다음 20세 이상의 孔氏 男子 60명을 크게 모아놓고 장제가 孔僖에게 이르기를, "오늘의 모임이 어찌 卿의 宗族에게 영광스러운 일이 아니겠는가?" 하였다. 이에 공희가 대답하기를, "신이 들으니 明王과 聖主는 스승을 높이고 道를 귀하게 여기지 않음이 없다고 하였습니다. 지금 陛下께서 친히 행차하시어 저희 마을에 왕림하셨으니, 이는 바로 先師를 존숭하고 예우하여 聖德을 더욱 빛나게 하신 것으로, 신의 집안이 사사로이 받들 수 있는 光榮이 아닙니다." 하니, 장제가 크게 웃으며 이르기를, "聖人의 자손이 아니면 어찌 이와 같은 말을 하겠는가." 하고 공희를 郎中에 제수하였다.

장제는 東平에 행차하였을 때 東平獻王(劉蒼)을 追念하여 여러 사람들에게 이르기를, "그 사람을 생각하여 그 고을에 이르니, 그 사람이 거처하던 곳은 아직 남아 있는

---

56) 張酺 : 자는 孟侯로, 後漢 和帝 때 司徒를 지냈으며 ≪尙書≫에 밝았다. 章帝가 태자로 있을 때 그에게 ≪상서≫를 배웠는데, 황제로 즉위한 뒤에도 師弟의 예를 갖추었고 뒤에 君臣의 義를 맺었다.(≪後漢書≫ 권75 〈張酺列傳〉)

57) 6代의 음악 : ≪漢書≫ 권109상 〈儒林列傳〉 註에 "黃帝는 雲門, 堯임금은 咸池, 舜임금은 大韶, 禹王은 大夏, 湯王은 大濩, 周나라는 大武이다." 하였다.

데 그 사람은 없구나." 하고, 인하여 눈물로 수건을 적시고는 마침내 동평헌왕의 陵으로 가서 太牢로 친히 제사를 지낸 다음 앉아서 哭하고 눈물 흘리며 슬픔을 다하였다. 동평헌왕이 封國으로 돌아왔을 때 〈그가 驃騎將軍으로 있던 시절〉 보좌하던 아전인 丁牧와 周栩는 동평헌왕이 어진 이를 사랑하고 선비에게 낮추었던 일 때문에 차마 떠나지 못하여 마침내 王家의 大夫로 삼고 수십 년 동안 祖(劉蒼)·孫(劉敞)을 섬겼다. 장제가 이 말을 듣고 모두 불러 만나보고 오랫동안 승차하지 못한 것을 위로한 다음 또 동평헌왕의 아름다운 德을 宣揚하고자 바로 두 사람을 발탁하여 議郞으로 삼았다.

○帝之爲太子也에 受尙書於汝南張酺러니 至是東巡에 酺爲東郡太守라 帝幸東郡하야 引酺及門生 幷郡縣掾史하야 竝會庭中하고 使酺講尙書一篇然後에 修君臣之禮하니 賞賜殊特하야 莫不沾洽이라 行過任城할새 幸鄭均舍하야 賜尙書祿하야 以終其身하다 三月에 幸魯하야 祠孔子及七十子於闕里하고 作六代之樂하고 大會孔氏男子二十以上者六十人하야 帝謂孔僖曰 今日之會가 寧於卿宗에 有光榮乎아 對曰 臣聞明王聖主는 莫不尊師貴道라하니 今陛下親屈萬乘하사 辱臨敝里하시니 此乃崇禮先師하야 增輝聖德이니 至於光榮은 非所敢承이로소이다 帝大笑曰 非聖者子孫이면 焉有斯言乎아하고 拜僖郎中하다 帝幸東平하야 追念獻王하야 謂其諸子曰 思其人하야 至其鄕하니 其處在호되 其人亡이라하고 因泣下沾巾하고 遂幸獻王陵하야 以大(태)牢로 親拜祠하고 坐哭泣盡哀하다 獻王之歸國也에 驃騎府吏丁牧周栩는 以獻王愛賢下士로 不忍去之하야 遂爲王家大夫하야 數十年에 事祖及孫하니 帝聞之하고 皆引見하고 旣愍其淹滯하고 且欲揚獻王德美하야 卽皆擢爲議郞하다

11-2-12

元和 3년(86) 겨울에 博士 曹褒가 上疏하여 이르기를 "마땅히 文物制度를 정하여 漢나라의 禮를 드러내어 완성하소서." 하니, 太常 巢堪이 말하기를 "한 세상의 큰 법은 조포가 정할 수 있는 것이 아니니, 허락해서는 안 됩니다." 하였다. 장제가 여러 학자들이 자신의 견해에 구속되어 더불어 시작을 도모하기 어려움을 알고, 朝廷의 禮儀와 法令을 이때에 확립해야 한다고 생각해서 마침내 조포를 侍中으로 임명하였다.

玄武司馬 班固가 이르기를 "여러 학자들을 널리 모아서 함께 得失을 의논해야 합니다." 하자, 장제가 말하기를 "속담에 '길 옆에 집을 지으면 3년이 걸려도 완성하지 못한다.' 하였고, 禮를 따지는 사람이 모인 것을 이름하여 聚訟이라 하니,[58] 서로 의심

58) 길……하니 : 길가에 집을 지으면 지나가는 사람이 저 사람은 옳다 하고 이 사람은 그르다 하기 때문에 오래되어도 완성하지 못하고, 禮를 따지는 사람들이 모이면 서로 자신의 주장을 다투어 결정

과 異見을 낳아서 붓을 내려 글을 쓸 수가 없다는 말이다. 堯임금이 大章이라는 음악을 만들 때에 夔 한 명으로도 충분하였다." 하였다.

다음 해에 연호를 章和라 고쳤다.

봄 정월에 장제가 조포를 불러서 叔孫通의 ≪漢儀≫59) 12편을 주고 이르기를 "이 제도가 소략하여 經傳과 부합하지 않는 것이 많으니, 이제 禮經에 의거하여 조목조목 바로잡아서 시행할 수 있게 하라." 하였다. 장제의 재위 기간은 13년이었고 향년은 31세였다.

○三年冬에 博士曹褒上疏하야 以爲宜定文制하야 著成漢禮하소서하니 太常巢堪이 以爲一世大典은 非褒所定이니 不可許니이다 帝知諸儒拘攣하야 難以圖始하고 朝廷禮憲을 宜以時立이라하야 乃拜褒侍中하다 玄武司馬班固가 以爲宜廣集諸儒하야 共議得失이어늘 帝曰 諺云 作舍道邊이면 三年不成이라하며 會禮之家를 名爲聚訟이라하니 互生疑異하야 筆不得下라 堯作大章에 一夔足矣라하니라 明年改元章和라 春正月에 帝召褒하야 授以叔孫通漢儀十二篇하고 曰 此制散略하야 多不合經하니 今宜依禮條正하야 使可施行하라하다 帝在位十三年이요 壽三十一이라

11-2-13

史臣 范曄이 다음과 같이 논평하였다.

"魏나라 文帝가 이르기를 '明帝는 번거롭고 자잘하게 살피고 章帝는 長者이다.'라고 하였으니, 장제는 평소 사람들이 명제가 까다롭고 박절하다고 싫어한다는 것을 알고는 일을 할 때 寬厚함을 따랐다. 明德太后60)를 받들어 섬겨 효도에 마음을 다하였으며, 傜役을 공평하게 하고 세금을 적게 거두어 백성들이 그 은택을 입었으며, 또 忠恕로써 체득하고 禮樂으로써 문채를 내었으니 長者라고 이르는 것이 마땅하지 않은가."

史臣范曄論曰 魏文帝稱明帝察察하고 章帝長者라하니 章帝는 素知人厭明帝苛切하고 事從寬厚라 奉承明德太后하야 盡心孝道하고 平傜簡賦하야 而民賴其慶하며 又體之以忠恕하고 文之以禮樂하니 謂之長者 不亦宜乎아

하지 못한다는 의미로, ≪後漢書≫ 권35 〈曹褒列傳〉에 나오는 말이다.

59) 漢儀 : 高帝 庚子年(B.C. 201)에 叔孫通이 만든 禮이다.

60) 明德太后 : 馬援의 딸이고 明帝의 后이다. 자식이 없어 賈貴人의 아들을 양육하였는데, 진심으로 어루만지고 잘 길러 애쓰고 수고하기를 자기 소생보다 더하게 하였으니, 이가 바로 章帝이다.

본받을 만한 善政 善可爲法

蜀漢

昭烈帝

12-1-1

昭烈帝는 이름이 備이고 字가 玄德이고 姓이 劉氏이니, 涿郡 사람이다. 漢나라 景帝의 아들인 中山靖王 劉勝의 후손이다. 큰 뜻이 있고 말이 적고 喜怒의 감정을 안색에 드러내지 않았다.

漢昭烈

後漢 獻帝 建安 5년(200)에 徐州에서 병사를 일으켜 曹操를 토벌하다가 敗하여 劉表에게 의탁하였는데, 유표가 죽자 그의 아들 劉琮이 荊州를 바치고 조조에게 항복하니 유비는 江陵으로 달아났다. 당시 유비는 夏口에 이르러 孫權의 장수 周瑜 등과 함께 조조를 맞아 공격하여 크게 격파한 다음 荊州 牧使가 되고, 巴郡으로부터 蜀으로 들어와 劉璋을 습격하여 成都로 들어갔고, 다시 蜀으로부터 漢中을 취하고서 스스로 즉위하여 漢中王이 되었다. 다음 해에 魏王 曹丕가 헌제를 폐하여 山陽公으로 삼으니, 유비가 비로소 황제에 즉위하였다.

昭烈帝는 名備요 字玄德이요 姓劉氏이니 涿郡人이라 漢景帝子中山靖王勝之後라 有大志하고 少語言하고 喜怒를 不形於色이러라 獻帝建安五年에 起兵徐州하야 討曹操라가 敗歸劉表러니 表卒하고 子琮擧荊州降操하니 備奔江陵하다 至夏口하야 與孫權將周瑜等으로 迎擊操大破之하고 領荊州牧하고 自巴入蜀하야 襲劉璋入成都하고 又自蜀取漢中하야 自立爲漢中王하다 明年에 魏王曹丕가 廢獻帝爲山陽公하니 備始卽皇帝位하다

12-1-2

처음에 琅邪 사람인 諸葛亮이 襄陽의 隆中[1]에 우거하며 항상 자신을 管仲과 樂毅에게 견주니, 세상 사람들은 인정하지 않았으나 오직 潁川 사람인 徐庶와 崔州平만은 그를 인정하였다. 소열제가 襄陽의 司馬徽에게 훌륭한 선비를 묻으니, 사마휘가 말하기를 "儒生과 俗士가 어찌 時務를 알겠습니까. 時務를 아는 것은 俊傑에게 달려 있으니, 이 지역에 伏龍과 鳳雛가 있습니다." 하였다. 소열제가 "누구입니까?"라고 묻자, "諸葛孔明과 龐士元입니다." 하였다. 徐庶 또한 소열제에게 말하기를 "제갈공명은 臥龍이니, 장군은 어찌 그를 만나보려고 하지 않습니까?" 하였다. 소열제가 말하기를 "그대가 그와 함께 오라." 하니, 서서가 말하기를 "이 사람은 찾아가서 볼 수는 있을지언정 굴복시켜 오게 할 수는 없으니, 장군이 왕림하여 그를 만나야 할 것입니다." 하였다.

○初에 瑯琊諸葛亮이 寓居襄陽隆中하야 每自比管仲樂毅하니 時人이 莫之許也로되 惟潁川徐庶崔州平이 許之러라 帝訪士於襄陽司馬徽하니 徽曰 儒生俗士가 豈識時務리오 識時務者는 在乎俊傑하니 此間에 自有伏龍鳳雛라 帝問爲誰오 曰 諸葛孔明과 龐士元也라 徐庶亦謂帝曰 諸葛孔明은 臥龍也니 將軍豈願見之乎아 帝曰 君與俱來하라하니 庶曰 此人은 可就見이언정 不可屈致也니 將軍이 宜枉駕顧之하라

소열제가 이로 말미암아 제갈량을 찾아가서 모두 세 번을 가서야 비로소 제갈량을 만나보고 인하여 사람들을 물리치고 말하기를 "漢나라 황실이 기울어짐에 姦臣[2]이

1) 襄陽의 隆中 : 襄陽은 春秋時代 楚나라의 邑이었는데, 秦나라가 천하를 겸병하고 漢水 이북을 南陽이라 하였으니 지금의 鄧州가 이곳이요, 漢水 이남을 南郡이라 하였으니 지금의 荊州가 이곳이다. 襄陽은 바로 南陽과 南郡 두 郡의 땅이다. ≪三國志≫ 〈蜀書 諸葛亮傳〉의 註에 "諸葛亮은 南陽의 鄧縣에 거주하였으니, 隆中이라 이름한다." 하였다.

2) 姦臣 : 曹操를 이른다.

황제의 권위를 절취하고 있습니다. 나는 스스로의 德과 力量을 헤아리지 못하고 천하에 大義를 펴고자 하나 智謀와 權術이 짧고 얕아서 마침내 실패를 겪고 오늘날에 이르렀습니다. 그러나 나의 뜻은 아직 다하지 않았으니, 그대는 장차 어떻게 계책을 내어야 한다고 생각합니까?" 하였다.

제갈량이 대답하기를, "지금 조조는 백만의 병력을 보유한데다가 天子를 끼고 제후를 호령하고 있으니 이는 참으로 함께 銳鋒을 다툴 수 없고, 孫權은 江東 지방을 점거하여 이미 三代[3]를 지났는데다 나라의 地勢가 험하고 백성들이 따르며 현능한 자들이 그에게 등용되었으니 이는 함께 同盟할 만하지만 도모할 수는 없습니다.

荊州는 북쪽으로 漢水와 沔水를 점거하고 南海의 이익을 다 차지하였으며 동쪽으로 吳會[4]와 연접하고 서쪽으로 巴蜀과 통하니 이는 武力을 쓸 수 있는 나라입니다. 그러나 그 주인이 제대로 지키지 못하고 있으니 이는 아마도 하늘이 장군을 돕는 듯합니다. 益州는 험한 요새지이고 비옥한 들이 천 리에 이어져 있어 天府의 땅[5]입니다. 그러나 이곳을 다스리는 劉璋은 어리석고 무능하며, 북쪽에 있는 張魯[6]는 백성이 많고 나라가 부유하지만 백성들을 위로하고 구휼할 줄 모르니, 지혜롭고 유능한 선비들은 현명한 군주를 얻을 것을 생각하고 있습니다.

장군은 皇室의 후손으로 信義가 四海에 드러났으니, 만약 荊州와 益州를 차지하여 산천의 險高함을 확보하고 서쪽으로 戎族과 화친하고 남쪽으로 夷越[7]을 어루만지며 밖으로 孫權과 우호를 맺고 안으로 정치를 닦아서, 천하에 변란이 있을 때 한 사람의 上將軍에게 명하여 형주의 병력을 거느리고 宛縣과 洛陽으로 향하게 하고 장군이 직접 益州의 군사들을 거느리고 秦川으로 나간다면, 百姓들이 누가 감히 簞食壺漿[8]으로

---

3) 三代 : 孫堅, 孫策, 孫權을 말한다.

4) 吳會 : 吳 지방으로, 荊州・揚州・交州・廣州의 都會를 가리킨다. 吳都라고도 한다. 지금의 蘇州 지역이다. 또는 吳會를 吳郡과 會稽郡으로 보는 설이 있다.

5) 天府의 땅 : 재물이 모이는 곳을 府라 하니, 益州 땅은 물산이 풍부하여 넉넉히 공급함에 대비할 수 있음을 말한 것이다.

6) 張魯 : 후한 말기에 漢中을 점거하고 있으면서, 鬼道로 백성들을 가르치고, 스스로 師君이라 칭하던 인물이다.

7) 夷越 : 장강 중하류 유역 남쪽에 살던 여러 부족이나 지역을 통칭한 것이다.

8) 簞食壺漿 : 백성들이 자기들을 옹호해주는 군대를 환영하고 위로해주는 경우를 비유한다. ≪孟子≫ 〈梁惠王 下〉에 "대그릇 밥과 병에 담은 酒漿으로 왕사를 맞이했다.〔簞食壺漿 以迎王師〕"라고 한 데서 온 말이다.

君臣魚水

장군을 환영하지 않겠습니까. 참으로 그렇게 되면 霸業을 이룩할 수 있고 漢나라 황실을 부흥시킬 수 있을 것입니다.” 하니, 소열제가 이르기를, “좋습니다.” 하였다.

이에 제갈량과 情誼가 날로 친밀해지니, 關羽와 張飛가 기뻐하지 않았다. 그러자 소열제가 이들에게 해명하기를 “나에게 孔明이 있음은 물고기에게 물이 있는 것과 같으니, 바라건대 그대들은 더 이상 말하지 말라.” 하니, 관우와 장비가 이에 그만두었다.

帝由是詣亮하야 凡三往乃見하고 因屛人曰 漢室傾頹에 姦臣竊命이라 孤不度(탁)德量力하고 欲信大義於天下나 而智術淺短하야 遂用猖蹶하야 至于今日이라 然志猶未已하니 君은 謂計將安出고 亮曰 今曹操擁百萬之衆하야 挾天子而令諸侯하니 此는 誠不可與爭鋒이요 孫權은 據有江東하야 已歷三世에 國險而民附하고 賢能이 爲之用하니 此는 可與爲援而不可圖也라 荊州는 北據漢沔하고 利盡南海하며 東連吳會하고 西通巴蜀하니 此는 用武之國이로되 而其主不能守하니 此는 殆天所以資將軍也라 益州는 險塞요 沃野千里하야 天府之土어늘 劉璋은 闇弱하고 張魯在北하야 民殷國富로되 而不知存恤하니 智能之士는 思得明君이라 將軍은 旣帝室之冑로 信義著於四海하니 若跨有荊益하야

保其巖阻하고 西和諸戎하고 南撫夷越하고 外結孫權하고 內修政理하야 天下有變이어든 則命一上將하야 將荊州之軍하야 以向宛洛하고 將軍이 身率益州之衆하야 出於秦川하면 百姓이 孰敢不簞食(사)壺漿으로 以迎將軍者乎리오 誠如是면 則霸業을 可成하고 漢室을 可興矣니이다 帝曰 善타하다 於是에 與亮情好日密하니 關羽張飛不悅이어늘 帝解之曰 孤之有孔明은 猶魚之有水也니 願諸君은 勿復言하라하니 羽飛乃止하다

12-1-3

소열제가 樊城에 주둔하고 있을 때 劉琮이 荊州 땅을 바치고 曹操에게 항복하면서 알리지 않았는데, 소열제가 한참 뒤에 그 사실을 알았을 때는 조조가 이미 宛 땅에 있었다. 소열제가 이에 크게 놀라자 어떤 사람이 소열제에게 권하기를 "유종을 공격하면 형주를 얻을 수 있습니다." 하니, 소열제가 이르기를, "劉荊州(劉表)가 죽을 때에 나에게 자신의 아들을 부탁하였으니, 信義를 저버리고 나의 과업만을 이룬다면 죽어서 무슨 면목으로 유형주를 볼 수 있겠는가." 하였다. 소열제가 무리를 거느리고 떠나 襄陽을 지나가려 할 때 유종을 부르니, 유종은 두려워 일어나지 못했는데 유종의 좌우 측근 및 형주 사람들이 소열제에게 많이 귀의하였다.

소열제가 유표의 묘소를 지날 적에 눈물을 흘리고 떠나가서 當陽에 도착하니 무리가 10여만 명이었고 輜重이 수천 대였다. 하루에 십여 리를 가고, 따로 關羽를 보내어 배를 타고 江陵에서 만나기로 하였는데, 어떤 사람이 소열제에게 이르기를, "신속히 가서 강릉을 지켜야 하는데, 지금 많은 무리를 거느리고 있지만 그 가운데 갑옷을 입은 자는 적으니 조조의 군대가 닥쳐오면 어떻게 막을 것입니까?" 하였다. 그러자 소열제가 이르기를, "큰일을 이루려면 반드시 사람을 근본으로 삼아야 한다. 지금 사람들이 나에게 귀의하였는데 내가 어찌 차마 버리고 갈 수 있겠는가." 하였다.

○帝初屯樊에 劉琮이 擧州降操而不以告한대 帝久乃覺則操已在宛矣라 帝乃大驚한대 或勸帝攻琮이면 荊州可得이라하니 帝曰 劉荊州臨亡에 託我以孤遺하니 背信自濟면 死何面目으로 以見劉荊州乎아 將其衆去하야 過襄陽에 呼琮하니 琮懼不能起어늘 琮左右及荊州人이 多歸帝라 帝過辭表墓에 涕泣而去하야 比到當陽하니 衆十餘萬人이요 輜重數千兩이라 日行十餘里하고 別遣關羽하야 乘船會江陵한대 或謂帝宜速行保江陵이어늘 今擁大衆에 被甲者少하니 曹公兵至면 何以拒之오 帝曰 夫濟大事엔 必以人爲本이니 今人歸吾어늘 吾何忍棄去리오하더라

12-1-4

晉나라 習鑿齒[9]는 다음과 같이 논평하였다.

"玄德은 비록 전복되고 험난한 처지에 있었지만 信義가 더욱 드러났고, 형세가 절박하고 사정이 위태로웠으나 말이 도리를 잃지 않았다. 景升(劉表)이 죽을 때 부탁한 일을 追念하자 眞情이 三軍을 감동시켰고, 의리를 따르는 선비들을 연연해하며 차마 버리지 못하자 선비들이 환난을 함께 함을 달게 여겼으니,[10] 끝내 大業을 이룬 것이 당연하지 않겠는가."

晉習鑿齒論曰 玄德은 顚沛險難이나 而信義愈明하고 勢偪事危이나 而言不失道라 追景升之顧則情感三軍하고 戀赴義之士則甘與同敗하니 終濟大業이 不亦宜乎아

12-1-5

소열제가 龐統을 守耒陽縣令[11]으로 삼았는데, 縣이 제대로 다스려지지 않자 그를 파면하였다. 이에 魯肅이 소열제에게 편지를 보내어 말하기를, "士元은 백 리 정도의 작은 고을을 다스릴 材木이 아닙니다. 그에게 治中과 別駕[12]의 직임을 맡기면 비로소 그의 뛰어난 재능을 제대로 펼 수 있을 것입니다." 하였다. 諸葛亮이 또한 그렇게 말하니, 소열제가 방통과 깊은 이야기를 나누어보고 큰 인물이라 여겨서 마침내 방통을 등용하여 治中으로 삼아 제갈량 다음으로 친애하고 우대한 뒤에 아울러 軍師中郎將으로 삼았다.

---

9) 習鑿齒 : 晉나라 사람이다. 자는 彦威이고 博學多聞하였다. ≪晉漢春秋≫를 지었는데, 蜀을 正統으로 삼았다.

10) 의리를……여겼으니 : 유비가 當陽에서 자신을 따라온 백성들을 버리지 않은 것을 말한다.

11) 守耒陽縣令 : 보통의 行守職은 관직이 관품보다 낮을 경우에는 行職을, 관직이 품계보다 높은 경우에는 守職을 주었다. 그러나 漢代 行守職은 이와 달라서 行職은 해당 관직에 관리가 부재시 임시로 다른 관리가 해당 직을 겸임하는 것이다. 이 경우 관직이 관리의 秩보다 낮거나 높거나 동등한 경우 모두 포함되었다. 守職은 1년 동안 임시로 관직을 대리하는 것으로 그 재능을 시험해보고 합당하면 그 관직에 임명하는 것이다.(大庭脩, ≪秦漢法制史の研究≫, 倉文社, 1982) '守'는 '試守'의 의미로 임시로 직무를 맡아보는 것을 의미한다.

12) 治中과 別駕 : 治中과 別駕는 원래 治中從事, 別駕從事인데, 從事는 州刺史의 막료로 자사의 辟召를 통해 임명된다. 종사는 別駕從事, 治中從事, 兵曹從事, 部從事 등 여러 직으로 구분되는데, 특히 별가종사와 치중종사가 屬吏의 長이 된다. 별가종사는 자사가 部를 순행할 적에 자사를 수행하여 자사의 측근으로 활동하며, 치중종사는 州의 屬吏의 선발과 諸曹의 일을 주관한다.(安作璋・熊鐵基, ≪秦漢官制史稿≫, 齊魯書社, 1984) 여기서는 牧使인 劉備를 보좌하는 요직을 빗대어 말한 것이다.

○帝以龐統으로 守耒陽이러니 不治하야 免官하니 魯肅이 遺帝書曰 士元은 非百里才也라 使處治中別駕之任이면 始當展其驥足耳라 諸葛亮이 亦言之하니 帝與善譚하고 大器之하야 遂用統爲治中하야 親待를 亞亮하고 竝爲軍師中郎將하다

12-1-6

소열제가 新野에서 江南으로 달아나니, 荊楚의 여러 선비들은 구름처럼 따라왔으나 劉巴[13]는 홀로 북쪽으로 曹操에게 갔다. 그러자 조조가 그를 불러 掾으로 삼은 다음 長沙郡·零陵郡·桂陽郡의 사람들을 招諭하게 하였는데, 마침 소열제가 이 세 郡을 경략하여 점유하고 있으니 유파는 交州 길을 거쳐 京師(洛陽)로 돌아가고자 하였다. 당시 諸葛亮이 臨蒸에 있으면서 편지를 보내 그를 불렀지만 유파가 따르지 않고 蜀으로 들어가니, 소열제는 매우 한스러워하였다.

그러다가 劉璋이 소열제를 맞아들일 때에 유파가 유장에게 그렇게 하지 말라고 諫하였는데, 유장이 듣지 않자 유파는 문을 닫고 병을 칭탁하였다. 소열제는 成都를 공격할 때 軍中에 명령하기를 "유파를 해치는 자가 있으면 誅罰이 三族에 미칠 것이다." 하였는데, 유파를 얻게 되자 매우 기뻐서 그를 西曹掾으로 삼았다.

당시 益州의 郡縣이 모두 風聲을 듣고 그림자처럼 따랐으나 黃權만은 성문을 닫고 굳게 지키다가 유장이 머리를 조아려 복종하기를 기다려 비로소 항복하였는데, 소열제는 그를 장군으로 삼았다. 李嚴은 본래 유장이 벼슬을 주어 등용한 사람이고 吳懿와 費觀 등은 유장의 혼인으로 맺어진 친척이고 彭羕은 유장이 물리쳐 버린 사람이었지만, 소열제가 모두 높은 관직에 있게 하여 그 器局과 능력을 다하게 함으로써 뜻있는 선비들이 다투어 권면하지 않음이 없게 하니, 益州의 백성들이 이 때문에 크게 화목하였다.

○帝自新野南奔하니 荊楚群士從之如雲이로되 而劉巴獨北詣曹操어늘 操辟爲掾하야 遣招納長沙零陵桂陽이러니 會帝略有三郡하니 巴欲由交州道하야 還京師라 時에 諸葛亮이 在臨蒸하야 以書招之나 巴不從而入蜀하니 帝甚恨之라 及璋迎帝에 巴諫璋不聽하니 巴閉門稱疾이러라 帝攻成都에 令軍中曰 有害巴者면 誅及三族이라하더니 及得巴에 甚喜하야 以爲西曹掾이라 時에 益州郡縣이 皆望

13) 劉巴 : 蜀漢의 劉備를 섬기며 尙書令을 지낸 인물이다. 유비가 처음 蜀에 도읍을 정할 적에 財用의 부족을 근심하자, 유파가 一兩錢을 발행하자고 권하여 시행함으로써 수개월 사이에 府庫가 가득 채워졌다고 한다.

風景(영)附호되 獨黃權이 閉城堅守라가 須璋稽服乃降하니 帝以爲將軍하다 李嚴은 本璋所授用이요 吳懿費觀等은 璋之婚親이요 彭羕은 璋所擯棄로되 帝皆處之顯任하야 盡其器能하야 有志之士 無不競勸하니 益州之民이 是以大和러라

12-1-7

소열제가 零陵의 蔣琬을 廣都縣長[14])으로 삼았는데, 일찍이 유람하다가 廣都에 이르러 蔣琬이 온갖 일을 다스리지 못하고 이때 또 술에 잔뜩 취해 있는 것을 보고는 소열제가 크게 노하여 장차 죄를 다스려 죽이려고 하였다. 그러자 諸葛亮이 청하기를 "장완은 社稷을 다스릴 器局이지 百里 정도 되는 작은 縣을 다스릴 재목이 아닙니다. 그는 정사를 다스릴 때 백성을 안정시키는 것을 근본으로 삼고 남들이 보기 좋게 겉을 꾸미는 것은 우선으로 삼지 않았으니, 부디 主公께서는 다시 더 살펴보시기 바랍니다." 하니, 소열제는 평소 제갈량을 공경하였기에 마침내 죄를 다스리지 않고 잠시 동안 그의 관직만을 파면하였다.

○帝以零陵蔣琬으로 爲廣都長이러니 嘗因遊觀至廣都하야 見琬衆事不治하고 時又沈醉어늘 帝大怒하야 將加罪戮한대 諸葛亮請曰 蔣琬은 社稷之器요 非百里之才也라 其爲政에 以安民爲本하고 不以修飾爲先하니 願主公은 重加察之하소서 帝雅敬亮하야 乃不加罪하고 倉卒에 但免官而已러라

12-1-8

章武 3년(223)[15]) 여름 4월에 소열제가 병이 위독하여 諸葛亮에게 명하여 太子 劉

---

14) 縣長 : 秦・漢 시대에 家戶가 1만 이상인 縣에는 縣令을 칭하고 1만 이하를 縣長을 칭한다.

15) 章武 3년(223) : ≪御批歷代通鑑輯覽≫에는 '三年'이라고 크게 쓰고 分註에 다음과 같이 기록하였다. "汪克寬의 ≪資治通鑑考異≫에 '≪資治通鑑綱目提要≫와 紫陽書院刋本 ≪資治通鑑綱目≫에 모두 「三年 後主建興元年(昭烈皇帝 章武 3년 後主 建興 원년)」이라고 크게 써 있고, ≪자치통감강목≫의 〈凡例〉 중 名號에 대한 조항에 「秦漢 이후의 모든 正統의 군주에는 帝라 칭하고 正統이 아니면서 帝를 칭한 자에게는 某主라고 칭한다.」 하였다.

지금의 ≪자치통감강목≫ 刋本에는 ≪三國志≫ 〈蜀志〉에 「先主」라고 쓴 것을 〈고쳐서〉 「昭烈皇帝」라고 크게 썼으나 「後主」라고 쓴 것은 옛 史書의 잘못을 고치지 못하고 그대로 「後主」라고 썼으니, 이는 당시에 기록하는 것이 史書의 옛글을 그대로 따르다가 朱子가 우연히 미처 고치지 못한 것이다. 마땅히 晉帝의 變例를 따라 帝禪이라고 써야 한다.

또 ≪자치통감강목≫의 〈범례〉 중 改元에 대한 조항을 보면 「모두 한 해 중간에 改元한 경우에는 앞의 年號를 正式으로 삼고 바꾼 연호를 아래에 分註로 단다.」 하였는데, 이해 5월에 後主가 卽位하여 建興으로 개원하였다. 지금의 ≪자치통감강목≫ 간본에는 이해 첫머리에 곧바로 「建興元年」이라

禪을 보필하게 하고 尙書令 李嚴을 副로 삼았다. 소열제가 제갈량에게 이르기를 "그대의 재주가 曹丕보다 열 배나 뛰어나니 반드시 나라를 안정시켜 끝내 천하통일의 大業을 정할 수 있을 것이다. 嗣子(太子)를 보필할 만하거든 그를 보필하고, 만일 보필할 만하지 못하거든 그대가 스스로 황제의 자리를 취하라." 하였다. 제갈량이 눈물을 흘리며 말하기를 "신이 감히 股肱의 힘을 다하여 忠貞의 절개를 바치고 죽음으로써 잇지 않겠습니까." 하였다.

소열제가 또다시 조칙을 내려 유선에게 이르기를 "惡이 작다 하여 악을 행하지 말고 善이 작다 하여 선을 행하지 않지 말라. 오직 어질고 덕이 있어야만 사람을 복종시킬 수 있으니, 네 아비는 덕이 적으니 본받을 것이 못 된다. 그러나 너는 승상과 함께 國政에 종사하여 승상을 아버지처럼 섬기도록 하라." 하였다.

소열제가 崩御하니 유선이 卽位하고 제갈량을 封하여 武鄕侯로 삼아 政事를 모두 결단하였다. 소열제는 재위 기간이 3년이었고 享年이 63세였다.

○章武三年夏四月에 帝病篤하야 命亮輔太子禪하고 以尙書令李嚴爲副하다 帝謂亮曰 君才十倍曹丕하니 必能安國家하야 終定大事하리니 嗣子를 可輔어든 輔之하고 如其不可어든 君可自取하라 亮涕泣曰 臣敢不竭股肱之力하야 效忠貞之節하고 繼之以死리잇고 帝又詔勑禪曰 勿以惡小而爲之하고 勿以善小而不爲하라 惟賢惟德이라야 可以服人이니 汝父는 德薄하니 不足效也어니와 汝與丞相從事하야 事之如父하라 帝崩하니 禪卽位하고 封亮爲武鄕侯하야 政事를 咸取決焉이러라 帝在位三年이요 享年六十三이라

12-1-9

宋나라 학자 司馬光이 다음과 같이 논평하였다.

"昭烈은 〈중원에서〉 패망한 뒤에 漢水 남쪽에 나그네로 의탁하고 있었지만 영웅호걸들에게 능히 몸을 굽히고 同志들과 결탁하여 강한 적을 꺾고 실패로 인하여 공을

고 쓰고 「章武三年」이라 쓰지 않았으니, 이는 또한 잘못 베껴 쓴 것이다.

마땅히 ≪자치통감제요≫와 자양서원간본을 따라 「三年」을 크게 쓰고 「帝禪 建興元年」이라고 分註하고 다음 해에 「建興二年」을 크게 써야 한다.' 하였다. 왕씨의 말이 이와 같으므로 이제 그 말을 따랐다.〔汪克寬考異曰 提要及紫陽書院刋本 竝大書三年後主建興元年 按綱目名號例 秦漢以下 凡正統之君曰帝 無統稱帝者曰某主 今刋本綱目 于蜀志先主 大書昭烈皇帝 而後主未革舊史 仍書後主 蓋當時錄者 因史舊文 而朱子偶未及改也 當依晉帝變例 書曰帝禪 又按改元例 凡中歲而改元者 以前爲正 而注所改于下 是年五月 後主卽位 改元建興 今綱目刋本 于是年歲首 卽書建興元年 而不著章武三年 蓋亦鈔錄之誤 當從提要及紫陽本 大書三年 分注帝禪建興元年 而明年大書建興二 汪氏之說如此 今依之〕"

이루고 위급한 순간에도 덕과 의리를 잊지 않았으니, 훌륭하도다."

宋儒司馬光論曰 昭烈은 以敗亡之餘로 羈旅漢南이로되 而能屈體英傑하고 要結同志하야 摧沮勍敵하야 因敗爲功하고 顚沛之際에 不忘德義하니 美矣로다

본받을 만한 善政 善可爲法

西晉

武帝

13-1-1

世祖 武皇帝는 이름은 炎이고 자는 安世이고 성은 司馬氏이니, 魏나라 相國이자 晉王인 司馬昭의 長子이다. 관대하고 은혜로우며 인자하고 후덕하였으며 침착하고 도량이 있었다.

晉武帝

처음에 魏나라 北平亭侯에 封해지고 이어 晉王의 太子로 옹립되었는데, 진왕이 죽자 태자가 魏나라 相國과 晉王의 지위를 계승하였다. 무제는 일찍이 여러 郡의 中正에게 명령을 내려 재덕이 있으면서도 등용되지 못한 人才를 여섯 조목으로 擧用하게 하였으니, 첫 번째는 '충성스럽고 신중하여 자신의 안위를 염두에 두지 않음'이고 두 번째는 '효성스럽고 공경스러워 예의를 다함'1)이고 세 번째는 '형제와 우

---

1) 자신의……않음 : '匪躬'은 신하가 자신의 안위를 돌보지 않고 오직 나라를 위해 온 힘을 다 바친다는 의미로, ≪周易≫ 蹇卦 六二爻辭에 "왕의 신하가 충성을 다 바치려고 하는 것은 자신의 몸을 위해서가 아니다.〔王臣蹇蹇 匪躬之故〕"라고 한 데서 온 말이다.

애로움'이고 네 번째는 '자신을 고결하게 하고 겸양에 힘씀'이고 다섯 번째는 '약속이 義理에 가까워서 그 약속한 말을 실천할 수 있음'[2]이고 여섯 번째는 '爲己之學으로 자신을 수양함'이었다.

이때에 晉나라의 德이 이미 넉넉하게 되어 천하의 마음이 歸附하였으니, 무제가 마침내 魏나라의 禪位를 받았다. 처음 즉위했을 때 멸망한 나라를 일으키고 끊어진 세대를 계승하여 법을 간략하게 하고 형벌을 줄여 漢나라와 魏나라 宗室의 禁錮令을 해제하였고, 여러 將吏 가운데 三年喪을 당한 사람은 집에 돌려보내 편안히 상기를 마치도록 하였으며, 백성들의 徭役을 면제하고 部曲의 장수와 長吏 이하의 質任을 혁파하였으며, 郡國의 조세를 경감하고 樂府의 부화하고 미려한 수많은 잡기 및 조각과 遊獵에 관한 도구를 금하였으며, 직언할 수 있는 통로를 열어서 諫官을 설치하여 관장하게 하였다.

世祖武皇帝는 諱는 炎이요 字는 安世요 姓은 司馬氏니 魏相國晉王昭之長子也라 寬惠仁厚하고 沈深有度量이라 初封爲魏北平亭侯하고 繼立爲晉王太子러니 晉王薨하니 太子嗣相國晉王位이라 嘗下令諸郡中正하야 以六條로 擧淹滯하니 一曰忠恪匪躬이요 二曰孝敬盡禮요 三曰友于兄弟요 四曰潔身勞謙이요 五曰信義可復(복)이요 六曰學以爲己니 於是時에 晉德旣洽하야 四海宅心하니 帝遂受魏禪하다 卽位之初에 興滅繼絶하야 約法省刑하야 除漢魏宗室禁錮하고 諸將吏遭三年喪者는 遣寧終喪하고 百姓을 復(복)其徭役하고 罷部曲將長吏以下質任하며 省(생)郡國御調하고 禁樂府靡麗百戲之伎及雕文游畋之具하며 開直言之路하야 置諫官以掌之하다

13-1-2

처음 文帝(司馬昭)의 상을 만났을 때 무제는 비록 漢·魏의 제도를 쫓아 장사 지내고 난 뒤에 상복을 벗었지만, 深衣를 입고 素冠을 쓴 채 처소를 옮기고 음식의 가짓수를 줄여서 상중에 있는 사람처럼 애도하고 공경하였다. 이에 有司가 吉服으로 갈아입고 膳食을 올리기를 奏請하였는데 허락하지 않고 마침내 상례가 끝나고 나서야 평상시 생활로 돌아왔다. 太后의 상을 만나서도 또한 이와 같이 하였다.

○初에 文帝之喪에 帝雖從漢魏之制하야 旣葬除服이나 而深衣素冠하고 降席撤膳하야 哀敬을 如居

2) 약속이……있음 : 언행에 믿음이 있어서 도리에 부합된다는 의미로, ≪論語≫ 〈學而〉에 "약속을 義理에 가깝게 하면 그 약속한 말을 실천할 수 있다.〔信近於義 言可復也〕"라고 한 데서 온 말이다.

喪者하니 有司奏改服進膳한대 不許하고 遂禮終而後에 復吉이러니 及太后之喪에 亦如之하다

13-1-3

무제가 崇陽陵[3]을 알현하려 할 때 群臣이 奏請하기를, "가을 더위가 아직 사라지지 않았으니, 황제께서 지나친 슬픔으로 體氣가 상하실까 염려됩니다." 하였는데, 무제가 이르기를, "짐은 山陵을 알현할 수 있으면 體氣가 절로 좋아진다." 하였다.

○帝將謁崇陽陵할새 群臣奏言호되 秋暑未平하니 恐帝悲感摧傷이라한대 帝曰 朕得奉瞻山陵이면 體氣自佳耳라하더라

13-1-4

太廟에 제사를 지낼 때 조정의 議論에 "太常丞 許奇의 아비 許允이 〈文帝에게〉 誅伐을 받았으니 허기를 좌우에 접근하게 해서는 안 된다."라고 하여 外官으로 내치기를 주청하였는데, 무제는 허기의 재주를 칭찬하고 발탁하여 祠部郞에 제수하였다. 有司가 제사에 쓰는 御牛의 청색 명주실로 만든 코뚜레 끈이 끊어졌다고 말하니, 조서를 내려 "청색 삼끈으로 대신하라." 하였으니, 각박하고 사치스러웠던 魏나라의 폐해를 바로잡은 것이었다.

○有事於太廟할새 朝議에 太常丞許奇父允受誅하니 不宜接近左右라하야 請出爲外官한대 帝稱奇才하고 擢拜祠部郞하다 有司가 言御牛青絲紖斷이라한대 詔用青麻代之하니 矯魏氏刻侈之敝也러라

13-1-5

太保 王祥이 병들자 御史中丞 侯史光이 "왕상은 오래도록 병을 앓아 조회하는 예를 빠뜨렸으니, 청컨대 왕상을 파면하소서." 하였는데, 무제가 이르기를, "태보는 國家의 元老이고 덕행이 높으니, 朕이 의지하여 政道를 융성하게 하는 사람이다. 전후로 자리를 사양할 때 짐이 그의 고집을 따르지 않았으니 이는 有司들이 논의할 일이 아니다." 하고 그 奏請을 그만두게 하였다.

왕상이 굳이 사직을 청하니 詔書를 내려 그 청을 들어주되, "睢陵公의 지위로 집에

---

3) 崇陽陵 : 文帝의 능이다.

돌아가게 하고 직위는 太保나 太傅와 같이 하여 삼공의 위에 있게 하며, 봉록은 이전과 같게 하라." 하였다.

조서에 이르길 "옛날 사람들은 관직을 그만두고 나서 왕후를 섬기지 않았으니, 지금 비록 國公의 지위로 京邑에 머무르고 있지만 더 이상 朝請으로 괴롭게 해서는 안 될 것이다. 안석과 지팡이를 내리고 조회에 나오지 말게 하되, 큰일은 모두 그에게 가서 자문을 구하도록 하라. 또 安車, 駟馬, 집 1채, 돈 100만 전, 비단 500필, 牀帳과 簟褥을 하사하고, 舍人 6명을 수릉공의 사인으로 삼고, 官騎 20명을 배치하며, 公의 아들인 騎都尉 王肇를 給事中으로 삼아 항상 昏定晨省의 예를 넉넉히 살피게 하라. 또한 태보의 高潔하고 淸素한 성품 때문에 식구들에게 집이 없으니, 우선 本府에서 머물게 하였다가 하사한 집이 완성되기를 기다려 나가게 하라." 하였다.

○太保王祥病하니 御史中丞侯史光이 以祥久疾하야 闕朝會禮하니 請免祥官한대 帝曰 太保는 元老高行이니 朕所毗倚하야 以隆政道者也라 前後遜讓에 不從所執하니 此非有司所得議也라하고 遂寢其奏라 祥固乞骸骨하니 詔聽以睢陵公就第하고 位同保傅하야 在三司之右하고 祿賜如前하라하고 詔曰 古之致仕에 不事王侯하니 今雖以國公으로 留居京邑이나 不宜復苦以朝請이니 其賜几杖하고 不朝호되 大事를 皆諮訪之하고 賜安車駟馬第一區錢百萬絹五百匹牀帳簟褥하고 以舍人六人으로 爲睢陵公舍人하고 置官騎二十人하고 以公子騎都尉肇로 爲給事中하야 使常優游定省하고 又以太保高潔淸素하야 家無宅宇하니 其權留本府라가 須所賜第成乃出하라하다

13-1-6

散騎常侍 皇甫陶와 傅玄이 간관으로 있으면서 上書하여 諫諍하니 有司가 그만두게 하기를 주청하였는데, 무제가 이르기를, "무릇 군주에게 아뢰는 말은 신하의 입장에서 지극히 하기 어려운 것인데 듣기 싫어하여 그 말을 받아들이지 못하였으니, 예로부터 충성스러운 신하와 강직한 선비들이 비분강개하였다. 매번 군주에게 일을 아뢰는 것은 대부분 심각한 고려 끝에 나온 말인데, 이에 이르기를 '은혜는 主上으로 말미암아 나와야 한다.'라고 하니, 이것이 무슨 말인가? 〈황보도와 부현이 아뢴 말을〉 상세히 評議하도록 하라." 하였다.

○散騎常侍皇甫陶傅玄이 領諫官하야 上書諫諍하니 有司奏請寢之한대 帝曰 凡關言人主는 人臣所至難이어늘 而苦不能聽納하니 自古忠臣直士之所慷慨也라 每陳事出付主者는 多從深刻이어늘

乃云恩貸當由主上이라하니 是何言乎아 其詳評議하라

13-1-7

賈充이 수정한 律令을 올리자 무제가 친히 臨講하고 尙書郎 裴楷로 하여금 執讀하게 하니 侍中 盧珽과 中書侍郎 張華가 새로운 율령 가운데 死罪에 관한 條目을 懸示하여 백성들에게 경계하기를 청하였는데, 무제가 이 말을 따랐다.

○賈充이 上所修律令하니 帝自臨講하고 使尙書郎裴楷로 執讀하니 侍中盧珽中書侍郎張華가 請懸死罪條目示民한대 帝從之하다

13-1-8

무제가 조서를 내려 "郡國의 太守와 相은 3년에 한 번 屬縣을 巡行해야 할 것이니, 長吏를 만나보고 風俗을 살피며 禮律을 고르게 하고 度量을 상고하며 耆老를 위문하고 장수하는 노인을 직접 찾아보고 獄囚를 조사하고 억울하고 원통한 자를 伸救하며 刑政의 득실을 자세히 살피고 백성의 근심과 고통을 알아서 멀고 가까운 곳을 막론하고 모두 짐이 직접 임한 것처럼 하라." 하였다.

또 王公과 卿尹 및 郡國의 太守와 相에게 조서를 내려 현량하고 방정하여 直言을 할 수 있는 선비를 천거하게 하였고, 郡國에 5條目의 詔書를 반포하였으니, 첫 번째는 '몸을 바르게 함'이고, 두 번째는 '백성을 부지런히 보살핌'이고 세 번째는 '의지할 곳 없이 외로운 백성을 어루만짐'이고 네 번째는 '근본을 돈독히 하여 말단을 기름'이고 다섯 번째는 '번거로운 人事를 제거함'이었다. 무제는 또 訟事에 친림하고 廷尉[4]가 수감한 洛陽의 獄囚를 살피고 조사하여 직접 平決하였다.

○帝詔郡國守相은 三載一巡行屬縣하니 所以見長吏하고 觀風俗하며 協禮律하고 考度量하며 存問耆老하고 親見百年하며 錄囚徒하고 理寃枉하며 詳察政刑得失하고 知百姓所患苦하야 無有遠近이 便若朕이 親臨之하고 又詔王公卿尹及郡國守相하야 擧賢良方正直言之士하고 班詔書五條於郡國하니 一曰正身이요 二曰勤百姓이요 三曰撫孤寡요 四曰敦本息末이요 五曰去人事라 帝又臨聽訟하고 觀錄廷尉洛陽獄囚하야 親平決焉하다

---

4) 廷尉 : 刑獄을 관장하는 벼슬로, 秦나라 때 처음 설치하였다. 漢代에 들어와 한 때 이름이 '大理'로 바뀐 적이 있지만, 光武帝 建元 연간에 원래대로 복귀되었다.

13-1-9

鄴의 奚官督5) 郭廙가 上疏하여 5가지 사안에 대해 아뢰었는데, 諫言이 매우 강직하였기 때문에 발탁하여 屯留縣令으로 삼았다. 西平 사람 麴路가 登聞鼓를 쳤는데 요망하고 비방하는 말이 많아서 有司가 棄市의 刑에 처할 것을 奏請하니, 무제가 이르기를 "짐의 과오이다." 하고는 내버려두고 죄를 묻지 않았다.

○鄴奚官督郭廙上疏陳五事한대 以諫言甚直으로 擢爲屯留令이라 西平人麴路伐登聞鼓한대 言多祆謗하야 有司奏棄市하니 帝曰 朕之過也라하고 捨而不問하다

13-1-10

무제는 太傅와 少傅 한 사람씩을 두어 東宮을 輔佐하여 引導하게 하고 禮를 제정하여 太子가 먼저 태부와 소부에게 拜禮를 올린 뒤에 답례하게 하였다. 이에 有司가 아뢰기를, "동궁이 태부와 소부를 공경하여 그들을 신하로 여기지 않는 예〔不臣之禮〕로 대우하니, 常典에 어긋납니다." 하니, 무제가 이르기를, "師傅를 존경하는 것은 道를 높이고 가르침을 소중하게 여기기 때문이니, 어찌 신하로 여기고 신하로 여기지 않는 것을 말할 것이 있겠는가. 太子로 하여금 拜禮를 올리게 하라." 하였다.

○帝置太傅少傅各一人하야 以輔導東宮하고 制禮하야 以太子先拜二傅하고 然後答之하니 有司가 奏호되 東宮施敬二傅하야 儀以不臣하니 有乖常典이라한대 帝曰 崇敬師傅는 所以尊道重敎也니 何言臣不臣乎아 其令太子로 申拜禮하라하다

13-1-11

무제가 일찍이 병을 앓아 매우 위독하였는데, 병이 나았을 때 群臣이 祝壽를 올리니 조서를 내려 이르기를, "늘 疫氣로 死亡하는 자들을 생각하면 마음이 서글퍼진다. 어찌 一身의 休養과 生息 때문에 백성들의 고난은 잊을 수 있겠는가. 여러 가지 올리는 儀禮를 모두 그만두도록 하라." 하였다.

---

5) 奚官督 : ≪資治通鑑≫ 권79 〈晉紀1〉 胡三省 註에 "少府에는 奚官令이 있는데, 적몰되어 들어간 남녀들이 소속되어 있다. 魏나라 이래로 鄴都에 奚官督이 있었다.〔少府有奚官令, 凡男女沒入者屬焉 魏以來鄴都有奚官督〕"라고 하였다.

焚裘示儉

太醫 司馬程據가 雉頭裘(꿩의 머리 깃털로 장식한 갖옷)를 바쳤는데 正殿 앞에서 불사르게 하고, 內外에 조칙을 내리기를 "감히 기이한 技藝와 이상한 服飾을 바치는 자가 있으면 죄를 주도록 하라." 하였다.

○帝嘗得疾甚劇이러니 及愈에 群臣上壽하니 詔曰 每念疫氣死亡者爲之愴然하니 豈以一身之休息으로 忘百姓之艱難邪아 諸上禮者를 皆絶之하라 太醫司馬程據가 獻雉頭裘한대 焚之殿前하고 勅內外하야 敢有獻奇技異服者면 罪之하라

13-1-12

무제가 右將軍 皇甫陶와 時事를 논할 때 황보도가 무제와 논쟁하자 散騎常侍 鄭徽가 表를 올려 죄주기를 청하였는데, 무제가 이르기를, "충성스럽고 강직한 말은 오직 듣지 못할까 근심해야 하는데, 정휘가 직분을 넘어 망령되이 상주하였으니 어찌 짐의 의중을 헤아린 것이겠는가." 하고, 마침내 정휘의 관직을 파면하였다.

征南大將軍 都督荊州諸軍事 羊祜가 죽자 무제는 그가 임금에 충성하고 백성을 사랑했던 것을 추억하며 매우 슬프게 통곡하였는데, 이날은 매우 추워서 눈물을 흘리면 수염이 얼음이 되었다. 무제가 일찍이 양호를 封하여 南城侯로 삼자 양호가 굳이 사양하였는데 윤허하지 않았다. 이때에 이르러 양호가 남성후의 印綬를 가지고 장사 지내서는 안 된다고 유언을 남기니, 무제가 이르기를, "양호가 몇 년 동안 굳이 사양하였으면 몸이 죽고 나서도 겸양의 뜻이 남아 있는 것이다. 이제 그의 뜻에 따라 원래의 봉작을 회복하여 그 높고 아름다운 덕을 표창하도록 하라."[6] 하였다.

6) 羊祜가……하라 : ≪晉書≫ 권34 〈羊祜列傳〉에서는 "羊祜가 몇 년 동안 굳이 사양하여 그 뜻을 빼앗을 수 없었는데, 몸이 죽고 나서도 겸양하는 뜻이 남아 있고 遺操가 더욱 굳건하니, 이는 伯夷와 叔齊가 현자라고 칭송받은 이유이고 季札이 절개를 보전할 수 있었던 까닭이다. 이제 그의 뜻에 따라

○帝與右將軍皇甫陶論事할새 陶與帝爭言하니 散騎常侍鄭徽表請罪之한대 帝曰 忠讜之言은 惟患不聞이어늘 徽越職妄奏하니 豈朕之意리오 遂免徽官하다 征南大將軍都督荊州諸軍事羊祜卒하니 帝以其忠君愛民으로 哭之甚哀한대 是日大寒하야 涕淚霑須爲氷이러라 帝嘗封祜爲南城侯하니 固辭어늘 不允이러니 至此하야 遺令不得以南城侯印入柩하니 帝曰 祜固讓歷年이면 身沒讓存하니 今聽復(복)本封하야 以彰高美하라하다

13-1-13

咸寧 연간에 水害와 蟲害가 크게 발생하자[7] 무제가 주관하는 사람에게 묻기를, "어떻게 백성들을 도울 것인가?" 하니, 尙書令 杜預가 말하기를, "지금의 水災는 동남쪽이 더욱 극심하니 마땅히 兗州와 豫州 등에 조칙을 내려 남아 있는 漢나라 옛 제방에다 물을 비축하고 나머지는 모두 터서 굶주린 백성으로 하여금 물고기와 나물 및 소라와 조개 등의 먹을 것을 넉넉히 얻게 하면 이는 당장 날로 먹는 식량에 도움이 될 것이고, 물이 빠진 뒤에 흙을 메워 농지를 만들고 그 농지에서 세금을 거두면 이는 또한 다음해의 이익이 될 것이고, 典牧[8]에 種牛 4만 5천여 마리가 있으니 백성들에게 지급하여 농사를 짓게 하고 그에 대한 조세를 책임지우면 이는 또 수년 이후의 이익이 될 것입니다." 하였다. 무제가 그 말대로 하니 백성들이 그 편리함에 힘입었다.

○咸寧間에 大水螟하야 帝問主者호되 何以佐百姓고하니 尙書令杜預曰 今者水災는 東南尤劇하니 宜勅兗豫等州하야 留漢氏舊陂以蓄水하고 餘皆決瀝하야 令饑者得魚菜螺蚌之饒면 此目下日給之益也요 水去之後에 塡淤之田하고 畝收數鍾이면 此又明年之益也요 典牧種牛有四萬五千餘頭하니 可給民하야 使耕種하고 責其租稅면 此又數年以後之益也라한대 帝從之하니 民賴其利러라

13-1-14

涼州의 羌族이 반란하여 河西가 斷絶되자 무제가 조정에 나와 탄식하며 이르기를, "누가 나를 위해 이 오랑캐를 토벌하고 涼州를 통하게 할 수 있겠는가?" 하였다. 조정

원래의 봉작을 회복하여 그 높고 아름다운 덕을 표창하도록 하라.〔祜固讓歷年 志不可奪 身沒讓存 遺操益厲 此夷叔所以稱賢 季子所以全節也 今聽復本封 以彰高美〕"라고 하였다.

7) 咸寧……발생하자 : ≪資治通鑑≫ 권80 〈晉紀2〉에 따르면 咸寧 4년(278) 가을 7월에 큰 비가 내리고 메뚜기의 피해가 있었다고 하였다.

8) 典牧 : 목장을 관장하고 戰馬·驛馬·役牛 등을 조달하던 관청을 말한다.

의 신하들이 누구도 대답하지 못하였는데, 馬隆이 나아가 말하기를, "폐하께서 만일 신에게 맡기실 수 있다면 신이 평정할 수 있습니다." 하였다.

무제가 이르기를, "반드시 적을 섬멸할 수 있다면 어찌 맡기지 않겠는가. 다만 卿의 方略이 어떠한지에 달려 있을 뿐이다." 하니, 마륭이 말하기를, "폐하께서 만일 신에게 맡기실 수 있다면 신이 自任하는 바를 들어주소서. 신은 청컨대, 勇士 3,000명을 모집한 다음 출신성분을 묻지 않고 거느리고 북을 울리며 서쪽으로 가서 폐하의 威德을 奉行할 것이니, 그렇게 하면 추한 오랑캐들을 어찌 섬멸할 것이 있겠습니까." 하였다.

무제가 그의 능력을 알고 허락하니, 公卿들이 모두 말하기를, "馬隆은 小將이므로 망령되이 말한 것이니, 따라서는 안 될 것입니다." 하였다. 무제가 받아들이지 않고 마침내 마륭을 등용하니, 마륭이 과연 강족을 토벌하고 승전보를 보내왔다. 이에 무제가 群臣을 불러 이르기를, "만일 경들의 말을 따랐다면 지금 양주는 없었을 것이다." 하였다.

○涼州羌叛하야 河西斷絶하니 帝臨朝嘆曰 誰能爲我하야 討此虜하고 通涼州乎아 朝臣莫對하니 馬隆進曰 陛下若能任臣이면 臣能平之하리이다 帝曰 必能滅賊이면 何爲不任이리오 顧卿方略이 何如耳라 隆曰 陛下若能任臣이면 當聽臣自任이라 臣請募勇士三千人하야 無問所從來하고 率之鼓行而西하야 稟陛下威德이면 醜虜何足滅哉리오 帝知其能하고 許之하니 公卿僉曰 隆은 小將이라 妄說하니 不可從也리이다 帝弗納하고 卒用隆하니 隆果滅羌하고 捷報至하니 帝召群臣하야 謂曰 若從諸卿言이면 是無涼州也라하더라

13-1-15

하루는 무제가 南郊에 제사를 지냈는데, 예를 마쳤을 때 한숨을 쉬며 司隷校尉 劉毅에게 이르기를 "짐은 漢나라의 어떤 황제에게 견줄 만한가?" 하니, 유의가 대답하기를 "桓帝와 靈帝에 견줄 수 있을 것입니다." 하였다. 무제가 이르기를 "어찌 이러한 지경에까지 이를 수 있겠는가?" 하니, 대답하기를 "환제와 영제는 관직을 판 돈을 國庫에 넣었으나 陛下는 관직을 판 돈을 私家로 들였으니, 이 일을 가지고 말한다면 자못 환제와 영제만도 못합니다." 하였다. 무제가 크게 웃으며 이르기를 "환제와 영제 때에는 이러한 말을 듣지 못했는데, 지금 짐은 직언하는 신하가 있으니, 참으로 그들보다 낫도다." 하였다.

○一日帝祀南郊한대 禮畢에 喟然問司隷校尉劉毅曰 朕은 可方漢之何帝오 對曰 桓靈이리이다 帝曰 何至於此오 對曰 桓靈은 賣官錢을 入官庫나 陛下는 賣官錢을 入私門하니 以此言之면 殆不及也리이다 帝大笑曰 桓靈之世엔 不聞此言이러니 今朕은 有直臣하니 固爲勝之라하더라

13-1-16

무제의 병이 위독해졌을 때 顧命大臣은 없고 勳舊大臣들은 대부분 이미 죽었기 때문에 侍中 楊駿[9]이 홀로 황제의 신변을 보살피고 있었다. 그는 衛瓘[10]을 미워하여 太保로서 집에 돌아가게 하고 近密의 신하를 바꾸어 자신의 심복을 심어놓았는데, 마침 무제의 병이 조금 나아 새롭게 임용된 자들을 보고는 正色하여 이르기를 "어찌 그대 마음대로 할 수 있단 말인가." 하고, 이에 汝南王 司馬亮[11]에게 조서를 내려 양준과 함께 정사를 보좌하게 하고 다시 명망이 있는 朝士 몇 명을 가려 돕게 하고자 하였다. 그러던 중에 마침 무제의 정신이 다시 흐려져서 실행하지 못하고 얼마 후 崩御하였으니, 在位 기간이 25년이었고 享年은 55세였다.

○帝疾篤에 未有顧命하고 勳舊多已物故하니 侍中楊駿이 獨在左右라 惡(오)衛瓘하야 使以太保로 就第하고 易要近하야 樹心腹이러니 會帝小間하야 見其新用者하고 正色曰 何得爾邪아하고 乃詔汝南王亮하야 同駿輔政하고 又欲擇朝士有聞望者數人하야 佐之러니 會에 帝復迷亂하야 不果하고 尋崩하니 在位二十五年이요 享年五十五라

13-1-17

史臣이 다음과 같이 논평하였다.

"무제는 도량이 넓고 후덕하여 아무리 바쁘더라도 반드시 어질고 관대하였으며 直言을 받아들여 일찍이 사람들 앞에서 낯빛을 잃은 적이 없었으며 사리에 밝게 통하고

---

9) 楊駿 : ?~291. 晉나라 정치가이다. 武帝의 장인으로 벼슬이 거기장군에 이르렀고 臨晉侯에 봉해졌다. 惠帝 때에 대도독이 되어 권력을 전횡하다가 멸족을 당하였다.

10) 衛瓘 : 晉나라의 무신이자 서예가로, 자가 伯玉이다. 蜀漢을 평정한 뒤에 鍾會와 鄧艾의 반란을 평정하고 菑陽公에 봉해졌으며, 尙書令·太保 등을 지냈다. 張芝의 서체를 이어 받아 草書에 능하였다.

11) 汝南王 司馬亮 : 宣帝의 넷째 아들로, 자는 子翼이다. 어려서 맑게 깨우친 재능과 용기가 있었다. 魏나라에 임관하여 散騎侍郎·萬歲亭侯가 되고 東中郎將이 되었다. 후에 廣陽鄕侯로 진봉되었다.

잘 도모하여 능히 큰일을 결단할 수 있었다. 그러므로 萬國을 어루만져 편안하게 하고 四方을 안정시켜 고요하게 하여 사치스러운 폐단이 지극해진 魏나라의 뒤를 계승하였다. 百姓들은 옛날의 遺風을 생각하여 恭儉에 힘쓰고 寡慾에 돈독하였으며, 신하들은 평소 直言을 좋아하여 采擢되기에 마음을 두었으니, 劉毅와 裴楷는 질박하고 정직함으로 용납되었고 嵇紹과 許奇는 비록 원수였지만 버려지지 않았다. 무제는 인자함으로 백성을 다스리고 관용으로 대중의 마음을 얻었으니, 지략이 크고 풍도가 넓어서 제왕의 도량이 있었다.

무제는 武勇을 쓰고 영토 넓히기를 생각하여 깊은 衷心에서 귀신 같은 계획을 결정하고 群臣의 議表에서 웅대한 도모를 결단하였는데, 馬隆이 서쪽을 토벌하고 王濬이 남쪽을 정벌함에 군사들이 시일을 끌지 않아도 오랑캐가 자취를 감추었고 병장기에 피를 묻히지 않아도 揚·越 지역이 빈 터가 되어 前代에 통하지 않던 지역을 통하게 하고 前王이 복종시키지 못했던 나라를 복종시켰으니, 王業의 완성이 위대하였도다.

애석하도다. 무제는 명색이 魏나라의 선위를 받았다고 하였지만 군주를 폐위하였다는 기롱을 피하기 어려웠고, 처음에는 비록 부지런하고 검약하였지만 끝내는 사치스럽고 방종하였다는 허물에 빠져서 政事가 三楊[12]을 등용한 데서 실패하였고 心術이 羊車[13]의 유희에 빠져서 五胡와 함께 패권을 다투다가 끝내 화란(永嘉의 난)을 초래하였으니, 前代의 훌륭한 군주들과 비교하면 부족한 점이 없을 수 없다."

史臣論曰 帝는 宇量弘厚하야 造次에 必於仁恕하고 容納讜正하야 未嘗失色於人하고 明達善謀하야 能斷大事라 故得撫寧萬國하고 綏靜四方이라 承魏氏奢侈(革)〔刻〕[14]弊之後하야 百姓思古之遺風하니 乃勵以恭儉하며 敦以寡慾하고 雅好直言하야 留心采擢하니 劉毅裴楷는 以質直見容하고 嵇紹許奇는 雖仇讐不棄하니 仁以御物하고 寬而得衆하야 宏略大度有帝王之量焉이라 聿修武用하고 思啓封疆하야 決神筭於深衷하고 斷雄圖於議表한대 馬隆西伐하고 王濬南征에 師不延時호되 獯虜削跡하고 兵不血刃호되 揚越爲墟하야 通上代之不通하고 服前王之未服하니 王業之成大矣哉로다 惜乎라 帝名受魏禪이나 難逃廢主之譏하고 始雖勤儉이나 終罹奢縱之過하야 政事敗於三楊之用하고 心

12) 三楊 : 晉나라 말기에 국권을 전횡하였던 楊駿과 楊珧 및 楊濟의 권세가를 가리킨다.

13) 羊車 : 輦車를 말한다. 武帝는 吳나라를 평정한 뒤에 연회를 자주 열고 정사를 게을리하였는데, 궁녀를 1만여 명이나 거느리고 양이 끄는 수레를 타고 가다가 양이 머무는 곳의 궁녀와 잠을 잤으므로, 궁녀들은 다투어 댓잎을 문에 꽂고 소금물을 땅에 뿌려 양을 유인했다고 한다.(≪通鑑節要≫ 권26 〈晉紀〉 世祖武皇帝)

14) (革)〔刻〕: 저본에는 '革'으로 되어 있으나, ≪晉書≫ 권3 〈武帝紀〉에 의거하여 '刻'으로 바로잡았다.

術蠱於羊車之遊하야 雜處五胡에 終致禍亂하니 方諸前代之令主에 不能無歉焉이로다

東 晉

元帝

13-2-1

中宗 元皇帝는 이름이 睿이고 자는 景文이니 宣帝(司馬懿)의 曾孫이고 琅琊恭王 司馬覲의 아들이다. 나이 15세에 琅邪王의 왕위를 이었다. 어려서 아름다운 명성이 있었다. 惠皇(惠帝 司馬衷)의 시대에 이르러 王室에 변고가 많으니 원제는 늘 공손하고 검소하며 겸손하여 禍를 면하였고, 신중하고 민첩하며 도량이 있어서 영민한 자취를 드러내지 않았다.

晉元帝

처음에 建康 지역에 鎭撫하였을 때 吳人이 歸附하지 않았는데, 마침 3월 上巳日에 원제가 禊會[15]를 구경할 때 肩輿를 타고 威儀를 갖추니 王導 및 여러 名士들이 모두 말을 타고 따랐다. 당시 吳人 顧榮[16]과 賀循[17]이 이것을 보고 놀랍고 신기하게 여겨 서로 이끌고 가서 길가에서 절하니, 왕도가 인하여 나아와 말하기를, "고영과 하순은 이 지방의 명망 있는 사람들이니 이들을 나오게 하여 인심을 결집시키는 것이

15) 禊會 : 修禊이다. 음력 3월 上巳日에 물가에 모여서 1년 동안 몸에 밴 부정을 냇물에 흘려보내는 풍속을 이른다. 晉나라 때 명필 王羲之가 삼월 삼짇날 당시의 名士 41명과 會稽 山陰의 정자에서 修禊하며 불곱이에 잔을 띄워 술을 마시는 流觴曲水를 즐기고, 〈蘭亭記〉라는 名文을 남겼다.

16) 顧榮 : 남북조시대 西晉의 文臣으로, 司馬睿의 軍司를 맡아 東晉을 중흥하게 한 공신이다.

17) 賀循 : 260~319. 東晉 會稽 山陰人이다. 자는 彦先이다. 박학하고 예학에 뛰어나 儒宗으로 추대되었다. 開府儀同三司가 되었으며, 시호는 穆公이다.

좋겠습니다." 하였다. 그러자 원제가 왕도로 하여금 직접 하순과 고영을 찾아가게 하니, 두 사람이 모두 명령에 응하여 왔다. 이때부터 백성들이 마음으로 歸附하니, 원제가 왕도에게 조용히 이르기를, "卿은 나의 蕭何[18]이다." 하였다.

中宗元皇帝는 諱睿요 字景文이니 宣帝曾孫이요 琅邪恭王覲之子也라 年十五에 嗣位琅邪王하다 幼有令聞이러니 及惠皇之際에 王室多故하니 帝每恭儉退讓하야 以免於禍하고 沈敏有度量하야 不顯灼然之跡이라 初鎭建康에 吳人不附러니 會三月上巳에 帝觀禊할새 乘肩輿하고 具威儀하니 王導及諸名勝이 皆騎從이러니 吳人顧榮賀循이 覘之驚異하야 相率拜於道左하니 導因進曰 顧榮賀循은 此土之望이니 未若引之하야 以結人心이라하니 帝乃使導로 躬行造循榮하니 二人이 皆應命而至라 由是로 百姓歸心하니 帝從容謂導曰 卿은 吾之蕭何也라하더라

13-2-2

四方의 사람들이 다투어 符瑞를 올리니, 원제가 이르기를 "四海의 책임을 저버려서 허물을 생각하지도 못하였으니, 어찌 상서를 징험할 수 있겠는가." 하였다.

○四方이 競上符瑞하니 帝曰 孤負四海之責하야 未能思愆하니 何徵祥之有리오하다

13-2-3

愍帝의 凶報가 이르자 원제는 斬縗服을 입고 시묘살이를 하였으며, 臣僚들이 尊號를 올리자 令을 내려 이르기를 "나는 不德한 자질로 매우 위태로운 國運을 만나 신하의 節義를 수립하지 못하고 임금의 잘못을 바로잡아 구제하지 못했으니,[19] 아침저녁으로 寢食을 잊고 지낸다. 지금 宗廟가 廢絶되고 億兆蒼生이 몸 붙일 곳이 없어서 群官과 庶尹이 모두 大政을 면려하고 있으니, 또한 어찌 감히 사양할 수 있겠는가. 공경히 신료들의 간청을 삼가 따르겠노라." 하고, 황제에 즉위하여 太子를 세우고 다음과

---

18) 蕭何 : 漢 高祖가 천하를 평정하는 데 큰 공을 세운 開國名相으로, 시호는 文終侯이다. 張良·韓信과 더불어 漢나라의 三傑로 칭송된다.

19) 임금의……못했으니 : '匡救'는 임금의 失政을 바로잡아 時局을 안정시킨다는 의미로, ≪孝經≫ 〈事君〉에 "군자가 임금을 섬김에, 나아가서는 충성을 다할 것을 생각하고, 물러나서는 허물을 보완할 것을 생각하여, 임금에게 아름다운 점이 있으면 보다 잘할 수 있도록 권면하고, 임금에게 잘못된 점이 있으면 바로잡아 구제한다. 그래서 상하가 서로 친해질 수 있는 것이다.〔君子之事上也 進思盡忠 退思補過 將順其美 匡救其惡 故上下能相親也〕"라고 한 데서 온 말이다.

같이 조서를 내렸다.

"옛날에 爲政者들은 백성을 감동시키기를 행동으로 하고 말로 하지 않았으며, 하늘의 명에 응답하기를 실상으로 하고 겉치레로 하지 않았다. 그러므로 내가 맑고 고요하면 사람들이 절로 바르게 될 것이다. 그 다음은 그 말을 듣고 그 행실을 살펴보며[20] 功績이 실제로 있는지 분명히 시험해서[21] 칭술할 만한 政績이 있고, 刑獄이 실정에 맞아서 원통하게 訟事하는 사람이 없고 오래됨에 德業이 날로 새로워지게 한 사람과 벼슬아치들 중에 심성이 유약하여 달면 삼키고 쓰면 뱉으며 처신이 지저분하고 일시의 명예만을 추구하는 자가 있으면 각각 이름을 보고하게 할 것이다. 그리하여 관직에 있는 사람으로 하여금 우러러 前代의 功烈을 본받고 한마음으로 힘을 다하여 백성들에게 관대하고 戰役을 그치며 은혜가 백성들에게 더해지는 방도를 깊이 생각하게 하려고 하니, 朕의 命을 폐하지 말아야 할 것이다. 그리고 遠近에서 禮物로 접대하는 禮贄는 일체 그만두도록 하라." 하였다.

○愍帝凶問至하니 帝斬縗居廬하고 百寮上尊號하니 令曰 孤以不德으로 當厄運之極하야 臣節未立하고 匡救未擧하니 夙夜所以忘寢食也라 今에 宗廟廢絶하고 億兆無係하야 群官庶尹이 咸勉之以大政하니 亦何敢辭리오 輒敬從所執이라하고 卽皇帝位하야 立太子하고 詔曰 昔之爲政者는 動人以行不以言하고 應天以實不以文이라 故我淸靜而人自正이라 其次聽言觀行하고 明試以功하야 其有政績可述하고 刑獄得中하야 人無怨訟하고 久而日新과 及當官軟弱하야 茹柔吐剛하고 行身穢濁하며 修飾時譽者는 各以名聞하야 令在事之人으로 仰鑑前烈하고 同心戮力하야 深思所以寬衆息役하고 惠益百姓하니 無廢朕命하고 遠近禮贄는 一切斷之하라하더라

13-2-4

大興 연간(318~321)에 여름에 가뭄이 들자 원제가 친히 기우제를 지내고 다음과 같이 조서를 내렸다.

---

20) 그……살펴보며 : ≪論語≫ 〈公冶長〉에 宰予의 낮잠 자는 모습을 보고 孔子께서 이르기를 "내가 처음에는 남에 대하여 그의 말을 듣고 그의 행실을 믿었으나, 이제 나는 남에 대하여 그의 말을 듣고 다시 그의 행실을 살펴보게 되었다.〔始吾於人也 聽其言而信其行 今吾於人也 聽其言而觀其行〕"라고 하였다.

21) 功績이……시험해서 : ≪書經≫ 〈虞書 舜典〉에 "제후들에게 말로 진술하여 보고하게 하고, 그 공적이 실제로 있는지 분명히 시험하였으며, 수레와 의복으로 그 공을 표창하였다.〔敷奏以言 明試以功 車服以庸〕"라고 하였다.

“朕이 寡德한 몸으로 큰 緖業을 이어받아 위로는 陰陽을 조화롭게 하지 못하고 아래로는 뭇 生靈을 구제하고 양육하지 못하여 災異가 자주 일어나고 재앙의 징조가 이어 드러났으니, 壬子와 乙卯의 雷震과 暴雨는 대개 하늘이 재앙으로 경계를 보여서 짐의 부덕함을 드러낸 것이다. 여러 臣僚들은 각각 封事를 올려 得失을 모두 아뢰고 피하는 일이 있어서는 안 될 것이다.”

○大興間에 夏旱하니 帝親雩하고 詔曰 朕以寡德으로 纂承洪緖하야 上不能調和陰陽하고 下不能濟育群生하야 災異屢興하고 咎徵仍見(현)하니 壬子乙卯에 雷震暴雨는 蓋天災譴誡하야 所以彰朕之不德也라 群公卿士는 其各上封事하야 具陳得失하고 無有所諱하라하다

13-2-5

원제가 賀循이 淸貧하다 하여 다음과 같이 令을 내렸다.

“하순이 얼음처럼 맑고 옥처럼 깨끗하여 행실이 세속의 表象이 되고 上卿의 지위에 있으면서도 입고 있는 의복은 몸을 가릴 정도이고 家屋은 비바람을 막을 정도였으니, 朕이 그 집에 가보고 깊이 慨歎하였다. 침상과 이부자리 및 錢 200만을 내려 그 지극한 덕을 드러내도록 하라.”

○帝以賀循淸貧이라하야 下令曰 循氷淸玉潔하야 行爲俗表하고 位處上卿호되 而居身服物이 周形而已요 屋室이 財庇風雨하니 朕造其廬하야 深爲慨歎이라 其賜牀薦席褥과 幷錢二百萬하야 以表至德하라하다

13-2-6

원제가 古今의 賢能한 이를 旌錄하여 선비들의 기풍을 면려하고자 다음과 같이 조서를 내렸다.

“漢 高祖는 大梁 땅을 지날 때 無忌[22]의 어진 행실을 아름답게 여겼고, 齊나라 군사들은 魯나라에 들어가 柳下惠[23]의 무덤을 改修하였으니, 吳나라의 名賢 가운

22) 無忌 : 전국시대 魏나라 昭王의 少子인 信陵君의 이름이다. 漢 高祖는 寒微한 시절에 그가 어질다는 명성을 듣고, 천자가 된 뒤 大梁을 지날 때면 항상 신릉군에게 제사를 지냈으며, 고조 12년(B.C. 195)에는 다섯 집에 명하여 무덤을 지키게 하고 대대로 해마다 사시로 그 제사를 받들게 하였다. (≪史記≫ 권77 〈魏公子列傳〉)

23) 柳下惠 : 춘추시대 魯나라 대부 展禽으로, 柳下에 살았고 시호가 惠이기 때문에 유하혜라 부르게

데 혹 아직 旌錄되지 않은 사람이 있으면 조목조목 列錄하여 보고하도록 하라." 하였다.

○帝欲旌古今賢能하야 以勵士風하야 詔曰 漢高祖經大梁에 美無忌之賢하고 齊師入魯에 修柳下惠之墓하니 吳之名賢或未旌錄者는 其條列以聞하라하다

13-2-7

원제가 여러 해에 걸쳐 饑荒이 든 것으로 인하여 다음과 같이 조서를 내렸다. "天下가 피폐해지고 災荒까지 더해져서 백성이 곤궁하고 國用이 부족해졌으니, 吳郡에 굶어 죽은 사람이 백여 명이나 된다. 하늘이 뭇 백성을 낳은 뒤에 君主를 세우고, 明哲한 이를 가려 세워서 좌우에서 보좌하게 하였으니, 마땅히 깊이 생각하여 그 폐단을 구제해야 할 것이다. 朕은 오늘부터 급하지 않은 사무는 물리칠 것이니, 軍事에 필요한 일이 아니면 모두 생략하도록 하라."

○帝因連歲饑荒하야 下詔曰 天下凋弊하고 加以災荒하야 百姓困窮하고 國用並匱하니 吳郡饑人死者百數라 天生蒸黎而樹之以君하고 選建明哲하야 以左右之하니 當深思以救其弊니 朕以今日로 當去非急之務니 非軍事所須者는 皆省(생)之하라하다

13-2-8

從事中郎 諸葛恢가 經世濟民의 才略이 있어서 調用하여 會稽太守로 삼았는데, 부임하려 할 때 원제가 그를 위해 酒宴을 베풀고 이르기를, "오늘의 會稽 지역은 옛날의 關中에 해당하니, 식량과 병사가 풍족해지는 것은 훌륭한 수령에 달려 있다. 그대는 정사를 다스리는 방도가 있기에 이 때문에 재상의 지위에서 태수로 제수하는 것이다." 하였다.

太興 초에 제갈회의 政績이 가장 뛰어났기 때문에 조서를 내려 이르기를 "會稽內史 제갈회가 부임한 지 3년 만에 정사가 맑아지고 백성들이 화목하여 여러 郡에서 으뜸이 되었으니, 마땅히 그 지위와 반열을 올려서 風教를 권면해야 한다. 지금 제갈회에게 中二千石[24]의 지위를 더해주도록 하라." 하였다.

되었다. 孟子는 그를 聖人 가운데 온화한 분이라고 평하였다.

24) 中二千石 : 漢代의 品階 이름으로, 2천 석에 찬다는 의미이다. 한 해에 받는 녹봉이 2,160석인 사

○從事中郎諸葛恢有經濟才略하야 調爲會稽太守한대 臨行에 帝爲置酒하고 謂曰 今之會稽는 昔之關中이니 足食足兵은 在於良守라 以君有莅政之方이라 是以相屈이라하더라 太興初에 以政績第一로 詔曰 會稽內史諸葛恢莅官三年에 政淸人和하야 爲諸郡首하니 宜進其位班하야 以勸風敎니 今增恢秩中二千石하라하다

13-2-9

王敦[25]이 반란했을 때 劉隗가 원제에게 권하여 王氏를 모두 죽이라고 하니, 王導[26]는 왕돈의 從弟였기에 형제와 子姪 등 20여 명을 거느리고 매일 아침 臺에 나아가 待罪하였다. 그러자 원제는 왕도가 평소 忠節이 있다고 하면서 朝服을 돌려주라 命하고 召命을 내려 그를 만나보니, 왕도가 머리를 조아리고 사례하기를 "賊臣과 逆子가 어느 시대인들 없었겠습니까마는 어찌 이번에 가까이 신의 집안에서 나올 줄 생각이나 했겠습니까." 하였다. 원제가 맨발로 나와 그 손을 잡고 말하기를 "茂弘이여! 바야흐로 卿에게 百里의 命을 부탁하려 하니, 이것이 무슨 말인가." 하였다.

뒤에 원제가 병이 들자 太子가 어려서 皇位를 계승한 것을 염려하였는데, 원제가 崩御했을 때 과연 司空 왕도가 遺命을 받아 輔政(攝政)하였다. 원제는 在位 기간이 6년이었고 享年이 47세였다.

○王敦之反에 劉隗勸帝하야 悉誅王氏하니 王導는 敦從弟라 率群弟子姪二十餘人하고 每朝에 詣臺待罪하니 帝以導忠節有素라하야 命還朝服하고 召見之하니 導稽首謝曰 逆臣賊子가 何世無之리오마는 豈意今者에 近出臣族이리오하니 帝跣而執之曰 茂弘아 方託百里之命於卿하니 是何言邪아하더라 後帝疾하니 慮太子幼沖嗣位한대 旣崩에 果以司空王導로 受遺詔輔政하니 在位六年이요 享年四十

람을 中二千石이라 하는데, 대체적인 수를 들기 때문에 2,000석이라고 한 것이다. 中은 찬다는 의미이다.(≪漢書≫ 〈百官公卿表 注〉)

25) 王敦 : 東晉 琅邪 臨沂 사람이다. 元帝 때에 종형 王導와 함께 왕실을 보필하여 난을 평정시킴으로써 侍中의 벼슬에 올랐으나, 뜻을 얻은 뒤에는 공을 믿고 전권하다가 원제가 그의 권세를 억누르려고 하자 반란을 일으켜 스스로 丞相이 되었다. 나중에 武昌에 주둔하면서 帝位에 오를 야심을 품고 있던 중에, 明帝가 그를 토벌하라는 명령을 내리자 재차 반란을 일으켜 항거하다가 돌연 病死하자 剖棺斬尸하였다.(≪晉書≫ 권98 〈王敦傳〉)

26) 王導 : 276~339. 晉나라 臨沂 사람으로, 자는 茂弘이다. 元帝의 潛邸 시절부터 그를 섬겨 함께 국사를 도모했는데, 원제가 등극하기에 이르러 승상이 되었다. 이후 明帝, 成帝를 내리 섬겨 장군과 재상을 두루 역임하여 충성을 떨쳐 왕실을 보필한 공훈이 많았다. 시호는 文獻이다.(≪晉書≫ 권65 〈王導傳〉)

七이러라

13-2-10

史臣이 다음과 같이 논평하였다.

"원제는 성품이 검소하고 담박하여 直言을 용납하고 마음을 비우고 사람을 대하였다. 처음 江東에 鎭駐했을 때 자못 술 때문에 政事를 폐하니 王導가 깊이 直言하자 원제는 술을 따르라 명하고는 술잔을 가져다 엎어버리고 마침내 술을 끊었다. 有司가 일찍이 太極殿 廣室에 絳帳을 베풀기를 上奏하였는데, 원제가 이르기를 '漢文帝는 상소문을 싼 皁囊[27]을 모아 장막을 만들었다.' 하고 마침내 겨울에는 青布를 설치하고 여름에는 青練로 만든 帷帳을 설치하라고 명하였다. 그리고 貴人을 임명하려 할 때 有司가 金雀 비녀를 구입하기를 청하였는데, 원제는 비용을 허비한다는 이유로 허락하지 않았다. 또 총애하는 鄭夫人이 옷에 文綵가 없고 從母弟 王廙가 모친을 위해 당시의 제도보다 사치스럽게 집을 지었는데, 눈물을 흘리며 그만두게 하였다. 그러므로 전대의 전철을 혁파하기도 하고 따르기도 하면서 찬란히 中興을 이룩하였다.

그러나 懷帝의 명을 받아 江東에 府署를 개설하였을 때 王室에 어려운 일이 있으면 실로 義兵을 정돈하여 들어가 王室을 호위했어야 했는데, 이미 勤王했다는 말을 듣지 못하였고 당시 그는 스스로 요행히 諸侯에 봉해질 계책만 세우다가 마침내 神州(중국)가 오랑캐에게 망하여 회복하지 못하게 하였으니, 이것이 애석한 일이다."

史臣論曰 帝는 性簡儉沖素하야 容納直言하고 虛己待物이라 初鎭江東에 頗以酒廢事하니 王導深以爲言한대 帝命酌하야 引觴覆之하고 於此遂絶이라 有司嘗奏太極殿廣室施絳帳한대 帝曰 漢文集上書皁囊爲帷라하고 遂令冬施青布하며 夏施青練帷帳하고 將拜貴人에 有司請市雀釵한대 帝以煩費不許하고 所幸鄭夫人衣無文綵하고 從母弟王廙爲母立屋過制어늘 流涕止之라 故能抑揚前軌하야 光啓中興하니라 然受懷帝之命하야 開府江左에 王室有難이어든 正宜整兵入衛어늘 既不聞勤王之擧하고 方自爲僥倖之圖라가 卒使神州陸沈하야 不克恢復하니 此其可惜者也라

---

27) 皁囊 : 비밀스러운 일을 임금에게 아뢸 때 밀봉한 疏를 싸서 올리던 검은 보자기이다.

明帝

13-3-1

肅宗 明皇帝는 이름이 紹이고 字가 道畿이니, 元帝의 長子이다. 어릴 때부터 총명하고 사리에 밝아 원제의 총애를 받았다. 建興(313~316) 初에 東中郞將에 제수되어 廣陵에 鎭守하였고, 원제가 晉王이 되었을 때 진왕의 太子가 되었다가 卽位하여 尊號를 받았을 때 옹립되어 皇太子가 되었다. 성품이 지극히 효성스럽고 文武의 才略이 있었으며 어진 이를 공경하고 선비를 예우하여 평소 文辭를 좋아하였으니, 당시의 名臣인 王導에서부터 庾亮[28]등이 모두 親待를 받았다. 유량이 中書郞의 신분으로 東宮의 侍講이 되었을 때 원제가 刑名家[29]를 좋아하여 韓非子의 서적을 명제에게 하사하니, 유량이 말하기를 "申不害와 韓非子는 刻薄하여 교화를 헤치니 聖心을 둘 만한 곳이 못 됩니다." 하였는데, 명제가 이 말을 받아들였다.

肅宗明皇帝는 諱紹요 字道畿니 元帝長子라 幼而聰哲하야 爲元帝所寵異라 建興初에 拜東中郞將하야 鎭廣陵하고 元帝爲晉王에 立爲晉王太子러니 及卽尊號에 立爲皇太子하다 性至孝하고 有文武才略하며 欽賢禮士하야 雅好文辭하니 當時名臣自王導庾亮等이 咸見親待러라 亮以中書郞으로 侍講東宮에 元帝好刑名家하야 以韓非書賜帝하니 亮諫曰 申韓刻薄傷化하니 不足留聖心이리이다한대 帝納之하다

13-3-2

일찍이 聖人이 眞假를 구분한 뜻에 대해 논할 적에 王導 등이 명제의 뜻을 굽히게 할 수 없었고 또 武藝를 익히고 將士를 잘 어루만졌으니, 당시 東宮에 선비들이 많이 모이고 원근의 사람들이 마음으로 의탁하였다.

王敦이 반란을 일으켰을 때 평소 명제의 뛰어난 武勇과 밝은 智略이 朝野에서 공경과 믿음을 받고 있었다. 그러므로 왕돈은 명제가 효성스럽지 못하다고 誣陷한 다음

---

28) 庾亮 : 289~340. 東晉 초기의 문신으로, 자는 元規이다. 황실의 외척으로, 조카인 成帝가 즉위하자 中書令이 되어 정권을 장악했다. 성제 咸和 2년(327), 蘇峻이 반란을 일으키자 이를 토벌하였으나, 패하여 潯陽으로 달아났다가 陶侃을 맹주로 추대하여 반란을 평정하였다. 함화 9년(334) 도간이 죽자 征西將軍이 되어 병권을 장악하고 나라를 보위하였다.

29) 刑名家 : 전국시대 申不害와 韓非子를 대표로 하는 학파로, 명분에 따라 실적을 책임 지워 상벌을 엄명하게 할 것을 주장하였다.

폐위시키고자 하여 크게 百官을 모아놓고 溫嶠30)에게 묻기를, "皇太子는 어떤 德으로 칭송되는가?" 하면서 말과 안색을 매우 엄하게 하여 백관들에게 태자가 불효하다고 말하게 하고자 하였는데, 온교가 대답하기를, "깊은 마음과 원대한 의리를 헤아리는 것은 미천한 국량으로 헤아릴 수 있는 일이 아니지만, 禮로써 본다면 효자라고 칭송할 만합니다." 하니 백관들이 모두 그렇다고 하였다. 이에 왕돈의 계획이 마침내 중지되었다. 元帝가 崩御하자 명제가 즉위하고, 建平陵에 원제를 장사 지낼 때 명제는 맨발로 陵所에 이르러 슬퍼하였다.

○嘗論聖人眞假之意에 導等不能屈하고 又習武藝하고 善撫將士하니 于時에 東朝濟濟하고 遠近屬心焉이러라 王敦作亂에 素以帝神武明略이 朝野之所欽信이라 欲誣以不孝而廢焉하야 大會百官而問溫嶠호되 皇太子以何德稱고하야 聲色俱厲하야 必欲使有言이어늘 嶠對曰 鉤深致遠은 蓋非淺局所量이어니와 以禮觀之하면 可稱爲孝矣라하니 衆皆以爲信然이라 敦謀遂止하다 元帝崩에 帝卽位하고 葬元帝于建平陵할새 帝徒跣至於陵所하니라

13-3-3

명제는 후에 臨軒31)하였을 때 饗宴의 禮를 정지하게 하고 악기를 걸어두고 연주하지 못하게 하였다. 王敦이 擧兵하여 도성으로 향하려 할 때 명제는 은밀히 그 사실을 알고 巴滇의 駿馬를 타고 于湖32)에 이르러 몰래 王敦의 군영을 살펴보고 나왔다. 명제는 장수들에게 명하여 병사를 나누어 要害處에서 지키게 하였는데, 왕돈의 병사가 이르자 명제가 직접 六軍을 거느리고 나와 南皇堂에 주둔한 다음 밤에 壯士를 모집하여 將軍 段秀, 中司馬 曹渾, 左衛參軍 陳嵩·鍾寅 등을 파견하여 甲卒 천 명을 거느리고 물을 건너 대비하지 못하고 있던 왕돈을 기습하게 하였다. 그리고 해가 뜰 때 越城에서 싸워 크게 격파하고 前鋒將 何康을 참수하니, 왕돈은 노여워하고 원통해하다가 죽었다.

---

30) 溫嶠 : 東晉의 名臣으로, 지혜와 학식을 겸비하였으며 자는 太眞이다. 成帝 때 蘇峻이 반란을 일으키자 陶侃을 盟主로 추대하여 사방에 檄文을 전하고 마침내 난리를 평정하였으며, 明帝 때 王敦이 武昌에서 반란을 일으키자 군대를 이끌고 가서 끝내 토벌하였다. 시호는 忠武이다.(≪晉書≫ 권67 〈溫嶠傳〉)

31) 臨軒 : 임금이 正殿의 正座에 앉지 않고 전각의 문밖 추녀 아래의 平臺에 거둥하여 신하를 대하는 것을 말한다.

32) 于湖 : 원문에 '行至湖'로 되어 있는데, ≪資治通鑑≫과 ≪晉書≫ 등에 보면 '行至于湖'로 되어 있다. '于湖'는 于湖縣으로 晉 武帝 太康 2년(281)에 丹陽縣을 나누어 세운 것이다.

○帝後臨軒에 停饗宴之禮하고 懸而不樂하니라 王敦將擧兵內向에 帝密知之하고 乃乘巴滇駿馬하고 行至湖하야 陰察敦營壘而出이라 帝命諸將하야 分兵據守러니 敦兵至에 帝躬率六軍하야 出次南皇堂하고 夜募壯士하야 遣將軍段秀中司馬曹渾左衛參軍陳嵩鍾寅等하야 甲卒千人으로 渡水하야 掩其未備하고 平旦에 戰于越城하야 大破之하고 斬其前鋒將何康하니 王敦憤惋而死하니라

13-3-4

명제는 逆賊이 평정된 뒤에 儲貳가 國家의 큰 근본이 된다고 생각하여 이에 皇太子를 세운 다음 크게 사면령을 내리고 文臣과 武臣들을 2등급씩 승진시켰으며 홀아비·과부·고아·자식 없는 노인에게 비단 2필씩 하사하고 處士인 臨海 사람 任旭과 會稽 사람 虞喜를 불러 모두 박사로 삼았다.

그런 뒤에 조서를 내려 이르기를, "大事가 처음 안정되었으니 국가의 命이 새로워졌다. 大宰와 司徒 이하로 하여금 都堂에 와서 政道에 參議하게 하고, 여러 가지 因革[33] 할 일에 대해 힘써 이치에 맞게 하도록 하라." 하였다.

또 조서를 내려 이르기를, "直言을 받아들이고 현명하고 정직한 이를 등용하는 것은 群賢들이 나의 이 마음을 이루어주기를 생각해서이다. 나의 잘못을 그대들이 바로잡아주는 것은 堯임금과 舜임금이 君臣간에 서로 돕게 한 일이다. 내가 비록 천박하고 우매하지만 귀에 거슬리는 말을 막지는 않을 것이다. 稷과 契[34]의 직임을 그대들이 맡고 있으니, 함께 힘쓰기 바라노라." 하였다.

○帝以逆賊旣平에 而儲貳爲國家大本이라하야 於是에 立皇太子하고 大赦하고 增文武位二等하고 賜鰥寡孤獨帛人二疋하고 徵處士臨海任旭會稽虞喜하야 竝爲博士하고 詔曰 大事初定하니 其命惟新이라 其令大宰司徒以下詣都堂하야 參議政道하고 諸所因革을 務盡事中하라 又詔曰 湌直言引亮正은 想群賢達吾此懷矣니 予違汝弼은 堯舜之相君臣也라 吾雖虛闇이나 庶不距逆耳之談이라 稷契之任을 君居之矣니 望共勖之하노라

13-3-5

명제가 이르기를, "하늘과 땅에 郊祀[35]를 지내는 것은 帝王의 중대한 일이다. 그런

33) 因革 : 옛날 그대로 지속해도 좋은 것과 개혁해야 하는 것

34) 稷과 契 : 舜임금의 신하인 后稷과 契로, 왕을 보좌하여 경륜을 펴는 賢臣을 가리키는 말이다.

데 中興한 이래로 南郊에만 제사 지내고 北郊에 제사 지낸 적이 없으며, 四時와 五郊[36]의 禮를 전혀 다시 설치하지 않았다. 그리고 五岳과 四瀆 및 名山과 大川이 祀典에 실려 있는데 응당 望秩[37]을 모두 廢하고 거행하지 않았으니, 주관하는 자는 옛 제도에 의거하여 상세히 처리하도록 하라." 하였다.

○帝謂郊祀天地는 帝王之重事라 自中興以來로 惟南郊하고 未曾北郊하며 四時五郊之禮를 都不復設하고 五岳四瀆名山大川이 載在祀典한대 應望秩者를 悉廢而未擧하니 主者其依舊詳處하라

13-3-6

얼마 지나지 않아 명제의 몸이 편찮아서 약을 먹어도 낫지 않았다. 병이 위독해졌을 때 太宰 西陽王 司馬羕과 司徒 王導 및 尙書令 卞壺, 將軍 郗鑒·庾亮·陸曄, 丹陽尹 溫嶠를 불러 함께 遺詔를 받아 太子를 보좌하게 하고, 다음과 같이 조서를 내렸다.

"三恪[38]과 二王[39]은 세상에서 대대로 소중하게 여기는 바이고, 멸망한 나라를 일으키고 끊어진 세대를 계승하는 것은 政事의 도리로 볼 때 먼저 해야 할 일이다. 또 大晉이 命을 받을 때 功勳이 있는 宗室의 明哲한 王과 佐命功臣 및 碩德과 名賢이 三祖[40]가 부여한 바 大業을 扶持하여 함께 國祚를 열었다.

그리고 方岳[41]과 征鎭[42] 및 刺史와 將守는 모두 朕의 나라를 지키는 장수로 밖에

---

35) 郊祀 : 임금이 郊外에서 하늘과 땅에 지내던 제사를 말한다. 冬至에는 남쪽 교외에서 하늘에 제사 지내고, 夏至에는 북쪽 교외에서 땅에 제사 지냈는데, 圓丘를 쌓기 때문에 圓丘祭라고도 한다.

36) 五郊 : 東郊·南郊·中郊·西郊·北郊를 말한다. 황제가 立春에는 동교에서 靑帝句芒을, 立夏에는 남교에서 赤帝祝融을, 立秋 전 18일에는 중교에서 黃帝后土를, 입추에는 서교에서 白帝蓐收를, 立冬에는 북교에서 黑帝玄冥을 제사한다.(≪後漢書≫ 권2 〈明帝紀〉)

37) 望秩 : 산천을 멀리 바라보며 먼 곳에서 지내는 제사로 등급에 따라 폐백과 희생을 갖추어 차례대로 지내는 제사이다.

38) 三恪 : 周나라 때 黃帝와 堯·舜의 후손을 封한 세 곳의 諸侯國으로, 武王이 천하를 통일한 뒤 虞·夏·殷 三代의 후손을 각각 陳·杞·宋에 봉하여 황제와 요·순의 제사를 받들게 하고 이들을 공경한다는 뜻에서 三恪이라 하였다.(≪春秋左氏傳≫ 襄公 25년)

39) 二王 : 禹임금과 湯임금을 말한다.

40) 三祖 : 宣帝인 司馬懿, 景帝인 司馬師, 文帝인 司馬昭를 가리킨다.

41) 方嶽 : 四岳과 같은 말로, 道臣(관찰사)의 직책을 일컫는다. 고대에 천자가 5년에 한 번씩 사방으로 순행하며 동서남북의 鎭山인 泰山·華山·衡山·恒山에서 각 지방 제후들의 조회를 받았기 때문에 이렇게 말한 것이다. 여기서는 都督諸州軍事를 가리킨다.

42) 征鎭 : 征東·征西·征南·征北과 鎭東·鎭西·鎭南·鎭北의 여러 장군을 말한다.

서 다스리니,[43] 비록 일에는 안과 밖의 구분이 있지만 그 이치는 한가지이다. 그러므로 行하는 者[44]가 없으면 누가 변방을 지킬 수 있겠는가. 비유하자면 입술과 이빨의 관계와 같아서 겉과 속에서 서로 도움이 되는 것이니, 마땅히 한마음으로 힘을 다하여 부절을 합치듯이 하여 더욱더 그 미덕을 생각하여 일을 계승하는 것으로 기약을 삼아야 할 것이다. 百辟과 卿士들이 자기 직책을 총괄하여 冢宰에게 명을 들어서 어린 황제를 保佑하고 크게 艱難을 구제하여 영원히 祖宗의 영령으로 하여금 九天의 위에서 편안하게 한다면, 朕은 지하에 묻히더라도 黃泉에서 여한이 없을 것이다." 하였다. 명제가 崩御하자 武平陵에 장사 지냈다. 在位 기간이 3년이었고 享年이 27세였다.

○未幾에 帝不豫하야 飮藥弗瘳하니 及疾篤에 引太宰西陽王羕司徒導及尙書令卞壼將軍郗鑑庾亮陸曄丹陽尹溫嶠하야 竝受遺詔輔太子하고 詔曰 三恪二王은 世代之所重이요 興滅繼絶은 政道之所先이니라 又宗室哲王有功勳於大晉受命之際者와 佐命功臣碩德名賢이 三祖所與共維大業하야 咸開라 方嶽征鎭과 刺史將守는 皆朕扞城으로 推轂於外하니 雖事有內外나 其致一也라 故不有行者면 誰扞牧圉이리오 譬若脣齒하야 表裏相資하니 宜戮力一心하야 若合符契하여 思美焉之美하야 以緝事爲期하라 百辟卿士가 其總己以聽於冢宰하야 保佑沖幼하고 弘濟艱難하야 永令祖宗之靈으로 寧於九天之上이면 則朕沒于地下나 無恨黃泉호리라 帝崩에 葬武平陵하니 在位三年이요 享年二十七이러라

13-3-7

史臣이 다음과 같이 논평하였다.

"명제는 총명하고 결단력이 있었으며 더욱이 사물의 이치에 정밀하였다. 그러나 당시 전란이 일어나고 기근이 들어서 죽고 병든 사람이 반이 넘었으니, 피폐함이 이미 심한 데다 사정이 매우 어렵고 근심스러웠다. 마침 王敦이 군주를 떨게 하는 위엄을 믿고 皇位를 옮기려 하자, 명제는 어렵게 역량을 길러 약한 병력으로 강한 적을 제압

---

43) 다스리니 : 원문의 '推轂'은 수레바퀴를 민다는 뜻으로, 옛날 제왕이 장수를 파견할 때에 바퀴통을 밀어주면서 "閫內는 과인이 제어할 테니 閫外의 일은 그대가 제어하라.〔閫以內者 寡人制之 閫以外者 將軍制之〕"라고 하며 全權을 위임했던 데서 온 말이다.(≪史記≫ 권102 〈馮唐列傳〉)

44) 行하는 者 : ≪春秋左氏傳≫ 僖公 28년에 "居者가 없었으면 누가 社稷(國家)을 지켰겠으며 行者가 없었으면 누가 임금의 牛馬를 보호하였겠는가?〔不有居者 誰守社稷 不有行者 誰扞牧圉〕"라고 한 데서 온 말로, 본래는 衛侯가 망명했을 때 그의 御駕를 扈從하는 사람을 의미하였는데, 여기에서는 외직으로 나가 지방 수령과 장수의 역할을 수행하는 사람을 의미한다.

하였다. 그런 다음 은밀히 도모하고 홀로 결단하여 큰 재앙을 깨끗이 물리쳤고, 亂世를 평정하고 바른 세상으로 되돌려 중앙의 권력을 강화하고 지방 세력을 약화시켰으니, 비록 재위한 연수는 짧았지만 規模는 크고 원대하였다."

史臣論曰 帝聰明有機斷하고 尤精物理나 于時에 兵凶歲饑하야 死疫過半하니 虛弊旣甚하고 事極艱虞라 屬(촉)王敦挾震主之威하야 將移神器하니 帝崎嶇遵養하야 以弱制强하고 潛謀獨斷하야 廓淸大祲하고 撥亂反正하야 强本弱枝하니 雖享國日淺이나 而規模弘遠矣니라

13-3-8

胡一桂[45]가 다음과 같이 평론하였다.

"明帝가 처음 即位했을 때 王敦이 오히려 皇位를 넘보았는데, 溫嶠가 명제에게 〈왕돈이 반역을 도모한다고〉 아뢴 덕분에 먼저 대비할 수 있었다. 그리하여 직접 六軍을 거느리고 나가 한 번 싸워 승리하여, 逆賊이 憤死하고 王含[46]과 錢沈이 伏誅되어 黨與가 모두 평정되었으니, 명제가 剛明과 勇斷이 있어서 역적을 능히 토벌한 공이 어떠하였던가. 가령 하늘이 명제에게 긴 수명을 주었다면 아마도 中原을 恢復하였을 것이다."

○胡一桂曰 明帝即位之初에 王敦猶朶頤神器러니 賴溫嶠告帝하야 先爲之備하니 所以躬帥六軍하야 一戰而勝하야 逆賊憤死하고 王含錢沈伏誅하야 黨與悉平하니 其剛明勇斷하야 克淸大憝이 爲何如哉아 使降年有永이면 恢復中原을 未可量也로다

---

45) 胡一桂 : 南宋 말기와 元나라 초기의 經學家로, 자는 庭芳, 호는 雙湖이며 徽州 婺源 사람이다. ≪周易≫에 정통하여 ≪周易本義附錄纂注≫·≪周易啓蒙翼傳≫·≪外篇≫ 등을 지었다.

46) 王含 : 王敦의 형이다.

본받을 만한 善政 善可爲法

南朝

宋나라 文帝

14-1-1

宋文帝

宋主 文帝는 이름이 義隆이니, 武帝(劉裕)의 셋째 아들이다. 永初 원년(420)[1]에 宜都郡王에 봉해졌으니 당시 나이 14세였다. 身長이 7尺 5寸이고 經史를 두루 섭렵하였으며 隷書를 잘 썼다. 이해에 들어와 조회하였는데, 마침 무제가 訟事를 처리하다가 문제를 파견하여 建康의 獄에 죄수들을 訊問하게 하니, 辨析하고 判斷하는 것이 뜻에 맞아서 무제가 매우 기뻐하였다.

少帝 劉義符[2]가 廢位되었을 때 百官들이 황제로 세울 사람을 의논하다가 宜都王이 평소 아름다운 명망이 있다고 하여 맞이하여서 들어와 大統을 계승하게 하였고, 연호

1) 永初 원년(420) : 宋나라 高祖 武帝 劉裕의 永初 원년이고, 北魏 太宗 明元帝 拓跋嗣의 泰常 5년이다. 이해에 東晉이 망하고 宋나라가 대신하였다.

2) 少帝 劉義符 : 무제의 첫째 아들로, 永初 원년에 皇太子가 되었다. 무제의 뒤를 이어 왕이 되었으나 1년 만에 폐위되어 營陽王이 되었다.

를 고쳐 元嘉라 하였다. 처음에 司徒 徐羨之와 尙書令 傅亮이 執政하였는데, 元嘉 2년(425)에 〈서선지 등이〉 表文을 올려 문제에게 정사를 돌려주니, 비로소 직접 萬機를 다스렸다.

宋主文帝는 諱義隆이니 武帝第三子也라 永初元年에 封爲宜都郡王하니 時年十四라 身長七尺五寸이요 博涉經史하고 善隸書라 是歲來朝한대 會武帝當聽訟이라가 遣訊建康獄囚하니 辯斷稱旨하야 武帝甚悅이라 及少帝義符廢에 百官議所立할새 以宜都王素有令望이라하야 奉迎하야 入繼大統하고 改元元嘉하다 初에 司徒徐羨之尙書令傅亮執政이러니 至二年에 上表歸政하니 始親覽萬幾하다

14-1-2

元嘉 3년(426) 여름에 散騎常侍 袁渝 등 16인을 파견하여 여러 州·郡·縣에 길을 나누어 가서 정사를 살펴보고 백성의 고통을 살피게 하였으며, 또 郡·縣으로 하여금 각각 時政의 득실을 말하게 하고, 또한 문제가 직접 延賢堂에 임하여 訟事를 처리하였으니, 이때부터 매년 세 차례 신문[3]하여 죄를 결정하게 하였다.

○三年夏에 遣散騎常侍袁渝等十六人하야 分行諸州郡縣하야 觀察吏政하고 訪求民隱하며 及使郡縣으로 各言損益하며 又躬臨延賢堂하야 聽訟하니 自是每歲三訊焉이러라

14-1-3

侍中 王華, 王曇首, 殷景仁, 劉湛은 풍도와 국량이 당세의 으뜸이었기 때문에 宋主가 일찍이 네 사람과 함께 合殿에서 酒宴을 베풀고 매우 기뻐하였다. 그리고 주연이 마치고 그들이 나갈 적에 한참 동안 바라보다가 탄식하기를, "이 네 賢人은 당세의 秀才로 함께 왕명의 출납을 맡아보았으니, 후세에는 이 사람들을 이을 이가 나오기 어려울 듯하다." 하였다.

○侍中王華王曇首殷景仁劉湛은 風力局幹冠冕一時라 宋主嘗與四人으로 合殿宴飮甚悅하고 旣罷出에 目送良久라가 歎曰 此四賢은 一時之秀로 同管喉脣하니 後世恐難繼也로다하더라

---

3) 세……신문 : 원문의 '三訊'은 ≪周禮≫ 〈秋官 小司寇〉에 보이는데, 죄를 결정하는 데 있어 신하들에게 묻고, 아전들에게 묻고, 백성에게 물어서 신중을 기하는 것이다.

14-1-4

元嘉 4년(427) 봄에 京陵(宋 武帝의 陵)에 참배하고 丹徒宮에서 연회를 베푸니 父老가 모두 참여하였다. 이에 丹徒의 이해 租布를 견감하고 五歲刑 이하의 죄수를 용서해 주었다. 여름에 都下(建康 일대)에 疫疾이 발생하자 使臣을 파견하여 위문하고 醫員과 藥을 보내주었으며, 죽어서 家率이 없는 자에 대해서는 棺器를 하사하였다.

○四年春에 謁京陵하고 宴丹徒宮하니 父老咸與(예)라 蠲丹徒是歲租布하고 原五歲刑以下하다 夏에 都下疾疫하니 遣使存問하고 給醫藥하며 死無家屬者는 賜以棺器하다

14-1-5

元嘉 5년(428)에 陰陽의 순서가 어그러지고 旱害와 疫病이 근심을 이루자 위로 하늘의 譴罰에 답하고 아래로 백성의 고통을 구휼할 방법을 생각해야 한다고 하여, 百司에 조서를 내려 각각 直言을 올리게 하고 임금의 잘못에 대해 낱낱이 아뢰게 하였다.

○五年에 以陰陽乖序하고 旱疫成患하니 思所以上答天譴하고 下恤民瘼이라하야 乃詔百司하야 各獻讜言하고 指陳闕失하다

14-1-6

元嘉 6년(429)에 江夏王 劉義恭[4]을 都督荊湘等州軍事로 삼고 편지를 주어 경계하였으니, 그 편지의 대략에 다음과 같이 말하였다.

“천하의 형세는 어려워지고 국가의 일은 중대하니, 비록 守成이라 말하지만 실제로는 또한 어려운 일이다. 따라서 盛衰와 安危는 우리들에게 달려 있을 뿐이니, 어찌 어려워진 王業에 感念하고 治世의 이치를 찾아 맡은 바 임무를 크게 두려워하지 않을 수 있겠는가.

자신의 귀한 신분으로 백성을 능멸하면 백성이 복종하지 않고 사람들에게 위엄을

---

4) 江夏王 劉義恭 : 宋 武帝의 다섯째 아들로, 어려서부터 총명하고 용모가 수려하여 무제의 총애를 받았다. 元嘉 원년(424)에 강하왕에 봉해지고, 원가 6년에 散騎常侍, 都督荊湘雍益梁寧南北秦八州諸軍事, 荊州刺史가 되었다. 후에 前廢帝인 劉子業이 즉위하여 무도한 정치를 행하자 尙書令 柳元景, 尙書僕射 顔師伯과 모반을 꾀하였다가 발각되어 살해되었다.

가하면 사람들이 心腹하지 않으니, 음악과 遊戲를 지나치게 베풀어서는 안 되고 도박과 음주 및 고기잡이와 수렵을 일체 하지 말며 供用과 奉身하는 물품을 모두 節度에 맞게 하고 奇服과 異器를 일으켜 장려하지 말라. 또 佐史를 자주 引見해야 할 것이니, 자주 보지 않으면 저들과 서로 친해지지 못하고 친해지지 못하면 서로 간에 人情을 다할 수가 없다. 인정을 다하지 못하면 다시 어디로 말미암아 많은 일을 알 수 있겠는가."

○六年에 以江夏王義恭으로 都督荊湘等州軍事하고 與書誡之하니 其略曰 天下艱難하고 家國事重하니 雖曰守成이나 實亦未易(이)라 隆替安危는 在吾曹耳니 豈可不感尋王業하야 大懼負荷리오 夫以貴凌物이면 物不服하고 以威加人이면 人不厭이니 聲樂嬉遊를 不宜令過요 蒱酒漁獵을 一切勿爲하고 供用奉身을 皆有節度하고 奇服異器를 不宜興長하라 又宜數引見佐史니 相見不數이면 則彼我不親이요 不親이면 無因得盡人情이니 人情不盡이면 復何由知衆事也리오하다

14-1-7

元嘉 8년(432)에 근래에 軍役이 크게 일어나 國用이 늘어나서 비축된 재정은 넉넉하지 못한데 온갖 수요가 오히려 번다하였으므로 이에 조서를 내려 內外로 하여금 상세히 생각하여 節儉에 힘쓰게 하였다. 또 농업과 양잠을 하는 이들이 생업에 힘쓰지 못해 유리걸식하는 자가 많고 황무지를 개간하지 않는데도 관리들이 감독하고 감찰한다는 말이 들리지 않으니, 郡守와 縣宰(縣令)에게 조서를 내려 마음을 다해 장려하고 인솔하여 遊休地가 없게 하고 경작과 양잠에 각각 그 힘을 다하게 하였다.

○八年에 以自頃으로 軍役殷興하야 國用增廣하야 資儲不給호되 百度尙繁이라하야 乃詔內外詳思하야 務令節儉하고 又以農桑惰業하야 遊食者衆하고 荒萊不闢호되 督課無聞하니 詔郡守縣宰하야 悉心奬導하야 使地無遺利하고 耕蠶樹藝에 各盡其力하다

14-1-8

元嘉 9년(433)에 다음과 같이 조서를 내렸다.

"故 太傅 長沙景王과 故 大司馬 臨川烈武王과 故 司徒 南康文宣公 劉穆之와 衛將軍 華容縣開國公 王弘과 征南大將軍 永修縣開國公 檀道濟와 故 左將軍 龍陽縣開國侯 王鎭惡과 같은 사람들은, 어떤 사람은 道를 행함이 廣深하고 덕을 지킴이 深遠하기도 하였

으며, 어떤 사람은 雅量이 高邁하고 風鑑[5]이 明遠하였으며, 어떤 사람은 識見이 弘正하고 才略이 뛰어났으며, 어떤 사람은 文德으로 황제의 일을 넓히고 武功으로 大業을 일으키기도 하였으니, 즉시 廟庭에 配享하고 天府에 그 공적을 새겨야 할 것이다."

○九年에 詔曰 故太傅長沙景王故大司馬臨川烈武王故司徒南康文宣公劉穆之衛將軍華容公王弘征南大將軍永修公檀道濟故左將軍龍陽侯王鎭惡은 或履道廣深하고 執德沖邈하며 或雅量高劭하고 風鑑明遠하며 或識準弘正하고 才略開邁하며 或文德以弘帝載하고 武功以隆景業하니 宜卽配享廟庭하고 勒功天府하라하다

14-1-9

元嘉 12년(435) 여름에 揚州 등 여러 郡에 홍수가 있었는데, 徐州·豫州·南兗州 등 3개 州와 會稽·宣城 등 2개 郡의 米穀 수백만 斛을 운반하여 진휼하였다. 당시 揚州 西曹의 主簿 沈亮이 술은 곡식만 낭비할 뿐 기근을 구제할 수 없다고 하면서 우선 금지하기를 청하였는데, 조서를 내려 그 말을 따르고 禁酒令을 시행하였다.

○十二年夏에 揚州諸郡大水어늘 運徐豫南兗三州會稽宣城二郡米穀數百萬斛하야 以賑之하다 時에 揚州西曹主簿沈亮이 以爲酒糜穀而不足療飢라하야 請權禁止한대 詔從之하고 設爲酒禁하다

14-1-10

丹楊尹 蕭摹之가 上言하기를, "불교가 中國에 들어온 지 이미 4代가 지나 佛像과 塔寺가 있는 곳이 수천 군데입니다. 이 때문에 목재와 대나무, 구리와 비단 등이 한없이 소모되고 있으니, 천지신명과는 아무 관련이 없고 人事에만 누를 끼치고 있습니다. 따라서 이것을 막지 않으면 유폐가 그치지 않을 것입니다. 청컨대 지금부터 佛像을 주조하거나 塔寺를 짓고자 하는 자는 모두 나열하여 반드시 보고하게 해야 다스릴 수 있을 것입니다." 하니, 조서를 내려 그 말을 따르고 함부로 佛像을 주조하거나 절을 짓는 일을 금지하였다.

○丹楊尹蕭摹之上言호되 佛入中國이 已歷四代하야 形像塔寺가 所在千數니 材竹銅綵가 糜損無極하니 無關神祇요 有累人事라 不爲之防이면 流遁未息이니 請自今으로 欲鑄銅像及造塔寺者는 皆

5) 風鑑 : 용모와 풍채로써 사람의 성질을 판단하는 觀相法을 이른다.

當列言須報라야 乃得爲之라하니 詔從其言하고 乃禁擅鑄像造寺者하다

14-1-11

처음 武帝가 長安을 점령했을 때 옛날에 銅으로 만든 渾天儀를 얻었으니, 혼천의의 형상은 비록 갖추었지만 七曜[6]를 포괄하지 못하였다. 元嘉 13년(433)에 太史令 錢樂之에게 조서를 내려 다시 혼천의를 주조하게 하였는데, 지름은 6尺 8分이었다. 물로 회전하게 하였으니 昏中星과 明中星[7]이 하늘의 형상과 相應하였다.

○初에 武帝克長安에 得古銅渾儀하니 儀狀雖擧나 不綴七曜라 十三年에 詔太史令錢樂之하야 更鑄渾儀한대 徑六尺八分이요 以水轉之하니 昏明中星이 與天相應이러라

14-1-12

元嘉 15년(438)에 豫章의 處士 雷次宗을 불러 建康에 이르러 雞籠山에 學館을 열고 學徒를 모아 敎授하게 하고, 또 丹楊尹 何尙之로 하여금 玄學을 설립하게 하고, 太子率更令 何承天으로 하여금 史學을 설립하게 하고, 司徒參軍 謝元으로 하여금 文學을 설립하게 하였으니, 〈뇌차종의〉 儒學과 함께 四學이 되었다. 宋主가 자주 뇌차종의 學館에 행차하여 뇌차종으로 하여금 巾褠의 차림으로 侍講하게 하고, 재물을 매우 후하게 내려주었다.

○十五年에 徵豫章處士雷次宗하야 至建康하야 爲開館於雞籠山하고 使聚徒敎授하고 又使丹楊尹何尙之立玄學하고 太子率更令何承天으로 立史學하고 司徒參軍謝元으로 立文學하니 幷儒學爲四學이라 宋主가 數幸次宗學館하야 令次宗으로 以巾褠侍講하고 資給甚厚焉이러라

14-1-13

元嘉 19년(442)에 魯郡에 조서를 내려 孔子廟와 學舍를 수리하게 하고 공자의 墓

---

6) 七曜 : 日·月과 水星·火星·木星·金星·土星을 말한다.

7) 昏中星과 明中星 : 28宿 중에 해가 질 때와 해가 뜰 때, 하늘 正南方에 보이는 별이다. 昏中星은 저녁에 보이는 별이고, 明中星은 旦中星이라고도 하는데 새벽에 보이는 별이다. 이 별이 자리를 옮겨 감에 따라 계절이 바뀐다. 昏은 해가 질 때이고 明은 해가 뜰 때이며, 中星은 남쪽 하늘 한복판에 있는 별을 말한다.

옆에 사는 다섯 戶의 課役을 蠲減하여 洒掃에 종사하게 하였다.

○十九年에 詔魯郡하야 修孔子廟及學舍하고 蠲墓側五戶課役하야 以供洒掃하다

14-1-14

元嘉 20년(443)에 다음과 같이 조서를 내렸다.

"국가는 백성을 근본으로 삼고 백성은 식량을 하늘로 삼는 법이다. 근래에 도처의 사람들이 가난하고 곤궁하게 되어 家戶마다 축적된 양식이 없으니, 진실로 德政이 미덥지 못하고 경작과 양잠이 널리 시행되지 못해서 守宰는 교화하여 인도하는 방법이 부족하고 백성은 분수에 부지런한 의리가 없었기 때문이다. 有司는 옛 條令을 반포하고 실상을 조사하는 데 힘을 다하여 놀고먹는 무리들을 모두 생업에 종사하게 하고 근태를 考覈하여 賞罰을 시행하도록 하라."

○二十年에 詔曰 國以民爲本하고 民以食爲天하나니 自頃으로 在所貧罄하야 家無宿積하니 誠由德政弗孚하고 耕桑未廣하야 守宰微化導之方하고 氓庶亡勤分之義라 有司其頒宣舊條하고 務盡敦課하야 遊食之徒를 咸令附業하고 考覈勤惰하야 以行誅賞하라하다

14-1-15

元嘉 21년(444)에 衡陽王 劉義季에게 명하여 南兗州刺史로 삼고 武帳岡에서 餞別하였는데, 전별 장소로 가려 할 때 여러 사람들에게 신칙하여 우선 아무것도 먹지 말게 하고, 모이는 장소에 이르면 음식을 차리게 하였다. 그런데 해가 질 때까지 전별 장소에 이르지 못하여 모두들 배고픈 기색을 보이니, 이에 이르기를, "그대들은 老少가 모두 넉넉하고 편안하여 백성들의 고난을 보지 못한다. 그러므로 지금 그대들에게 배고픈 고통을 알게 해서 절약하고 검소하게 재물을 운용할 줄 알도록 한 것이다." 하였다.

○二十一年에 命(陽山)〔衡陽〕[8]王義季하야 爲南兗州刺史하고 餞于武帳岡이러니 將行에 敕諸子且勿食하고 至會所設饌한대 日旰不至하야 皆有飢色하니 乃謂曰 汝曹少長豐佚하야 不見百姓艱難할새 今使汝曹로 識有飢苦하야 知以節儉御物耳라하더라

---

8) (陽山)〔衡陽〕: 저본에는 '陽山'으로 되어 있으나, ≪宋書≫에 의거하여 '衡陽'으로 바로잡았다.

14-1-16

처음에 江左[9]의 二郊에 음악이 없고 宗廟에는 노래만 있고 춤이 없었는데, 元嘉 22년(445) 南郊에 처음 登歌[10]를 설치하였으니 이에 郊廟의 음악이 구비되었다.

○初에 江左二郊에 無樂하고 宗廟에 有歌無舞러니 二十二年南郊에 始設登歌하니 於是에 郊廟之樂備焉이라

14-1-17

元嘉 23년(446)에 황제가 國子學에 행차하여 策文을 출제하고 선비들을 시험하여 答問을 작성한 사람 50여 인을 뽑고, 조서를 내려 이르기를, "庠序가 설립된 지 몇 년 만에 冑子[11]들이 학업을 익혀 성취가 있으므로 근래에 직접 策文으로 시험하였는데, 諸生의 答問에 채택할 만한 것이 많았으니, 敎授하는 관원에게 모두 하사품을 더해주어야 할 것이다." 하고, 이에 비단을 각각 차등 있게 하사하였다.

○二十三年에 車駕가 幸國子學하야 發策試士하야 得答問者五十餘人하고 詔曰 庠序興立累載에 冑子肄業有成이라 近親策試에 諸生答問이 多可採覽하니 教授之官을 竝宜沾賚하라하고 於是에 賜帛各有差하다

14-1-18

宋主는 聰明하고 학문을 좋아하였으며 평소 文士와 儒生을 중시하고 몸소 政事에 부지런하여 힘써서 게을리하지 않았다. 게다가 在位한 날이 오래되었기 때문에 오직 簡約하고 淸靜함으로 마음을 삼았으니, 당시에 정치와 訟事가 공평하게 잘 다스려져서 朝野가 기뻐하고 화목하였다. 또 타고난 성품이 검약하여 사치를 좋아하지 않았으니, 車府令[12]이 일찍이 輦輿의 덮개가 오래되어 바꾸기를 청하고 또 烏皮로 가선을

---

9) 江左 : 晉 황실이 남쪽으로 내려와 建康에 도읍을 세운 이후 시기를 말한 것으로 東晉과 南朝를 가리키는 말로 쓰인다.

10) 登歌 : 樂懸, 즉 악기를 배열해놓는 법식의 일종으로, 궁궐의 섬돌 위와 같이 높은 곳에서 연주하는 것을 지칭한다. 중국의 상고시대부터 특히 의식음악을 연주할 때는 으레 연주악대를 堂上과 堂下 두 곳으로 벌여놓았는데, 여기서 비교적 높은 곳인 堂上에서 연주하는 堂上樂을 말한다. 노래〔歌, 樂章〕와 絃樂器 등이 중심이 되었다.

11) 冑子 : 天子에서부터 卿大夫에 이르기까지의 適子를 말한다.

두른 輦輿의 자리가 오래되어 紫皮로 바꾸려 하였는데, 宋主는 대나무 덮개가 아직 해지지 않았고 紫色은 귀한 색이라고 하면서 둘 다 바꾸지 못하게 하였으니, 그 검소한 성품이 이와 같았다. 在位 기간이 30년이었고 향년이 47세였다.

○宋主聰明慕學하며 雅重文儒하고 躬勤政事하야 孜孜無怠하고 加以在位日久하야 惟簡靖爲心하니 于時에 政平訟理하야 朝野悅睦이러라 又性存儉約하야 不好奢侈하니 車府令이 嘗以輦篷故하야 請改易之하고 又輦席舊以烏皮緣故하야 欲代以紫皮한대 宋主以竹篷未至於壞하고 紫色貴라하야 竝不聽改하니 其率素如此云이러라 在位三十年이요 壽四十七이라

14-1-19

史臣 李延壽[13]가 다음과 같이 논평하였다.

"文帝는 성품이 仁厚하고 공손하고 검소하였으며 政事에 부지런하였다. 법을 지키되 준엄하지 않고 사람을 포용하되 해이하게 풀어주지 않으니 百官들이 모두 오랫동안 자신의 직임에 종사하였다. 守宰의 임기를 6년으로 결정하니 관리들은 구차히 면직하려 하지 않고 백성들은 의뢰하는 바가 있어서 30여 년간 사방의 境內가 아무 일 없이 편안하여 戶口가 늘어났고 조세 징수와 요역 징발이 歲賦(정규 세금)에 그치니, 백성들은 새벽에 나갔다가 저녁에 돌아와 자신의 일에 종사할 뿐이었다. 閭閻 사이에 글 외는 소리가 들리고 선비들은 돈독하게 지조를 숭상하였으며 鄕里에서는 경박함을 부끄러워하여 江左의 풍속이 이때에 아름다워졌으니, 후세에 정치를 담론하는 자들이 모두 元嘉 연간을 칭송하였다."

史臣李延壽論曰 文帝性仁厚恭儉하고 勤於爲政이라 守法而不峻하고 容物而不弛하니 百官皆久於其職이라 守宰以六朞爲斷하니 吏不苟免하고 民有所係하야 三十年間에 四境之內가 晏安無事하야 戶口蕃息하고 出租供徭가 止於歲賦하니 晨出暮歸하야 自事而已라 閭閻之內에 講誦相聞하고 士敦操尙하며 鄕恥輕薄하야 江左風俗이 於斯爲美하니 後之言政治者가 皆稱元嘉焉이러라

12) 車府令 : 관직 이름으로, 乘輿와 路車를 주관하였다.

13) 李延壽 : 唐나라의 역사가로, 字는 遐齡이고 相州(지금의 河南省 安陽) 출신이다. 南北朝時代 각 국가의 史書들을 精選하여 ≪南史≫와 ≪北史≫ 180권을 편찬하였다

본받을 만한 善政 善可爲法

北朝

魏나라 孝文帝

15-1-1

魏高祖

魏主 孝文帝는 姓은 拓跋氏이고 諱는 宏이니, 獻文帝 拓跋弘의 太子이고 母后는 李夫人이다. 皇興 원년(467) 가을 8월에 平城 紫宮에서 태어났으니, 눈처럼 潔白하여 특이한 자태가 있었고 襁褓에 있을 때부터 총명하였다. 자라서는 도량이 크고 관대하며 어질고 효성스러워서 우뚝이 人君의 儀表가 있었으니, 헌문제가 더욱 사랑하고 기특하게 여겼다. 황흥 5년(471) 가을 8월에 禪位를 받아 皇帝에 즉위하였다.

魏主孝文帝는 姓拓跋氏요 諱宏이니 獻文帝弘之太子也라 母曰李夫人이라 皇興元年秋八月에 生於平城紫宮하니 潔白有異姿하고 襁褓岐嶷이라 長而弘裕仁孝하야 綽然有人君之表하니 獻文尤愛異之러라 五年秋八月에 受禪하야 卽皇帝位하다

15-1-2

延興 원년(471) 가을 9월에 관원 및 서민들에게 조서를 내려 直言을 올리게 하였다.

겨울 12월에 조서를 내려 舜임금의 후손을 구하여 東萊 사람 嬀苟之를 찾아내고 종신토록 그 집을 復戶하여 영원히 사라지지 않는 舜임금의 성대한 德을 드러내었다.

○延興元年秋九月에 詔在位及人庶하다 進直言하고 冬十二月에 詔求舜後하야 獲東萊人嬀苟之하고 復(복)其家畢世하야 以彰盛德不朽하다

15-1-3

延興 2년(472) 봄 정월에 다음과 같이 조서를 내렸다.

"지난번 淮水와 徐州 지역을 服屬시키지 못했기 때문에 孔子廟가 어울리지 않는 지역에 멀리 떨어져 있어서 祠典이 쇠퇴하고 禮章이 단절되게 하여 마침내 女巫와 妖覡이 음란하게 예에 맞지 않는 의식을 올리는 지경에 이르렀다. 지금부터 孔子廟에 제사 지내는 경우가 있으면 禮制에 따라 酒脯를 차릴 뿐, 부녀자들이 잡되게 모여 분에 넘치는 福을 비는 것을 허락하지 말게 하되, 죄를 범한 자는 違制律[1]로 논하도록 하라. 그리고 公家에서 지내는 제사는 常禮와 같이 하도록 하라."

○二年春正月에 詔曰 頃者에 淮徐未賓으로 尼父廟隔非所하야 致令祠典寢頓하고 禮章殄滅하야 遂使女巫妖覡으로 淫進非禮하니 自今有祭孔廟면 制用酒脯而已요 不聽婦女雜合하야 以祈非望之福호되 犯者以違制論하고 其公家有事면 自如常禮하라하다

15-1-4

延興 3년(473) 여름 4월에 조서를 내려 孔子의 28世孫 魯郡 사람 孔乘을 崇聖大夫로 삼고 10戶를 지급하여 灑掃에 종사하게 하였다.

가을 9월에 조서를 내려 이르기를, "지금 京師 및 天下의 죄수 가운데 판결을 받기 전에 감옥에서 죽어 가까운 친척이 없는 자는 衣衾과 棺櫝을 지급하고 장사 지내어 시신이 이슬을 맞지 않게 하라." 하였다.

---

1) 違制律 : 임금의 敎旨나 조정의 명령을 위반한 죄에 대한 刑律을 말한다.

겨울 11월에 조서를 내려, 河南 州郡의 牧守들이 대부분 法을 제대로 집행하지 못하여 새로 편입된 지역[2]의 백성들이 자신들의 실상을 위로 전달하지 못하는 지경에 이르렀다. 그러므로 使者를 파견해 풍속을 살피고 獄事를 조사하여, 공적이 없는 관리는 내치고 공적이 드러난 관리는 승진시키며 곤궁한 사람들을 빠짐없이 찾아내어 賑恤하게 하였다.

○三年夏四月에 詔以孔子二十八世孫魯郡孔乘으로 爲崇聖大夫하고 給十戶하야 以供灑掃하다 秋九月에 詔曰 今京師及天下囚未判하고 在獄致死하야 無近親者는 給衣衾棺櫝葬之하야 不得暴露하라하다 冬十一月에 詔以河南州郡牧守多不奉法하야 致新邦百姓莫能上達이라하야 遣使者하야 觀風察獄하야 黜陟幽明하고 搜揚賑恤하다

15-1-5

太和 2년(478) 여름 5월에 조서를 내려 이르기를,[3] "신분이 고귀한 皇族과 貴戚 및 士民의 집안에서 氏族의 高下를 염두에 두지 않고 非類와 혼인 관계를 맺는 것을 금지하니, 죄를 범한 자들은 違制律로 논하도록 하라." 하였다.

○太和二年夏五月에 禁皇族貴戚及士民之家가 不顧氏族高下하고 與非類昏偶하니 犯者는 以違制論하라하다

15-1-6

太和 5년(481) 봄 정월에 남쪽을 순행하다가 中山에 이르러 직접 元老들을 만나보고 백성들의 疾苦를 물어보았다.

2월에 부모에게 효도하고 어른에게 공손한 사람과 농사에 힘쓰는 사람과 외롭고 가난하여 스스로 생활할 수 없는 사람들에게 곡식과 비단을 각각 차등 있게 하사하고, 宮人 가운데 늙은 사람을 免職시켜 그 친척에게 돌려보냈다.

○五年春正月에 南巡至中山하야 親見高年하고 問人疾苦라 二月에 賜孝弟力田과 孤貧不能自存

---

2) 새로……지역 : 이 시기 北魏는 남쪽의 宋나라와 河南·淮水·徐州 지역 등을 놓고 각축을 벌였다. 새로 편입된 지역은 북위가 송나라의 河南 지역을 빼앗아 편입한 것을 말한다.

3) 조서를……이르기를 : 원문에는 '詔曰'이 없으나, 다수의 사례와 ≪北史≫ 및 ≪魏書≫의 내용에 의거하여 보충하여 번역하였다.

者를 穀帛各有差하고 免宮人之老者하야 還其親하다

15-1-7

秦州刺史 于洛侯가 성품이 殘酷하여 사람을 刑訊할 때 반드시 팔을 자르고 혀를 뽑고 사지를 찢어 길가에 걸어두었으니, 온 고을 사람들이 놀라고 두려워하였다. 이에 고을 백성 王元壽 등이 일시에 모두 반란을 일으키자 有司가 그 실상을 조사하여 上奏하였는데, 魏主는 使者를 秦州로 파견하여 우락후가 늘 사람을 刑訊하던 곳에서 吏民들에게 널리 알린 뒤에 참수하게 하였다.

○秦州刺史于洛侯가 性殘酷하야 刑人에 必斷腕拔舌하고 分懸四體하니 合州驚駭라 州民王元壽等이 一時俱反하니 有司劾奏之한대 魏主遣使至州하야 於洛侯常刑人處에 宣告吏民하고 然後斬之하다

15-1-8

太和 9년(485) 봄 정월에 다음과 같이 조서를 내렸다.

"圖讖의 說이 일어난 것은 三季[4]에서 시작되었는데, 이미 국가를 經營하는 法典이 아니고 한갓 요사스런 자들이 의탁하는 술책일 뿐이다. 지금부터 圖讖에 관한 서적과 秘訣을 수록한 緯書[5]를 한결같이 모두 불태운 다음 이것들을 간직하고 있는 자는 사형으로 論하고, 또 여러 가지 巫覡 및 經典에 記載된 것이 아닌 委巷의 卜筮는 엄중하게 금지하도록 하라."

○九年春正月에 詔曰 圖讖之興이 出於三季한대 旣非經國之典이요 爲妖邪所憑라 自今으로 圖讖秘緯를 一皆焚之하고 留者는 以大辟論하고 又嚴禁諸巫覡及委巷卜筮非經典所載者하라

15-1-9

太和 10년(486) 봄 3월에 柔然[6]이 使者 牟提를 北魏로 파견하였는데, 당시 敕勒[7]

---

4) 三季 : 夏·殷·周 三代의 말기라는 뜻으로, 곧 말세를 의미한다.

5) 緯書 : 經書와 종횡으로 짝을 이룬다고 하여 나온 호칭으로, 儒家 經典의 뜻에 假託하여 吉凶禍福의 讖緯 사상을 전파한 책을 말한다. 소위 七經緯(易緯·書緯·詩緯·禮緯·樂緯·春秋緯·孝經緯)란 것들은 모두 孔子의 저술이라고 가탁하였으나, 실은 西漢 말기에 처음 지어진 것이라 한다. 東漢의 光武帝가 讖緯를 좋아하여 동한 때 성행하게 되었는데, 大儒 鄭玄 같은 이들이 위서에 주석을 내기도 하였다.

이 유연에 반란을 일으켰다. 당시 북위 左僕射 穆亮 등이 빈틈을 타서 유연을 공격하기를 청하였는데, 魏主가 이르기를, "군대는 凶器이니 聖人께서 부득이해서 사용하였다. 先帝께서 누차 나와 征伐했던 이유도 오랑캐를 服屬시키지 못했기 때문이었다. 지금 朕이 太平聖代의 기반을 계승하였으니, 무엇 때문에 아무 일 없이 군대를 움직일 수 있겠는가." 하고 유연의 使者를 厚禮로 대접하고 돌려보냈다.

가을 9월에 明堂[8]과 辟雍[9]을 지었다.

○十年春三月에 柔然遣使者牟提如魏한대 時敕勒叛柔然이라 魏左僕射穆亮等請乘虛擊之한대 魏主曰 兵者凶器니 聖人不得已而用之라 先帝屢出征伐者는 以其未賓之虜故也라 今朕承太平之基하니 柰何無故動兵革乎아하고 厚禮其使者而歸之하다 秋九月에 作明堂辟雍하다

15-1-10

太和 11년(487) 봄 정월에 조서를 내려 樂章을 정하고 雅正하지 않은 음악은 제거하게 하였다.

○十一年春正月에 詔定樂章하고 非雅者除之하다

15-1-11

겨울 10월에 조서를 내려 起部[10]의 무익한 役事는 그만두게 하고 宮人 가운데 베

6) 柔然 : 4세기 중반부터 6세기 중반까지 몽골을 지배한 유목민족으로 蠕蠕, 芮芮 등으로도 불렸다. 그 지도자 社倫이 처음 왕이라는 뜻의 可汗을 칭하면서부터 강성하여 北魏와 자주 충돌하였으나, 豆崙이 가한이 된 5세기 말 이후 내란으로 점차 쇠퇴하여 결국 突厥에게 멸망되었다. 그들의 종교는 샤머니즘이 중심이었으며, 불교도 행해졌다.

7) 敕勒 : 중국 북방 민족 가운데 하나로 匈奴의 후예이다. 후에 突厥에 복속되어 지금의 淸海 지방에 거주하였다. 시대에 따라 鐵勒 · 回紇 · 回鶻 · 畏兀兒 등으로 불리었고, 오늘날에는 위구르〔維吾爾〕라 불린다.

8) 明堂 : 古代에 帝王이 政敎를 시행하던 곳으로 朝會 · 祭祀 · 慶賞 · 選士 · 養老 · 敎學 등 국가의 큰 禮儀가 모두 이곳에서 거행되었다. ≪孟子≫ 〈梁惠王 下〉에 "명당은 왕자의 당이다.〔明堂者 王者之堂〕" 하였고, ≪禮記≫ 〈明堂位〉에 "옛날 주공이 명당의 자리에서 제후의 조회를 받았다.……명당이란 제후들의 존비를 밝히는 곳이다.〔昔者周公朝諸侯于明堂之位……明堂也者 明諸侯之尊卑也〕"라고 하였다.

9) 辟雍 : 周나라 때 도읍에 설치했던 학교 이름으로, 곧 太學이다. 천자는 벽옹을 설치하고 제후는 泮宮을 설치하였는데, 반궁은 학교 주변의 절반 정도를 물로 두르고 벽옹은 전체를 물로 둘렀다.

10) 起部 : 六卿의 하나로 冬官(工曹)을 가리킨다. 각 시대에 따라 명칭을 달리하였는데, 漢나라에서는 民曹, 魏나라에서는 佐民, 晉 · 宋은 起部라 하였다. 山澤 · 工匠 · 營繕 · 陶冶의 정사를 관장하였다.

짜는 일에 종사하지 않는 사람은 내보내게 하였다. 또 조서를 내려 이르기를, "鄕飮酒禮를 폐하면 長幼有序의 인륜이 어지러워진다. 孟冬 10월에는 농사에 틈이 생겨 사람들이 한가해지므로 마땅히 이 시기에 德義로 敎導해야 할 것이니, 여러 州에 令을 내려 黨里 가운데 어질고 노숙한 사람을 추천하여 고을 사람에게, 아비는 자애롭고 자식은 효성스러우며 형은 우애롭고 아우는 遜順하며 남편은 온화하고 아내는 유순한 도리로 가르치게 하라. 그리고 長者의 가르침을 따르지 않는 자는 모두 그 이름을 보고하게 하라." 하였다.

○冬十月에 詔罷起部無益之作하고 出宮人不執機杼者하다 又詔曰 鄕飮之禮廢면 則長幼之序亂이라 孟冬十月에 人閑歲隙이라 宜於此時에 導以德義니 可下諸州하야 黨里之內에 推賢而長者하야 敎其里人호되 父慈子孝와 兄友弟順과 夫和妻柔하고 不率長敎者는 具以名聞하라

15-1-12

11월에 조서를 내려 尙方[11]에서 주관하는 錦繡와 綾羅의 工役을 그만두게 하되 백성들이 만들고자 하면 맡겨서 禁하지 말고, 御府(임금의 府庫)의 衣服·金銀·珠玉·綾紬錦과 太官의 雜器 및 太僕의 乘具와 內庫의 弓矢 가운데 그 太半을 내어, 百官과 京師의 백성 및 工商과 皁隷 그리고 六鎭의 戍士에 이르기까지 각각 차등 있게 나누어주게 하였다.

또 조서를 내려 이르기를, "지금은 寒氣가 혹독하니 杖箠를 견디기 힘들 것이다. 이 달부터 내년 孟夏에 이르기까지 罪人을 考問한다는 말이 들리지 않게 하고, 가벼운 죄수는 속히 처결하고 내보내어 사소한 죄를 지은 사람이 오랫동안 獄舍에 머무르는 일이 없게 하라." 하였다.

○十一月에 詔罷尙方錦繡綾羅之工호되 百姓欲造어든 任之無禁하고 其御府衣服金銀珠玉綾紬錦과 太官雜器와 太僕乘具와 內庫弓矢를 出其太半하야 班賚百官及京師人庶하야 至工商皁隷하고 逮於六鎭戍士하야 各有差라 又詔今寒氣勁切하니 杖箠難任이라 自今月至來年孟夏히 不聽考問罪人하고 其輕囚는 宜速決遣하야 無令薄罪久留獄犴하라

11) 尙方 : 제왕이 사용하는 기물을 제조하는 官署이다. 秦나라 때 설치하여 少府에 예속하였고, 漢나라 말엽에 中·左·右의 세 尙方으로 나누었다. 唐나라 때에는 尙署로 호칭하였고, 元나라 때에는 오직 中尙監만 두었다가, 明나라 때에 이르러 폐지되었다.

15-1-13

太和 13년(489) 봄 2월에 群臣을 引見하여 政道의 得失과 損益의 마땅함에 대해 하문하였다. 가을 7월에 京師에 孔子廟를 세우고 얼마 후 다시 中書省에서 제사를 지냈다. 그리고 시호를 고쳐 文聖尼父라 하고 직접 拜祭를 행하였다.

○十三年春二月에 引群臣하야 訪政道得失損益之宜하다 秋七月에 立孔子廟於京師하고 尋又祀於中書省하고 改諡曰文聖尼父라하고 親行拜祭하다

15-1-14

太和 14년(490) 가을 9월에 太皇太后 馮氏가 세상을 떠나니, 魏主는 5일 동안 물한 모금 먹지 않고 슬픔으로 몸이 상함이 禮制를 넘었다. 이에 中部曹 楊椿[12]이 諫言하기를, "陛下께서는 祖宗의 基業을 짊어지고 萬國의 重任을 맡고 계시니, 어찌 필부의 예절과 같이 하여 쓰러지는 상황을 초래할 수 있겠습니까. 또 聖人의 禮는 슬픔으로 몸은 상하되 생명을 잃지는 않는 것입니다. 비록 陛下께서는 萬代에 스스로 어진 후손이 되고자 하는 것이겠지만 〈그러다가 건강을 잃으시면〉 종묘는 어떻게 한단 말입니까." 하니, 魏主가 그 말에 감동하여 죽을 한 번 들이게 하였다.

○十四年秋九月에 太皇太后馮氏殂하니 魏主勺飮不入口者五日이요 哀毁過禮라 中部曹楊椿諫曰 陛下荷祖宗之業하고 臨萬國之重하니 豈可同匹夫之節하야 以取僵仆리오 且聖人之禮는 毁不滅性이니 縱陛下欲自賢於萬代나 其若宗廟何오 魏主感其言하야 爲之一進粥하다

15-1-15

太和 15년(491) 여름 5월에 東明觀에서 律令을 개정하고 친히 의심스러운 獄事를 판결한 다음 李沖에게 명하여 경중을 議定하여 辭旨를 潤色하게 하고 魏主가 붓을 잡고 적었다.

○十五年夏五月에 更定律令於東明觀하고 親決疑獄하고 命李沖議定輕重하야 潤色辭旨하고 魏主

12) 楊椿 : 자는 延壽이고, 楊播의 동생이다. 동생 楊津과 우애와 겸양이 남달리 돈독하여 마치 부자지간처럼 서로를 섬겼으며, 한 가지라도 맛있는 음식이 생기면 식구들이 다 모이기 전에는 먹지 않았다고 한다.(≪小學≫ 권6 〈善行〉)

執筆書之하다

15-1-16

太和 16년(492) 봄 정월에 조서를 내려 平陽에서 帝堯를 제사 지내게 하고 廣寧에서 舜을 제사 지내게 하고 安邑에서 禹를 제사 지내게 하고 洛陽에서 周公을 제사 지내게 한 다음 모두 牧守로 하여금 제사를 주관하게 하였다.

○十六年春正月에 詔祀帝堯於平陽하고 舜於廣寧하고 禹於安邑하고 周公於洛陽하야 皆令牧守執事하다

15-1-17

太和 17년(493) 여름 5월에 朝堂에 임하여 公卿 이하를 引見하여 의심스러운 獄事를 판결하고 죄수를 심리하였는데, 魏主가 司空 穆亮에게 이르기를, "지금부터 朝廷의 政事에 대해 오전에는 卿等이 먼저 議論하고 오후에는 朕이 卿等과 함께 결정할 것이다." 하였다.

겨울 10월에 魏主가 鄴城으로 가니 王肅[13]이 鄴에서 魏主를 만나보고 齊나라를 정벌할 계책에 대해 아뢰었는데, 魏主가 함께 바싹 다가앉아 이야기하며 시간 가는 줄도 모르다가 혼잣말로 "임금과 신하가 너무 늦게 만났구나."라고 하였다. 당시 바야흐로 禮樂을 흥기시키고 中華의 풍속으로 변화시킬 것을 의논하였는데, 무릇 威儀와 文物이 대부분 왕숙이 정한 것이었다.

○十七年夏五月에 臨朝堂하야 引公卿以下하야 決疑獄하고 錄囚徒러니 魏主謂司空穆亮曰 自今으로 朝廷政事를 日中以前은 卿等先自議論하고 日中以後는 朕與卿等決之하리라 冬十月에 魏主如鄴城하니 王肅見魏主於鄴하고 陳伐齊之策한대 魏主與之言하야 不覺促席移晷라가 自謂君臣相得之晚이라하더라 時方議興禮樂하고 變華風한대 凡威儀文物이 多肅所定이러라

---

13) 王肅 : 195~256. 자는 子雍, 시호는 景侯이다. 北魏의 경학가로 議郞, 侍中, 太常 등의 벼슬을 지냈다. 賈逵, 馬融의 고문 경학을 존숭하였으며, 鄭玄에 대해서는 고문을 세운 점은 인정했지만 今文說을 채용했다 하여 ≪聖證論≫을 지어 논박하였다. 저서로는 ≪尙書駁議≫, ≪毛詩義駁≫, ≪尙書王氏注≫, ≪毛詩王氏注≫, ≪王子正論≫ 등이 있다.

15-1-18

太和 18년(494) 봄 正月에 魏主가 남쪽으로 순행하여 比干[14]의 무덤을 지날 때 太牢로 제사 지내고 스스로 祝文을 지어 이르기를, "아아, 강직한 선비여! 어찌 나의 신하가 되지 않았던가." 하였다.

○十八年春正月에 魏主南巡하야 過比干墓할새 祭以太牢하고 自爲祝文曰 嗚呼介士여 胡不我臣고

15-1-19

가을 9월에 조서를 내려 이르기를, "3년에 한 번씩 功績을 考查하는 것은 예로부터 두루 시행해온 常法이고 세 번 考查한 다음 貶斥하고 승진시켜서 현명하고 어리석음을 드러내었으니,[15] 이제 3년에 한 번씩 功績을 考查하고 考查하면 즉시 貶斥하고 승진시켜서 어리석고 미련한 사람이 현명한 사람을 방해하지 못하게 하고 재능이 있는 사람이 낮은 지위에 막혀 있지 않게 하려 한다. 각각 해당 曹로 하여금 그 優劣을 考查하여 3等으로 나누고 6品 이하에 대해서는 尙書가 거듭 조사하고 5品 이상에 대해서는 朕이 직접 公卿과 함께 그 善惡을 논하여 上上[16]을 맞은 자는 승진시키고 下下를 맞은 자는 貶斥시키고 中中을 맞은 자는 본래의 직임을 지키게 할 것이다." 하였다. 이에 魏主가 朝堂에 임하여 직접 貶斥하고 승진시켰다.

○秋九月에 詔曰 三載考績은 自古通經이요 三考黜陟하야 以彰賢否하나니 今三載一考하고 考卽黜陟하여 欲令愚滯無妨於賢者하고 才能不壅於下位라 各令當曹로 考其優劣爲三等하고 六品以下는 尙書重問하고 五品以上은 朕將親與公卿論其善惡하야 上上者는 遷之하고 下下者는 黜之하고 中中者는 守其本任하라 於是에 魏主가 臨朝堂하야 親加黜陟하다

---

14) 比干 : 殷나라의 충신 王子 比干을 가리킨다. 그는 은나라의 紂王에게 忠諫하다가 피살되었다.

15) 3년에……드러내었으니 : 三載考績과 三考黜陟은 예로부터 인사관리의 큰 규칙으로, ≪書經≫ 〈虞書 舜典〉에 "삼 년에 한 번씩 功績을 考查하고, 세 번 고사한 다음 어리석은 자를 내치고 현명한 자를 승진시키니 여러 공적이 다 넓혀졌다.〔三載考績 三考 黜陟幽明 庶績咸熙〕" 하고, 또 ≪書經≫ 〈周書 周官〉에 "제후는 각각 방악에서 조회하거든 출척을 크게 밝힌다.〔諸侯各朝于方岳 大明黜陟〕" 한 데서 온 말이다.

16) 上上 : 관원의 성적을 上上·上中·上下·中上·中中·中下·下上·下中·下下의 아홉 등급으로 나누어 평가하는 이른바 九品殿最 중에서 가장 위에 해당하는 성적이다.

15-1-20

太和 19년(495) 여름 4월에 魯城에 행차하여 친히 孔子廟에 제사 지냈고, 孔氏 4人과 顔氏 2人을 관직에 제수하였으며, 여러 孔氏 가운데 宗子 1人을 선발하여 崇聖侯에 封하고 食邑 100戶를 지급하여 孔子의 제사를 받들게 하였고, 兗州에 명하여 孔子를 위해 墳隴을 수리하고 碑銘을 다시 세워 聖德을 褒揚하게 하였으며, 또 兗州刺史에게 조서를 내려 部內의 士人 가운데 軍國의 임무를 감당할 만한 사람 및 守宰 가운데 政績이 드러난 사람을 천거하여 모두 이름을 보고하게 하였다.

○十九年夏四月에 幸魯城하야 親祠孔子廟하고 拜孔氏四人顔氏二人爲官하고 選諸孔宗子一人하야 封崇聖侯하고 邑一百戶하야 以奉孔子祀하고 命兗州하야 爲孔子修飾墳隴하고 更建碑銘하야 褒揚聖德하고 又詔兗州刺史하야 擧部內士人堪軍國及守宰政績者하야 具以名聞하다

15-1-21

6월에 魏主가 北俗(鮮卑族의 풍속)을 변화시키고자 群臣에게 이르기를, "卿等은 朕이 멀리 商·周를 좇기를 바라는가? 漢·晉에 미치지 못하기를 바라는 것인가?" 하니, 咸陽王 拓跋禧가 대답하기를, "群臣들은 陛下께서 前王보다 度越하기를 원할 뿐입니다." 하였다. 魏主가 이르기를, "그렇다면 풍속을 변화시켜야 하는가? 그대로 예전의 제도를 지켜야 하는가?" 하니, 대답하기를, "聖政이 날로 새로워지기를 원합니다." 하였다. 魏主가 이르기를, "朕의 일신에서 그쳐야 하는가? 자손에게 전해주고자 해야 하는가?" 하니, 대답하기를, "百世에 전해지기를 원합니다." 하였다. 魏主가 이르기를, "그렇다면 반드시 改作해야 할 것이니, 卿等은 어겨서는 안 될 것이다." 하니, 대답하기를, "윗사람이 명하면 아랫사람은 따라야 하니, 누가 감히 어길 수 있겠습니까." 하였다. 魏主가 이르기를, "명분이 바르지 않으면 말이 순조롭지 못하니, 禮樂을 興起시킬 수 없다." 하고, 이에 조서를 내려 北語(선비족의 언어)를 근절하고 한결같이 正音(漢語)을 따르되, 어기는 자는 免職하겠다고 하였다.

또 조서를 내려 祕閣에는 소장되어 있지 않지만 時用에 유익한 遺書를 구하여 넉넉히 상을 더해주게 하고, 다시 조서를 내려 長尺(긴 자의 단위)과 大斗(큰 말의 용량)를 改用하되 그 法은 ≪漢書≫ 〈律曆志〉에 의거하여 고치게 하였다.

○六月에 魏主欲變易北俗하야 謂群臣曰 卿等欲朕遠追商周아 爲欲不及漢晉邪아 咸陽王禧

對曰 群臣願陛下度越前王耳니이다 魏主曰 然則當變風易俗가 當因循守故邪아 對曰 願聖政日新이니이다 魏主曰 爲止於一身가 爲欲傳之子孫邪아 對曰 願傳之百世하노이다 魏主曰 然則必當改作이니 卿等不得違也니라 對曰 上令下從이니 其誰敢違리오 魏主曰 夫名不正이면 言不順이니 則禮樂不可興이라하고 於是에 下詔하야 斷諸北語하고 一從正音호되 違者免官하고 又詔求遺書祕閣所無而有益於時用者하야 加以優賞하고 又詔改用長尺大斗호되 其法依漢志爲之하다

15-1-22

겨울 12월에 魏主가 群臣에게 이르기를, "國家에 종래에 한 가지 탄식할 만한 일이 있으니, 臣下들 가운데 누구도 기꺼이 是非에 대해 公言하려 하지 않는다는 점이 이것이다. 대저 人君은 諫言을 받아들이지 못할까 근심하고 人臣은 忠言을 다하지 못할까 근심해야 하니, 지금부터 朕이 한 사람을 擧用할 때 만일 불가한 점이 있거든 卿等이 그 실수를 直言하고 만일 才能은 있는데 朕이 알지 못하는 사람이 있으면 卿等이 또한 천거하되, 이와 같이 해서 마땅한 사람을 얻었을 경우에는 상을 내릴 것이고 말하지 않는 경우에는 죄를 줄 것이니, 卿等은 잘 알아야 할 것이다." 하였다.

○冬十二月에 謂群臣曰 國家從來有一事可嘆이니 臣下莫肯公言是非是也라 夫人君은 患不能納諫이요 人臣은 患不能盡忠이니 自今으로 朕擧一人에 如有不可어든 卿等直言其失하고 若有才能而朕所不識이면 卿等亦當擧之호되 如是하야 得人者有賞하고 不言者有罪니 卿等當知之라하다

15-1-23

太和 23년(495) 여름 4월에 魏主가 세상을 떠나니, 재위 기간이 23년이었고 향년이 32세였다.

魏主는 어려서부터 효성이 지극하여 나이 4세 때 獻文帝가 악창을 앓자 직접 종기를 빨았다. 아우들을 잘 보살펴서 시종 조그만 흠도 없었고, 九族과 惇睦하여 禮敬이 극진하였다. 政事를 듣고 보살핌에 물 흐르듯이 善을 따랐고 百姓을 애처롭고 불쌍히 여겨 늘 구제하고 유익하게 해줄 방법을 생각하였다. 天地와 五郊[17] 및 宗廟와 春

17) 五郊 : 다섯 근교로, 東郊·南郊·中郊·西郊·北郊를 말한다. 황제는 立春에 동교에서 靑帝句芒을, 立夏에 남교에서 赤帝祝融을, 立秋 전 18일에 中郊에서 黃帝后土를, 입추에 西郊에서 白帝蓐收를, 立冬에 北郊에서 黑帝玄冥을 제사한다.

分·秋分에 지내는 典禮는 항상 반드시 직접 주관하여 추위와 더위 때문에 게을리하지 않았고, 尙書의 奏案은 대부분 직접 찾아 살폈으며, 文武百官과 大小臣僚들에 대해 유념하지 않음이 없어서 두루 흡족하게 여기도록 힘썼다.

늘 조용히 史官에게 이르기를, "時事를 정직하게 기록하여 나라의 수치스러운 일도 꺼리지 말라. 人君이 상벌을 마음대로 행사하는데 史官이 다시 기록하지 않으면 장차 무엇을 두려워하겠는가." 하였다.

무릇 修造할 일이 있으면 不得已할 때 시행하고 거듭 人力에 손실을 끼치는 급하지 않은 일은 하지 않았으며, 典籍에 기록되어 있지 않는 여러 가지 재앙을 떨치는 등의 禁忌하는 方術이 있으면 일체 모두 제거하여 혁파하였다.

평소 讀書를 좋아하여 손에서 책을 놓지 않았으니, 五經의 의리에 대해 볼 때마다 그 뜻을 강론하였다. 문장 짓기를 좋아하여 詩·賦·銘·頌 등을 興이 일면 지었고, 중요한 글을 지을 일이 있을 때는 말 위에서 입으로 불러주어도 그 글이 완성되었을 때 한 자도 고칠 글자가 없었다. 太和 10년(486) 이후부터는 詔冊을 모두 직접 작성하였다. 기타 나머지 文章이 100여 편이 남아 있다. 성품이 儉素하여 항상 깨끗이 세탁한 옷을 입었고,[18] 안장과 재갈 등의 馬具는 철과 나무로 만들 뿐이었으니, 그 평소의 뜻이 모두 이와 같았다.

○二十三年夏四月에 殂하니 在位二十三年이요 享年三十二라 魏主幼有至性하야 年四歲時에 獻文患癰하니 親爲之吮膿이라 撫念諸弟하야 始終曾無纖介하고 惇睦九族하야 禮敬殊深이라 聽覽政事에 從善如流하고 哀矜百姓하야 恒思所以濟益이라 天地五郊宗廟二分之禮는 常必躬親하야 不以寒暑爲倦하고 尙書奏案은 多自尋省하고 百官大小를 無不留心하야 務於周洽하더라 常從容謂史官曰 直書時事하야 無諱國惡하라 人君威福自己에 史復不書면 將何所懼리오 凡有修造면 不得已而爲之하고 不爲不急之事에 重損人力하고 有禁忌禳厭之方非典籍所載者는 一皆除罷하라 雅好讀書하야 手不釋卷하니 五經之義를 覽之便講하고 好爲文章하야 詩賦銘頌을 在興而作하며 有大文筆에 馬上口授라도 及其成也에 不改一字라 自太和十年以後로 詔冊을 皆親爲之라 自餘文章百有餘篇이라 性儉素하야 常服澣濯之衣하고 鞍勒鐵木而已니 其雅志皆此類也러라

18) 깨끗이……입었고 : 원문 '服澣濯之衣'는 ≪詩經≫ 〈周南 葛覃〉의 毛序에 나온 말로, 葛覃은 "몸소 검소하고 節用하며 깨끗이 세탁한 옷을 입었다.〔躬儉節用 服澣濯之衣〕"고 한 것이다. 이는 검소한 모습을 나타낸 말이다.

15-1-24

史臣이 다음과 같이 논평하였다.

"魏나라는 代朔에서 基業을 시작하여 남쪽 중원 땅을 깨끗이 평정하였다. 그러나 영토를 개척하고 세상을 경영함에 모두 威武를 功業으로 삼았고, 文敎의 事業은 돌아볼 겨를이 없었다. 孝文帝는 큰 緖業을 계승하여 일찍부터 총명하고 성스러운 풍모를 드러내었으니, 당시 文明太后[19]로 하여금 攝政하게 하고 자신은 여유롭고 공손하게 처신하며 현묘한 이치를 탐구하여 홀로 터득하되, 마음속에 쌓아두고 스스로 말하지 않았다.

그러다가 직접 大政을 총괄할 때가 되자 하루에 萬機를 살펴서 10여 년간 여유롭게 지낸 적이 없었는데, 길은 달라도 歸結處는 같고 모든 생각은 하나로 모이는 것이니, 대저 백성들이 행하기 어려운 일과 人倫의 높은 자취를 비록 존귀한 천자의 자리에 있으면서도 모두 다 실천하였다.

예컨대 공경하고 밝게 옛일을 상고하고 하늘과 사람을 조화롭게 다스려서 帝王의 禮樂과 制度 및 朝野의 法度를 斟酌하여 취사한 것이 그 文章에 찬란하게 빛났으니, 천하의 백성들이 모두 그 文章을 귀로 듣고 눈으로 보는 은혜를 받았다. 게다가 雄才와 大略으로 뛰어난 선비를 사랑하고 백성을 다친 사람을 보듯이 가엾게 여겼으며 자신을 수고롭게 하여 남을 이롭게 한 것은 또한 칭송할 길이 없으니, 그 天地를 經緯한다는 의미의 '文'자가 어찌 부질없는 시호이겠는가."[20]

史臣論曰 有魏始基代朔하야 廓平南夏나 闢土經世에 咸以威武爲業하고 文敎之事는 所未遑也라 孝文纂承洪緖하야 蚤著叡聖之風하니 時以文明攝事하고 優游恭己하야 玄覽獨得호되 著自不言이러니

19) 文明太后 : 442~490. 北魏 文成帝 拓跋濬의 황후로, 長樂 信都 사람이다. 문성제가 죽고 獻文帝가 즉위하자 황태후가 되고 攝政을 하며 정치력을 발휘하였다. 그녀는 황제를 능가하는 권력을 행사하며 자신에게 대항했던 헌문제를 폐위하고 5살의 孝文帝를 등극하게 하여 자신의 권력을 더욱 공고히 하였고, 강력한 권력을 기반으로 국가의 기틀을 세우고 개혁적 정책을 추진하였다. 부패한 관리를 척결하고 국가의 토지제도를 개선하여 均田制를 실시하여 농민들에게 고르게 땅을 배분하였다. 이러한 풍태후의 공적 때문에 북위는 강성한 국가로 성장하였지만 폭정으로 많은 사람들이 희생되었기에 악행을 행한 인물로 평가되기도 한다. 시호는 文明太皇太后이다.

20) 天地를…시호이겠는가 : 孝文帝의 '文'자는 諡法에 따르면 '經緯天地'의 경우에 붙일 수 있는 글자로, ≪春秋左氏傳≫ 昭公 28년 기사에 "천지를 경위하는 것을 문이라고 한다.〔經緯天地曰文〕"라고 하였다. 經緯天地는 經天緯地와 같은 말로, 天地의 법도를 본받아 천하를 經營한다는 의미인데, 전하여 그런 德을 가진 帝王을 이르는 말로 쓰인다.

及躬攬大政에 一日萬機라 十許年間에 曾不暇給이어늘 殊途同歸하고 百慮一致하니 夫生靈所難行과 人倫之高迹을 雖尊居黃屋이나 盡蹈之矣로다 若乃欽明稽古하고 協御天人하야 帝王制作과 朝野軌度를 斟酌用舍煥乎其有文章하니 海內黔黎咸受耳目之賜라 加以雄才大略으로 愛奇好士하고 視民如傷하며 役己利物은 亦無得而稱之니 其經緯天地가 豈虛謚也리오

周나라 武帝

15-2-1

周高祖

周主 武帝는 성은 宇文氏이고 諱는 邕이고 자는 禰羅突이니, 文帝 宇文泰의 넷째 아들이다. 母后는 叱奴太后니, 北魏 大統 9년(543)에 同州에서 태어났다. 어려서부터 효성스럽고 공손하였으며, 총명하고 민첩하여 재능과 자질이 있었으니, 文帝가 기특하게 여겨 이르기를, "나의 뜻을 이룰 사람은 이 아이이다." 하였다.

나이 12세에 輔城郡公에 封해졌다. 孝閔帝가 즉위했을 때 大將軍에 제수되어 나가 同州에 鎭守하였고, 明帝가 즉위했을 때 柱國으로 遷轉되어 蒲州刺史에 제수되었다. 武成 원년(559)에 들어와 大司空이 되어 御正[21]을 다스리고 승진하여 魯國公에 封해져서 宗師[22]를 거느렸으니, 명제의 親愛를 많이 받아 朝廷의 大事에 參議하였다. 성품이 침착하여 멀리 내다보는 식견이 있었고, 顧問하는 일이 아니면 끝내 말을 하지 않았다. 武成 2년(560) 여름 4월에 명제의 遺詔를 받아 황제에 즉위하였다.

周主武帝는 姓宇文氏요 諱邕이요 字禰羅突이니 文帝泰之第四子也라 母曰叱奴太后니 魏大統九

21) 御正 : 왕실의 거마를 관장하는 직책으로 北周시기 御正中大夫의 약칭이다.

22) 宗師 : 종실의 사무를 관장하는 관원이다. 北周에는 宗師中大夫가 있고 이가 小宗師下大夫, 小宗師上士・中士, 宗師上士・中士・下士 등을 거느렸다.

年에 生於同州하다 幼而孝敬하고 聰敏有器質하니 文帝異之曰 成吾志者는 此兒也라하다 年十二에 封輔城郡公이라 孝閔踐阼에 拜大將軍하야 出鎭同州하고 明帝卽位에 遷柱國하야 授蒲州刺史라 入爲大司空하야 行御正하고 進封魯國公하야 領宗師하니 甚見親愛하야 參議大事라 性深沈有遠識하고 非因問이면 終無所言이러라 武成二年夏四月에 受明帝遺詔하야 卽皇帝位하다

15-2-2

保定 3년(563) 여름 4월에 太學을 시찰하려 할 때 太傅 燕國公 于謹[23]을 三老로 삼고 이어 延年杖을 하사한 다음 드디어 태학에 행차하였다. 당시 우근이 문에 들어서자 周主가 맞이하여 拜禮를 올리니 于謹이 答拜하였다. 有司가 中楹에 三老의 자리를 설치하고 太師 宇文護가 안석을 배설하자 우근이 자리에 올라 南面하여 안석에 기대 앉으니 大司馬 豆盧寧이 신발을 반듯하게 정돈하였다. 周主가 斧扆(천자의 병풍) 앞에 서서 西面하고 有司가 饌을 올리자 周主가 꿇어앉아 醬豆를 배설한 다음 袒割[24]하였고 우근이 식사를 마치자 周主가 꿇어앉아 술잔을 주어 입을 가시게 하였다.

有司가 徹床을 마치자 周主가 다시 北面하여 서서 道를 물었는데, 우근이 자리 뒤로 일어나 서서 대답하기를, "나무는 먹줄을 받으면 바르게 되고 임금은 諫言을 따르면 성스러워지는 법이니,[25] 현명한 임금께서 마음을 비우고 간언을 받아들여 得失을 알게 되면 천하가 이에 편안해질 것입니다." 하였다.

또 말하기를, "양식은 버릴 수 있고 병력은 버릴 수 있지만 신의는 버릴 수 없습니다.[26] 원컨대, 폐하께서는 신의를 지켜 잃지 마소서." 하였다.

---

23) 于謹 : 北周 때 사람으로 자는 思政, 小名은 巨彌이다. 太傅와 大宗伯을 역임하고 致仕한 뒤 三老로 추숭되었는데, 高祖가 太學에서 養老의 잔치를 베풀 때 제자의 禮로 대우하고 정치의 요체를 물었다.

24) 袒割 : 옷소매를 걷고 고기를 썬다는 말로, 임금이 노인을 존중하여 거행하는 예이다. ≪禮記≫ 〈樂記〉에 "三老와 五更을 太學에서 饋饗할 때 천자가 친히 옷소매를 걷고 희생을 썬 다음 장을 들어서 먹이고 잔을 들어서 마시게 한다.〔食三老五更於太學 天子袒而割牲 執醬而饋 執爵而酳〕" 하였다.

25) 나무는……법이니 : ≪書經≫ 〈商書 說命 上〉에 "傅說이 王에게 대답하기를, '나무는 먹줄을 따르면 바르게 되고, 임금은 諫言을 따르면 聖스러워지는 법이니, 임금께서 성스러우시면 君主가 명령하지 않아도 臣下들이 받들거늘 누가 감히 王의 아름다운 명령에 공경히 순종하지 않겠습니까.' 하였다.〔說復于王曰 惟木從繩則正 后從諫則聖 后克聖 臣不命其承 疇敢不祗若王之休命〕"라고 한 데서 온 말이다.

26) 양식은……없습니다 : 政事는 백성의 신의를 얻는 것이 가장 중요하다는 의미로, ≪論語≫ 〈顏淵〉에 "子貢이 정치에 대해 물으니, 孔子께서 '양식을 풍족하고 병력이 충분하면 백성들이 믿을 것이다.'라고 하였다. 자공이 '반드시 부득이해서 버려야 한다면 세 가지 중에서 무엇을 먼저 버려야 합

또 말하기를, "功이 있는 사람에게 반드시 賞을 내리고 罪가 있는 사람에게 반드시 罰을 내리면 善을 하는 사람이 날로 나아오고 惡을 하는 자는 날로 그칠 것입니다." 하였다.

또 말하기를, "말과 행동은 立身의 기본입니다. 원컨대, 폐하께서는 세 번 생각하여 말씀을 하시고 아홉 번 생각하여 행동하시어 과실이 있지 않게 하소서. 天子의 허물은 日食이나 月食과 같아서 모르는 사람이 없으니,[27] 원컨대 폐하께서는 삼가소서." 하였다.

이에 周主가 再拜하고 말을 받아들였는데, 우근이 答拜하고 禮를 마친 뒤에 나갔다.

○保定三年夏四月에 將視學할새 以太傅燕國公于謹爲三老하고 仍賜以延年杖하고 遂幸太學하니 謹入門에 周主迎拜하니 謹答拜라 有司設席於中楹하고 太師護設几하니 謹升席하야 南面憑几而坐하니 大司馬豆盧寧正舃이라 周主立於斧扆之前西面하고 有司進饌에 周主跪設醬豆하고 袒割하고 謹食畢에 周主跪授爵以酳이라 有司撤訖에 周主北面立而訪道한대 謹起立於席後하야 對曰 木受繩則正하고 后從諫則聖이니 明王虛心納諫하야 以知得失이면 天下乃安이니이다 又曰 去食去兵이나 信不可去니 願陛下는 守信勿失하소서 又曰 有功必賞하고 有罪必罰이면 則爲善者日進하고 爲惡者日止니이다 又曰 言行者는 立身之基니 願陛下는 三思而言하고 九慮而行하야 勿使有過하소서 天子之過는 如日月之食하야 人莫不知니 願陛下는 愼之하소서 周主再拜受言한대 謹答拜하고 禮成而出하다

15-2-3

天和 원년(566) 가을 7월에 다음과 같이 조서를 내렸다.

"胄子들이 入學할 때에는 스승에게 束脩[28]만 하고 釋奠에 힘쓰지 않으니, 釋奠이란

니까?'라고 하자 공자께서 '병력을 버려야 한다.'라고 하였다. 자공이 '반드시 부득이해서 버려야 한다면 이 두 가지 가운데 어느 것을 먼저 버려야 합니까?'라고 하자, '양식을 버려야 한다. 예로부터 사람은 누구나 죽기 마련이지만 백성은 믿음이 없으면 설 수가 없는 것이다.'라고 하였다.〔子貢問政 子曰 足食足兵 民信之矣 子貢曰 必不得已而去 於斯三者何先 曰去兵 子貢曰 必不得已而去 於斯二者何先 曰去食 自古皆有死 民無信不立〕"라고 한 데서 온 말이다.

27) 天子의……없으니 : 자신의 허물을 알아 바로잡는 군자의 자세를 비유한 말이다. ≪論語≫ 〈子張〉에 "군자의 허물은 일식이나 월식과 같아서 잘못이 있으면 사람들이 모두 볼 수 있고, 허물을 고쳤을 때에는 사람들이 모두 우러러본다.〔君子之過也 如日月之食焉 過也人皆見之 更也人皆仰之〕"라고 한 데서 온 말이다.

28) 束脩 : 10개 한 묶음의 육포로, 처음 스승을 뵐 적에 가지고 가는 약소한 예물을 말한다. 脩는 肉

학문을 이루기 위해 先聖과 先師에게 지내는 제사이다. 지금부터 즉시 恒式으로 삼도록 하라." 하였다.

天和元年秋七月에 詔諸冑子入學에 但束脩於師하고 不勞釋奠이니 釋奠者는 學成之祭라 自今卽爲恒式하라

15-2-4

8월에 다음과 같이 조서를 내렸다.

"백성들 가운데 3년의 喪期 동안 등에 흙을 지고 와 봉분을 만들거나 혹 거적을 덮고 자서 뼈만 앙상하게 서 있는 등 뜻을 전일하게 하고 행실을 전일하게 해서 칭송하여 드러낼 만한 자가 있거든 本部의 官司는 일에 따라 上言하도록 하라. 마땅히 이들을 위로하고 격려하여 각박한 풍속을 면려해야 할 것이다."

○八月에 詔諸有三年之喪에 或負土成墳하고 或寢苫骨立하야 一志一行하야 可稱揚者어든 本部官司隨事上言하라 當加弔勉하야 以勵薄俗하리라

15-2-5

建德 원년(572) 여름 5월에 百官을 조정에 모아놓고 조서를 내려 이르기를, "극심한 가뭄으로 비가 오지 않으니, 어찌 짐이 薄德하여 賞罰이 맞지 않았던 것이 아니겠는가. 公卿과 大臣이 혹 적합하지 않은 사람을 등용한 것이 아니겠는가. 마땅히 숨김없이 直言을 다해야 할 것이다." 하였는데, 公卿이 각각 허물을 자신에게 돌려 자책하니 그날 밤에 단비가 내렸다.

겨울 12월에 正武殿에 거둥하여 친히 죄수를 심리하고 밤이 되어 마쳤다.

○建德元年夏五月에 集百官於庭하고 詔之曰 亢陽不雨하니 豈朕薄德하야 刑賞乖中歟아 將公卿大臣에 或非其人歟아 宜盡直言無隱하라한대 公卿各引咎自責하니 其夜澍雨하다 冬十二月에 御正武殿하야 親錄囚徒하고 至夜而罷하다

脯이고 束은 10개 한 묶음을 의미하다. ≪論語≫ 〈述而〉에 "속수 이상을 가지고 와서 執贄의 禮를 행한 사람에게는 내가 한 번도 가르쳐주지 않은 적이 없었다.〔自行束脩以上 吾未嘗無誨焉〕" 하였다.

15-2-6

建德 2년(573) 봄 3월에 皇太子가 岐州에서 흰 사슴 두 마리를 잡아 바치니 조서를 내려 대답하기를, "〈태평성세는〉 사람의 德에 달려 있는 것이지 상서에 달려 있는 것이 아니다." 하였다.

○二年春三月에 皇太子於岐州獲白鹿二以獻하니 詔答曰 在德이요 不在瑞니라하더라

15-2-7

가을 9월에 左宮正 宇文孝伯이 周主에게 말하기를, "皇太子는 四海가 의탁하는 분인데 德聲이 들리지 않으니, 臣이 宮官(太子의 속관)으로 있으면서 실로 그 책임을 져야 할 것입니다. 청컨대 올바른 사람을 선발하여 師友로 삼으소서." 하였다. 무제가 몸가짐을 단정히 하고 이르기를, "卿은 대대로 강직하여 맡은 일에 성심을 다하였으니, 경의 이 말을 보면 家風이 있는 것이로다." 하고 이에 宮官을 선발하여 補任하였다.[29]

○秋九月에 左宮正宇文孝伯言於周主曰 皇太子는 四海所屬(촉)이어늘 而德聲未聞하니 臣忝宮官하야 實當其責하야 請妙選正人이라 爲其師友하노이다 帝斂容曰 卿世載鯁直하야 竭誠所事하니 觀卿此言이면 有家風矣로다 乃妙選宮官하야 以補之하다

15-2-8

建德 3년(574) 봄 정월에 다음과 같이 조서를 내렸다.

"지금부터 남자 나이 15세, 여자 나이 13세 이상 및 홀아비와 과부는 소재지의 사람과 때가 되면 시집 장가를 보내되, 節儉에 힘쓰도록 하라."[30] 하였다.

○三年春正月에 詔自今으로 男年十五와 女年十三以上과 爰及鰥寡는 所在以時嫁娶호되 務從節儉하라

---

29) 이에……補任하였다 : ≪資治通鑑≫ 권171 〈陳紀5〉에 보면 周 武帝가 宇文孝伯을 그대로 左宮正에 유임하고 尉遲運을 右宮正에 임명하였다.

30) 節儉에……하라 : ≪北史≫ 권5 〈周武帝本紀〉에는 "재물 때문에 혼인을 늦추지 말게 하라.〔勿爲財幣稽留〕"라 하였다.

15-2-9

여름 5월에 文宣太后를 永固陵에 장사 지냈는데, 周主가 윗옷을 벗고 버선도 신지 않은 채 陵所에 이르렀다. 조서를 내려 이르기를, "三年喪은 天子에까지 통하는 제도이다. 다만 軍國의 임무가 막중하니 모름지기 직접 조정의 정사를 살펴야 한다. 그러나 衰麻(상복)의 제도와 苫廬[31]의 禮制는 이전의 典禮를 준용하여 망극한 슬픔을 펴야 할 것이니, 모든 관료들은 마땅히 〈문선태후의〉 遺令에 따라 장사를 지낸 뒤에 除服하도록 하라." 하였다. 公卿들이 權制[32]에 따르기를 간청하였지만 윤허하지 않아서 마침내 3년의 예제를 시행하고 五服[33] 이내의 친척들 역시 예제에 따라 시행하게 하였다.

○夏五月에 葬文宣后於〔永〕[34]固陵한대 周主祖跣至陵所라 詔曰 三年之喪은 達於天子호되 但軍國務重하니 須自聽朝나 衰麻之節과 苫廬之禮는 率遵前典하야 以申罔極이니 百僚는 宜依遺令하야 既葬而除하라 公卿이 固請依權制호되 不許하야 卒申三年之制하고 五服之內가 亦令依禮하다

15-2-10

佛敎와 道敎를 금지하고 그 道經과 塑象을 모두 없앴으며, 沙門과 道士를 罷하여 모두 還俗하게 하였다. 아울러 여러 가지 음란한 제사를 금지하여 禮典에 실린 것이 아니면 모두 없애게 하였다.

○禁佛道二敎하고 經像悉毁하며 罷沙門道士하야 竝令還俗하다 幷禁諸淫祀하야 非禮者를 盡除之하다

15-2-11

建德 6년(577) 봄 정월에 다음과 같이 조서를 내렸다.

"僞齊[35] 말기에 간신들이 권력을 농단하여 함부로 刑罰을 시행하자 사람들이 번번

31) 苫廬 : 거적을 깐 여막이라는 뜻으로, 喪主의 거처를 가리킨다.

32) 權制 : 정해진 제도가 아닌 상황에 따라 임시로 변통하여 처리하는 禮制를 말한다.

33) 五服 : 다섯 가지 服制로 斬衰三年·齊衰朞年·大功九月·小功五月·緦麻三月을 가리킨다.

34) 〔永〕 : 저본에는 '永'이 없으나, ≪周書≫ 권5 〈武帝邕 上〉에 의거하여 '永'을 보충하여 번역하였다.

35) 僞齊 : 北齊를 말한 것이다. 北魏가 망하고 西魏와 東魏가 되고 각기 北周와 北齊가 되었는데 周 武帝가 북제를 정벌하여 이해 봄에 멸망시켰다. 그래서 齊 앞 '僞'를 붙인 것이다.

이 罪網에 걸려들었다. 그러므로 咸陽王 斛律明月 및 侍郎 崔季舒 등 7人이 어떤 사람은 功이 높았지만 罪를 받았고 어떤 사람은 直言을 하다가 誅殺되었으니, 朕이 大義로 군대를 출동하여 凶暴한 자들을 베어버렸다.36) 表閭와 封墓37)는 처음 그 지역을 다스릴 때 가장 먼저 해야 할 절실한 일이니 마땅히 시호를 追贈하고 아울러 安葬해주어야 할 것이다. 또 현재 남아 있는 子孫들은 각각 처지에 따라 蔭敍에 錄用하고 家口나 田宅이 官에 籍沒된 자들은 모두 돌려주도록 하라." 하였다. 또 조서를 내려 이르기를, "北齊의 東山과 南園 및 三臺를 모두 철거하고 기와와 목재 등 사용할 만한 여러 가지 물건들은 모두 백성들에게 하사할 것이며 山園의 田地는 각각 원래의 주인에게 돌려주도록 하라." 하였다.

○六年春正月에 詔曰 僞齊之末에 姦佞擅權하야 濫罰淫刑하니 動挂羅網이라 故咸陽王斛律明月及侍郎崔季舒等七人이 或功高獲罪하고 或直言見誅하니 朕兵以義動하야 剪除凶暴라 表閭封墓는 事切下車하니 宜追贈諡하고 幷加窆厝하며 其見(현)在子孫은 各隨蔭敍錄하고 家口田宅沒官者를 竝還之하라 又詔齊東山南園及三臺를 幷毁撤하고 瓦木諸物凡入用者는 盡賜百姓하며 山園之田은 各還本主하라

15-2-12

여름 5월에 方丘38)에 제사 지내고 다음과 같이 조서를 내렸다.

"路寢·會議·崇信·含仁·雲和·思齊 등 여러 殿은 모두 宇文護가 政事를 專橫할 때 지은 것들이므로 웅장하고 화려하게 지으려고 애써서 清廟(宗廟)의 제도를 넘었으니 모두 철거해야 할 것이다. 건물을 장식한 물건들은 모두 가난한 백성들에게 내려주고 수리할 경우에는 힘써 소박함을 따르도록 하라."

○夏五月에 祭方丘하고 詔以路寢會議崇信含仁雲和思齊諸殿은 皆宇文護가 專政時所爲라 事窮壯麗하야 有踰清廟하니 悉可毁撤이라 雕斲之物은 竝賜貧民하고 繕造之宜는 務從卑朴하라

---

36) 朕이……베어버렸다 : 建德 5년(576) 겨울에 周 武帝가 北齊를 정벌한 일을 가리킨다.

37) 表閭와 封墓 : 表閭는 閭里에 旌表하여 賢者의 功德을 드러낸다는 말이고, 封墓는 墳墓를 增修하여 성현의 덕을 추모한다는 의미로, 어떤 나라를 정벌한 뒤에 그 지역의 민심을 안정시키기 위해 시행하는 정사를 가리킨다. 武王은 殷나라를 정벌한 뒤에 가장 먼저 虞·夏·殷의 후손을 제후에 봉하여 공경하는 뜻을 보였으며, 수감되어 있는 箕子를 풀어주고 比干의 墳墓를 增修하여 殷나라 백성들의 마음을 얻었다고 한다.(≪春秋左氏傳≫ 襄公 25년, ≪書經≫ 〈周書 武成〉)

38) 方丘 : 地神에게 제사하는 정방형의 壇을 말한다.

15-2-13

가을 7월에 洛州에 행차하고, 山東의 여러 고을에 조서를 내려 才望이 있는 사람을 천거하게 한 다음 行在所에 오게 하여 함께 政事의 得失을 논하였다.

○秋七月에 幸洛州하고 詔山東諸州하야 擧有才望者하야 赴行在所하야 共論政事得失하다

15-2-14

8월에 權衡과 度量을 의논하여 天下에 반포하고 새로운 法式대로 하지 않은 것은 모두 追尋하여 정지시켰다.

○八月에 議權衡度量하야 頒於天下하고 其不依新式者는 悉追停之하다

15-2-15

鄭州에서 九尾狐를 바쳤는데, 皮肉은 다 없어졌지만 骨體는 오히려 갖추어져 있었다. 周主가 이르기를, "상서로운 조짐이 나타나는 것은 반드시 德이 있는 사람을 밝게 비추는 것이니, 만일 五品39)이 순조롭고 四海가 和平하여 집안에서 효성과 자애를 알고 사람이 禮讓을 알게 된다면 이런 상서가 이를 수 있다. 그러나 지금은 그런 시절이 아니니 아마도 사실과 부합되는 기록이 아닐 것이다." 하고, 이에 불태우라고 명하였다.

○鄭州獻九尾狐한대 皮肉銷盡이나 骨體猶具라 周主曰 瑞應之來는 必昭有德이니 若使五品時序하고 四海和平하야 家識孝慈하고 人知禮讓이면 乃能致此라 今無其時하니 恐非實錄이라하고 乃命焚之하다

15-2-16

宣政 원년(578) 여름 5월에 세상을 떠났으니, 재위 기간이 18년이었고 享年이 36세

---

39) 五品 : 父子와 君臣과 夫婦와 長幼와 朋友 다섯 가지의 名位와 등급을 말한다. 舜임금이 신하인 契에게 말하기를 "백성이 친목하지 않고 五品이 순조롭지 않으므로 너를 司徒로 삼으니, 공경히 五教를 펼치되 관대한 방향으로 시행하도록 하라.〔百姓不親 五品不遜 汝作司徒 敬敷五教在寬〕" 하였다.(≪書經≫ 〈虞書 舜典〉) 五教는 다섯 가지 가르침으로, 父子有親, 君臣有義, 夫婦有別, 長幼有序, 朋友有信의 五倫을 말한다.

였다. 周主는 성품이 침착하고 굳세며 智謀가 있었다. 처음에 宇文護가 권력을 專橫하였기 때문에 항상 스스로 자취를 숨겼으니, 사람들이 아무도 그 깊이를 헤아리지 못하였다. 그러다가 우문호를 誅罰한 뒤에 비로소 직접 萬機를 다스렸는데, 사욕을 억제하고 정신을 가다듬어 政事에 게으르지 않으며 명령이 정성스럽고 간절하여 오직 정사에 뜻을 쏟으니, 아랫사람들이 畏服하여 숙연한 자세로 따르지 않는 사람이 없었다.

무릇 회포를 펴고 행실을 수립함에 모두 古人을 뛰어넘고자 하였으니, 몸에는 베옷을 입고 잘 때에는 베 이불을 덮어서 金寶의 장식을 하지 않았고, 화려하고 아름다운 여러 전각을 모두 철거하여 土階 數尺으로 고치고 櫨栱을 排設하지 않았으며, 아름다운 조각과 수놓은 비단은 일체 모두 불태우고 금지하였으며, 後宮과 嬪御는 10여 人에 불과하였다. 勞謙의 덕[40]으로 아랫사람을 대하여 스스로 힘쓰고 쉬지 않았으며,[41] 海內가 편안하지 않았기 때문에 전일한 마음으로 敎習하여 병사들을 校閱하고 山谷을 걸어 다니기까지 하였으니, 산을 넘고 물을 건너는 수고로움과 고통은 모두 남들이 견디지 못하는 것이었다. 北齊를 平定하는 戰役에서는 맨발로 행진하는 군사를 보면 직접 가죽신을 벗어주었고, 將士들에게 연회를 베풀 때마다 반드시 스스로 술잔을 잡고 술을 권하고 혹 손 가는 대로 물건을 집어주기도 하였으며, 征伐한 곳에 이르렀을 때는 직접 行陣에 참여하였다.

성품이 또한 과감하여 큰일을 결정할 수 있었기 때문에 능히 사졸들에게 죽을힘을 다하게 할 수 있어서 약한 병력으로 강한 적을 제압할 수 있었다. 북제를 격파한 뒤에는 마침내 突厥과 江南을 평정하여 1, 2년 사이에 반드시 천하가 통일되게 하고자 하였으니, 이것이 무제의 뜻이었다.

○宣政元年夏五月에 殂하니 在位十八年이요 享年三十六이라 周主沈毅有智謀라 初以宇文護專

---

40) 勞謙의 덕 : 큰 功德이 있으면서도 겸허한 자세를 유지한다는 의미이다. ≪周易≫ 謙卦 九三爻辭에 "공로가 있으면서도 겸손함이니, 군자가 끝마침을 두어야 하니 길하다.〔勞謙 君子有終 吉〕" 하였는데, ≪程傳≫에 풀이하기를 "위로는 군주에게 신임을 받고 아래로는 여러 사람에게 추앙을 받아 공로가 있으면서도 겸손한 덕을 가진 자이다. 옛사람 중에 여기에 해당되는 사람이 있으니 바로 周公이다. 몸소 천하의 큰 임무를 담당하여 위로는 유약한 군주를 받들고 겸손과 공손함으로 자처하여 조심하고 두려운 듯이 하였으니, 공로가 있으면서도 겸손하였다고 말할 만하다." 하였다.

41) 스스로……않았으며 : 군자의 마음 자세를 설명한 것으로, ≪周易≫ 乾卦 象傳에 "하늘의 운행이 굳세니 君子가 이것으로 인하여 스스로 힘쓰고 쉬지 않는다.〔天行健 君子以 自彊不息〕"라고 한 데서 온 말이다.

權으로 常自晦迹하니 人莫測其深淺이러니 及誅護之後에 始親萬機한대 克己勵精하야 聽覽不怠하고 號令懇惻하야 惟屬意於政하니 群下畏服하야 莫不肅然이러라 凡布懷立行에 皆欲踰越古人하니 身衣布袍하고 寢布被하야 無金寶之飾하고 諸殿華綺者를 皆撤毁之하야 改爲土階數尺하고 不施櫨栱하며 其雕文刻鏤錦繡纂組는 一皆焚斷하고 後宮嬪御不過十餘人이라 勞謙接下하야 自彊不息하고 以海內未康으로 銳情教習하야 至於校兵閱武하고 步行山谷하니 履涉勤苦는 皆人所不堪이라 平齊之役에 見軍士有跣行者면 嘗親脫靴以賜之하고 每宴會將士에 必自執盃勸酒하고 或手付賜物하며 至於征伐之處하얀 躬在行陣이라 性又果決하야 能斷大事라 故能得士卒死力하야 以弱制彊이라 破齊之後에 遂平突厥하고 定江南하야 一二年間에 必使天下一統하니 此其志也니라

15-2-17

史臣이 다음과 같이 논평하였다.

"東西가 막혀 통하지 않은 뒤로 두 나라가 영토를 다투어 戎馬가 변경을 침입하고 병장기가 날로 사용되어 전란의 화가 이어지다가 세력이 대등해졌다. 高祖(周 武帝)는 緖業을 계승했을 때 직접 萬機를 다스리지 않고 원대한 생각과 깊은 계획을 가지고 어릴 때부터 바름을 길렀으니,[42] 영웅의 위엄이 번쩍번쩍 빛을 발할 때가 되자 조정이 쇄신되었다.[43] 내란이 종식된 뒤에 외세에 대한 경략이 시작되자, 이에 노심초사하며 사욕을 억제하고 정신을 가다듬어 勞役은 士卒들보다 먼저 하고 居處는 匹夫처럼 검소하게 하였으며 백성을 부유하게 하는 정책을 닦고 병력을 강하게 하는 兵術에 힘썼다. 그러다가 원수들의 사이가 벌어진 틈을 타서 큰 도리에 따라 적을 정벌하였으니, 5년 사이에 큰 功勳을 이루어 祖宗의 묵은 憤을 풀고 東夏(北齊)의 위협을 극복한 것이었다. 성대하도다. 그 功勳을 이룸이여!"

史臣論曰 自東西否隔으로 二國爭疆하야 戎馬生郊하고 干戈日用하야 兵連禍結이라가 力敵勢均이라 高祖纘業에 未親萬機하고 慮遠謀深하야 以蒙養正하니 及英威電發에 朝政維新이라 內難旣除에 外

---

42) 어릴……길렀으니 : 겉으로는 어리석은 태도를 가지면서 속으로 正道를 기른다는 의미로, ≪周易≫ 蒙卦 彖辭에 "어릴 때에 바름을 기르는 것이 聖人이 되는 공부이다.〔蒙以養正 聖功也〕"라고 한 데서 온 말이다.

43) 조정이 쇄신되었고 : 聖君이 나타나 禮樂과 文物 등 제도를 정비한 다음 天命을 받아 나라의 면모가 쇄신되었다는 것이다. ≪詩經≫ 〈大雅 文王〉에 "周나라는 비록 오래된 나라지만, 그 명이 새로웠도다.〔周雖舊邦 其命維新〕"라는 구절이 있는데, 이는 주나라가 비록 오래전부터 생긴 나라이지만, 문왕에 이르러서야 덕이 천하에 입혀짐으로써 비로소 天命을 받게 되었음을 말한 것이다.

略方始하니 乃苦心焦思하며 克己勵精하야 勞役爲士卒之先하고 居處同匹夫之儉하며 修富民之政하고 務彊兵之術이러니 乘讐人之有釁하야 順大道而推(퇴)亡하니 五年之間에 大勳斯集하야 攄祖宗之宿憤하고 拯東夏之阽危하니 盛矣哉라 其有成功者也로다

본받을 만한 善政 善可爲法

唐나라

太宗

16-1-1

唐太宗半身像

太宗은 諱가 世民이고 姓은 李氏이니 高祖의 둘째 아들이다. 나이 4세에 어떤 書生이 관상을 보고 말하기를 "龍과 鳳凰같이 뛰어난 자질이고 하늘의 해처럼 四海에 군림할 儀表이니, 나이 20세가 되면 반드시 세상을 구제하고 백성을 편안하게 할 수 있을 것입니다." 하니, 고조가 인하여 그 뜻을 취해 이름으로 삼았다.

隋나라 大業(605~617) 말기에 고조를 보좌하여 義兵을 일으켜 天下를 취하였으니, 太宗의 功이 많았다. 고조가 황제로 즉위했을 때 태종을 秦王에 封하였고 얼마 후 天策上將에 더하였으며 옹립하여 太子로 삼고 조서를 내려 태종에게 禪位하였으니, 武德 9년(626) 8월에 태종이 즉위하였다.

太宗諱世民이요 姓李氏니 高祖之第二子也라 年四歲에 有書生相之曰 龍鳳之姿요 天日之表니 年將二十에 必能濟世安民이라하니 高祖因取其義하야 以爲名焉하다 隋大業末에 佐高祖하야 起義兵取天下하니 帝之功이 居多라 高祖卽位에 封帝爲秦王하고 尋加天策上將하고 立爲太子하고 詔禪位于帝하니 武德九年八月에 帝卽位하다

16-1-2

다음과 같이 조서를 내렸다.

"궁녀가 너무 많아 깊은 궁중에 갇혀 지내는 것이 가여우니, 簡拔하여 내보내어서 각각 친척에게 돌아가 뜻대로 다른 사람에게 시집가게 하라." 하였다.

○詔以宮女衆多하야 幽閟可愍하니 宜簡出之하야 各歸親戚하야 任其適人하라하다

弘文開館

16-1-3

上이 弘文殿에 四部書[1] 20여만 권을 모으고 弘文殿 옆에 弘文館을 설치한 다음 天下의 文學하는 선비인 虞世南·褚亮·姚思廉·歐陽詢·蔡允恭·蕭德言 등을 엄선하여 本職에다 學士를 겸하게 하였다. 그렇게 한 뒤에 이들로 하여금 날짜를 바꾸어 숙직하게 하고, 政務를 보는 여가에 이들을 內殿에서 인견하여 예전의 훌륭한 말씀과 지나간 행실을 강론하고 政事를 의논하게 하여 때로는 밤이 깊어서야 파하였다.

○上이 於弘文殿에 聚四部書二十餘萬卷하고 置弘文館於殿側하고 精選天下文學之士虞世南褚亮姚思廉歐陽詢蔡允恭蕭德言等하야 以本官으로 兼學士하야 令更日宿直하고 聽朝之隙에 引入內殿하야 講論前言往行하고 商確政事하야 或至夜分乃罷하다

16-1-4

上이 신하들과 도적을 방지하는 방법을 의논할 때 어떤 사람이 엄중한 법으로 금지할 것을 청하였다.

上이 웃으며 말하기를 "백성들이 도적이 되는 까닭은 賦稅가 많고 徭役이 무거운데다 관리들이 탐욕스럽게 苛斂誅求하여 굶주림과 추위가 몸에 절박하기 때문에 염치를 돌아볼 겨를이 없어서일 뿐이다. 朕이 사치를 제거하고 비용을 줄이며 요역을 가볍게 하고 부세를 적게 거두며 청렴한 관리를 선발하고 등용하여 백성들로 하여금 衣食을 넉넉하게 하면 저절로 도적질을 하지 않을 것이니, 어찌 엄중한 법을 쓸 필요가 있겠는가." 하였다.

또 일찍이 侍臣들에게 이르기를 "군주는 나라에 의지하고 나라는 백성에게 의지하니, 백성에게 각박하게 하여 군주를 받들면 자기 살을 베어 배를 채우는 것과 같아서 배는 부르지만 몸은 죽고 군주는 풍족해지지만 나라는 망하게 된다. 그러므로 人君의 근심은 밖으로부터 들어오는 것이 아니고 항상 자신으로부터 나오는 것이니, 욕심이 많으면 비용이 커지고, 비용이 커지면 부세가 무거워지고, 부세가 무거워지면 백성이

---

1) 四部書 : 四部는 經·史·子·集을 말한다. 薛稷이 集庫를 맡고 馬懷素가 經庫를 맡고 沈佺期가 史庫를 맡고 武平一이 子庫를 맡았으니, 이것을 통틀어 四部라 하였고, 또 甲部·乙部·丙部·丁部가 있었다. 漢나라 이후로 史官이 著者의 이름과 篇章의 차례를 열거하여 '六藝七略'이라 하였는데, 唐나라에 이르러 처음으로 四類로 구분하여 經·史·子·集이라 하고, 甲·乙·丙·丁으로 차례를 매겨 四庫書라 하였다. 四部書라고도 한다.

근심하게 되고, 백성이 근심하면 나라가 위태로워지고 군주가 지위를 잃게 된다. 朕은 항상 이것을 생각하기 때문에 함부로 욕심을 부리지 못하는 것이다." 하였다.

○上이 與群臣으로 論止盜할새 或請重法以禁之어늘 上哂之曰 民之所以爲盜者는 由賦繁役重하고 官吏貪求하야 飢寒切身이라 故不暇顧廉恥耳라 朕이 當去奢省費하고 輕傜薄賦하고 選用廉吏하야 使民衣食有餘면 則自不爲盜하리니 安用重法邪아 又嘗謂侍臣曰 君依於國하고 國依於民하니 刻民以奉君이면 猶割肉以充腹하야 腹飽而身斃하고 君富而國亡이라 故人君之患은 不自外來요 常由身出이니 夫欲盛則費廣하고 費廣則賦重하고 賦重則民愁하고 民愁則國危而君喪矣라 朕은 常以此思之라 故不敢縱欲也하노라

16-1-5

益州에서 獠族이 반란을 일으켰다고 아뢰고 병력을 내어 토벌하기를 청하였는데, 上이 이르기를, "獠族은 험한 山林에 의지하고 있으면서 때로 나와 도적질을 하니, 이것이 그들의 습속이다. 牧守가 능히 은혜와 신의로 그들을 어루만진다면 자연 서로 이끌고 와서 복종할 것이니, 어찌 경솔하게 병력을 움직여서 禽獸를 사냥하는 것처럼 그들을 토벌할 수 있겠는가. 이것이 어찌 백성의 부모 된 사람의 뜻이겠는가." 하고 마침내 허락하지 않았다.

○益州奏獠反하고 請發兵討之한대 上曰 獠依阻山林하야 時出鼠竊하니 乃其常俗이라 牧守苟能撫以恩信이면 自然帥(솔)服이니 安可輕動干戈하야 漁獵其民을 比之禽獸리오 豈爲民父母之意邪아하고 竟不許하다

16-1-6

上이 裴寂에게 이르기를 "근래 글을 올려 일을 말하는 자가 많았는데, 朕이 모두 집 벽에 붙여놓고 출입할 때 살펴보고 항상 政治의 方道를 생각하여 혹 밤이 깊어서야 비로소 잠이 드니, 公들도 마땅히 맡은 일을 삼가고 부지런히 힘써서 朕의 뜻에 부응하도록 하라." 하였다.

上이 정신을 가다듬고 훌륭한 정치를 도모하여 자주 魏徵[2]을 침실 안에서 引見하

2) 魏徵 : 580~643. 자는 玄成, 시호는 文貞이다. 당 태종의 부름을 받아 諫議大夫 등의 요직을 역임한 후 宰相으로 중용되었다. 굽힐 줄 모르는 直諫으로 유명한데, 위징이 죽었을 때 태종은 득실을

여 政治의 得失을 물었는데, 위징이 아는 것을 말하지 않음이 없으니 上이 모두 기뻐하며 嘉納하였다.

○上謂裴寂曰 比多上書言事者어늘 朕皆粘之屋壁하고 得出入省覽하고 每思治道하야 或深夜方寢하노니 公輩亦當恪勤職業하야 副朕此意하라 上이 厲精求治하야 數引魏徵入臥內하야 訪以得失한대 徵이 知無不言하니 上이 皆欣然嘉納하다

16-1-7

貞觀 원년(627)에 다음과 같이 制令을 내렸다.

"지금부터 中書省과 門下省 및 3품 이상의 관원이 閤門에 들어와 정사를 의논할 때에는 모두 諫官에게 명하여 따라 들어오게 하여 잘못이 있거든 곧 간하게 하라."

○貞觀元年에 制호되 自今으로 中書門下及三品以上이 入閤議事에 皆命諫官隨之하야 有失輒諫하라

16-1-8

上이 右僕射 封德彝[3]로 하여금 어진 사람을 천거하게 하였는데, 오랫동안 천거하는 바가 없어서 上이 힐책하니, 대답하기를 "마음을 다하지 않는 것은 아닙니다. 다만 지금 뛰어난 인재가 없을 뿐입니다." 하였다. 上이 이르기를 "군자가 사람을 등용하는 것은 器物을 사용하는 것과 같아서 각각 그의 장점을 취하여 쓰니, 옛날에 훌륭한 정치를 이룩한 자가 어찌 다른 시대에서 인재를 빌려 왔던가. 실로 자신이 인재를 알아보지 못할까 걱정해야 할 것이니, 어찌 한 세상 사람을 속일 수 있겠는가." 하니, 봉덕이가 부끄러워하며 물러갔다.

○上이 令右僕射封德彝擧賢이어늘 久無所擧하야 上詰之하니 對曰 非不盡心이로되 但於今에 未有奇才耳니이다 上曰 君子用人如器하야 各取所長이니 古之致治者 豈借才於異代乎아 正患己不能知니 安可誣一世之人이리오하니 德彝慙而退하다

살필 수 있는 거울 하나를 잃었다며 슬퍼했다고 한다.

3) 封德彝 : 唐나라 渤海 사람 封倫으로, 덕이는 그의 자이다. 처음에 隋 煬帝를 섬겼다가 후에 唐 高祖에게 歸化하였는데, 수나라에서는 간신이었으나 당나라에서는 충신이 되었다고 한다.(≪新唐書≫ 권100 〈封倫列傳〉)

16-1-9

上이 太子少師 蕭瑀4)에게 이르기를 "朕이 젊어서부터 활과 화살을 좋아하여 좋은 활 십여 개를 얻고 스스로 이보다 더 좋은 것이 없다고 여겼는데, 근래 활 만드는 工人에게 그 활을 보이니 그가 말하기를 '모두 좋은 재목이 아닙니다.' 하였다. 朕이 그 까닭을 묻자 工人이 대답하기를 '나무의 중심이 곧지 않으면 脈理(나뭇결)가 모두 휘어지니, 활이 비록 강하더라도 화살을 발사하면 곧게 나가지 않습니다.' 하였으니, 朕이 그제야 비로소 이전에 활과 화살을 분별함이 정밀하지 못했다는 사실을 깨닫게 되었다. 朕은 활과 화살로 사방을 평정하였으면서도 활과 화살을 식별함이 오히려 지극하지 못하였는데, 더구나 천하의 사무를 어찌 두루 알 수 있겠는가." 하였다.

이에 서울에 있는 5품 이상의 관원에게 명하여 번갈아 中書內省에서 숙직하게 하고 자주 이들을 引見하여 민간의 疾苦와 정사의 得失을 물었다.

○上이 謂太子少師蕭瑀曰 朕이 少好弓矢하야 得良弓十數하고 自謂無以加러니 近以示弓工하니 乃曰 皆非良材라하야늘 朕問其故하니 工曰 木心不直이면 則脈理皆邪하니 弓雖勁이나 而發矢不直이라하니 朕始寤曏者辯之未精也로라 朕以弓矢定四方호되 識之猶未能盡이어든 況天下之務를 其能徧知乎아 乃命京官五品以上하야 更宿中書內省하고 數延見하야 問民疾苦와 政事得失하다

16-1-10

글을 올려 아첨하는 신하를 제거하기를 청하는 사람이 있었는데, 上이 묻기를 "아첨하는 신하가 누구인가?" 하니, 대답하기를 "바라건대 폐하께서는 여러 신하들과 말씀하실 적에 혹 거짓으로 노한 체하여 시험해보소서. 저 신하 중에 의리를 고집하여 굽히지 않는 자는 정직한 신하이고, 위엄을 두려워하여 임금의 뜻에 순종하는 자는 아첨하는 신하입니다." 하였다.

上이 이르기를 "군주는 根源이고 신하는 支流이니, 근원을 흐리게 해놓고 지류가 맑아지기를 구한다면 그렇게 될 수 없는 것이다. 군주가 스스로 거짓말을 하고서 어떻게 신하에게 정직해지기를 요구할 수 있겠는가. 朕은 지금 至誠으로 천하를 다스리고

---

4) 蕭瑀 : 원래 隋나라에 벼슬하였으나 唐나라에 귀순한 학자로, 高祖의 총애를 받아 宋國公에 봉해졌다. 太宗이 그의 절의를 칭찬하여 "질풍 속에서 굳게 버티는 초목을 알 수 있고, 난리 속에서 충성스러운 신하를 알 수 있다.〔疾風知勁草 板蕩識誠臣〕는 시를 하사하였다고 한다.(≪舊唐書≫ 권63 〈蕭瑀列傳〉)

자 하니, 前代의 帝王 가운데 權變과 속임수의 작은 術數를 가지고 자기 신하들을 대하기를 좋아한 경우를 보면 항상 속으로 부끄럽게 여겼다. 卿의 계책이 비록 좋기는 하지만 朕은 취하지 않겠다." 하였다.

○有上書請去佞臣者어늘 上問 佞臣爲誰오하니 對曰 願陛下與群臣言에 或陽怒以試之하소서 彼執理不屈者는 直臣也요 畏威順旨者는 佞臣也니이다 上曰 君은 源也요 臣은 流也니 濁其源而求其流之淸이면 不可得矣니 君自爲詐하고 何以責臣下之直乎아 朕方以至誠治天下니 見前世帝王이 好以權譎小數로 接其臣下者면 常竊恥之하노니 卿策雖善이나 朕不取也하노라

16-1-11

上이 정신과 풍채가 英明하고 굳세니, 나아가 뵙는 신하들이 모두 위축되어 몸 둘 바를 몰랐다. 上이 이것을 알고는 항상 일을 아뢰는 사람들을 만나볼 때마다 반드시 말과 안색을 너그럽게 하여 規諫하는 말을 듣고자 하였다.

일찍이 公卿에게 이르기를 "사람이 스스로 자기 모습을 보고자 한다면 반드시 밝은 거울에 의지하여야 하고, 군주가 스스로 자기 과오를 알고자 한다면 반드시 忠臣을 기다려야 한다. 만일 군주가 간언을 거스르면서 스스로 어질다 여기고 그 신하는 아첨하여 군주의 뜻을 따른다면 군주가 나라를 잃게 되었을 때 신하가 어찌 홀로 온전할 수 있겠는가. 예컨대 虞世基[5] 같은 무리는 아첨으로 隋나라 煬帝를 섬겨서 부귀를 보존하다가 양제가 시해되었을 때 우세기 등도 죽음을 당했으니, 公들은 마땅히 이것을 경계하여 정사에 得失이 있거든 아끼지 말고 하고 싶은 말을 다하도록 하라." 하였다.

○上이 神采英毅하니 群臣進見者 皆失擧措라 上知之하고 每見人奏事에 必假以辭色하야 冀聞規諫하다 嘗謂公卿曰 人欲自見其形이면 必資明鏡이요 君欲自知其過이면 必待忠臣이니 苟君愎諫自賢하고 其臣阿諛順旨하면 君旣失國에 臣豈能獨全이리오 如虞世基等은 諂事煬帝하야 以保富貴라가 煬帝旣弑에 世基等亦誅하니 公輩宜用此爲戒하야 事有得失이면 無惜盡言하라

16-1-12

上이 公卿에게 이르기를 "옛날 禹임금이 산을 뚫어 홍수를 다스릴 때 비방하고 원망

---

5) 虞世基 : 隋 煬帝의 寵臣이다. 양제 말년에 宇文述, 裴矩, 裴蘊, 蘇威 등 이른바 五貴와 함께 國政을 장악하고 권력을 농단하였다.

하는 백성이 없었던 까닭은 백성들과 이익을 함께했기 때문이고, 秦 始皇이 宮室을 경영할 때 백성들이 원망하고 배반했던 까닭은 백성들을 해쳐서 자신을 이롭게 했기 때문이다.

화려하고 진기함은 진실로 사람들이 원하는 바이지만 만일 이것을 마음대로 하여 그치지 않는다면 위태로움과 멸망이 곧 닥치게 될 것이다. 짐은 궁전 한 채를 경영하고자 하여 재목과 비용을 이미 갖추었지만 秦나라를 거울로 삼아 중지하였으니, 王公 이하는 마땅히 짐의 이러한 뜻을 잘 알아야 할 것이다." 하였다.

이로부터 20년 동안 풍속이 소박하여 비단옷을 입지 않았으니, 公私間에 부유하고 풍족하게 되었다.

○上이 謂公卿曰 昔에 禹鑿山治水而民無謗讟者는 與人同利故也요 秦始皇營宮室而民怨叛者는 病人以利己故也라 夫美麗珍奇는 固人之所欲이나 若縱之不已면 則危亡立至라 朕은 欲營一殿하야 材用已具나 鑑秦而止하노니 王公已下는 宜體朕此意하라 由是로 二十年間에 風俗素樸하야 衣無錦繡하니 公私富給이라

16-1-13

上이 黃門侍郎 王珪[6]에게 이르기를, "國家에는 원래 中書省과 門下省[7]을 설치하여 서로 檢察하게 하였으니, 중서성에서 작성한 詔敕이 혹 차질이 있으면 문하성이 논평하여 바로잡아야 한다. 人心의 所見이 서로 같지 않을 때는 진실로 論難이 오고가서 매사가 지당하게 되도록 힘써야 하니, 자기 고집을 버리고 다른 사람의 생각을 따른다면 또한 다시 무슨 손상될 것이 있겠는가.

근래에는 혹 자신의 단점을 감추려 하다가 마침내 원한을 이루기도 하고 혹 구차하게 사사로운 원한을 피하기 위해 잘못인 줄 알면서도 부정한 짓을 하기도 해서 한 사람의 안면을 거스르지 않으려고 억조창생의 깊은 근심을 초래하니, 이것이 바로 국가를 망하게 하는 政事이다.

隋 煬帝의 시대에는 內外의 여러 관리들이 서로 순종하기에만 힘썼으니, 당시에는

6) 王珪 : 唐 太宗 때의 명신이다. 자는 叔玠, 시호는 懿이다. 黃門侍郎, 禮部尙書 등을 역임하였다.

7) 中書省과 門下省 : 중서성은 주로 機務・詔書・民政을 맡아 보고, 문하성은 주로 王命의 出納을 맡아 보았다. 이 두 관서는 尙書省과 함께 三省이라 불리었으며, 이 삼성의 長이 함께 정사의 중요한 일을 의논하였다.

모두 스스로 지혜가 있어서 禍가 자신에게 이르지 않는다고 생각하였지만 천하가 크게 어지러워졌을 때에는 집안도 망하고 국가도 망하였다. 비록 그 사이에는 만에 하나 화를 면한 자가 있었지만 또한 時論의 배척을 받아 오래도록 끝내 오명을 씻지 못하였으니, 卿들은 각각 공정함을 따르고 私慾을 잊어야 할 것이며 부화뇌동하지 말아야 할 것이다." 하였다.

○上謂黃門侍郎王珪曰 國家本置中書門下하야 以相檢察하니 中書詔敕이 或有差失이면 則門下가 當行駁正하라 人心所見이 互有不同엔 苟論難往來하야 務求至當하니 捨己從人이면 亦復何傷이리오 比來에 或護己之短이라가 遂成怨隙하고 或苟避私怨하야 知非不正하야 順一人之顏情하야 爲兆民之深患하니 此乃亡國之政也라 煬帝之世에 內外庶官이 務相順從하니 當是之時에 皆自謂有智하야 禍不及身이나 及天下大亂에 家國兩亡하니 雖其間에 萬一有得免者하나 亦爲時論所貶하야 終古不磨하니 卿曹는 各當徇公忘私하고 勿雷同也라

16-1-14

上이 侍臣에게 이르기를 "내가 들으니 西域의 胡商[8]들은 아름다운 진주를 얻으면 몸을 가르고 그 속에 진주를 감춘다고 하는데, 이러한 일이 있는가?" 하니, 侍臣이 말하기를, "있습니다." 하였다.

上이 이르기를 "사람들은 모두 저들이 진주는 아끼면서도 자기 몸을 사랑하지 않는 것을 비웃을 줄 아니, 관리가 뇌물을 받고 법을 어기는 것과 帝王이 사치와 욕심을 따르다가 나라를 멸망하게 하는 것이 저 胡商들이 비웃음을 당하는 것과 무엇이 다르겠는가." 하였다.

魏徵이 말하기를 "옛날에 魯나라 哀公이 孔子에게 이르기를 '사람 중에 잘 잊어버리는 자가 있었으니, 집을 옮기면서 자기 아내를 잊었습니다.' 하자, 공자가 대답하기를 '이보다 더 심한 경우가 있으니, 桀과 紂는 마침내 자기 자신을 잊었습니다.' 하였으니,[9] 또한 이와 같습니다." 하였다.

上이 말하기를 "그렇다. 朕은 公들과 함께 마땅히 힘을 다해 서로 도와서 남들의 비웃음거리가 되는 것을 면해야 할 것이다." 하였다.

---

8) 胡商 : 장사하는 胡人을 말한다.

9) 옛날에……하였으니 : ≪孔子家語≫ 권3 〈賢君13〉에 나온다.

○上謂侍臣曰 吾聞西域賈胡得美珠면 剖身以藏之라하니 有諸아 侍臣曰 有之니이다 上曰 人皆知笑彼之愛珠而不愛其身也하나니 吏受賂抵法與帝王徇奢欲而亡國者가 何以異於彼胡之可笑邪아 魏徵曰 昔에 魯哀公이 謂孔子曰 人有好忘者하니 徙宅而忘其妻라하니 孔子曰 又有甚者하니 桀紂는 乃忘其身이라하니 亦猶是也니이다 上曰 然하다 朕與公輩로 宜戮力相輔하야 庶免爲人所笑也하리라

16-1-15

貞觀 2년(628)에 上이 王珪에게 이르기를, "開皇 14년(594)에 큰 가뭄이 들자 隋나라 文帝는 창고를 열어 賑恤하는 것을 허락하지 않고 백성들로 하여금 山東으로 가서 먹게 하였는데, 末年에 이르러서는 비축한 곡식이 50년 동안 공급할 수 있는 양이 되었다. 그러나 煬帝는 그 풍족함을 믿고 사치 부리는 마음이 지극하여 만족할 줄 모르다가 마침내 天下를 잃고 말았다. 〈양제의 입장에서 생각해보자면〉 倉庾[10)]에 비축된 곡식으로는 족히 흉년에 대비하게 해야 할 뿐이니, 그 나머지 〈문제가 비축해놓은〉 곡식을 어찌 쓸 수가 있겠는가." 하였다.

또 侍臣에게 이르기를 "사람들은 말하기를 '天子는 지극히 높아서 두려워하고 꺼리는 바가 없을 것이다.' 하지만 朕은 그렇지 않아서, 위로는 皇天이 굽어보고 계시는 것을 두려워하고 아래로는 신하들이 우러러보는 것을 꺼려해서 조심하고 두려워하면서 오히려 하늘의 뜻에 부합하지 못하고 사람들의 기대에 부응하지 못할까 두려워한다." 하였다.

그러자 위징이 말하기를 "이것이 진실로 治世를 이룰 수 있는 요점이니, 바라건대 폐하께서는 끝을 삼가서 처음 시작할 때와 같이 하신다면 좋을 것입니다." 하였다.

○二年에 上謂王珪曰 開皇十四年에 大旱하니 隋文帝不許賑給하고 而令百姓就食山東이러니 比至末年에 儲積可供五十年이라 煬帝恃其富饒하고 侈心無厭이라가 卒亡天下하니 但使倉庾之積으로 足以備凶年이니 其餘何用哉리오 又謂侍臣曰 人言天子至尊하야 無所畏憚이나 朕則不然하야 上畏皇天之監臨하고 下憚群臣之瞻仰하야 兢兢業業하야 猶恐不合天意하고 未副人望이로라 魏徵曰 此誠致治之要니 願陛下愼終如始則善矣니이다

10) 倉庾 : 邑에 있는 창고를 '倉'이라 하고 지붕 없이 들에 쌓아두는 것을 '庾'라 한다.

16-1-16

大理少卿 胡演이 매월의 囚帳[11]을 올리니, 上이 命하기를, "지금부터 死刑은 모두 中書省과 門下省의 4品 이상 및 尙書로 하여금 의논하게 해서 원통하게 죄에 빠지는 일이 없도록 하라." 하였다.

이윽고 죄수를 引見하다가 岐州刺史 鄭善果[12]에 이르렀을 때 上이 호연에게 이르기를, "정선과가 비록 다시 죄를 지었지만 그 官品이 낮지 않으니, 어찌 다른 죄수들과 함께 섞여 있게 할 수 있겠는가. 지금부터 3品 이상이 죄를 지은 경우에는 반드시 스스로 과오를 引責하게 하지 말고 朝堂에서 죄상을 들을 때 進止[13]를 기다리게 하라." 하였다.

○大理少卿胡演進每月囚帳하니 上命自今大辟은 皆令中書門下四品已上及尙書議之하야 庶無冤濫이라하더니 旣而引囚라가 至岐州刺史鄭善果에 上謂胡演曰 善果雖復有罪나 官品不卑하니 豈可使與諸囚爲伍리오 自今으로 三品已上犯罪어든 不須引過하고 聽於朝堂俟進止하라

16-1-17

關中에 가뭄과 飢餓가 들어 백성 가운데 자식을 파는 자가 많으니, 조서를 내려 內府의 金帛을 내어 代贖하게 한 다음 그 부모에게 돌아가게 하였다.

또 작년에 장마가 지고 올해 旱害와 蝗蟲의 재앙이 있었다는 것 때문에 천하에 사면령을 내렸으니, 詔書의 대략에 이르기를, "만일 한 해의 곡식에 풍년이 들어 天下의 백성들이 안정되게 할 수 있다면 朕의 몸에 재앙을 옮겨 천하를 보존한다 하더라도 이것이 내가 원하는 바이다." 하였다. 그러자 마침 곳곳에 비가 내려서 백성들이 크게 기뻐하였다.

또 隋나라 말기에 亂離와 饑饉이 만연하였기 때문에 들판에 버려진 백골이 가득하자, 조서를 내려 각 지역의 官司에서 수습하여 묻어주게 하였다.

---

11) 囚帳 : 죄수의 성명과 죄명을 기록한 장부를 가리킨다.

12) 鄭善果 : 隋나라 文帝·煬帝, 唐 太宗 때 사람으로 隋나라 때 沂州·景州의 刺史, 魯郡太守 등을 지냈고, 唐나라에 들어와서 大理卿·刑部尙書 등을 지냈다.

13) 進止 : 聖旨를 받든다는 의미로, 임금이 명하여 나오라 하면 나오고 그치라 하면 그쳐야 하기 때문에 그렇게 말한 것이다.

○關中旱饑하야 民多賣子하니 詔出內府金帛하야 爲贖之하야 歸其父母하고 又以去歲霖雨하고 今茲旱蝗으로 赦天下하니 詔書略曰 若使年穀豐稔하야 天下乂安이면 移災朕身하야 以存萬國이라도 是所願也라하니 會에 所在有雨하야 民大悅이러라 又以隋末亂離饑饉하야 暴骸滿野하니 詔所在官司收瘞하다

16-1-18

突厥이 表文을 올려 入朝할 것을 청하니 上이 侍臣에게 이르기를, "이전에 돌궐이 강성할 때에는 활을 당겨 쏠 수 있는 군사가 백만 명이나 되었으므로 中夏를 능멸하였으니, 이 때문에 교만 방자해져서 民心을 잃었다. 그런데 지금은 스스로 入朝할 것을 청하고 있으니, 저들이 곤궁하지 않다면 어찌 이와 같이 하겠는가. 朕은 이 말을 듣고 한편으로는 기쁘고 한편으로는 두려우니, 무엇 때문이겠는가. 돌궐이 쇠약하면 변경이 편안해지기 때문에 기쁘지만 그러나 朕이 혹 나라를 다스리는 도리를 잃으면 다른 날 또한 돌궐과 같아질 것이니, 두려워하지 않을 수 있겠는가. 卿들은 마땅히 간절히 諫하기를 아끼지 말아서 朕이 미치지 못하는 점을 보필하도록 하라." 하였다.

○突厥表請入朝니 上謂侍臣曰 曏者突厥之彊에 控弦百萬이라 憑陵中夏하니 用是驕恣하야 以失其民이러니 今自請入朝하니 非困窮이면 肯如是乎아 朕聞之하고 且喜且懼하노니 何則고 突厥衰則邊境安矣라 故喜나 然朕或失道면 他日에 亦將如突厥하리니 能無懼乎아 卿曹는 宜不惜苦諫하야 以輔朕之不逮也하라

16-1-19

畿內에 蝗蟲의 피해가 있었는데, 上이 동산에 들어가 蝗蟲을 보고 몇 마리를 잡아서 축원하기를 "백성들은 곡식을 생명으로 삼는데 네가 그 곡식을 먹으니, 차라리 나의 폐와 창자를 먹으라." 하고 손을 들어 蝗蟲을 삼키려 하니, 좌우의 신하들이 諫하기를 "나쁜 생물이 혹 병을 이룰까 염려됩니다." 하였다. 上이 이르기를 "朕이 백성을 위해 재앙을 받으려 하니, 어찌 병을 피하겠는가." 하고는 마침내 삼켜버렸는데, 이해에는 蝗蟲이 災害가 되지 않았다

○畿內에 有蝗이러니 上入苑中見蝗하고 掇數枚하야 祝之曰 民以穀爲命而汝食之하니 寧食吾之肺腸이라하고 擧手欲呑之한대 左右諫曰 惡物或成疾이니이다 上曰 朕爲民受災하니 何疾之避리오하고 遂

呑之러니 是歲에 蝗不爲災하다

16-1-20

上이 일찍이 이르기를, "朕은 늘 조회에 임할 때마다 한 마디 말을 하고 싶을 때 세 번 생각하지 않은 적이 없었으니, 백성에게 해가 될까 두려웠기 때문이다. 이 때문에 말을 많이 하지 않았다." 하니, 給事中 知起居事 杜正倫[14]이 말하기를, "臣이 記言의 직책에 있으므로 陛下께서 말에 실수가 있으면 신이 반드시 기록할 것이니, 어찌 어찌 한갓 지금 피해가 있을 뿐이겠습니까. 또한 후세에 원망을 끼칠까 두렵습니다." 하였다.

上이 기뻐하여 명주 200段을 하사하고, 또 이르기를, "梁나라 武帝 때에 임금과 신하들은 오직 괴롭고 공허한 이치만 담론하다가 侯景의 난리[15] 때에 百官들이 말에 오르지도 못하였고,[16] 元帝는 北周 군사에게 포위된 상황에서도 오히려 ≪老子≫를 講하여 百官들이 戎服을 입고 들었으니,[17] 이 두 가지 일은 경계로 삼을 만하다.

朕이 좋아하는 것은 오직 堯임금과 舜임금, 周公과 孔子의 道이니, 생각건대 마치 새에게 날개가 있고 물고기에게 물이 있는 것과 같아서 날개와 물을 잃으면 죽게 되니, 이 道는 잠시도 없어서는 안 될 따름이다." 하였다.

○上嘗曰 朕每臨朝하야 欲發一言에 未嘗不三思하니 恐爲民害라 是以로 不多言하노라 給事中知

---

14) 杜正倫 : 唐나라 相州 洹水 사람으로, 隋 文帝 때 秀才로 천거되어 시험에 합격하였다. 唐 高祖 武德 연간에 齊州總管府 錄事參軍이 되었는데, 당시 太宗 李世民이 추천하여 秦王府文學館이 되었다. 글을 잘 짓고 佛經에도 조예가 깊었다. 태종 貞觀 연간에 魏徵의 천거로 兵部員外郎으로 옮기고 給事中과 中書侍郎이 되었는데, 일을 논한 것이 태종의 뜻에 맞았다.

15) 侯景의 난리 : 侯景은 본래 北魏 懷朔鎭 사람으로 字는 萬景이다. 처음에 北魏 爾朱榮의 장수가 되었다가 뒤에 高歡에게 돌아갔다. 고환이 죽자 梁나라에 귀부하여 河南王에 봉해졌다가 나중에 반란을 일으켜 建康을 공격하여 깨뜨렸다. 梁 武帝가 臺城에서 포위되어 굶어 죽자, 후경이 皇位에 올라 漢帝로 자칭하였다. 그가 도처마다 불을 지르고 약탈하여 長江의 하류 지역이 극심한 피해를 입었는데, 이 사건을 史書에서 '侯景의 난리〔侯景之亂〕'라고 하였다. 그 뒤 얼마 안 되어 양나라 장수 陳霸先과 王僧辯 등의 공격을 받아 패배하여 달아나다가 그의 부하에게 피살되었다.

16) 梁나라……못하였고 : 武帝는 梁나라를 창건한 임금인 蕭衍이다. 그는 佛敎에 빠져 세 차례나 절에 가서 捨身하였는데, 侯景의 반역으로 성이 함락되어 마침내 굶어 죽었다.

17) 元帝는……들었으니 : 元帝는 六朝 시대 梁나라의 제3대 임금인 蕭繹이다. 그는 西魏가 쳐들어오는데도 ≪老子≫를 강론하고 시를 짓다가 성이 함락되자, 古今의 圖書 14만 권을 불태우며 한탄하기를 "수만 권의 글을 읽었는데도 오히려 이 꼴이 되는 것인가?" 하다가 魏나라 사람들에게 살해되었다.

起居事杜正倫曰 臣職在記言이라 陛下之言이 失이면 臣必書之니 豈徒有害於今이리오 亦恐貽譏於後니이다 上悅하야 賜絹二百段하고 又曰 梁武帝君臣은 惟談苦空이라가 侯景之亂에 百官不能乘馬하고 元帝爲周師所圍에 猶講老子하야 百官戎服以聽하니 此深足爲戒라 朕所好者는 唯堯舜周孔之道니 以爲如鳥有翼이요 如魚有水하야 失之則死니 不可暫無耳니라

16-1-21

上이 侍臣에게 이르기를, "옛말에 이르기를 '赦免은 소인에겐 다행스런 일이고 군자에겐 불행한 일이다.' 하였고, '1년에 두 번 사면하면 선량한 사람이 흐느끼며 말을 하지 못한다.' 하였다.

잡초를 기르는 것은 좋은 곡식을 해치는 짓이고 죄 있는 자를 사면하는 것은 어진 백성을 해치는 짓이다. 그러므로 朕은 즉위한 이래로 자주 사면하고자 하지 않았으니, 소인들이 이것을 믿고서 경솔하게 憲章을 범할까 두려워했기 때문이다." 하였다.

○上謂侍臣曰 古語有之하니 赦者는 小人之幸이요 君子之不幸이라하고 一歲再赦면 善人喑啞라하다 夫養稂莠者는 害嘉穀이요 赦有罪者는 賊良民이라 故朕卽位以來로 不欲數赦하니 恐小人恃之하야 輕犯憲章故也니라

16-1-22

上이 이르기를, "근래 보건대 신하들이 자주 表文을 올려 祥瑞를 하례하고 있다. 집집마다 넉넉하고 사람마다 풍족하면서 상서가 없으면 堯·舜 같은 聖君이 되는 데 해롭지 않고 백성이 근심하고 원망하는데 상서가 많으면 桀·紂 같은 폭군이 되는 데 해롭지 않을 것이니, 後魏(北魏) 때에는 관리들이 連理木[18]을 태워 흰 꿩을 삶아 먹을 정도로 祥瑞가 많았지만 어찌 지극히 잘 다스려졌다고 할 수 있겠는가." 하였다.

조서를 내려 이르기를, "이제부터 큰 상서는 表文을 올려 보고하게 하고 그밖에 여러 가지 상서는 해당 관사에만 보고하도록 하라." 하였다.

한번은 흰 까치가 寢殿의 회나무 위에 둥지를 지었는데, 마치 腰鼓(장구)처럼 둥지를 연결하여[19] 함께 화락하게 즐기니 左右의 신하들이 칭송하고 경하하였다. 이에 上

---

18) 連理木 : 두 나무의 가지가 서로 맞닿아서 결이 연결된 것을 이른다. 가지와 줄기가 나누어졌다가 다시 합하여 하나가 되고, 합하였다가 다시 나누어지기 때문에 이렇게 이름한 것이다.

이 이르기를, "나는 항상 隋 煬帝가 상서를 좋아했던 점에 대해 비웃었다. 상서는 어진 인재를 얻는 데에 있는 것이니, 흰 까치가 둥지 튼 것이 어찌 경하할 만한 일이겠는가." 하고는 그 둥지를 부수고 까치를 야외로 날려 보내라고 명하였다.

○上曰 比見群臣屢上表賀祥瑞라 夫家給人足而無瑞면 不害爲堯舜이요 百姓愁怨而多瑞면 不害爲桀紂니 後魏之世에 吏焚連理木하야 煮白雉而食之나 豈足爲至治乎아 詔自今大瑞는 聽表聞하고 諸瑞는 申所司而已라하다 嘗有白鵲構巢於寢殿槐上한대 合歡如腰鼓하니 左右稱賀라 上曰 我常笑隋煬帝好祥瑞라 瑞在得賢이니 此何足賀리오하고 命毁其巢하고 縱鵲於野外하다

16-1-23

날씨가 가물어 비가 적게 오자, 中書舍人 李百藥이 上言하기를 "지난해에 비록 宮人을 내보냈지만, 삼가 듣건대 太上皇宮과 掖庭의 宮人 가운데 쓸모없는 사람이 아직도 많다고 하니 어찌 衣食을 허비할 뿐이겠습니까. 짐짓 陰氣가 막혀 쌓이게 될 것이니, 또한 가뭄을 초래하기에 충분합니다." 하였다.

上이 이르기를, "婦人이 깊은 궁중에 幽閉되어 있으니, 참으로 근심할 만한 일이다. 청소하는 일 외에는 또한 어디에 쓸 수 있겠는가." 하고 관원을 파견하여 掖庭의 西門에서 궁녀를 골라 내보내게 하였으니, 전후로 내보낸 인원이 3천여 명이었다.

○天少雨하니 中書舍人李百藥上言호되 往年에 雖出宮人이나 竊聞太上皇宮及掖庭宮人에 無用者尙多라하니 豈惟虛費衣食이리오 且陰氣鬱積하니 亦足致旱이니이다 上曰 婦人幽閉深宮하니 誠爲可愍이라 灑掃之餘에 亦何所用이리오하고 於是에 遣官하야 於掖庭西門에 簡出之하니 前後所出이 三千餘人이러라

16-1-24

上이 이르기를, "朕을 위하여 백성을 기르는 것은 오직 都督과 刺史에게 달려 있다. 그러므로 朕은 항상 그들의 이름을 屛風에 조목조목 기록하여 앉아서나 누워서나 살펴보고, 그들이 관청에 있을 때에 잘하고 잘못한 行跡을 들으면 모두 이름 아래에 적어 넣어 그늘을 파면하거나 승진시킬 때를 대비하고 있다. 縣令은 더욱이 백성들을

19) 腰鼓(장구)처럼……연결하여 : 둥지 두 개가 서로 이어져 있으면서 가운데가 가늘어 그 모양이 腰鼓와 같았다는 말이다.

가까이서 대하니, 잘 가려 뽑지 않을 수가 없다.” 하고는, 마침내 내외의 5品 이상의 관원에게 명하여 각각 縣令의 직임을 감당할 만한 사람을 천거하여 이름을 보고하게 하였다.

○上曰 爲朕養民者는 唯在都督刺史라 朕常疏其名於屛風하야 坐臥觀之하고 得其在官善惡之跡이면 皆注於名下하야 以備黜陟이라 縣令尤爲親民하니 不可不擇이라하고 乃命內外五品以上하야 各擧堪爲縣令者하야 以名聞하다

16-1-25

貞觀 3년(629)에 上이 房玄齡과 杜如晦에게 이르기를 “公들이 僕射가 되었으니 마땅히 어진 인재를 널리 구하여 재주에 따라 임무를 맡겨야 하니 이것이 宰相의 직책이다. 그런데 근래 듣건대 訟事를 처리하느라 날마다 여가가 없다고 하니, 어찌 朕을 도와 어진 인재를 구할 수 있겠는가.” 하고는, 인하여 詔敕을 내리기를 “尙書省의 작은 일은 左丞과 右丞에게 맡기고 오직 큰일일 경우에만 이에 복야를 경유하게 하라.” 하였다.

○三年에 上謂房玄齡杜如晦曰 公爲僕射하니 當廣求賢人하야 隨才授任이니 此宰相之職也라 比聞聽受辭訟하야 日不暇給이라하니 安能助朕求賢乎아하고 因敕호되 尙書細務는 屬(촉)左右丞하고 唯大事는 乃關僕射하라

16-1-26

上이 侍臣에게 이르기를 “中書省과 門下省은 중요한 機務를 맡은 관서이니, 詔勅에 타당하지 못한 점이 있으면 모두 爭論하여 자신의 주장을 고집해야 한다. 그런데 근래에는 오직 순종하는 것만 보고 다른 의견을 주장하는 것을 듣지 못하였으니, 만일 단지 文書만 통행시킬 뿐이라면 누군들 그 일을 못하겠는가. 하필 인재를 가릴 것이 있겠는가.” 하니, 房玄齡 등이 모두 머리를 조아려 사죄하였다.

○上謂侍臣曰 中書門下는 機要之司니 詔敕有不便者면 皆應論執이어늘 比來에 唯睹順從하고 不聞違異하니 若但行文書면 則誰不可爲리오 何必擇才也리오하니 玄齡等皆頓首謝하더라

16-1-27

貞觀 4년(630)에 上이 ≪明堂鍼灸書≫를 읽었는데, 이 책에 이르기를 "사람은 五臟의 계통이 모두 등에 붙어 있다."라고 하니, 詔敕을 내리기를 "지금부터 죄수들의 등에 매질하지 말라." 하였다.

○四年에 上讀明堂鍼灸書한대 云 人五藏之系咸附於背라하니 詔自今으로 毋得笞囚背하라

16-1-28

上이 일찍이 신하들과 이야기하다가 教化에 대해 언급하고 이르기를, "지금은 큰 난리를 겪은 후이니, 백성들이 쉽게 교화되지 않을까 걱정이 된다." 하니, 魏徵이 대답하기를 "그렇지 않습니다. 오랫동안 편안한 백성은 교만하고 방탕하니 교만하고 방탕한 백성은 교화하기 어렵고, 난리를 겪은 백성은 근심하고 괴로워하니 근심하고 괴로워하는 백성은 교화하기 쉽습니다. 비유하자면 굶주린 자에게 음식을 먹이기 쉽고 목마른 자에게 음료를 마시게 하기 쉬운 것과 같습니다." 하였다.

上이 매우 옳은 말이라고 여겼는데, 封德彝가 그렇지 않다고 하면서 말하기를 "三代 이후로 사람들이 점점 경박해지고 속임수를 쓰게 되었기 때문에 秦나라에서는 법률에 맡겼고 漢나라에서는 霸道를 섞어 썼으니, 대개 교화시키고자 하였으나 그렇게 되지 않았기 때문입니다. 어찌 할 수 있는데도 하고자 하지 않았겠습니까. 위징은 書生이라서 時務를 알지 못하니, 만약 그의 헛된 의론을 믿으신다면 반드시 국가가 무너질 것입니다." 하였다.

이에 위징이 말하기를 "五帝[20]와 三王[21]은 백성을 바꾸지 않고도 교화하였고 湯王과 武王[22]은 모두 큰 난리를 겪은 후에 직접 태평성대를 이루었습니다. 만일 옛사람은 淳樸했는데 점점 경박해지고 속이게 되었다고 말한다면 오늘에 이르러서는 모두 변화하여 귀신과 도깨비가 되었어야 할 것이니, 君主가 어떻게 이들을 다스릴 수 있

20) 五帝 : 상고시대의 훌륭한 군주로 보통 三皇과 함께 일컬어지는데, 삼황은 伏羲·神農·黃帝를 말하고, 五帝는 少昊·顓頊·帝嚳·帝堯·帝舜을 말한다.

21) 三王 : 상고시대의 夏나라, 商나라, 周나라의 어진 임금을 말하는데, 夏의 禹王, 商의 湯王, 周의 文王과 武王을 가리킨다.

22) 湯王과 武王 : 湯王은 夏나라 말기에 무도한 桀王을 정벌하고 난세를 평정하여 殷나라를 창건하였고, 武王은 은나라 말기에 무도한 紂王을 정벌하고 난세를 평정하여 周나라를 창건하였다.

겠습니까.” 하니, 上이 끝내 위징의 말을 따랐다.

貞觀 원년(627)에는 關中에 기근이 들어 쌀 한 말 값이 비단 한 필이었고 2년에는 天下에 蝗蟲의 재해가 있었고 3년에는 홍수가 있었는데, 上이 부지런히 慰撫하였기 때문에 백성들이 비록 동쪽과 서쪽으로 가서 먹으면서도 일찍이 한탄하거나 원망하지 않았다. 그런데 이해에는 천하에 크게 풍년이 들어 뿔뿔이 흩어졌던 백성들이 모두 鄕里로 돌아오고 쌀 한 말 값이 3, 4錢에 불과하였으며, 일 년이 다하도록 死刑으로 판결한 죄인이 겨우 29명뿐이었다. 또 동쪽으로 東海에 이르고 남쪽으로 五嶺에 이르기까지 모두 바깥문을 닫지 않았고, 여행자들은 양식을 가져가지 않아도 가는 길에 넉넉히 구할 수 있었다.

上이 長孫無忌에게 이르기를 “貞觀 초기에 글을 올리는 사람들이 모두 말하기를 ‘君主는 마땅히 홀로 威武와 권력을 운용하여 사방 오랑캐를 정벌해야 합니다.’라고 하였지만, 오직 위징만은 朕에게 권하여 ‘武威를 그만두고 文德을 닦아서 중국이 안정되면 사방 오랑캐가 저절로 복종할 것입니다.’라고 말하였으니, 朕은 그의 말을 따랐다. 그런데 지금 頡利可汗[23]을 사로잡자 그의 酋長들이 모두 칼을 차고 宿衛하며 部落이 모두 中國의 衣冠을 따르고 있으니, 이는 위징의 힘이다. 다만 봉덕이에게 이것을 보이지 못하는 것이 한스러울 뿐이다.” 하였다. 당시 봉덕이는 이미 죽었다.

○上嘗與群臣으로 語及敎化曰 今承大亂之後하니 恐斯民未易化也라 魏徵對曰 不然이라 久安之民은 驕佚이니 驕佚則難敎요 經亂之民은 愁苦니 愁苦則易化라 譬猶飢渴之易飮食也니이다 上深然之한대 封德彛非之曰 三代以還으로 人漸澆訛라 故秦任法律하고 漢雜霸道하니 蓋欲化而不能이니 豈能之而不欲邪아 魏徵書生이라 未識時務하니 若信其虛論이면 必敗國家니이다 徵曰 五帝三王은 不易民而化하고 湯武는 皆承大亂之後하야 身致太平이라 若謂古人淳樸이라가 漸致澆訛면 則至于今日에 當悉化爲鬼魅矣니 人主安得而治之리오 上卒從徵言하다 元年에 關中饑하야 米斗에 直(치)絹一匹이요 二年에 天下蝗하고 三年에 大水어늘 上勤而撫之라 民雖東西就食이나 未嘗嗟怨이러니 是歲에 天下大稔하야 流散者咸歸鄕里하고 米斗不過三四錢이요 終歲에 斷死刑이 纔二十九人이요 東至于海하고 南及五嶺에 皆外戶不閉하며 行旅不齎糧하고 取給道路焉이라 上謂長孫無忌曰 貞觀初에 上書者皆云 人主當獨運威權하야 征討四夷라호되 唯魏徵勸朕하야 偃武修文하야 中國旣安이면 四

23) 頡利可汗 : 突厥의 可汗이다. 620년 형을 이어 즉위한 이후 여러 차례 군대를 이끌고 唐나라에 대한 침략을 감행하였고, 629년 태종의 사위가 되어 예를 갖추었으나 그 후로도 해마다 당나라를 침략하였다. 태종이 정벌에 나서 나라를 멸망시키고 사로잡아 돌아와서 右衛大將軍으로 삼았다.(≪舊唐書≫ 권2 〈太宗本紀 上〉, 권3 〈太宗本紀 下〉)

夷自服이라하니 朕用其言이러니 今頡利成擒에 其酋長竝帶刀宿衛하고 部落皆襲衣冠하니 徵之力也라 但恨不使封德彝見之耳로다 時德彝已死하니라

16-1-29

貞觀 5년(631)에 有司가 上言하기를 "皇太子가 관례를 올릴 나이가 되었습니다. 2월에 시행하는 것이 吉하니 청컨대 兵士를 징발하여 儀仗을 갖추게 하소서." 하였는데, 상이 이르기를 "東作[24]이 막 시작되었으니, 마땅히 10월로 고쳐 시행하도록 하라." 하였다.

少傅 蕭瑀가 上奏하기를 "陰陽書를 근거로 살펴보면 2월이 가장 좋습니다." 하니, 上이 이르기를 "吉凶은 사람에게 달려 있는 것이니, 만일 번번이 陰陽에 의지하고 禮義를 돌아보지 않는다면 吉함을 얻을 수 있겠는가. 正道를 따라 행하면 절로 吉함과 만날 것이다. 지금은 農時가 가장 급하니 때를 놓쳐서는 안 될 것이다." 하였다.

○五年에 有司上言호되 皇太子當冠이라 用二月吉하니 請追兵備儀仗이라한대 上曰 東作方興하니 宜改用十月이라 少傅蕭瑀 奏據陰陽書하니 不若二月이니이다 上曰 吉凶在人하니 若動依陰陽하고 不顧禮義면 吉可得乎아 循正而行하면 自與吉會라 農時最急하니 不可失也니라

16-1-30

隋末에 中國人 가운데 突厥에 의해 죽은 사람이 많았는데, 돌궐이 항복했을 때 上이 使者를 파견하여 金帛으로 代贖하고 무릇 男女의 遺骸 8만 口를 돌려받았다. 또 高句麗에 使者를 파견하여 隋나라 때의 전투에서 사망한 骸骨을 수습하여 장사 지내고 제사 지내주게 하였다.

○隋末에 中國人이 多沒於突厥이러니 及突厥降에 上遣使하야 以金帛贖之하고 凡得男女八萬口라 又遣使詣高麗하야 收隋氏戰亡骸骨하야 葬而祭之하다

16-1-31

林邑에서 5色의 鸚鵡를 바치고 新羅에서 美女 두 사람을 바치자, 上이 이르기를 "임

---

24) 東作 : 봄 농사를 의미한다. ≪書經≫ 〈虞書 堯典〉의 ≪孔傳≫에 "한 해가 동쪽에서 시작되어 비로소 들로 나아가서 경작하는 것을 東作이라 한다.〔歲起於東 而始就耕 謂之東作〕"라고 한 데서 온 말이다.

읍에서 바친 앵무도 스스로 추위를 호소하며 고향에 돌아가기를 생각하는데, 더구나 친척과 이별하고 멀리 떠나온 두 사람이야 더 말할 것이 있겠는가." 하고 앵무와 아울러 각각 使者에게 맡겨 돌려보내게 하였다.[25)]

○林邑獻五色鸚鵡하고 新羅獻美女二人하니 上曰 林邑鸚鵡도 猶能自言苦寒하야 思歸其國한대 況二女遠別親戚乎아하고 幷鸚鵡하야 各付使者而歸之하다

16-1-32

上이 侍臣에게 이르기를 "朕은 死刑이 지극히 중대한 일이라고 여기기 때문에 세 번 覆奏하게 하였으니, 자세하고 익숙하게 생각하려 했기 때문이다. 그런데 有司는 잠깐 사이에 세 번의 覆奏를 마쳐버리고 만다. 지금부터 사형수를 制決하는 일에 대해서는 이틀 사이에 다섯 번 覆奏하고, 制決하여 여러 州에 회부하는 일에 대해서는 세 번 覆奏하도록 하라. 그리고 刑을 집행하는 날 尙食局에서는 술과 고기를 올리지 말고 內教坊과 太常寺에서는 음악을 연주하지 말며, 모두 門下省으로 하여금 다시 살펴보게 해서 법에 근거해보면 죽어야 하지만 情理로 볼 때 가련한 자가 있거든 정상을 기록하여 보고하도록 하라." 하였는데, 이로 말미암아 온전히 살아난 자가 매우 많았다.

○上謂侍臣曰 朕以死刑至重이라 故令三覆奏하니 蓋欲思之詳熟故也어늘 而有司須臾之間에 三覆已訖이라 今制決死囚者는 二日中에 五覆奏하고 下諸州者는 三覆奏하고 行刑之日에 尙食勿進酒肉하고 內教坊及太常不擧樂하며 皆令門下覆視하야 有據法當死而情可矜者는 錄狀以聞하라한대 由是로 全活甚衆이러라

16-1-33

上이 執政大臣에게 이르기를 "朕은 일찍이 기뻐하고 노여워하는 감정으로 인해 賞과 罰을 함부로 행할까 두려워하였다. 그러므로 公들이 극진하게 諫해주기를 바라고 있으니, 公들 또한 마땅히 다른 사람이 諫하는 말을 받아들여야 할 것이고, 자기가 하

---

25) 林邑에서……하였다 : 林邑은 漢나라 때의 象林縣으로, 지금의 越南 중남부에 있었다. ≪資治通鑑≫에 따르면 貞觀 5년(631) 11월 2일 林邑에서 오색 앵무를 바치고 11월 12일 신라에서 두 미녀를 바쳤는데, 魏徵이 받아서는 안 된다고 간언하자 당 태종이 위와 같이 말하고 앵무새와 두 미녀를 각 나라의 사신에게 맡겨 모두 돌려보냈다고 한다.(≪資治通鑑≫ 권193 〈唐紀9〉 太宗 上之中 貞觀 5년)

고자 하는 일을 남들이 어긴다고 싫어하지 말아야 할 것이다. 진실로 자신이 諫言을 받아들이지 못한다면 어찌 다른 사람에게 諫할 수 있겠는가." 하였다.

○上謂執政曰 朕嘗恐因喜怒하야 妄行賞罰이라 故欲公等極諫하니 公等亦宜受人諫이요 不可以己之所欲으로 惡人違之하라 苟自不能受諫이면 安能諫人이리오

16-1-34

康國[26]이 內附하기를 청하자, 上이 이르기를 "前代의 帝王들은 멀리 떨어져 있는 지역 사람들을 불러와 먼 나라를 복종시켰다는 명성 구하기를 좋아하였으니, 실용에는 유익함이 없고 백성들만 피폐하게 한 일이었다. 지금 강국이 내부한다면 혹시라도 위급한 난리가 있을 경우 의리상 구원하지 않을 수 없으니, 군대가 만 리를 행군함에 어찌 피로하지 않겠는가. 백성들을 수고롭게 하여 헛된 명성을 취하는 일은 朕이 하지 않겠다." 하고, 마침내 받아들이지 않았다.

侍臣에게 이르기를 "나라를 다스리는 것은 병을 다스리는 것과 같으니, 병은 비록 나았더라도 더욱 몸을 扶持하고 調理해야 한다. 혹시라도 스스로 갑자기 몸을 함부로 굴려서 병이 재발하면 구제할 수가 없다. 지금 中國이 다행히 평안하고 사방의 오랑캐들이 모두 복종하였으니, 진실로 예로부터 드문 일이다. 그러나 朕은 날로 더욱 삼가서 오직 끝마치지 못할까 두려워하고 있다. 그러므로 卿들이 諫諍하는 말을 자주 듣고자 하는 것이다." 하였다.

○康國求內附어늘 上曰 前代帝王은 好招來絶域하야 以求服遠之名하니 無益於用而糜敝百姓이라 今康國內附하면 儻有急難에 於義不得不救니 師行萬里에 豈不疲勞리오 勞百姓하야 以取虛名은 朕不爲也로라하고 遂不受하다 謂侍臣曰 治國如治病하니 病雖愈나 尤宜將護라 儻遽自放縱하야 病復作이면 則不可救矣니라 今中國幸安하고 四夷俱服하니 誠自古所希나 然朕日愼一日하야 唯懼不終이라 故欲數聞卿輩諫爭也하노라

16-1-35

貞觀 7년(633)에 上이 侍臣에게 이르기를 "朕이 요사이 일을 결단할 적에 간혹 모

26) 康國 : 大宛의 서북쪽에 있었던 康居의 후예로, 왕의 성씨는 溫氏이다. 祁連山 북쪽의 昭武城에 있다가 흉노에게 쫓겨 서쪽으로 葱嶺을 넘어가 薩寶水 가의 阿祿迪城에 도읍하였다.

두 율령대로 하지 못하는 경우가 있는데도 公들은 작은 일이라 여겨서 다시 論執하여 아뢰지 않고 있다. 일은 작은 일로 말미암아 큰일이 되지 않는 경우가 없으니, 이것이 바로 국가를 위태롭고 망하게 하는 단서이다. 옛날 關龍逢(관용방)[27]은 충성으로 諫하다가 죽었으니, 朕이 매양 이를 애통하게 여기고 있다. 또 煬帝는 교만하고 포악하여 나라를 망하게 하였으니, 公들이 직접 본 일이다. 公들이 항상 朕을 위하여 양제가 나라를 망하게 한 것을 생각하고 朕이 항상 公들을 위하여 관용방이 죽은 것을 염두에 둔다면, 임금과 신하가 서로 보존하지 못하는 것을 어찌 근심하겠는가." 하였다.[28]

○七年에 上謂侍臣曰 朕比來決事를 或不能皆如律令이어늘 公輩以爲事小라하야 不復執奏하니 夫事無不由小以致大니 此乃危亡之端也라 昔에 關龍逢忠諫而死하니 朕每痛之하고 煬帝驕暴而亡하니 公輩所親見也라 公輩常宜爲朕하야 思煬帝之亡하고 朕常爲公輩하야 念關龍逢之死면 何患君臣不相保乎리오

16-1-36

上이 魏徵에게 이르기를 "官職을 위하여 인재를 선택하는 것은 잠깐 사이에 해서는 안 되는 일이니, 한 사람의 君子를 등용하면 군자가 모두 이르고 한 사람의 小人을 등용하면 소인이 다투어 나오기 때문이다." 하였다.[29]

○上謂魏徵曰 爲官擇人은 不可造次니 用一君子면 則君子皆至하고 用一小人이면 則小人競進矣니라

16-1-37

工部尚書 段綸이 表文을 올려 재주가 교묘한 장인 楊思齊를 부르게 하였는데, 上이 그 재주를 시험하게 하니 段綸이 우선 傀儡[30]를 만들게 하였다. 이에 上이 이르기를

27) 關龍逢(관용방) : 夏나라 桀王의 충신으로, 걸왕이 酒色에 빠져 정사를 돌보지 않자 直諫하다가 끝내 피살되었다.(≪十九史略≫〈夏紀〉, ≪莊子≫〈人間世〉)

28) 上이……하였다 : ≪資治通鑑≫의 기록에 의하면 이 일은 貞觀 6년(632) 12월에 있었던 일이다.

29) 上이……하였다 : ≪資治通鑑≫의 기록에 의하면 이 일은 貞觀 6년 12월에 있었던 일이다.

30) 傀儡 : 꼭두각시 곧 木偶人으로 戲劇에 쓰이는 인형이다.

"재주가 교묘한 장인을 얻었으면 國事에 이바지하게 해야 하는데 卿은 먼저 戱劇에 쓰는 인형을 만들게 하였으니, 어찌 百工이 서로 경계하여 음란하고 교묘한 짓을 하지 못하게 하는 뜻이겠는가!" 하고 곧 단륜의 品階를 삭제하게 하였다.

○工部尙書段綸이 表徵巧工楊思齊한대 上令試之하니 綸使先造傀儡라 上曰 得巧工이면 庶供國事어늘 卿令先造戱具하니 豈百工相戒하야 無作淫巧之意邪아하고 乃削綸階하다

16-1-38

貞觀 8년(634)에 上이 大臣들을 나누어 보내어 여러 道의 黜陟大使로 삼고자 하였으나 합당한 사람을 얻지 못하였다. 이에 李靖[31]이 魏徵을 천거하니, 上이 이르기를 "위징은 朕의 과실을 경계하고 바로잡는 사람이니, 하루라도 짐의 곁을 떠나게 할 수 없다." 하고, 이에 이정에게 명하여 太常卿 蕭瑀 등 도합 13인과 함께 천하를 나누어 순시하게 하면서 "長吏들의 어짊과 불초함을 살피고 민간의 고통을 물으며, 나이 많은 노인을 예우하고 궁핍한 백성을 진휼하며, 선량한 이를 표창하고 침체된 이를 흥기하게 하여, 使者가 이른 곳마다 朕이 직접 보는 것처럼 하도록 하라." 하였다.

○八年에 上欲分遣大臣하야 爲諸道黜陟大使호되 未得其人이라 李靖薦魏徵하니 上曰 徵箴規朕失하니 不可一日離左右라하고 乃命靖하야 與太常卿蕭瑀等凡十三人으로 分行天下하야 察長吏賢不肖하고 問民間疾苦하며 禮高年하고 賑窮乏하며 褒善良하고 起滯淹하야 俾使者所至에 如朕親睹하라

16-1-39

上이 隋나라 때 通事舍人을 지낸 鄭仁基의 딸을 불러 充華로 삼고자 하니, 詔勅이 이미 행해지고 冊使가 출발하려 하였다. 이때 魏徵이 그녀가 이미 士人 陸爽에게 혼인을 허락한 상태라는 말을 듣고 급히 表文을 올려 諫하였는데, 上이 그 말을 듣고 크게 놀라서 직접 詔書를 적어 깊이 자책한 다음 책사의 출발을 그만두게 하라고 명하였다.

○上聘隋通事舍人鄭仁基女하야 爲充華하니 詔已行하고 冊使將發이러니 魏徵聞其嘗許嫁士人陸

---

31) 李靖 : 唐 太宗의 장수로, 자는 藥師이다. 六花陣으로 유명하였다.

爽하고 遽上表諫한대 上聞之大驚하야 手詔로 深自克責하고 命停冊使하다

16-1-40

治書侍御史 權萬紀가 上言하기를 "宣州와 饒州에 銀이 많이 나니, 그 銀을 채굴하면 1년에 수백만 緡錢을 얻을 수 있습니다." 하였다. 上이 이르기를 "朕은 天子의 귀한 신분이 되었으니 부족한 것은 재물이 아니다. 다만 한스럽기는 백성을 이롭게 할 수 있는 아름다운 말이 없는 것일 뿐이니, 수백만 緡錢을 많이 얻는 것보다는 어찌 한 사람의 어진 이와 재주 있는 이를 얻는 것이 낫지 않겠는가. 卿은 일찍이 한 사람의 어진 이를 등용하게 하거나 한 명의 불초한 자를 물리치게 한 적은 없고, 오직 銀을 채굴하여 거둘 세금의 이익만을 말하는구나. 옛날 堯임금과 舜임금은 璧玉을 산에 던져버리고 진주를 골짝에 던졌건만,[32] 漢나라 때 桓帝와 靈帝는 돈을 모아 사사로이 갈무리하였으니, 卿은 환제와 영제처럼 나를 대하는 것인가." 하고, 이날 권만기를 내쳐 집으로 돌아가게 하였다.[33]

○治書侍御史權萬紀上言호되 宣饒二州에 銀大發하니 采之면 歲可得數百萬緡이니이다 上曰 朕貴爲天子하니 所乏者는 非財也라 但恨無嘉言이 可以利民耳니 與其多得數百萬緡으론 何如得一賢材오 卿未嘗進一賢이어나 退一不肖하고 而專言稅銀之利라 昔堯舜抵璧於山하고 投珠於谷호되 漢之桓靈은 乃聚錢爲私藏하니 卿欲以桓靈으로 俟我邪아하고 是日에 黜萬紀使還家하다

16-1-41

著作佐郎 鄧世隆이 表文을 올려 上의 文章을 수집하기를 청하였는데, 上이 이르기를 "朕의 文辭와 詔令 중에 백성들에게 유익한 것은 史官이 모두 기록하였으니, 오래도록 전해질 수 있을 것이다. 그러나 그 가운데 유익함이 없는 경우에는 모아서 어디에 쓰겠는가. 梁나라 武帝 父子 및 陳나라 後主와 隋나라 煬帝가 모두 文集이 있어 세

32) 堯임금과……던졌건만 : 財寶를 소중하게 여기지 않고 버려서 자신의 음란하고 간사한 욕심을 막았다는 의미이다. 陸賈의 ≪新語≫에 "聖人은 珠玉을 사용하지 않고 자기 몸을 보배롭게 여겼다. 그러므로 舜임금은 黃金을 깎아지른 듯한 험한 산에 버리고 珠玉을 五湖의 냇물에 버려서 자신의 음란하고 간사한 욕심을 막았다." 하였다.

33) 治書侍御史……하였다 : ≪資治通鑑≫의 기록에 의하면 이 일은 貞觀 10년(636) 12월에 있었던 일이다.

상에 행해지고 있지만 나라가 망하는 것은 어찌 구원할 수 있었는가. 군주가 되어서는 덕스러운 정사가 없음을 근심할 뿐이니, 문장을 어디에 쓰겠는가." 하고, 마침내 허락하지 않았다.34)

○著作佐郎鄧世隆이 表請集上文章한대 上曰 朕之辭令有益於民者는 史皆書之하니 足爲不朽나 若其無益은 集之何用이리오 梁武帝父子와 陳後主隋煬帝가 皆有文集하야 行于世나 何救於亡이리오 爲人主에 患無德政이니 文章何爲리오하고 遂不許하다

16-1-42

上이 侍臣에게 묻기를 "帝王이 創業하는 것과 守成하는 것 가운데 어느 것이 어려운가?" 하니, 房玄齡은 말하기를 "처음 창업하여 어수선한 시기에는 여러 英雄들과 함께 일어나 힘을 겨룬 뒤에 그들을 신하로 삼아야 하니 창업하는 것이 어렵습니다." 하였고, 魏徵은 말하기를 "예로부터 帝王들은 모두 험난한 가운데에서 천하를 얻어 안일한 가운데에서 천하를 잃었으니, 수성하는 것이 어렵습니다." 하였다. 上이 이르기를 "방현령은 나와 함께 천하를 취하여 구사일생으로 난관을 헤쳐 나왔기 때문에 창업의 어려움을 아는 것이고, 위징은 나와 함께 천하를 편안히 하여 항상 교만함과 사치가 富貴에서 생겨나고 재앙과 난리가 소홀한 데서 생겨나는 것을 걱정하였기 때문에 수성의 어려움을 아는 것이다. 그러나 창업의 어려움은 이미 지나갔거니와 수성의 어려움은 이제 諸公들과 함께 삼가야 할 일이다." 하니, 방현령 등이 절하고 말하기를 "폐하께서 이 말을 언급하시니 이는 四海 生民의 福입니다." 하였다.35)

○上問侍臣호되 帝王創業與守成孰難가 房玄齡曰 草昧之初엔 與群雄竝起하야 角力而後臣之하니 創業難矣니이다 魏徵曰 自古帝王은 莫不得之於艱難하야 失之於安佚하니 守成難矣니이다 上曰 玄齡은 與吾共取天下하야 出百死得一生이라 故知創業之難하고 徵은 與吾共安天下하야 常恐驕奢生於富貴하고 禍亂生於所忽이라 故知守成之難이나 然創業之難은 既已往矣어니와 守成之難은 方當與諸公愼之라 玄齡等拜曰 陛下及此言하시니 四海之福也로소이다

34) 著作佐郎……않았다 : ≪資治通鑑≫의 기록에 의하면 이 일은 貞觀 12년(638) 3월에 있었던 일이다.

35) 上이……하였다 : ≪資治通鑑≫의 기록에 의하면 이 일은 貞觀 12년 8월에 있었던 일이다.

16-1-43

貞觀 14년(640)의 일이다. 이보다 앞서 武德 연간(618~626)의 옛 제도는 太學에서 釋奠祭[36]를 지낼 때 周公을 先聖으로 삼고 孔子를 配饗하였는데, 上이 房玄齡 등의 논의에 따라 周公에게 지내는 제사를 중지한 뒤에 孔子를 先聖으로 삼고 顔回를 配饗하였다.

이때에 이르러 上이 國子監에 행차하여 석전제를 살펴본 다음 祭酒 孔穎達에게 명하여 ≪孝經≫을 講하게 하고, 좨주 이하 國子監의 諸生 가운데 성적이 우수한 자에 이르기까지 차등 있게 비단을 하사하였다.

이때 上이 천하에 이름난 儒者들을 크게 불러 學官으로 삼고 자주 國子監에 행차하여 講論하게 하였는데, 학생 가운데 한 가지 經傳[37] 이상에 능통한 사람은 모두 관직에 補任하게 하고, 學舍 1,200칸을 增築하고 학생 3,260명을 가득 채워 증원하였다. 그리고 屯營의 飛騎[38]부터 또한 博士를 파견하여 經傳을 전수하게 하되, 그 가운데 경전에 능통한 자가 있으면 貢擧하는 것을 허락하였다.

이에 사방에서 배우는 자들이 京師로 떼 지어 모여들었고, 심지어 高句麗·百濟·新羅·高昌·吐蕃의 酋長들까지 또한 子弟를 보내어 國學에 입학하기를 청하였으니, 講席에 오른 자가 8천여 명에 이르렀다. 上은 師門의 학설이 다단하여 章句가 번잡하다는 이유로 공영달에게 명하여 여러 학자들과 五經의 疏註를 撰定하게 하여 ≪正義≫라 이름하고, 배우는 자들로 하여금 이것을 익히게 하였다.

○十四年이라 先是에 武德舊制는 釋奠於太學에 以周公爲先聖하고 孔子配饗이러니 上從玄齡等議하야 停祭周公하고 以孔子爲先聖하고 顔回配饗이라 至是上幸國子監하야 觀釋奠하고 命祭酒孔穎達하야 講孝經하고 賜祭酒以下至諸生高第帛有差하다 是時에 上大徵天下名儒하야 爲學官하고 數幸國子監하야 使之講論한대 學生能明一經已上은 皆得補官하고 增築學舍千二百間하고 增學生滿

---

36) 釋奠祭 : 2월과 8월 上丁日에 孔子를 비롯하여 東西에 配享하는 先賢에게 올리는 祭享으로, 소나 양의 희생을 생략하고 채소 따위로 간소하게 지내는 것을 말한다. 釋菜라고도 한다. 唐나라 제도에는 仲春과 仲秋에 文宣王(孔子)에게 釋奠을 올리되, 모두 上丁과 上戊日에 하고 祭酒·司業·博士가 三獻을 한다.

37) 한 가지 經傳 : 唐나라 때는 선비를 뽑을 적에 ≪禮記≫와 ≪春秋左氏傳≫을 大經으로 삼고, ≪詩≫·≪儀禮≫·≪周禮≫를 中經으로 삼고, ≪易≫·≪尙書≫·≪春秋公羊傳≫·≪春秋穀梁傳≫을 小經으로 삼아 시험하였다.

38) 飛騎 : 唐 太宗이 설치한 禁軍 이름을, 貞觀 12년(638)에 태종이 玄武門에 左右屯營을 설치하고 그 병사를 飛騎라 불렀다.

三千二百六十員하고 自屯營飛騎로 亦給博士하야 使授以經호되 有能通經者면 聽得貢擧하니 於是에 四方學者雲集京師하고 乃至高麗百濟新羅高昌吐蕃諸酋長이 亦遣子弟하야 請入國學하니 升講筵者至八千餘人이라 上以師說多門하야 章句繁雜으로 命孔穎達하야 與諸儒로 撰定五經疏하야 謂之正義라하고 令學者習之하다

16-1-44

貞觀 15년(641)에 上이 殿屋을 가리키며 侍臣에게 이르기를 "천하를 다스리는 것이 이 殿屋을 세우는 것과 같아서 경영하여 집이 완성된 뒤에는 자주 고치거나 옮기지 말아야 하니, 만일 하나의 서까래를 바꾸고 한 장의 기와를 修正하려고 발로 밟고 움직이게 되면 반드시 파손되는 것이 있게 되고, 만일 특이한 功을 세우고 싶은 욕심에 마음대로 法度를 바꾸어서 그 德을 일정하게 지키지 못하면 수고롭고 번거로운 일이 실로 많아지게 될 것이다."[39] 하였다.

또 이르기를 "朕은 두 가지 기쁜 일과 한 가지 두려운 일이 있으니, 근년에 풍년이 들어 長安의 곡식 값이 한 말에 3, 4錢이니 이것이 첫 번째 기쁜 일이고, 북쪽 오랑캐들이 오랫동안 복종하여 변방에 근심이 없으니 이것이 두 번째 기쁜 일이다. 한편 나라가 다스려지고 편안하면 교만과 사치가 생겨나기 쉽고, 교만하고 사치하면 위태로움과 멸망이 바로 이르니, 이것이 한 가지 두려운 일이다." 하였다.

○十五年에 上指殿屋하고 謂侍臣曰 治天下如建此屋하야 營構既成에 勿數改移니 苟易一椽正一瓦하야 踐履動搖하면 必有所損이요 若慕奇功變法度하야 不恒其德이면 勞擾實多니라 又曰 朕有二喜一懼하니 比年豐稔하야 長安米價直(치)三四錢하니 一喜也요 北虜久服하야 邊鄙無虞하니 二喜也요 治安則驕侈易生이요 驕侈則危亡立至하니 此一懼也라

16-1-45

幷州大都督長史 李世勣이 幷州에 있는 16년 동안 명령하는 것이 행해지고 금하는 것이 중지되니, 백성과 오랑캐들이 마음으로 복종하였다. 이에 上이 이르기를 "隋 煬帝는 백성을 노역시켜 長城을 쌓아서 突厥을 방비하였지만 끝내 유익한 바가

---

39) 그……될 것이다 : ≪周易≫ 恒卦 九三爻辭에 "그 덕이 일정하지 못한지라, 혹 羞辱을 당할 수도 있다.〔不恒其德 或承之羞〕"라고 한 데서 온 말이다.

없었다. 그러나 朕은 오직 李世勣을 晉陽에 배치하였을 뿐인데 변방이 안정되어 동요하지 않으니, 그 장성이 됨이 어찌 장대하지 않겠는가." 하고 이세적을 兵部尙書로 삼았다.

○幷州大都督長史李世勣이 在州十六年에 令行禁止하니 民夷懷服이라 上曰 隋煬帝는 勞百姓築長城하야 以備突厥호되 卒無所益이어늘 朕唯置李世勣於晉陽而邊塵不驚하니 其爲長城이 豈不壯哉아하고 以世勣爲兵部尙書하다

16-1-46

貞觀 16년(642)에 上이 일찍이 나무 아래에 쉬면서 그 나무를 아끼자 宇文士及[40]이 따라서 칭송해 마지않았는데, 上이 얼굴빛을 엄정하게 하고 이르기를 "魏徵이 일찍이 나에게 아첨하는 사람을 멀리하라고 권하기에 나는 그 사람이 누구인지 몰라서 속으로 그대가 아닌가 의심하였는데, 지금 보니 과연 틀리지 않았구나." 하였다. 그러자 우문사급이 머리를 조아리며 사죄하였다.

○十六年에 上嘗止樹下하야 愛之하니 宇文士及從而譽之不已어늘 上正色曰 魏徵嘗勸我遠佞人하야 我不知爲誰하야 意疑是汝러니 今果不謬로다하니 士及叩頭謝러라

16-1-47

上이 이르기를 "朕은 만백성의 주인이 되어 모든 백성들로 하여금 부귀하게 하고자 하노니, 만약 禮義로 가르쳐서 젊은이가 어른을 공경하고 부인이 남편을 공경하게 한다면 모두 귀해질 것이고 세금을 적게 거두고 賦役을 줄여서 각기 생업을 다스리게 한다면 모두 부유해질 것이다. 만약 집안마다 넉넉하고 사람마다 풍족하다면 朕이 비록 관현악을 듣지 않더라도 즐거움은 그 속에 있을 것이다." 하였다.

○上曰 朕爲兆民之主하야 皆欲使之富貴하니 若敎以禮義하야 使之少敬長婦敬夫면 則皆貴矣요 輕徭薄斂하야 使之各治生業이면 則皆富矣니 若家給人足하면 朕雖不聽管絃이나 樂在其中矣니라

---

40) 宇文士及 : ?~642. 자는 仁人으로 宇文述의 셋째 아들이다. 隋 文帝 때 공주와 결혼하였으나, 그의 형 宇文化及이 반란을 일으켜 문제를 시해하자 뒤에 唐나라로 귀의하였다. 殿中監까지 올랐는데 정사를 함에 관후하고 간이하였다.

16-1-48

貞觀 17년(643)에 魏徵의 병이 깊어졌는데, 집에 처음부터 正寢이 없었다. 이에 上이 작은 殿閣을 철거하고 그 재목을 가져다 正寢을 지으라고 명하였는데, 5일 만에 役事를 마치니 아울러 흰 요와 베 이불을 하사하여 평소 소박하게 살고자 했던 그의 뜻을 존중하였다. 그러다가 위징이 죽었을 때는 조서를 내려 昭陵에 陪葬하게 하고, 上이 宮苑의 西樓에 올라 무덤을 바라보고 哭하며 슬픔을 다하였다. 뒤에 조정에 임하여 탄식하기를, "구리로 거울을 만들면 衣冠을 단정하게 바로잡을 수 있고, 옛 역사로 거울을 삼으면 국가의 흥망성쇠를 알 수 있고, 사람으로 거울을 삼으면 자신의 得失을 알 수 있다. 朕은 일찍이 이 세 개의 거울을 보전하여 안으로 자신의 허물을 방지했었는데, 이제 위징이 죽었으니 짐은 거울 하나를 잃었다." 하였다.

○十七年에 魏徵疾甚한대 家初無正寢이라 上命輟小殿材하야 爲營構한대 五日에 畢하니 幷賜素褥布被하야 以從其尙이러니 及薨에 詔陪葬昭陵하고 上登苑西樓하야 望哭盡哀하다 後臨朝 歎曰 以銅爲鑑이면 可正衣冠이요 以古爲鑑이면 可知興替요 以人爲鑑이면 可明得失이라 朕嘗保此三鑑하야 以防己過러니 今魏徵逝하니 一鑑亡矣라

16-1-49

上이 이르기를 "군주는 오직 한 가지 마음이 있을 뿐인데, 마음을 공격하는 것이 너무 많다. 勇力으로 공격하기도 하고, 말재주로 공격하기도 하고, 아첨으로 공격하기도 하고, 간사함으로 공격하기도 하고, 嗜慾으로 공격하기도 해서, 사방에서 모여들며 공격하여 각각 자신의 계책이 팔리기를 구하여 은총과 복록을 취하려 하니, 군주가 조금 해이해져서 그 가운데 하나라도 받아들이게 되면 국가의 危亡이 뒤따르게 된다. 이것이 군주 노릇을 하기가 어려운 점이다." 하였다.

○上曰 人主唯有一心이어늘 而攻之者甚衆하니 或以勇力하고 或以辯口하고 或以諂諛하고 或以姦詐하고 或以嗜欲하야 輻湊攻之하야 各求自售하야 以取寵祿하니 人主少懈而受其一이면 則危亡隨之니 此其所以難也니라

16-1-50

上이 명하여 功臣인 趙公 長孫無忌, 趙郡元王 李孝恭, 萊成公 杜如晦, 鄭文貞公 魏

徵, 梁公 房玄齡, 申公 高士廉, 鄂公 尉遲敬德, 衛公 李靖, 宋公 蕭瑀, 褒忠壯公 段志玄, 夔公 劉弘基, 蔣忠公 屈突通, 鄖節公 殷開山, 譙襄公 柴紹, 邳襄公 長孫順德, 鄖公 張亮, 陳公 侯君集, 郯襄公 張公謹, 盧公 程知節, 永興文懿公 虞世南, 渝襄公 劉政會, 莒公 唐儉, 英公 李世勣, 胡壯公 秦叔寶 등의 圖像을 凌煙閣[41]에 그리게 하였다.

○上이 命圖畫功臣趙公長孫無忌 趙郡元王孝恭 萊成公杜如晦 鄭文貞公魏徵 梁公房玄齡 申公高士廉 鄂公尉遲敬德 衛公李靖 宋公蕭瑀 褒忠壯公段志玄 夔公劉弘基 蔣忠公屈突通 鄖節公殷開山 譙襄公柴紹 邳襄公長孫順德 鄖公張亮 陳公侯君集 郯襄公張公謹 盧公程知節 永興文懿公虞世南 渝襄公劉政會 莒公唐儉 英公李世勣 胡壯公秦叔寶等於凌烟閣하다

16-1-51

皇太子가 옹립되었을 때 李世勣을 太子詹事로 삼았는데, 이세적이 이미 忠力을 다하니 上이 이르기를 "大事를 부탁할 만하다." 하였다. 일찍이 이세적이 暴疾에 걸렸을 때 의원이 말하기를 "수염 태운 재를 먹으면 치료할 수 있습니다." 하자 上이 직접 자기 수염을 잘라 약에 섞어 먹였는데, 병이 나았을 때 이세적이 들어와 사례하니, 上이 이르기를 "나는 社稷의 大計를 위해 한 일이니, 어찌 사례할 것이 있겠는가." 하였다.

上이 侍臣에게 이르기를 "朕은 太子를 세운 뒤로 일을 만날 때마다 가르친다. 태자가 밥을 먹는 것을 보면 '네가 농사의 어려움을 알면 항상 이 밥을 먹을 수 있을 것이다.' 하였고, 말을 타는 것을 보면 '네가 말의 수고로움을 알아서 말의 힘을 다 소모하지 않으면 항상 말을 탈 수 있을 것이다.'[42] 하였고, 배를 타는 것을 보면 '물은 배를 실어주는 것이고 또한 배를 전복시키는 것이니, 백성은 물과 같고 임금은 배와 같

---

41) 凌煙閣 : 황궁 서쪽에 있다. 閣 안에 세 개의 칸막이를 설치하여 안쪽의 한 층에는 공이 높은 재상을 그리고, 그 밖의 한 층에는 공이 높은 제후를 그리고, 또 그 밖의 한 층에는 공신들을 차례대로 그렸는데, 모두 북쪽을 향하여 신하의 예를 갖추고 있다.

42) 말의……것이다 : ≪孔子家語≫ 〈顔淵〉에 "魯나라 定公이 顔回에게 묻기를 '전일에 과인이 그대에게 東野畢의 말 모는 법에 대해 묻자, 그대가 말하기를 「좋기는 좋으나 그 말이 장차 달아날 것입니다.」라고 하였는데, 알지 못하겠다. 그대는 어떻게 그것을 알았는가?' 하니, 안회가 대답하기를 '정사를 가지고 알았습니다. 옛날에 舜임금은 백성을 부리기를 잘하였고 造父는 말을 부리기를 잘하였으니, 순임금은 백성들의 힘을 고갈시키지 않았고 조부는 말의 힘을 고갈시키지 않았습니다. 이 때문에 순임금은 달아난 백성이 없고 造父는 달아난 말이 없었습니다.' 하였다.〔以政知之 昔者帝舜巧於使民 造父巧於使馬 舜不窮其民力 造父不窮其馬力 是以舜無佚民 造父無佚馬〕"라고 한 데서 온 말이다.

다.'43) 하였고, 나무 아래에서 쉬는 것을 보면 '나무는 먹줄을 따르면 바르게 되고 군주는 諫言을 따르면 성스러워지는 법이다.'44) 하였다." 하였다.

○皇太子立에 李世勣爲詹事한대 勣旣忠力하니 上謂可託大事라 嘗暴疾한대 醫曰 鬚灰可治라하니 上乃自剪鬚하야 以和藥이라 及愈에 入謝어늘 上曰 吾爲社稷計니 何謝爲리오 上謂侍臣曰 朕自立太子로 遇物則誨之하나니 見其飯則曰 汝知稼穡之艱難이면 則常有斯飯矣리라하고 見其乘馬則曰 汝知其勞逸하야 不竭其力이면 則常得乘矣리라하고 見其乘舟則曰 水所以載舟요 亦所以覆舟니 民猶水也요 君猶舟也라하고 見其息于木下則曰 木從繩則正하고 后從諫則聖이라하노라

16-1-52

貞觀 19년(645)에 조서를 내려 殷나라 太師 比干의 시호를 '忠烈'이라 하고 해당 관사에서 그 무덤을 封하며, 봄가을에 少牢45)로 제사 지내고 근처의 民家 5戶를 지급하여 灑掃의 役에 종사하게 하였다.

○十九年에 詔謚殷太師比干曰忠烈이라하고 所司封其墓하고 春秋에 祠以少牢하고 給隨近五戶하야 供灑掃하다

16-1-53

貞觀 20년(646)에 薛延陀46)를 크게 격파하니, 北荒이 모두 평정되었다. 이에 上이 靈州에 행차하여 詩를 지어 그 일을 서술하기를 "치욕을 설욕하여 百王에게 보답하고

---

43) 물은……같다 : ≪荀子≫ 〈王制〉에 "임금은 배이고 庶人은 물이니, 물은 배를 싣기도 하고 배를 엎기도 한다.〔君者舟也 庶人者水也 水則載舟 水則覆舟〕"라고 한 데서 온 말이다.

44) 나무는……법이다 : ≪書經≫ 〈商書 說命 上〉에 "傅說이 王에게 대답하기를, '나무는 먹줄을 따르면 바르게 되고, 임금은 諫言을 따르면 성스러워지는 법이니, 임금께서 성스러우시면 君主가 명령하지 않아도 臣下들이 받들거늘 누가 감히 王의 아름다운 명령에 공경히 순종하지 않겠습니까.' 하였다〔說復于王曰 惟木從繩則正 后從諫則聖 后克聖 臣不命其承 疇敢不祗若王之休命〕"라고 한 데서 온 말이다.

45) 小牢 : 제사의 규모를 지칭하는 용어로, 소·양·돼지의 세 가지 犧牲을 모두 갖추는 제사를 太牢라 하고, 양과 돼지만 갖추는 제사를 小牢라 한다.

46) 薛延陀 : 종족 이름으로 흉노의 별종이다. 처음에는 薛部와 延陀部로 나뉘어져 있다가 설부가 연타부를 합병하고는 설연타라 칭하였다. 燕末山에 웅거해 있다가 夷男이 부족장이 되어 돌궐에 귀부하였으며, 그 뒤 돌궐을 배반하고 自立하였다가, 당 태종 때 眞珠毘伽可汗으로 冊立되었으며, 貞觀 말에 몽고의 鬱督軍山 즉 지금의 杭愛山 부근에 웅거해 있으면서 여러 부족을 통솔하였다. 진주비가가한이 죽은 뒤 국내가 어지러워지자 당나라에서 李世勣을 파견하여 토벌하였다.

흉적을 제거하여 千古에 보답하였네." 하였다.

○二十年에 李世勣等大破薛延陀하니 北荒悉平이라 上幸靈州하야 爲詩序其事曰 雪恥酬百王이요 除兇報千古이로다하다

16-1-54

12월 癸未日에 上이 長孫無忌 등에게 이르기를 "오늘은 나의 생일이니, 세속에서는 모두 즐거워하지만 朕에게는 도리어 서글픈 감회가 인다. 지금 천하에 군림하고 부유함은 온 천하를 소유하였으나 어버이 膝下에서 모시며 기쁘게 해드리는 일은 영원히 할 수가 없으니, 이는 子路가 쌀을 져 오고자 해도 그렇게 할 수 없어서 한탄했던 일47)과 같다. ≪詩經≫에 이르기를 '슬프고 슬프다, 부모여. 나를 낳으시느라 몹시 수고하셨도다.'48) 하였으니, 어찌 부모가 수고하신 날에 다시 잔치를 열어 즐길 수 있겠는가." 하고, 인하여 몇 줄기 눈물을 떨어뜨리니 좌우의 사람들이 모두 슬퍼하였다.

○十二月癸未에 上謂長孫無忌等曰 今日은 吾生日이니 世俗皆爲樂이나 在朕에 飜成傷感이로다 今에 君臨天下하고 富有四海나 而承歡膝下는 永不可得이니 此는 子路所以有負米之恨也라 詩云 哀哀父母여 生我劬勞라하니 柰何以劬勞之日로 更爲宴樂乎아 因泣數行下하니 左右皆悲하더라

16-1-55

貞觀 21년(647)에 다음과 같이 조서를 내렸다.

"左丘明, 卜子夏, 公羊高, 穀梁赤, 伏勝, 高堂生, 戴聖, 毛萇, 孔安國, 劉向, 鄭衆, 杜子春, 馬融, 盧植, 鄭玄, 服虔, 何休, 王肅, 王弼, 杜預, 范甯 등 21人이 모두 그 책49)

---

47) 子路가……일 : 돌아가신 어버이를 그리워한다는 의미이다. 子路가 일찍이 孔子를 뵙고 말하기를 "예전에 제가 두 어버이를 섬길 때에는 항상 명아주와 콩잎만 먹는 형편이었으므로, 어버이를 위하여 100리 밖에서 쌀을 져다가 봉양하곤 했는데, 어버이가 돌아가신 뒤로 남쪽으로 楚나라에 노닐 적에 따르는 수레가 100여 대요, 만종의 곡식을 쌓아두고 요를 여러 겹으로 깔고 앉아서 진수성찬을 차려놓고 먹으면서는 다시 명아주 콩잎을 먹으면서 어버이를 위해 쌀을 져 오고 싶어도 할 수가 없었습니다.〔昔者由也事二親之時 常食藜藿之實 爲親負米百里之外 親沒之後 南遊於楚 從車百乘 積粟萬鍾 累茵而坐 列鼎而食 願欲食藜藿 爲親負米 不可復得也〕"라고 한 데서 온 말이다.(≪孔子家語≫ 〈致思〉)

48) 슬프고……수고하셨도다 : ≪詩經≫ 〈小雅 蓼莪〉의 구절이다.

49) 그 책 : 太宗은 貞觀 14년(640)에 顔師古에게 五經을 考定하게 한 다음 孔穎達에게 五經의 疏註를 撰定하여 ≪五經正義≫를 저술하게 하였는데, 이 책을 말한다.

으로 國胄에게 講하였으니, 이미 그 도리를 수행했으면 이치로 볼 때 마땅히 褒崇하는 절차가 있어야 할 것이다. 지금부터 太學에서 釋奠祭를 지낼 때 모두 尼父의 廟堂에 配饗하도록 하라."

○二十一年에 詔曰 左丘明 卜子夏 公羊高 穀梁赤 伏勝 高堂生 戴聖 毛萇 孔安國 劉向 鄭衆 杜子春 馬融 盧植 鄭玄 服虔 何休 王肅 王弼 杜預 范甯等 二十有一人이 竝用其書하야 垂於國胄하니 旣行其道면 理合褒崇이라 自今으로 有事於太學에 可竝配饗尼父廟堂하라

16-1-56

貞觀 22년(648)에 上이 ≪帝範≫ 12편을 지어 太子에게 주었으니, 〈君體〉, 〈建親〉, 〈求賢〉, 〈審官〉, 〈納諫〉, 〈去讒〉, 〈戒盈〉, 〈崇儉〉, 〈賞罰〉, 〈務農〉, 〈閱武〉, 〈崇文〉이다. 또 이르기를 "몸을 닦고 나라를 다스리는 도리가 이 가운데에 구비되어 있다. 성공은 더디고 실패가 빠른 것은 국가이고 잃기는 쉽고 얻기가 어려운 것은 자리이니, 아끼지 않을 수 있겠는가. 삼가지 않을 수 있겠는가." 하였다.

○二十二年에 上作帝範十二篇하야 以賜太子하니 曰君體 建親 求賢 審官 納諫 去讒 戒盈 崇儉 賞罰 務農 閱武 崇文이라 且曰 修身治國이 備在其中이라 夫成遲敗速者國也요 失易得難者位也니 可不惜哉아 可不愼哉아하다

16-1-57

貞觀 23년(649) 5월에 上이 含風殿에서 崩御하였으니, 재위 기간이 23년이었고 향년이 52세였다.

○二十三年五月에 上崩於含風殿하니 在位二十三年이요 壽五十二이라

16-1-58

宋나라 신하 歐陽脩가 다음과 같이 贊하였다.

"성대하다, 太宗의 功烈이여! 隋나라의 난리를 제거한 것은 그 자취가 湯王이나 武王에 견줄 만하고, 治世의 아름다움을 이룩한 것은 成王이나 康王에 가까웠으니, 예로부터 功烈과 德業이 모두 높은 군주는 漢나라 이래로 있지 않았다. 하지만 多情한 성

품에 이끌려 다시 浮圖(佛敎)를 세우고, 큰일을 좋아하고 功烈을 좋아하여 멀리까지 군사를 出兵한 일에 이르러서는, 이는 中等의 재주를 가진 용렬한 군주가 늘 하는 일이다.

그러나 春秋의 筆法은 항상 賢者에게 완전무결하게 되기를 요구하니,[50] 이 때문에 후세에 남의 아름다움을 이루어주고자 하는 자는 이에 대해서 탄식하지 않음이 없는 것이다."

宋臣歐陽脩贊曰 盛哉라 太宗之烈也여 其除隋之亂은 比跡湯武하고 致治之美는 庶幾成康하니 自古로 功德兼隆은 由漢以來로 未之有也라 至其牽於多愛하야 復立浮圖하고 好大喜功하야 勒兵於遠하니 此는 中材庸主之所常爲나 然春秋之法은 常責備於賢者하니 是以로 後世欲成人之美者는 莫不歎息於斯焉이니라

16-1-59

宋나라 학자 范祖禹가 다음과 같이 말하였다.

"太宗은 武功으로 난리를 다스리고 仁政으로 잔악한 자를 교화시켰으니, 그 材略은 漢나라 高祖보다 뛰어났지만 規模는 미치지 못하였고 恭儉이 孝文皇帝보다 못하였지만 功烈은 뛰어났다. 그 자취를 돌이켜보면, 성품이 본래 强悍하여 친척을 돌아보지 않을 정도로 용맹하였지만 능히 의리를 두려워하고 어진 이를 좋아하여 자신을 굽혀 諫言을 따르고 각고의 노력으로 바로잡아 善을 행하기에 힘썼으니, 이것이 바로 貞觀 연간의 태평성대를 이룬 까닭이다.

어진 군주는 대대로 나오는 것이 아니니, 周나라의 武王과 成王, 康王 이후 800여 년이 지난 뒤에 漢나라가 있었고 한나라 이후 800여 년이 지난 뒤에 太宗이 있었다. 그러나 그 成就한 바가 이와 같았으니, 어찌 어진 군주를 얻기 어려운 것이 아니겠는가. 人君이 그 善한 점을 택하여 따른다면 스승을 얻을 수 있을 것이다."

宋儒范祖禹曰 太宗은 以武撥亂하고 以仁勝殘하니 其材略優於漢高나 而規模不及也요 恭儉不若孝文이나 而功烈過之矣라 迹其性本强悍하여 勇不顧親이나 而能畏義好賢하야 屈己從諫하고 刻厲

50) 春秋의……요구하니 : 賢者에게는 작은 결점까지도 모두 통렬하게 지적하고 사실을 그대로 기록하여 盡善盡美의 완전한 인격을 갖추도록 요구하는 것이 바로 春秋의 筆法이라는 말이다. 춘추의 필법은 孔子가 역사책인 ≪春秋≫를 기록한 筆法으로, 역대 군주와 신하들의 잘잘못에 대해 공정하고 엄중하게 褒貶을 가함으로써 勸善懲惡과 大義名分을 밝히는 역사 서술 論法을 말한다.

矯揉하야 力於爲善하니 此所以致貞觀之治也니라 夫賢君은 不世出이니 自周武成康으로 歷八百餘年而後有漢하고 漢八百餘年而後有太宗호되 其所成就如此하니 豈不難得哉아 人君擇其善者而從之면 足以得師矣리라

〔附 錄〕

1. ≪歷代君鑑 1≫ 圖版目錄

2. ≪歷代君鑑≫ 總目次

≪歷代君鑑≫ 제1책

御製歷代君鑑序
御製歷代君鑑小識

歷代君鑑 권1　善可爲法

三皇

• 太昊伏羲氏　• 炎帝神農氏
• 黃帝軒轅氏

歷代君鑑 권2　善可爲法

五帝

• 少昊金天氏　• 顓頊高陽氏
• 帝嚳高辛氏　• 帝堯陶唐氏
• 帝舜有虞氏

歷代君鑑 권3　善可爲法

夏

• 禹　• 啓　• 小康

歷代君鑑 권4　善可爲法

商

• 成湯　• 太甲　• 太戊
• 盤庚　• 武丁

歷代君鑑 권5　善可爲法

周

• 文王　• 武王　• 成王
• 康王　• 宣王

歷代君鑑 권6　善可爲法

西漢

• 高帝

歷代君鑑 권7　善可爲法

西漢

• 文帝　• 景帝

歷代君鑑 권8　善可爲法

西漢

• 武帝

歷代君鑑 권9　善可爲法

西漢

• 昭帝　• 宣帝

歷代君鑑 권10　善可爲法

東漢

• 光武

歷代君鑑 권11 善可爲法

東漢

• 明帝 • 章帝

歷代君鑑 권12 善可爲法

蜀漢

• 昭烈帝

歷代君鑑 권13 善可爲法

西晋

• 武帝

東晋

• 元帝 • 明帝

歷代君鑑 권14 善可爲法

南朝

• 宋 文帝

歷代君鑑 권15 善可爲法

北朝

• 魏 孝文帝 • 周 武帝

歷代君鑑 권16 善可爲法

唐

• 太宗

≪歷代君鑑≫ 제2책

歷代君鑑 권17 善可爲法

唐

• 憲宗

歷代君鑑 권18 善可爲法

唐

• 宣宗

歷代君鑑 권19 善可爲法

五代

• 周世宗

歷代君鑑 권20 善可爲法

宋

• 太祖

歷代君鑑 권21 善可爲法

宋

• 太宗

歷代君鑑 권22 善可爲法

宋

• 眞宗

歷代君鑑 권23 善可爲法

宋

• 仁宗

歷代君鑑 권24 善可爲法

宋

• 英宗 • 神宗

歷代君鑑 권25 善可爲法

宋

• 孝宗

歷代君鑑 권26 善可爲法

宋

• 理宗

歷代君鑑 권27 善可爲法
金
• 世宗

歷代君鑑 권28 善可爲法
元
• 世祖 • 仁宗

歷代君鑑 권29 善可爲法
國朝(明)
• 太祖高皇帝 上

歷代君鑑 권35 善可爲法
國朝(明)
• 宣宗昭皇帝 下

歷代君鑑 권36 惡可爲戒
夏
• 太康 • 孔甲 • 桀
商
• 武乙 • 紂
周
• 厲王 • 幽王

≪歷代君鑑≫ 제3책

歷代君鑑 권30 善可爲法
國朝(明)
• 太祖高皇帝 下

歷代君鑑 권31 善可爲法
國朝(明)
• 太宗文皇帝 上

歷代君鑑 권32 善可爲法
國朝(明)
• 太宗文皇帝 下

歷代君鑑 권33 善可爲法
國朝(明)
• 仁宗昭皇帝

歷代君鑑 권34 善可爲法
國朝(明)
• 宣宗昭皇帝 上

≪歷代君鑑≫ 제4책

歷代君鑑 권37 惡可爲戒
秦
• 始皇帝 • 二世

歷代君鑑 권38 惡可爲戒
西漢
• 元帝 • 成帝

歷代君鑑 권39 惡可爲戒
東漢
• 安帝 • 桓帝 • 靈帝

歷代君鑑 권40 惡可爲戒
西晉
• 惠帝 • 東晉 • 孝武帝

歷代君鑑 권41 惡可爲戒
南朝
• 宋少帝 • 宋孝武帝

歷代君鑑 권42 惡可爲戒

南朝

• 齊 鬱林王 • 齊 明帝 • 陳 後主

歷代君鑑 권43 惡可爲戒

北朝

• 齊 文宣 • 齊 武成

歷代君鑑 권44 惡可爲戒

北朝

• 齊 後主 • 周 宣帝

歷代君鑑 권45 惡可爲戒

隋

• 煬帝

歷代君鑑 권46 惡可爲戒

唐

• 高宗

歷代君鑑 권47 惡可爲戒

唐

• 中宗 • 懿宗

歷代君鑑 권48 惡可爲戒

五代

• 唐 壯宗

歷代君鑑 권49 惡可爲戒

宋

• 徽宗

歷代君鑑 권50 惡可爲戒

遼

• 天祚

金

• 海陵

元

• 順帝

責任飜譯者

洪起殷

復齋 奉奇鍾 先生과 松潭 李栢淳 先生 師事

民族文化推進會 國譯硏修院 및 常任硏究院 卒業

朝鮮大學校 史學科 卒業

成均館大學校 大學院 史學科 碩士課程 卒業

高麗大學校 大學院 古典飜譯協同科程 博士科程 修了

韓國古典飜譯院 責任硏究員(現)

論文 및 譯書

〈日省錄의 毁損과 그 復元에 관한 연구〉

譯書 ≪檢身錄≫ ≪明齋遺稿≫ ≪鹿門遺稿≫

共譯 ≪葛庵集≫ ≪記言≫ ≪大山集≫ ≪樊巖集≫ ≪政經·牧民心鑑≫
≪星湖全集≫ ≪日省錄≫ ≪承政院日記≫ 등 多數

共同飜譯者

全百燦

慶山大學校(現 大邱韓醫大學校) 漢文學科 卒業

啓明大學校 大學院 漢文學科 碩士課程 卒業

慶北大學校 大學院 漢文學科 博士課程 修了

韓國古典飜譯院 先任硏究員(現)

論文 및 譯書

〈泰齊 柳方善의 詩世界〉

〈松穆館 李彦瑱의 작가의식〉〈鄭齊斗 경학의 철학적 기저〉

譯書 ≪竹巖日記≫

共譯 ≪日省錄≫ ≪星湖全集≫ ≪竹石館遺集≫ ≪政經·牧民心鑑≫
≪滄溪集≫ ≪誠菴文集≫ ≪謙齋文集≫ 등 多數

東洋古典譯註叢書 126

譯註 歷代君鑑 1　　　　정가 32,000원

2019년 07월 30일 초판 발행
2020년 01월 15일 초판 2쇄

撰　　者　明 代宗
責任飜譯　洪起殷
共同飜譯　全百燦
常任原文校閱　吳圭根
潤文校訂　朴勝珠 李孝宰 田炳秀 金曉東
編　　輯　東洋古典飜譯編輯委員會
發 行 人　李啓晃
發 行 處　社團法人 傳統文化研究會
서울시 종로구 삼일대로 428 낙원빌딩 411호
전화 : (02)762-8401　전송 : (02)747-0083
전자우편 : juntong@juntong.or.kr
홈페이지 : juntong.or.kr
사이버書堂 : cyberseodang.or.kr
온라인서점 : book.cyberseodang.or.kr
등록 : 1989. 7. 3. 제1-936호

인쇄처 : 한국법령정보주식회사(02-462-3860)
총　판 : 한국출판협동조합(070-7119-1750)

ISBN 979-11-5794-248-0 94910
978-89-85395-71-7(세트)

※ 이 책은 2019년도 교육부 고전문헌 국역지원사업 지원비에 의해 초판(비매품) 간행.

전통문화연구회 도서목록

漢文讀解捷徑시리즈

漢文독해기본패턴 고전교육연구실 著 15,000원
四書독해첩경 고전교육연구실 著 20,000원

基礎漢文教材

四字小學 / 習字教本 成百曉 譯 8,000원/4,000원
推句·啓蒙篇 / 習字教本 成百曉 譯 7,000원/4,000원
明心寶鑑 成百曉 譯 11,000원
童蒙先習·擊蒙要訣 成百曉 譯 15,000원
註解千字文 成百曉 譯 13,000원

〈新編〉

四字小學·推句 고전교육연구실 編譯 11,000원
啓蒙篇·童蒙先習 고전교육연구실 編譯 11,000원
原文으로 읽는 故事成語 元周用 編譯 15,000원

東洋古典國譯叢書

大學·中庸集註 - 개정증보판 成百曉 譯註 10,000원
論語集註 - 개정증보판 成百曉 譯註 25,000원
孟子集註 - 개정증보판 成百曉 譯註 28,000원
詩經集傳 上·下 成百曉 譯註 33,000원
書經集傳 上·下 成百曉 譯註 33,000원
周易傳義 上·下 成百曉 譯註 38,000원
小學集註 成百曉 譯註 30,000원
古文眞寶 後集 成百曉 譯註 28,000원

〈五書五經讀本〉

大學·中庸集註 李光虎·田炳秀 譯註 15,000원
論語集註 上·下 鄭太鉉 譯註 22,000원
詩經集傳 上·中·下 朴小東 譯註 30,000원

東洋古典譯註叢書

〈經部〉

十三經注疏
周易正義 1~3 成百曉·申相厚 譯註 30,000원~35,000원
尙書正義 1~5 金東柱 譯註 25,000원~35,000원
毛詩正義 1~2 朴小東 譯註 32,000원/35,000원
禮記正義 中庸·大學 李光虎·田炳秀 譯註 20,000원
論語注疏 1~3 鄭太鉉·李聖敏 譯註 25,000원~40,000원
孝經注疏 鄭太鉉·姜珉廷 譯註 35,000원
春秋左氏傳 1~8 鄭太鉉 譯註 18,000원~35,000원
禮記集說大全 1 辛承云 譯註 25,000원
東萊博議 1~3 鄭太鉉·金炳愛 譯註 25,000원/35,000원

〈史部〉

思政殿訓義 資治通鑑綱目 1~13, 17, 18 辛承云 外 譯註 18,000원~35,000원
唐陸宣公奏議 1 沈慶昊·金愚政 譯註 35,000원
通鑑節要 1~9 成百曉 譯註 18,000원~40,000원
貞觀政要集論 1~4 李忠九 外 譯註 25,000원~32,000원

〈子部〉

近思錄集解 1~3 成百曉 譯註 25,000원/35,000원
孔子家語 1~2 許敬震 外 譯註 35,000원/36,000원
老子道德經注 金是天 譯註 30,000원
大學衍義 1~5 辛承云 外 譯註 26,000원~30,000원
墨子閒詁 1~2 李相夏 外 譯註 32,000/36,000원
說苑 1~2 許鎬九 譯註 25,000원
荀子集解 1~6 宋基采 譯註 25,000원~34,000원
心經附註 成百曉 譯註 35,000원
顔氏家訓 1~2 鄭在書·盧晛熙 譯註 22,000원/25,000원
揚子法言 1 朴勝珠 譯註 24,000원
二程全書 1 崔錫起·姜導顯 譯註 36,000원
莊子 1~4 安炳周·田好根 共譯 25,000원~29,000원
政經·牧民心鑑 洪起殷·全百燦 譯註 27,000원
韓非子集解 1~3 許鎬九 外 譯註 32,000~38,000원
武經七書直解
孫武子直解·吳子直解 成百曉·李蘭洙 譯註 35,000원
六韜直解·三略直解 成百曉·李鍾德 譯註 26,000원
尉繚子直解·李衛公問對直解 成百曉·李蘭洙 譯註 26,000원
司馬法直解 成百曉·李蘭洙 譯註 26,000원

〈集部〉

古文眞寶 前集 成百曉 譯註 30,000원
唐詩三百首 1~3 宋載卲 外 譯註 25,000원~30,000원
唐宋八大家文鈔 韓愈 1~3 鄭太鉉 譯註 22,000원/28,000원
〃 歐陽脩 1~5 李相夏 譯註 25,000원~35,000원
〃 王安石 1~2 申用浩·許鎬九 共譯 20,000원/25,000원
〃 蘇洵 李章佑 外 譯註 25,000원
〃 蘇軾 1~5 成百曉 譯註 22,000원
〃 蘇轍 1~3 金東柱 譯註 20,000원/22,000원
〃 曾鞏 宋基采 譯註 25,000원
〃 柳宗元 1~2 宋基采 譯註 22,000원

東洋古典新譯

당시선 송재소·최경렬·김영죽 편역 22,000원
손자병법 성백효 역주 14,000원
장자 안병주·전호근·김형석 역주 13,000원
고문진보 후집 신용호 번역 28,000원

동양문화총서

동양사상 해설과 원전 정규훈 外 저 22,000원
화합의 길 -《중용》 읽기 금장태 저 20,000원

문화문고

경전으로 본 세계종교 그리스도교 이정배 편저 10,000원
〃 도교 이강수 편역 10,000원
〃 천도교 윤석산·홍성엽 편저 10,000원
〃 힌두교 길희성 편역 10,000원
〃 유교 이기동 편저 10,000원
〃 불교 김용표 편저 10,000원
〃 이슬람 김영경 편역 10,000원
논어·대학·중용 / 맹자 조수익·박승주 공역 10,000원
소학 박승주·조수익 공역 10,000원
십구사략 1~2 정광호 저 12,000원
무경칠서 손자병법·오자병법 성백효 역 10,000원
〃 육도·삼략 성백효 역 10,000원
〃 사마법·울료자·이위공문대 성백효 역 10,000원
당시선 송재소·최경렬·김영죽 편역 10,000원
한문문법 이상진 저 10,000원
한자한문전통교재 조수익·이성민 공역 10,000원
士小節 선비 집안의 작은 예절 이동희 편역 12,000원
儒學이란 무엇인가 이동희 저 10,000원
동아시아의 유교와 전통문화 이동희 저 13,000원
현대인, 동양고전에서 길을 찾다 이동희 저 10,000원
100자에 담긴 한자문화 이야기 김경수 저 12,000원
대한민국 국무총리 이재원 저 10,000원
우리 설화 1~2 김동주 편역 10,000원